«Considerans fragilitatem humanae naturae...»

AF814379

Publications Universitaires Européennes
Europäische Hochschulschriften
European University Studies

Série III
Histoire et sciences auxiliaires

Reihe III Series III
Geschichte und ihre Hilfswissenschaften
History and Allied Studies

Vol. 1010

PETER LANG
Bern · Berlin · Bruxelles · Frankfurt am Main · New York · Oxford · Wien

Anna Margherita Vallaro

«Considerans fragilitatem humanae naturae...»

Testaments et pratique testamentaire à San Gimignano de 1299 à 1530

PETER LANG
Bern · Berlin · Bruxelles · Frankfurt am Main · New York · Oxford · Wien

Information bibliographique publiée par «Die Deutsche Bibliothek»
«Die Deutsche Bibliothek» répertorie cette publication dans la «Deutsche Nationalbibliografie»; les données bibliographiques détaillées sont disponibles sur Internet sous ‹http://dnb.ddb.de›.

Thèse de doctorat présentée devant la Faculté des lettres de l'Université de Fribourg, en Suisse

Approuvée par la Faculté des lettres sur proposition des professeurs Carl Pfaff (premier rapporteur) et Hans-Joachim Schmidt (second rapporteur).

Fribourg, le 17 mai 2002 Le Doyen Marcel Piérart

La publication est financée par:
L'Université de Fribourg, la Fondation pour la protection du Patrimoine culturel, artistique et artisanal de Lausanne et le professeur Carl Pfaff

ISBN 3-906767-58-2
ISSN 0531-7320

© Peter Lang SA, Editions scientifiques européennes, Bern 2005
Hochfeldstrasse 32, Postfach 746, CH-3000 Bern 9
info@peterlang.com, www.peterlang.com, www.peterlang.net

Tous droits réservés.
Réimpression ou reproduction interdite par n'importe quel procédé, notamment par microfilm, xérographie, microfiche, microcarte, offset, etc.

Table des matières

Introduction 1

Première partie
Le contexte et les sources

Chapitre I
Brève présentation de San Gimignano 9
Le contexte religieux 11
Les hôpitaux 11
Les ordres mineurs 12
Les confréries 13

Chapitre II
Description des sources 15
Aperçu historique de l'évolution du document 15
Ce que peut représenter le testament 18
Nouvelles attitudes face à la mort 20

Chapitre III
La provenance des sources 23
Les notaires et leurs registres 23
Les notaires de San Gimignano 26
Les documents utilisés 29
Les autres sources 31
La valeur des sources postérieures 32
La bibliographie 34
La division des sources 36
Les groupes chronologiques 36

Chapitre IV
La forme du document 39
L'invocation initiale 40

Les legs pieux et le contexte social 41
Testaments et ordres mineurs 43
La famille et les autres légats 44
Les héritiers universels 45
Les lieux de la dictée 47
Les témoins 49

Deuxième partie
L'identité des testateurs

Chapitre I
L'état de santé, les différences selon le sexe 53
L'interprétation des données 53
Quand la maladie incitait à tester 55
Les autres raisons qui poussaient à tester 58

Chapitre II
L'âge 61

Chapitre III
Les étrangers 63
Les Toscans 63
Les autres étrangers 67

Chapitre IV
La profession 71
Les usuriers 71
Les notaires 76
Les autres professions 79
Les instruments du métier 81

Chapitre V
La situation économique 83
Les dettes 83

Troisième partie
Les legs pieux ou comment sauver son âme

Chapitre I
Evolution de chaque type de legs pieux dans le temps 89
L'interprétation des données 90
Des marques de piété discrètes 92
La donation de biens immobiliers 95
  Le rôle du fidéicommissaire 97
Les désirs les plus courants 97

Chapitre II
Les souhaits des testateurs 99
Quelques désirs particuliers 99
Les requêtes des testateurs:
ce qu'ils demandent en échange des legs pieux 102
Quand les hôpitaux sont bénéficiaires de legs pieux 105

Chapitre III
Le lieu de sépulture 107
Ce que prévoient les Statuts 107
Le prix d'une sépulture 109
Evolution chronologique des choix de sépulture 111
  L'interprétation des données 111
  Quand le lieu de sépulture n'était pas défini 114
Divergences entre hommes et femmes 116
  L'interprétation des données 117
  Le double choix féminin 118
L'importance de la famille 122
La notion du corps et le transport des os 123
  L'habillement 124
  Le déplacement du cadavre 125
Les différents types de legs pieux et le choix du lieu de sépulture 128
  L'interprétation des données 130
  Des testateurs particuliers 134

Chapitre IV
Les désirs particuliers 137
Les chapelles 137
Les œuvres d'art 140

Chapitre V
Un dernier geste pieux 141
Les testaments féminins 141
Les hommes et les servantes 142
Quand le testateur n'était pas un laïc... 144

Quatrième partie
Famille et légataires: les bénéficiaires laïcs

Chapitre I
Le choix des légataires 149
Les différences d'après le sexe des testateurs 149
L'interprétation des données 151

Chapitre II
La famille restreinte: le couple 155
Le rôle des femmes, la valeur de la dot 156
Les avantages d'un bon mariage 164
Les testaments du couple Benenati:
les dernières volontés d'un marchand 165
Lorenzo Da Picchena et son épouse:
une alliance avec Florence et le couvent dominicain 175
Les autres couples proches de Florence 178

Chapitre III
Les enfants 183
La différence d'après le sexe 183
La revanche féminine 186
Les enfants illégitimes 188

Chapitre IV
Le choix de l'héritier ... 191
L'interprétation des données ... 191
Les institutions caritatives ... 192
Les enfants ... 193
La famille au sens large ... 195
Quand le testateur n'était pas laïc ... 197
Les testaments masculins ... 199
La famille Cortesi: la difficulté de choisir des héritiers ... 202
Le testament de Paolo Cortesi ... 204
Les dernières volontés de son frère Lattanzio ... 206
Des litiges dans la famille, le cas d'Antonio Cortesi ... 207

Chapitre V
La transmission des biens et des objets ... 217
La liste des biens ... 217
Les tissus et les vêtements ... 217
Le mobilier ... 219
Les objets liés à un métier ... 220
Le prix des objets et des biens ... 221
Les objets particuliers ... 223
La famille Brogi ou le passage de biens immobiliers ... 226
Les compléments du Cadastre ... 227
La mise en commun des données ... 229
Les générations successives ... 230
Le testament de Giovanni fils de Ugo Brogi ... 232
L'héritage d'Ugone, fils de Tommaso Brogi ... 234

Chapitre VI
L'exécution testamentaire ... 237
L'héritage d'un usurier ... 238

Cinquième partie
Une étude des famillles

Chapitre I
L'intérêt de la démarche 245

Chapitre II
La famille Abbracciabeni 247
Les dispositions pieuses 249
Les bénéficiaires des legs pieux 251
Les légataires 255
La descendance d'Agostino 256
Les générations successives 258
Une conclusion provisoire 261
Arbre généalogique 1.
La famille Abbracciabeni du XIVe au XVIe siècle 263

Chapitre III
La famille Dei 265
Un usurier au début de la «dynastie» 265
Les intrigues de Deo fils de Tancredi 268
Ce que peut cacher un testament 270
La génération successive: Giovanni Dei 271
Les étapes de l'exécution 273
La famille continue avec Lodovico Dei 275
L'exécution du testament 277
Problèmes dans la restitution de la dot 279
La dernière génération 280
Arbre généalogique 2. La famille Dei de 1309 à 1445 282

Chapitre IV
La famille Useppi 283
Les dispositions pieuses 283
Les légataires 286
Les apports du Cadastre 290
L'apport du livre de famille 292
Arbre généalogique 3. La famille Useppi de 1313 à 1543 296

Conclusion 299

Sources 317
Sources inédites 317
Sources publiées 327

Bibliographie 329

Index 337

Introduction

Les intentions premières de cette recherche étaient de fournir le cadre de la pratique testamentaire à San Gimignano de 1300 à 1530 et la prise en considération d'actes annexes, tels qu'inventaires des biens des testateurs, exécutions partielles des legs pieux ou litiges entre les héritiers n'était pas prévue, tout comme l'utilisation du Cadastre[1]. L'intérêt que pouvait représenter ce type de source, pour une meilleure analyse de la situation, a imposé une reconsidération du projet de départ, qui prévoyait une étude plus classique des testaments.

Le choix de la tranche chronologique n'a été que partiellement arbitraire, puisque les sources antérieures au XIVe siècle sont rares et difficiles d'accès[2], ce qui a permis de fixer la première limite chronologique; de plus, les changements politiques et sociaux de la seconde moitié de ce siècle ont rendu la documentation particulièrement intéressante. Les suppositions formulées pour cette période nécessitaient toutefois une confirmation, que pouvait donner l'analyse des documents du XVe siècle. Toutefois, il était utile d'englober les premières années du XVIe siècle, parce que la bonne conservation des sources a permis pour ces années là, d'analyser les testaments dans un contexte familial, la bonne représentativité a rendu possible une étude sérielle qui s'insère dans un milieu de

1 Cette source est le fruit de la réforme fiscale décidée à Florence en 1427, qui taxait ses sujets selon une double imposition, d'une part sur la valeur des biens mobiliers et immobiliers, une fois déduites les détractions possibles, qui était multipliée par un coefficient variable; d'autre part tous les hommes sains d'âge compris entre 14 et 70 ans étaient sujets à une taxe. Elio Conti, dans ses études sur le Cadastre florentin (cf. Bibliographie pour le détail des ouvrages) établit une moyenne d'un taux aux alentours de 0,2% pour l'imposition des biens et d'une taxe de 3 sous par tête. Toutefois, les propriétaires étaient divisés en six catégories et chacune bénéficiait d'un régime différent: les citoyens de Florence, les religieux, les habitants de la campagne *(Contado)*, les habitants du district, les étrangers et les corporations de métier. Les habitants de San Gimignano faisaient partie des habitants du district, puisque le bourg était soumis à Florence depuis le milieu du XIVe siècle, leurs déclarations fiscales ont été faites en 1428 et 1429.

2 Elles se trouvent en partie aux archives de l'évêché de Volterra, et donc pratiquement inaccessibles.

relations familiales au sens large. En effet, la présence de différentes couches sociales et la succession de testaments de la même famille, sur plusieurs générations, offrent un terrain de recherche riche; les événements politiques survenus à Florence ont ensuite fourni le prétexte de la limite chronologique supérieure. San Gimignano semblait un lieu propice a ce type d'étude: l'importance de ce centre mineur avant et après la soumission à Florence, sa population hétéroclite ainsi que le manque d'études de ce genre pour le territoire, ont été des facteurs déterminants.

L'utilisation du testament comme source historique n'est pas récent; toutefois, après un emploi partiel du document, pour affiner la bibliographie de personnages importants, le testament a été utilisé par les historiens qui s'occupaient de l'Occident chrétien. Il a donc servi dans le domaine de l'histoire religieuse à une meilleure compréhension du choix de sépulture et à l'identification des bénéficiaires des legs pieux, en parallèle avec l'étude de l'histoire de la mort[3]. En Italie, les opinions concernant les possibilités qu'offre le contenu de cette source, la nécessité de prendre en considération le document dans son ensemble, ont commencé à prendre forme après 1980[4]. En France, la situation a été différente, nous sommes en effet tous tributaires des brillantes études de Jacques Chiffoleau[5] effectuées sur le territoire d'Avignon, qui ont ouvert la voie à la recherche historique dans ce domaine.

Par contre, dès le début du XXe siècle, le travail des juristes a permis une meilleure connaissance du droit romain et des dispositions concer-

3 Dans ce sens, les références bibliographiques sont nombreuses, pour la région qui nous intéresse, rappelons brièvement quelques ouvrages cités en bibliographie, C. Bonanno, M. Bonanno, L. Pellegrini *I legati pro anima*; S. K. Cohn Jr. *Death and Proprety in Siena*; S. Epstein *Wills and Wealth in Medieval Genoa*; A. B. Falsini *Firenze dopo il 1348*; M. Liborio Ferrucci *Il sentimento della morte*; A. Paravicini Bagliani e V. Pasche (éd) *La parrocchia nel Medioevo*; S. Ricci *De hac vita transire*; A. Rigon *I testamenti come atti dei religiosità pauperistica* et A. Samaritani *Mentalità religiosa nell'ora del testamento.* En ce qui concerne l'histoire de la mort, les ouvrages de Ph. Ariès, A. Tenenti et J. Baschet sont les plus importants.

4 Comme le prouvent les actes d'un colloque qui s'est tenu à Pérouse. *Nolens intestatus decedere, il testamento come fonte della storia religiosa e sociale, Atti dell'incontro di studio (Perugia 3 maggio 1983).*

5 Pour de plus amples détails, consulter les références précises en bibliographie.

nant la famille et la transmission du patrimoine. De ce fait, les études qui n'étaient pas centrées sur l'histoire religieuse ont concerné le droit; en effet, les testaments en tant qu'actes juridiques sont encadrés par des normes, qui dérivent bien entendu du droit romain. Essentiel donc de saisir l'évolution du testament de l'époque romaine au moyen-âge, si possible en mettant en exergue les spécificités des documents en période médiévale[6]. Pour le territoire italien, le meilleur ouvrage est celui du juriste Franco Niccolai[7]: à l'aide de nombreux exemples, il fournit des renseignements très utiles pour comprendre l'évolution du droit dans ce domaine précis. Toutefois, l'idée que le testament puisse servir de base à une étude sur les rapports familiaux, par la mise en perspective des actes dictés par les membres d'une même famille, est plus récente[8].

Restreindre ainsi presque exclusivement le corpus à un seul type de source implique des lacunes mais cette limitation est aussi l'avantage de ce travail qui a tenté d'exploiter toutes les facettes du testament, de l'étudier dans son ensemble afin d'en retirer tous les renseignements utiles à la compréhension d'une population en un temps donné.

L'utilisation de la bibliographie concernant des études faites sur les testaments dans d'autres régions européennes consent la prise de conscience des similitudes présentes dans les actes. S'il existait donc un *standard* des formes notariales, le contenu qui révèle les détails de la vie des testateurs différait toutefois; outre l'unité de l'acte, nous devons tenir compte, lors de l'analyse, des différences régionales et du contexte dans lequel s'insère le document.

Ces dissimilitudes locales sont à prendre en considération lors de l'interprétation du contenu des testaments. San Gimignano n'était pas une ville, nous ne rencontrons donc pas le problème du déracinement si présent à Florence et si problématique lors de la maladie et de la mort. Le choix du lieu de sépulture correspondait généralement à une adéquation

6 Malheureusement dans ce domaine les références bibliographiques font défaut pour le territoire italien, l'étude la plus complète est celle proposée par L. De Charrin sur les testaments dans la région de Montpellier, ouvrage cité en bibliographie.

7 F. Niccolai *La formazione del diritto successorio negli statuti comunali del territorio lombardo-tosco*.

8 Voire par exemple les ouvrages de Ch. Klapisch-Züber cités en bibliographie.

à la tradition familiale, mais le rituel ne peut pas être comparé aux requêtes des testaments avignonnais étudiés par Jacques Chiffoleau.

L'ambition de ce travail est donc de donner une clé de lecture supplémentaire du testament en tant que source historique, la prise en considération de cet acte comme un ensemble de dispositions qu'une personne, un testateur, a voulues. Ne sachant pas les mettre en forme ou ne sachant tout simplement pas écrire, il a dû recourir à de l'expérience d'un notaire pour leur donner une consistance. Sans vouloir diminuer l'importance du notaire et le réduire à un copiste, nous avons essayé de mettre en valeur la personne du testateur, comprendre ses dispositions, les insérer dans un contexte qui les rend logiques, réfléchies; quand l'influence du notaire était palpable, nous l'avons souligné, rendant ainsi justice à l'importance de son travail. La relative autonomie d'un testateur serait bien plus facilement mesurable si nous disposions également de testaments olographes, afin de les comparer aux documents nuncupatifs et souligner ainsi les diversités.

Toutefois les intentions du testateur étaient influencées non seulement par le notaire mais par toutes les autres personnes présentes à la dictée de l'acte, les témoins appelés par le testateur mais également les autres, les curieux, les voisins et les membres de la famille. Difficilement mesurable, l'ascendant de ces personnes sur les dispositions testamentaires devait être bien réel; pour cette raison essentiellement, replacer un acte dans le contexte dans lequel il a été écrit représente une tentative de mieux le comprendre. Les recherches auraient dû être plus amples et porter sur tous les actes concernant les exécutions, ainsi que sur les liens entre les testateurs et les autres membres de leur famille; ce qui aurait toutefois rendu impossible la maîtrise des sources. Prétendre écrire l'histoire de San Gimignano sur la base des testaments dictés par ses habitants aurait été prétentieux et illusoire, nous avons donc essayé d'apporter notre contribution à une meilleure compréhension de la réalité économique et sociale dans laquelle vivaient les habitants de ce bourg dans les derniers siècles du moyen-âge.

En privilégiant l'analyse des sources et non l'aspect paléographique des documents, la transcription de documents a été substituée par la citation des passages particulièrement intéressants directement dans le texte ou en note de bas de page. Les noms de lieux, de personnes, d'églises et de saints sont en italien ou en langue vulgaire et les prénoms ont généralement été transposés en italien afin d'en uniformiser l'orthographe[9].

Ce travail n'aurait pas vu le jour sans le soutien et l'aide que de nombreuses personnes ont apporté à l'auteur. Ce projet de recherche a été financé par le Fonds National suisse de la Recherche Scientifique à Berne; outre l'aspect financier, il y a également l'aspect scientifique: un vif remerciement tout d'abord au professeur Carl Pfaff, directeur de cette thèse, et également au professeur Agostino Paravicini Bagliani de l'Université de Lausanne, ainsi qu'au professeur Duccio Balestracci de l'Université de Sienne, leurs précieux conseils et leurs corrections ayant représenté un soutien irremplaçable. De plus, les conditions de travail ont été bien plus agréables et fructueuses grâce au personnel de l'*Archivio di Stato* de Florence, de l'*Archivio di Stato* de Sienne, de la Bibliothèque communale de San Gimignano, de la Bibliothèque Guarnacci de Volterra ainsi que de l'*Archivio segreto Vaticano* au Vatican. Un dernier merci également aux amis et aux personnes chères qui par une oreille attentive ou un encouragement ont représenté un soutien considérable.

9 Les noms de lieux mineurs, qui permettent d'identifier un terrain agricole ou une maison de campagne, sont rendus tels qu'ils se trouvent dans les actes et, pour cette raison, ils ont été mis en italique. Les citations en latin ou en langue vulgaire sont rapportées telles quelles, elles sont en italique dans le texte, qu'il s'agisse de phrases complètes ou simplement d'expressions ou de noms de lieux.

Première partie

Le contexte et les sources

Chapitre I

Brève présentation de San Gimignano

Au début du XIVe siècle, San Gimignano était une bourgade de quelques milliers d'habitants, qui comptait 1300 à 1600 feux, en lutte contre la voisine Volterra siège de l'évêché. La région a connu une période d'expansion, qui s'est concrétisée par une augmentation de la population, encouragée par le commerce florissant et les bons résultats des activités agricoles. Le tissu social était hétéroclite: s'il existait une couche de la population pauvre, difficilement quantifiable, une bourgeoisie plus ou moins aisée, qui s'adonnait aux activités du commerce et du prêt est largement documentée[1]. A ces catégories il faut ajouter la présence de familles nobles, qui luttaient depuis un peu plus de deux siècles, afin d'étendre leur pouvoir et gérer les affaires politiques de San Gimignano. L'expansion du bourg a été possible grâce à sa position sur la Via Francigena, route des plus parcourues, qui menait, comme son nom l'indique, les pèlerins en provenance de France, à Rome. La situation économique semblait prospère, mais malgré l'explosion du commerce, les principales activités restaient agricoles. La terre, extrêmement fertile, permettait la culture du safran ainsi que de la vigne, deux produits particulièrement prisés, commercialisés aussi bien dans les villes voisines qu'à l'étranger; l'huile et le blé complétaient la production agricole. L'élevage représentait une activité secondaire pour les paysans, qui en tondant les moutons fournissaient la matière première au tissage de la laine. L'artisanat était en effet présent, à travers toutes les activités de tissage, du travail du cuir et du fer.

Cependant, dès les premières décennies du XIVe siècle, cette situation s'est rapidement détériorée, non seulement à cause de mauvaises récoltes, mais également parce que les guerres contre Volterra s'étaient intensifiées et Florence voulait de manière de plus en plus insistante assimiler le territoire de San Gimignano.

1 Il suffit pour cela de consulter les écrits de E. Fiumi cités en bibliographie.

Les effets de cette crise n'ont pas tardé à être mesurables, tout d'abord avec une diminution de la population, dès 1333, mais de manière encore plus significative après la première peste noire de 1348. En 1350, San Gimignano ne comptait plus que 695 feux, ce qui représente un peu plus d'un tiers de la population de 1330. Cette importante diminution n'était pas seulement due à la peste, en effet, le Cadastre de 1427 fait état de 564 feux. Nous assistons donc à une diminution progressive de la population du bourg, ce qui témoigne des conditions de vie difficiles[2].

En 1353, San Gimignano a du se plier à la loi du plus fort et être assimilée au territoire florentin; ces changements économiques et sociaux, en grande partie négatifs, ainsi qu'un taux de mortalité élevé, ont donc caractérisé l'évolution du bourg dans la deuxième partie du XIVe siècle. Une preuve ultérieure de cette dégringolade nous est fournie par les variations du nombre de propriétaires immobiliers; en effet de 1318 à 1375, les propriétés privées ont diminué presque de moitié, en passant de 1031 à 687; tandis que les domaines des institutions ecclésiastiques ont augmenté de 54 à 77 et cette tendance se confirme encore avec les données de 1475[3].

Nous assistons donc à une concentration de la propriété immobilière et à un abandon des terrains qui offrent un rendement moins élevé. De nombreuses personnes ont émigré vers les villes, pour chercher un avenir meilleur, les épidémies de peste ont laissé de nombreuses places vides et ces catastrophes n'ont pas été désastreuses pour l'ensemble de la population. En effet, une plus rapide ascension sociale était désormais possible, puisque certains postes étaient à pourvoir et il suffisait parfois de se trouver au bon endroit, au bon moment. Il ne s'agissait en fait que de certains métiers, comme les médecins qui exerçaient une activité à haut risque et les notaires, qui ont vu le volume de leurs activités se multiplier, essentiellement pour rédiger les actes, nécessaires à résoudre les problèmes de succession.

2 Pour une étude plus approfondie de la population de San Gimignano, E. Fiumi, *Storia economica e sociale di San Gimignano*.

3 Les propriétés privées ne sont plus que 373, alors que celles des ecclésiastiques atteignent les 90 unités. Cependant la rentabilité a augmenté, ce qui permet de réduire un peu les effets désastreux de ces chiffres.

Le contexte religieux[4]

L'aspect spirituel du testament médiéval, impose une brève mise au point de l'évolution des institutions religieuses et caritatives de San Gimignano, afin de mieux saisir les choix des testateurs.

L'église principale, la paroisse de Santa Maria Assunta, a des origines confuses. Nous savons qu'un petit oratoire a subi des transformations vers l'an mil et cette construction n'a cessé de s'agrandir, au cours des deux siècles suivants, pour devenir enfin église Collégiale au XVe siècle.[5]

A l'intérieur de l'enceinte, d'autres églises telles que celle de San Iacopo, San Bartolo et San Giovanni vantent d'anciennes origines. La première, a été fondée par la famille Baccinelli, au retour de Ruggero Baccinelli de la première croisade; elle serait d'ailleurs, selon la tradition, liée aux Templiers. Tout comme la deuxième, puisqu'il semble qu'elle était à l'origine un refuge pour les pèlerins géré par l'ordre, comme en témoigne la croix sculptée sur l'architrave en pierre. L'église de San Giovanni, a été occupée par les franciscains, lorsque Cosme Ier a ordonné la destruction de leur couvent qui se trouvait, depuis le XIIIe siècle, hors de l'enceinte à l'extérieur de la porte San Giovanni.

Les hôpitaux

L'hôpital dédié à la sainte locale, Santa Fina, occupe une place de premier rang déjà au XIVe siècle et cette situation se confirme au cours des siècles suivants. L'arrivée d'une institution de l'envergure du Santa Maria della Scala, ne semble pas, dans un premier temps, porter ombrage aux faveurs dont bénéficiait ce premier hôpital.

4 Les principaux renseignements sur les structures religieuses et caritatives de San Gimignano, sont contenus dans le volume de L. Pecori *Storia della terra di San Gimignano* cité en bibliographie.

5 La tradition voudrait attribuer à Eugène III l'élévation à Collégiale, alors qu'il semble que ce soit Sixte IV qui l'ait fait en 1471. (Pour de plus amples détails, consulter L. Pecori, *op. cit.* p. 386 et ss.)

Il est vrai que la vocation n'était pas la même, l'hôpital Santa Maria della Scala, fondé en 1315, s'occupait des enfants abandonnés, alors que celui de Santa Fina n'avait pas de prérogative spéciale, tout comme le plus modeste hôpital pour les pèlerins appelé Donne Nobili ou celui proche de la future Collégiale et de sa confrérie, réalisé grâce à la générosité de Leo Bindi en 1348[6].

Au début du XVe siècle, le couvent augustinien aura son propre hôpital pour l'accueil des pèlerins, ce qui lui permettra d'ailleurs d'obtenir de nombreux legs pieux.

Les ordres mineurs

Dès 1278, les dominicains de Sienne se rendaient souvent à San Gimignano, mais il faut attendre presque un demi-siècle pour avoir une présence constante de l'ordre. En effet, en 1318 Iacopo Coppi lègue sa maison aux dominicains et demande qu'elle soit utilisée comme hospice. En 1325, son frère vend des maisons et des terrains à *Montestaffoli* pour créer le couvent. Cependant, en 1353 une des premières décisions de Florence, en tant que ville dominante, a été de construire une forteresse en ce lieu stratégique. Les dominicains sont alors déplacés dans l'ancienne église de Santo Stefano in Canova, devenue aujourd'hui le pénitencier de San Gimignano. Ce déplacement sera bénéfique aux frères prêcheurs; puisque l'église de Santo Stefano était un des lieux de culte les plus prestigieux du bourg.

La présence des frères mineurs était effective dans toute la Valdelsa, les écrits d'Ubertin de Casale, remplis de lourdes critiques envers l'Eglise, étaient parvenus dans la région. Sa présence à Florence à la fin du XIIe siècle, a permis une diffusion de ses idées jusqu'aux couvents de Barberino et Castelfiorentino; cependant, nous ne disposons d'aucune preuve de la pénétration des écrits à San Gimignano, où les frères mi-

6 Leo Bindi était également notaire, par l'étude des testaments contenus dans son registre, nous remarquons une attention particulière à la confrérie.

neurs s'étaient installés en 1274[7]. Dans la deuxième moitié du XVIe siècle, Cosme Ier a fait construire un bastion en ce lieu et a déplacé les franciscains à l'intérieur des murs, près de la porte San Giovanni; aujourd'hui il n'existe plus que la façade de l'église.

Les augustiniens ont d'abord eu un couvent à Racciano puis l'évêque les a autorisés à construire un couvent à San Gimignano, qui devait cependant se trouver à une distance convenable de la Collégiale. La construction a avancé lentement au cours du XIVe siècle mais en 1380 tous les augustiniens se sont transférés dans le nouveau couvent en briques rouges qui domine encore aujourd'hui le bourg[8].

Les confréries

Les études de Charles-Marie de la Roncière[9] ont mis en évidence le rôle social des confréries dans le territoire de Florence et de la Valdelsa, mais rien de semblable n'existe malheureusement pour San Gimignano. De plus, il n'est pas possible d'adapter les conclusions d'une situation citadine au contexte rural auquel nous sommes confrontés. Même les études faites sur la Valdelsa, territoire qui englobe San Gimignano, ne sont pas concluantes, puisque les confréries étudiées semblent être attachées principalement au clergé, tandis qu'à San Gimignano les trois couvents majeurs ont rapidement leur confrérie. Elles semblent suppléer aux carences

7 Pour de plus amples renseignements, consulter les travaux de Ch.-M. de La Roncière cités en bibliographie.

8 Les couvents et les hôpitaux ont toujours eu un lien étroit avec le pouvoir laïc. Les Statuts de 1314 (IV, 11, 13, 36 et 76) codifient la quantité d'argent que les franciscains, les augustiniens, les dominicains, le monastère de Santa Chiara, les hôpitaux de Santa Fina et celui de Donne Nobili, devaient recevoir de la commune de San Gimignano afin de couvrir *eorum necessitatibus.*

9 Des renseignements plus précis sur le ce phénomène, sont identifiables dans les actes du colloque *Le mouvement confraternel au Moyen Age, France, Italie, Suisse Le mouvement confraternel au Moyen Age, France, Italie, Suisse, Actes de la table ronde organisée par l'Université de Lausanne avec le concours de l'Ecole française de Rome et de l'Université associée 1011 du CNRS «L'institution ecclésiale à la fin du Moyen Age»*, Lausanne 9-11 mai 1985, Ecole française de Rome, Palais Farnèse, 1987.

des institutions religieuses classiques et répondre partiellement à la crise que connaît l'église de Santa Maria Assunta au XVe siècle, en s'appuyant sur l'image de la croix et du Crucifix. Ces groupements insistaient sur l'orthodoxie des pratiques religieuses et la mise en œuvre d'actes pieux de la part des confrères, qui vivaient de manière particulièrement forte le moment de Pâques. L'action personnelle était importante pour être sauvé, ce qui a introduit la notion du rachat individuel. Un premier examen des sources présentes à San Gimignano n'a pas permis de retrouver des renseignements précis sur l'origine des confréries ainsi que leur rôle au XVe siècle; nous devons donc nous contenter de sources indirectes qui expliquent l'habillement des confrères, leur rôle au sein des fêtes religieuses et leur place dans les processions de San Gimignano[10].

10 Ces renseignements se trouvent dans un manuscrit conservé à la Bibliothèque de San Gimignano: Manoscritto 106, II, f. 47r-53v, Antonio Franzesi, *Memoria delle compagnie che sono state in San Gimignano fino al primo di maggio 1785 essendo state soppresse per motu proprio di S. A. R. del dì primo Marzo 1875.*

Chapitre II

Description des sources[1]

Site touristique par excellence, San Gimignano a inspiré, ces dernières années, les auteurs de nombreux guides. Sur le plan historique, les ouvrages majeurs traitent de l'histoire de l'antifascisme ou de la description des biens artistiques présents dans les églises du bourg.[2] Le manque d'écrits récents pour l'époque médiévale pose de nombreux problèmes, et oblige à travailler presque exclusivement sur les sources. En outre, l'étude de la pratique testamentaire d'un territoire aussi circonscrit, implique la volonté de rassembler toutes les sources encore existantes. Avant d'affronter l'examen des testaments, il est utile de comprendre ce que pouvait représenter cet acte pour un habitant de San Gimignano au XIVe siècle, quels éléments le notaire et le testateur devaient respecter afin que le document puisse être valable.

Aperçu historique de l'évolution du document[3]

Les populations germaniques ne connaissaient pas le testament romain, introduit chez les Goths par Théodoric. Nécessaire au possesseur de biens, au *pater familiae*, pour nommer son successeur et son héritier, le

1 Les noms des archives seront abrégés de la manière suivante: ASF, Archivio di Stato di Firenze, ASS, Archivio di Stato di Siena, ASV, Archivio Segreto Vaticano, ASCSG, Archivio storico e comunale di San Gimignano, BCSG, Biblioteca comunale di San Gimignano, BGV, Biblioteca Guarnacci di Volterra, AVV, Archivio Vescovile di Volterra, ACV, Archivio comunale di Volterra, AOI, Archivio dell'Ospedale degli Innocenti di Firenze.

2 Pour une bibliographie complète et détaillée de San Gimignano, se référer à l'excellent ouvrage de I. Gagliardi, A. Galli, F. Salvestrini, N. Titinnanzi (éd.), *Bibliografia di San Gimignano.*

3 Ces renseignements proviennent essentiellement de: J. Chiffoleau, *La comptabilité de l'au-delà,* V. Pasche, *Pour le salut de mon âme*, et L. de Charrin, *Les testaments dans la région de Montpellier au moyen âge* cités en bibliographie.

testament médiéval a subi de nombreux changements par rapport à la forme originelle romaine. Le premier, et le plus important, a sans doute été l'introduction des legs pieux. La présence de l'Eglise, dans un document notarial, se justifiait par la volonté de saint Augustin de faire du Christ un fils, et donc un héritier. L'ensemble des chrétiens, et en premier lieu les plus défavorisés, aurait dû bénéficier de cette générosité intéressée, puisqu'elle visait à la protection de l'âme.

Du VIIe au XIIe siècle environ, le testament a disparu dans toute l'Europe chrétienne. Comme le souligne Jacques Chiffoleau, ce phénomène est prouvé par la documentation provençale; en Italie la situation est semblable, même si la renaissance de la pratique testamentaire débute au XIe siècle. Le passage des biens d'une génération à l'autre s'est toutefois poursuivi, en respectant les normes de la succession *ab intestato*, couplée avec des donations *inter vivos*.

Le testament est devenu hybride: aux normes du droit romain, l'Eglise a ajouté un code respectant les exigences chrétiennes. A l'origine, le testament nuncupatif était dit devant un notaire et sept témoins, par une personne saine d'esprit, majeure, indépendante juridiquement ou qui avait l'autorisation d'exprimer ses dernières volontés. Le testateur[4] nommait son héritier universel, faisait la liste des bénéficiaires aussi bien religieux que laïcs, en réglant ainsi ses comptes avant de mourir. Toutefois, les décisions étaient révocables, soit en entier par la dictée d'un nouveau testament, soit en partie grâce au codicille.

Une grande innovation a été l'introduction de l'exécuteur testamentaire, comme institution au sens propre. Cette figure est née pour assurer l'accomplissement des legs pieux et, en ce sens, a reçu immédiatement l'appui inconditionnel de l'Eglise. Cette dernière avait même établi qu'en l'absence de la nomination expresse d'un exécuteur testamentaire, ou si celui-ci n'accomplissait pas son devoir avec diligence, le clergé local aurait eu le pouvoir de charger un de ses membres du respect des dernières volontés du défunt. Peut-être, justement à cause de l'attention portée à ce rôle, l'exécuteur testamentaire est assimilé souvent au fidéicommissaire, alors que ce dernier recevait des biens, avec l'obligation de

4 Pour des raisons pratiques, nous utilisons le terme «testateur», au masculin, il englobe cependant également les femmes.

les donner à une autre personne lors de sa mort[5]. Ces quelques considérations mettent en exergue un certain flou; on se réfère au droit romain, en modifiant certains aspects, comme les obligations concernant la publication et les témoins, pour les conformer à la réalité médiévale. En effet, le Code Justinien autorisait la publication du testament au maximum cinq jours après la mort du testateur; si parfois une note en marge confirmait la publication des testaments de San Gimignano, il s'agit essentiellement d'actes contenus dans les registres des notaires et non d'actes levés. En ce qui concerne les témoins, par contre, le respect de la loi était presque total, puisque les testaments, dans le bourg, étaient dictés devant au moins sept témoins et les codicilles cinq. Ces personnes, après la mort du testateur, étaient appelées à reconnaître les signatures et les sceaux; commençait ensuite la lecture de l'acte et l'exécution du testament.

L'expansion économique et démographique des XIIe et XIIIe siècles, accompagnée de l'augmentation des capitaux et du patrimoine, a permis le développement de la pratique testamentaire. Le document représentait une prise de conscience du pouvoir individuel, une expression de la nature humaine qui de manière personnelle réglait ses comptes à la fin de son existence. La propagande de l'Eglise et des ordres mendiants, en faveur des legs *pro anima*, a fait du testament un document essentiel de la vie du bon chrétien.

La peur de mourir intestat a été augmentée et a prévalu sur la terreur inspirée par le jugement universel, comme si la destinée individuelle pouvait supplanter l'importance du futur collectif. Dans ce climat conflictuel a lieu la découverte de la mort de soi, bien plus violente que la conception mystique, qui voulait l'insérer dans un mouvement général qui reconduisait aux ancêtres. Le déplacement vers la ville et l'éloignement des lieux d'origine, ont affaibli la cohésion familiale, pour laisser ouverte la porte aux peurs de l'individu, privé de ce lien rassurant.[6]

5 Pour une explication complète de ce rôle et son utilisation en Italie, consulter E. Besta, *Le successioni nella storia del diritto italiano*, pp. 180 et ss.

6 Le problème de l'éloignement des membres de la famille est bien plus net en ville. Ces considérations sont valables pour Florence et nettement moins pour San Gimignano, sauf pour les femmes qui ont épousé des hommes du bourg en quittant leur

Sans vouloir établir une frontière géographique ou chronologique de la pratique testamentaire, ces quelques considérations tendent simplement à montrer qu'elle se réduit fortement, jusqu'à disparaître, de l'époque carolingienne jusqu'au XIe siècle en Italie et au XIIe siècle en France méridionale. Ensuite, les testaments ont cohabité avec les actes de donation, et les successions *ab intestato*, enfin la pression de l'Eglise a permis sa propagation pour devenir, dès le XIVe siècle une typologie d'acte courant.

Ce que peut représenter le testament

Le document ne peut être réduit à un artifice littéraire, puisque, au-delà des limites imposées par le formulaire, il s'agit d'un acte volontaire, capable de traduire émotions et préférences. Les legs pieux, *amore dei*, assuraient le minimum vital aux pauvres et permettaient aux plus fortunés de respecter l'obligation morale d'entretenir cette catégorie.

La liberté individuelle était garantie par la possibilité de modifier ou révoquer le testament; toutefois, les raisons qui poussaient les habitants de San Gimignano, et non seulement eux, à dicter les dernières volontés, étaient multiples. Tout d'abord l'acte juridique, au sens strict, se confondait avec un geste solennel, qui outre l'aspect biographique, exerçait le rôle de *speculum vitae*. Pour cette raison le testament marquait les moments importants de la vie, comme par exemple un voyage. Toutefois la peur de mourir sur le champ de bataille, ou sur le chemin du pèlerinage, incitait, également malgré le parfait état de santé, la dictée des dernières volontés[7]. Vécu parfois comme une libération, le testament se confondait avec la confession et pouvait par exemple révéler l'existence d'enfants illégitimes[8]. En fin de vie, la crainte du jugement des hommes diminuait, au profit de la peur du jugement divin. A l'ouverture de la succession, le

famille qui vit ailleurs. Cela sera toutefois analysé dans la section dédiée spécifiquement aux femmes.

7 Cette problématique sera affrontée de manière plus détaillée dans la section consacrée à la santé des testateurs.

8 Comme nous le verrons dans la quatrième partie avec la famille Cortesi.

défunt pouvait effacer les torts, régler les affaires en suspens. L'exécution de ses dernières volontés représentait l'accomplissement de son dernier acte social, sa voix résonnait une dernière fois et pouvait décider, en partie du moins, du futur de ses proches. L'institution de l'héritier évitait la fragmentation des terres, tandis que les clauses restrictives pouvaient modifier la situation économique de la famille, ainsi que l'utilisation des biens.

Le notaire devenait alors autant un confesseur qu'un homme de loi, avec l'unique différence de devoir rendre public le contenu de la «confession» reçue. Les marchands et les banquiers, qui avaient passé la plus grande partie de leur existence à faire fructifier leur patrimoine, tentaient par le biais de ce dernier acte de contrebalancer un peu les erreurs et de faire ainsi preuve de charité et de miséricorde. Le testament permettait de réparer les fautes en se rapprochant de nouveau de la morale chrétienne. Jusqu'à la moitié du XIIe siècle, l'acte notarié assumait un nombre limité de fonctions, qui consistaient à légaliser les transports des biens-fonds et garantir la propriété du sol. Dès le XIIIe siècle l'acte notarié s'interpose entre les hommes dans tous les aspects de la vie économique et sociale; l'évolution de l'utilisation du testament s'inscrit parfaitement dans ce contexte.

En choisissant le lieu de sépulture, les marchands ou les voyageurs pouvaient demander à être enseveli auprès de leur famille, pour éviter de se retrouver seuls dans la tombe. Si cela était impossible, les testateurs tentaient, par l'intermédiaire de nombreuses messes et autres actes pieux, de minimiser l'inconvénient et recréer ainsi artificiellement des liens de sang. En effet, le transport du cadavre posait de nombreux problèmes techniques et avait été d'ailleurs interdit par Boniface VIII[9].

L'heure de la mort est incertaine, de nombreux testaments insistent sur cette situation qui exige alors une préparation constante; bien vivre,

9 Le problème des voyageurs sera traité dans la section consacrée à la santé des testateurs; en effet, ces documents sont particuliers puisque les testateurs ne se sentent pas réellement en fin de vie, mais simplement exposés à un danger éventuel. Il serait en outre intéressant d'étudier les testaments des personnes originaires de San Gimignano vivant dans d'autres villes ou pays; ce travail se limite cependant à la pratique testamentaire à San Gimignano et il aurait été impensable, dans ce cadre qui se veut précis, d'étendre encore la recherche.

signifiait au XIVe siècle, bien se préparer à la mort. Quel meilleur moyen que de dicter ses dernières volontés?

Nouvelles attitudes face à la mort

La mort, du point de vue spirituel, correspondait et correspond toujours, à un passage. L'Eglise a donné une explication à la fin de la vie terrestre, en instaurant une sorte de rituel qui caractérisait les derniers instants. Le prêtre se rendait auprès du mourant pour écouter sa confession, lui donner la communion ou simplement pour le bénir. Ces gestes permettaient au malade de mourir en paix avec les hommes et avec Dieu et le testament est devenu alors le juste corollaire de cette pratique. En y voyant un intérêt économique évident, l'Eglise est devenue le principal promoteur de ces actes; les membres du clergé ou des ordres mendiants pouvaient accompagner le mourant et le convaincre de faire preuve d'une plus grande charité, ce qui soulève le problème des pressions que pouvait subir un testateur. D'un autre côté, le développement de la pratique testamentaire a permis à l'individu une meilleure prise de conscience de sa propre destinée, de son corps devenu cadavre puisque la dictée des dernières volontés incluait également des dispositions qui concernaient exclusivement le corps. La démarche religieuse s'associait alors à des préoccupations concernant l'image du corps.

L'équilibre entre naissance et mort a été mis sérieusement en péril par les épidémies et les famines qui ont affligé San Gimignano au XIVe siècle. Le formulaire initial s'est transformé de manière significative et ces changements sont perceptibles à partir de 1340 environ[10], alors que les problèmes ont commencé dès 1320, avec des mauvaises récoltes, qui ont engendré le début d'une catastrophe pour le système économique. Les troubles provoqués par les épidémies de peste, les guerres et les famines ont également crée de nombreux problèmes aux autorités. A Florence, par exemple, le gouvernement avait décidé la confiscation des biens des

10 Ce phénomène est présent partout avec des différences chronologiques parfois importantes comme le montrent les travaux de J. Chiffoleau cités en bibliographie.

morts sans héritiers, jusqu'au huitième degré de parentèle. Cependant, les gens fortunés fuyaient souvent la ville et ses dangers, pour se réfugier à la campagne et, une fois le danger passé, revenaient en ville et demandaient les héritages qui leur appartenaient de droit. Les autorités compétentes devaient donc établir la raison de chacun et rendre éventuellement ce qui avait été illégalement confisqué; pour ce faire, il existait des officiers qui s'occupaient exclusivement de cette tâche[11]. La décision d'instaurer une charge supplémentaire signifie clairement que les problèmes étaient énormes, mais également que les autorités de Florence voulaient les résoudre de la meilleure manière possible.

11 A. B. Falsini, *Firenze dopo il 1348. Le conseguenze della peste nera*, pp. 442-43.

Chapitre III

La provenance des sources

Cette étude porte sur près de mille documents, essentiellement des testaments.[1] Cependant, comme l'acte devient exécutoire au moment de la mort du testateur nous pouvons nous interroger sur le véritable respect des dernières volontés et ce, en lisant les actes concernant l'ouverture de la succession. De plus, quand ils considéraient avoir été lésés, les héritiers intentaient des procès à d'autres membres de la famille ou à des institutions religieuses; ces litiges donnent aussi de précieuses informations sur la pratique testamentaire.

Le repérage des documents médiévaux en Toscane n'est pas une tâche aisée, puisque les chercheurs sont en général confrontés au problème de la dispersion des sources. Bien que six villes et neuf archives contiennent des documents relatifs à la pratique testamentaire de San Gimignano, la plus grande partie des manuscrits provient toutefois de l'ASF.

Les notaires et leurs registres

La source principale et également la plus fiable sont les actes contenus dans les minutiers. En Toscane, ils ont été regroupés en grande partie à Florence mais la méthode de classification rend la tâche difficile. En effet, les notaires ont été classés d'après leur lieu de naissance qui ne correspond malheureusement pas toujours au lieu d'activité. Le métier impliquait de nombreux déplacements dans les campagnes; les notaires

1 Il s'agit précisément de 752 testaments et codicilles auxquels s'ajoutent 218 autres documents qui nous renseignent sur l'exécution des testaments et sur la valeur des masses successorales.

étaient alors arrêtés par les personnes qui avaient besoin de leurs services[2].

Lorsque le taux de mortalité était élevé, l'accès à la profession devenait plus aisé, les successions augmentaient et les notaires disponibles jouissaient d'une position enviable. Certaines personnes en profitaient pour exercer sans être inscrites dans le registre de la corporation, obligeant ainsi les autorités à intervenir, afin de remettre de l'ordre dans une situation devenue chaotique. Le Statut de l'Art des notaires de San Gimignano de 1347 établissait que les notaires qui n'étaient pas immatriculés n'avaient pas la possibilité de s'exprimer lors de l'assemblée générale des notaires. En outre, leurs actes n'étaient pas authentiques et ne pouvaient être utilisés dans l'enceinte d'un tribunal. La deuxième édition des statuts, de 1372, à la rubrique VIII, demande aux notaires d'ajouter leur seing manuel à la signature lors de l'immatriculation, comme précaution supplémentaire. Une légitimation ultérieure sera, la *«figura domini Rolandini doctoris legum super cattedra qui aula dicte nostre artis fuit»*, sur le sceau de l'Arte[3] et c'est justement Rolandino Passeggeri qui, dans sa *Summa totius artis notariae*, donne un conseil important au notaire qui transcrit les dernières volontés d'un client: *«non solum notarius debet dare consilium pro corpore sed etiam pro anima»*.[4] L'influence du notaire sur le contenu des actes pouvait être importante; le testateur devait faire preuve de caractère et avoir les idées claires quant à ses intentions: lors de la dictée il était confronté à la personnalité du notaire mais aussi à celle des témoins et des curieux qui pouvaient assister à la dictée[5]. Il est légitime de se demander dans quelle mesure le contenu du testa-

2 La vie des notaires est très bien expliquée par O. Redon, dans son article sur l'hôpital Santa Maria della Scala à Sienne, publié en 1975 in «Ricerche Storiche». Dans la deuxième moitié du XIe siècle, cette institution, utilisait les services de six notaires. Leur tâches étaient diverses, selon les besoins de l'hôpital, mais si les actes étaient généralement rédigés à Sienne, souvent les notaires devaient se déplacer dans la campagne. S'ils bénéficiaient d'un rapport particulier avec l'hôpital, étant nommés *confrater*, leur contrat prévoyait toutefois l'obéissance à l'hôpital pendant toute la période d'activité.

3 BCSG, Manoscritto 66.

4 Cité par A. Rigon, *I testamenti come atti di religiosità pauperistica*, p. 459.

5 Le testament, en tant qu'acte public, pouvait être entendu par toute personne qui se rendait près du testateur au moment de la dictée.

ment reflète la volonté du testateur et lui permet d'exprimer ses désirs. Comme le souligne Pierre Toubert:

> les préambules des actes privés et, en particulier, des donations pieuses et des legs *pro anima* [...] nous rapportent quelques renseignements sur la sensibilité de la famille [...] Si, en effet, les formulaires courants, produits insignifiants de l'écriture automatique des notaires, sont sans intérêt, il n'en va pas de même pour les formules insolites que l'on peut rencontrer. S'écartant des stéréotypes connus, ces dernières traduisent à l'évidence la volonté expresse du donateur[6].

Les notaires devaient pouvoir écrire correctement et avoir de bonnes notions de grammaire, afin de rédiger des actes conformes[7]. Ils étaient d'abord d'autorité impériale, puis dès 1280, ils pouvaient également être d'autorité épiscopale; la première catégorie est restée toutefois d'une majorité écrasante. D'ailleurs, le Collège des notaires et des juges était le plus nombreux et, afin de réglementer au mieux les nouvelles entrées, il existait un livre spécial, appelé des *matricole* où les nouveaux admis avaient l'obligation de s'inscrire. Cette procédure impliquait l'admission du Conseil de l'Art ainsi que le paiement de 3 lires.

En période d'épidémie, la profession devenait plus rentable, même si elle était certainement beaucoup plus dangereuse. Les compensations économiques et sociales ayant des limites, le danger de la contagion avait poussé de nombreux notaires à fuir les villes en période de peste. Une précaution moins radicale consistait à rédiger les actes en plein air, en demandant des sommes plus élevées lorsqu'il fallait se rendre dans la maison d'un malade: le 10 septembre 1530, Antonia de Montepulciano servante de feu Giovanni Gamucci, dicte ses dernières volontés[8]; elle est malade et demande que son corps rejoigne celui de son fils, récemment disparu, et désire donc être ensevelie dans le même tombeau. D'autres documents confirment une épidémie de peste environ deux ans avant, la situation n'était donc pas tout à fait rentrée dans l'ordre. D'ailleurs, le

6 P. Toubert, *Les structures du Latium médiéval et la Sabine du IXe siècle à la fin du XIIe siècle*, Rome, 1973, p. 709.

7 La rubrique 44 du Livre I des Statuts de 1255 précise que San Gimignano cherche *unum bonum notarium, qui sciat bene grammaticam, et bene scribere.*

8 Au-delà de l'intérêt représenté par cet exemple, il a été choisi également pour montrer que le testament n'était pas une prérogative des gens fortunés. Le document se trouve également à Florence, ASF, NA 14484.

notaire Cosimo Montigiani semble avoir peur d'être contaminé; Antonia dicte ses dernières volontés dans le quartier de San Matteo, dans la rue du *Forno*, mais le notaire reste devant l'habitation dudit feu Giovanni Gamucci, où se trouvait Antonia, pour minimiser le risque de contagion[9].

L'augmentation des épidémies pendant la saison chaude impliquait un plus grand nombre de testaments, toutefois la reprise du commerce au printemps, provoquait une première augmentation de l'activité. Les testateurs étaient parfois des notaires, pour eux se posait le problème de la continuité de l'activité, souvent reprise par les enfants. Lors de situations particulières, il était possible de considérer valables les *imbreviature*[10] faites par un notaire et rédigés ensuite par un autre[11].

Les notaires de San Gimignano

Les problèmes liés à la récolte des sources et les difficultés résultant de la classification des documents ont été partiellement résolus grâce aux Statuts de l'Art des Notaires de San Gimignano, comprenant les statuts de 1347 à 1525[12]. Les feuillets 13 à 19 réunissent le statut de 1347, ap-

9 Dans son testament, Giovanni Gamucci avait laissé l'usufruit de sa maison à sa servante; nous pouvons constater ici le respect des dernières volontés du testateur. (ASF, NA 11928 f. 78-79).

10 Il s'agit des minutes des notaires.

11 Les statuts de San Gimignano de 1255, ainsi que ceux de 1314 prévoient que *unusquisque notarius imbreviaturas suas vel sibi ab alio commissas alteri notario in ultima voluntate, vel inter vivos possit commictere publicandas, et ille cui commisse fuerint, eas expleat et publicet iuxta formam quam ille qui imbreviavit, tenere in similibus consuevit; vel si nulla commissione de suis imbreviaturis, et sibi commissis facta decedere notarium quemquam contigerit, potestas et consilium Sancti Geminiani alicui notario complendas et publicandas commictat iuxta modum ab imbreviante detentum; et que ab ipso notario, cui commisse fuerint extiterint publicate, proinde valeant ac si ille, qui imbreviavit, publicasset easdem; et ea intelligatur sine alia probatione fuisse forma imbreviantis secundum quam ille, cui facta fuit commissio complevit et publicavit instrumentum; et etiam de imbreviatura detur ei fides, quod ipsius notarii fuerit, a quo in subscriptione sua dixerit imbreviatam fuisse; et hoc capitulum valeat tam in preteritis, quam futuris* (rubrique 72, quatrième partie).

12 BCSG, Manuscrit 66.

prouvé le 22 février par tous les notaires inscrits à la corporation, il est composé de vingt-cinq rubriques et dédié à la Vierge Marie et à San Gimignano sans aucune référence à un souverain ou à un prince, ni d'ailleurs au pape. Au début se trouvent le nom du Podestat et du Capitaine, suivent les rubriques relativement brèves. La première établissait que l'université des notaires devait avoir à sa tête un recteur choisi parmi les habitants de San Gimignano, d'au moins trente ans, avec un revenu supérieur à 200 lires et exerçant son activité depuis au moins cinq ans. Toute une série de rubriques détaillent les sommes qu'il est possible de demander pour les différents actes. Un testament coûtait de dix sous à vingt-cinq lires. Tout dépendait de la fortune du testateur ainsi que des bénéficiaires; en effet plus les héritiers étaient des parents éloignés, plus le testament était cher[13]. Le statut se termine par la phrase *«Infrascripti sunt omnes et singuli notarii terre Sancti Geminiani et eius districti existentes in matricula notariorum terre Sancti Geminiani et qui ad presens artem notarie operantur nomina quorum sunt hec»*; suivie de quatre-vingt-neuf noms. Cette longue liste confirme que la profession était souvent héréditaire, puisque de nombreux notaires portent le même nom de famille[14]. Ces signatures sont particulièrement intéressantes, parce que les registres de San Gimignano de la moitié du XIVe siècle manquent à Florence. Les documents encore existants[15] se trouvent en grande partie à Volterra, aux archives de l'évêché, cependant mons. Mario Bocci, archiviste dudit lieu, refuse aux chercheurs l'accès à ces précieuses sources[16].

Parfois nous connaissons un notaire, non pas à l'aide d'un de ses registres, mais grâce à un parchemin, une copie intégrale ou partielle d'un testament, voulue souvent par une institution religieuse qui faisait partie des bénéficiaires.

13 BCSG, Manuscrit 66, f. 19.

14 Par exemple les frères Michele et Giovanni Gerini; Francesco et Tedice de ser Vanni; Lorenzo et Bernardo de Lapo Bonfigliolo, Nicola et Piero de Muzzio Buonfigliolo; Pietro et Michele de Muzzio Boninsegna.

15 La perte de documents pour cette période est estimée environ à 60%.

16 Les registres ont été partiellement vus il y a plus de quarante ans par E. Fiumi et c'est à travers ses articles et ses livres (cf. les références bibliographiques) qu'il est possible de se faire une idée de la situation.

Les notaires suivants sont présents dans la liste de 1347 et nous avons au moins un parchemin rédigé par eux: ser Angelo Ghetti[17], Ypolitus Mini[18], Piero Ghelli[19], ser Torello de Geraldi[20], ser Jacopo Benvenuti[21], ser Giovanni de Gerini[22], ser Lapo Landi[23], ser Locci de Ranieri[24], Michele Bottacci[25], ser Tommaso de ser Neri[26] et Bartolo de Venture[27].

Membre d'une des plus importantes familles de San Gimignano, Francesco Useppi est un des rares notaires de la moitié du XIVe siècle dont les registres sont consultables. Il avait souscrit les statuts de 1347, ce qui paraît logique puisque les registres couvrent la période 1345-1347. La majorité des actes du XIVe siècle provient toutefois des registres de Ranieri de ser Boninsegna, mais ce notaire était déjà mort en 1347; les noms de Muzzio, Pietro et Michele de Boninsegna, confirment alors la tradition notariale de la famille.

La recherche de la continuité familiale de l'activité notariale a été faite en marge de l'analyse des documents, simplement pour offrir une vue d'ensemble de la représentativité des sources en ces années difficiles. Une étude plus attentive de ces statuts, en parallèle avec les données du Notarile Antecosimiano de l'ASF, serait toutefois souhaitable.

Les différentes rubriques fournissent également des renseignements sur l'*universitas notariorum* qui apparaissait officiellement et publique-

17 ASF, Diplomatico del Comune di San Gimignano et ASV, Fondo Toscano de 1329 à 1362, dans le Diplomatico il y a également son fils Agostino qui rédige un testament en 1363.

18 Rédige un testament en 1374, ASF, Notarile Antecosimiano.

19 ASS, Diplomatico en 1348; dans le document il est avec son frère Pepus.

20 ASF, Diplomatico en 1348.

21 ASF, Diplomatico en 1334; dans le document de 1347 il est avec son fils Bartolomeo qui a rédigé un document en 1348.

22 Rédige un testament en 1348 conservé in ASV, Fondo Toscano; en 1347 il signe à côté de son frère Michele.

23 ASF, Diplomatico en 1348; en 1347 nous avons les signatures de Giovanni de ser Lapo Landi, probablement son fils.

24 ASF, Diplomatico en 1358.

25 ASF, Diplomatico en 1348.

26 ASF, Diplomatico de 1346 à 1348.

27 ASF, Diplomatico en 1348; en 1347 il est avec Lorenzo Venture. De plus, un document de la Biblioteca Guarnacci de Volterra a été rédigé par Bono de ser Andrea Venture et un autre par Francesco de Venture en 1343.

ment en deux occasions, tout d'abord pour accompagner un des membres lors de ses funérailles, ensuite, le jour de la fête de San Gimignano. Ses membres prenaient part à la procession organisée le jour de la fête du saint patron dans laquelle chacun portait un cierge votif à sa droite.

Les dispositions du Statut ne se contentent pas de définir les normes de l'activité des notaires, mais s'occupent également du rôle social de la corporation. La rubrique cinq du Statut de 1372 contient une disposition qui va dans ce sens[28] qui confirme dès cette date la présence à San Gimignano d'un avocat et d'un procureur élus pour s'occuper des personnes pauvres, définies *miserabili*. L'existence de cette clause, qui paraît extrêmement moderne n'implique pas son utilisation de manière courante ni son application effective[29].

Les documents utilisés

L'ampleur et les dimensions des registres sont variables, cependant le contenu moyen est de 250 actes[30]. Le pourcentage de testaments par rapport à la masse totale de documents est minime, la moyenne dépasse légèrement le 1%; cependant, en considérant uniquement les registres qui contiennent au moins un testament, la moyenne de ce type d'acte représente le 10% du total. Ces simples calculs mettent en évidence une certaine spécialisation des notaires, qui se perfectionnaient dans un domaine ou l'autre du droit.

Certains notaires s'occupaient essentiellement d'actes concernant la famille, comme les testaments, les mariages ou les émancipations. Le meilleur exemple du XIVe siècle est la production de ser Ranieri de ser Boninsegna, qui a rédigé quarante-six des quatre-vingt-quatre testaments retrouvés pour la période 1271-1333. L'activité de Pierandrea Gamucci

28 Ces feuillets ont été mis au début du volume par erreur, lors de la compilation des sources et ce statut occupe les feuillets 1 à 8.

29 Pour de plus amples renseignements sur ce problème, se référer à l'article de L. Zdekauer, *Sugli Statuti dell'Arte dei Giudici e Notai di San Gimignano (1347-1525)*.

30 Cette moyenne a été faite après la consultation de 516 registres.

était différente: dans ses deux registres du début du XVIe siècle il n'y a que des actes judiciaires, des procès pour différents actes criminels. La division n'est pas toujours aussi évidente, même si une tendance plus ou moins nette vers l'un ou l'autre domaine est souvent perceptible. En dernier lieu, le fait d'avoir choisi des exemples éloignés chronologiquement montre la continuité de cette pratique.

Les sources sont difficilement repérables et elles peuvent être parvenues jusqu'à nous en plus ou moins bon état; les Archives de Florence ayant subi une alluvion de l'Arno en 1966, de nombreux documents ont été endommagés par l'eau et la boue. Au-delà des problèmes de conservation, les difficultés de lecture et d'interprétation découlent souvent d'une calligraphie peu soignée qui caractérisait certains notaires, particulièrement dès la deuxième moitié du XVe siècle[31]. Toutefois, deux registres essentiels à l'étude de la pratique testamentaire au XVe siècle présentent un bon degré de conservation, ainsi qu'une présentation tout à fait acceptable. Il s'agit des minutiers de Michele Gentiluzzi et de Stefano Gentiluzzi, qui couvrent les années 1400-1479 et ne contiennent que des testaments. Notaires par tradition familiale, les Gentiluzzi sont les seuls à avoir rassemblé tous les testaments dans des registres à part. Cette pratique sera courante au XVIIe siècle, il existe en effet, pour le Notarile Moderno, des registres constitués exclusivement de testaments. Pour la tranche chronologique examinée ici, la composition des registres ressemble généralement à la production d'Andrea Topi. Neuf registres sont encore aujourd'hui consultables et témoignent de son travail de 1374 à 1430, ce qui représente plus de deux mille feuillets d'actes divers, dont la moitié a été rédigée à Poggibonsi[32]. Cependant un examen attentif a permis de retrouver vingt-trois testaments d'habitants de San Gimignano, ce qui est considérable compte tenu du nombre réduit de sources pour le XIVe siècle[33].

31 Le problème se pose essentiellement pour les registres appelés *bastardelli*, calepins où les notaires écrivaient l'essentiel des actes qui devaient être ensuite recopiés dans les registres en respectant en outre le formulaire.

32 Poggibonsi se situe à environ huit kilomètres de San Gimignano.

33 Florence, ASF, Notarile Antecosimiano 20351, 20352, 20356 et 20357.

Les autres sources

L'ASF et l'ASS conservent de nombreux parchemins voulus par la commune ou par des institutions religieuses et caritatives de San Gimignano. Ces sources, repérables dans le fonds appelé Diplomatico, représentent un complément important aux registres des notaires. En effet, il s'agit de copies intégrales ou partielles de testaments, que l'autorité laïque ou une institution bénéficiaire désirait avoir. Ces actes sont authentiques et ils portent la signature du ou des notaires qui ont effectué la copie; une plus grande vigilance est nécessaire quand il s'agit d'une copie partielle. La consultation de ces fonds s'est révélée particulièrement utile pour les années centrales du XIVe siècle, quand les registre de notaires à Florence faisaient défaut[34].

Aux Archives de Sienne, sont conservés les actes complets demandés par l'administration communale de San Gimignano, soit une vingtaine de parchemins. Par contre les documents de l'hôpital de Santa Fina et du monastère de Santa Chiara sont des copies, du reste également présentes à San Gimignano.

Si une partie des documents du couvent de Sant'Agostino avaient été publiés, le reste se trouve au Vatican, tout comme les sources concernant le couvent franciscain[35].

L'hôpital de Santa Fina avait une grande importance pour l'assistance des pauvres et des pèlerins, mais dès le milieu du XIVe siècle, un autre hôpital occupe une place importante à San Gimignano: l'Ospedale di Santa Maria della Scala qui venait en aide aux enfants abandonnés; pour cette raison il a été ensuite assimilé à celui des Innocenti de Florence[36].

34 L'hôpital de Santa Fina se trouve sous le nom de Spedale di San Gimignano et les dominicains, sous le nom de Santissima Annunziata ou Domenicani di San Gimignano.

35 Cependant, ce ne sont pas les seuls documents de San Gimignano, puisque également les parchemins des couvents de San Francesco, San Girolamo et Santa Caterina sont conservés au Vatican, ASV, Fondo toscano. La découverte de ces sources a permis un meilleur équilibre du corpus documentaire, puisque dans chaque fonds nous trouvons des testaments particulièrement favorables à l'institution qui en demande une copie.

36 C'est d'ailleurs en ce lieu que se trouve la documentation relative à l'hôpital de San Gimignano, amplement étudiée par Lucia Sandri. D'ailleurs, outre ce qui a été déjà

L'importance de cette institution n'a cessé de croître; après quelques années d'activité, les habitants du bourg témoignaient leur confiance à l'hôpital par le biais de legs pieux, mais également en lui confiant l'exécution de leurs dernières volontés.

Les historiens qui s'intéressent à San Gimignano sont certainement tributaires d'Enrico Fiumi, ses études sur l'histoire économique et sociale offrant une base solide. Dans un article, il traite spécifiquement du problème du prêt à usure au XIVe siècle et se sert en particulier des documents des archives de l'évêché de Volterra, en citant trois notaires et un protocole contenant des testaments. Toutefois, son étude ne concernait pas directement la pratique testamentaire, d'autres documents pourraient donc être conservés au même endroit[37]. Volterra est néanmoins le siège de la Biblioteca Guarnacci, où se trouve également l'Archivio Comunale. Parmi les nombreux actes concernant San Gimignano se trouvent quatre boîtes de feuillets qui contiennent les transcriptions faites par Mons. Guanico Giuseppe Maiani de parchemins de l'AVV qui compensent, en partie du moins, l'impossibilité d'accéder directement à ces sources[38]. Dans ces feuillets se trouve également la confirmation d'un registre *«fatto a quinterni con coperte di cartapecora segnato di lettera A e di carte 166, contenente testamenti di San Gimignano»*, conservé à l'AVV[39].

La valeur des sources postérieures

Les sources postérieures sont des copies des XVIIe et XVIIIe siècles, faites habituellement par des membres du clergé ou des moines. La difficulté réside dans l'évaluation de la conformité de ces copies avec les originaux. Un des testaments les plus intéressants du XIVe siècle est ce-

---

mis en évidence par l'historienne, bien peu de nouvelles choses ont pu être trouvées. Il n'y a pas de nouveaux testaments entiers et originaux, au-delà de ce qui a déjà été étudié.

37 L'article est contenu dans la publication de 1983. Malheureusement, tant qu'il y aura des problèmes d'accès à l'AVV, la question restera irrésolue.

38 Ces documents sont couramment appelés transcriptions Maiani.

39 La description se trouve dans le document, ACV LIII 4-2, il s'agit du numéro 138.

lui du recteur de l'hôpital de Santa Fina, Matteo Dinucci Albiani, dicté en 1389 et conservé dans le registre numéro treize de l'hôpital[40]. A San Gimignano, il en existe également une copie, mais l'original contient des dispositions très précises que le copiste omet[41]. La copie réduit le document à un quart et le premier legs pieux concernant une chapelle, que le testateur désire faire construire dans l'église principale, est pratiquement oublié. Si le testament est une source à utiliser avec prudence, ce n'est qu'en marge de l'analyse que ces documents peuvent être pris en compte; en effet, l'original contient déjà des variations, par rapport à la pensée du testateur, la copie ajoute un philtre supplémentaire qui défigure parfois la source. Une seule comparaison ne peut discréditer tous les documents, cependant la plus grande prudence est nécessaire.

A San Gimignano, à côté de la paroisse, existe l'Archivio della Collegiata, qui était en phase de restructuration au moment de la recherche des sources. Une brève visite a toutefois permis la vision de deux registres qui contiennent des copies de testaments dès la fin du XIIe siècle[42]. Le Codice Marsili et le Codice Moronti justifieraient une recherche parallèle, afin de déterminer le degré de fiabilité de ces documents[43].

A San Gimignano, la bibliothèque et les archives communales conservent d'autres documents, utilisés pour mener à terme cette recherche. Tout d'abord le manuscrit 106, mélange de documents divers du XVe au XIXe siècle, où se trouvent entre autres des renseignements complémentaires sur les institutions religieuses et les confréries. La description de l'église de San Francesco et de ses tombes se termine par le *Liber cimiterii*; il s'agit malheureusement d'un document de 1298[44]. Utile également

40 Ce registre est essentiellement composé de copies, le testament original a été ajouté (ASCSG, Ospedale di Santa Fina 13).

41 ASCSG, Ospedale di Santa Fina 14.

42 Il n'y a pas d'originaux et les documents de ces deux registres ont été vus très rapidement, grâce à l'aide et à la complicité de Madame Jole Vichi Imberciadori, habilitée à consulter les documents lors de la réorganisation de la structure et qui m'a accompagnée sur place.

43 Le codice Moronti est en réalité une copie du codice Marsili; dès l'ouverture de ces archives il serait donc intéressant de reprendre l'étude de ces sources.

44 Les documents relatifs aux confréries ont été partiellement décevants, puisqu'on décrit brièvement le siège de chacune avec les reliques contenues, ainsi que l'habillement des confrères et leur position lors des processions. Nous n'avons par contre

le fond de l'hôpital de Santa Fina et surtout les registres treize, quatorze et quinze, qui outre des renseignements sur l'hôpital, contiennent des copies de testaments, toujours à utiliser avec prudence, mais également le registre du notaire Leo Bindi Ruggerotti du XIVe siècle[45].

La bibliographie

L'interprétation des sources ne peut se faire qu'après avoir établi le contexte dans lequel elles ont été produites. San Gimignano a inspiré récemment bien plus les auteurs de guides touristiques que les historiens du moyen-âge; les recherches se sont en outre concentrées sur le patrimoine artistique.

Après la soumission à Florence et le déplacement du tracé de la Via Francigena, San Gimignano a perdu une partie de son intérêt économique et stratégique, qui a laissé la place au développement d'une activité artistique, dont les joyaux sont encore visibles aujourd'hui. La réalisation de telles œuvres impliquait l'utilisation d'importantes sommes d'argent qui n'étaient plus seulement le fruit du commerce, mais provenaient essentiellement du revenu de privilèges ecclésiastiques.

La précieuse *Bibliografia di San Gimignano*, œuvre complète qui réunit tout ce qui a été écrit sur ce célèbre bourg, facilite le travail de la recherche bibliographique. La préface souligne le problème du manque d'études récentes pour la période médiévale, puisque nous devons encore faire référence à l'ouvrage du chanoine Pecori publié en 1853[46], et aux publications d'Enrico Fiumi sur San Gimignano et Volterra. Cet histo-

---

aucun renseignement sur leur organisation interne. Les confréries partiellement étudiées dans la région, par Charles-Marie de La Roncière, semblent avoir un développement différent à San Gimignano. Chaque couvent masculin avait sa propre confrérie, qui s'occupait entre autres choses de la *cura animarum*. Une étude appropriée serait donc du plus grand intérêt, en admettant que la documentation existe encore.

45 Les actes du notaire sont contenus dans le registre numéro quinze.

46 Le problème principal de cet ouvrage est le manque d'objectivité et de rigueur scientifique, puisque il n'est pas toujours possible de remonter aux sources qui ont permis l'élaboration de son ouvrage.

rien, à travers un examen attentif du Cadastre mais également de *l'Estimo* reconstitue le cadre économique et social, avec des considérations très utiles sur les professions ou la richesse des habitants[47]; de nombreuses publications récentes ont par contre traité la période antifasciste et l'histoire récente de San Gimignano[48].

L'étude de la pratique testamentaire en Valdelsa est un terrain relativement vierge; toutefois l'abondante bibliographie sur le sujet représente une aide considérable que ce soit dans l'interprétation des divers aspects du testament (religieux, juridique et social) ou dans la compréhension du contexte historique dans lequel les données s'insèrent.

En effet, si le testament est un acte voulu par une personne vivante qui pense à sa mort, quelle était l'idée que les testateurs de San Gimignano du XIVe et XVe siècle pouvaient se faire de cet événement? Bien qu'il soit impossible d'avoir des certitudes dans ce domaine, il est toutefois intéressant d'affronter le problème et essayer de mieux saisir l'enjeu[49].

L'aspect juridique est également touché par l'étude des testaments; un examen des statuts de San Gimignano et une intégration des aspects manquants avec la législation florentine a permis de retracer les bases légales qui encadraient la pratique testamentaire[50].

L'aspect le plus intéressant est toutefois celui de la gestion patrimoniale des biens au sein d'une famille; ce genre d'étude a été entrepris il y a quelques années par Christiane Klapisch-Züber, avec une attention particulière à la place qu'occupaient les femmes dans la société florentine[51].

47 La bibliographie de San Gimignano permet de retrouver des articles intéressants difficilement repérables, puisqu'ils ont été publiés dans des revues du XIXe siècle ou au début du XXe siècle. Ces problèmes ont été notamment soulevés par D. Balestracci dans la préface de la *Bibliografia di San Gimignano.*

48 Sans oublier la publication de G. Casali, *San Gimignano. L'evoluzione della città tra XIV e XVI secolo*, Firenze, 1998, qui permet de mieux comprendre l'évolution de San Gimignano après la soumission à Florence. L'étude se base sur un examen attentif du Cadastre.

49 Voir les écrits de M. Vovelle, ainsi que la très intéressante analyse proposée par A. Tenenti *Il senso della morte e l'amore della vita nel Rinascimento.*

50 Très utile dans ce sens la thèse de L. De Charrin, *op. cit.*

51 Pour de plus amples détails, consulter les ouvrages mentionnés en bibliographie.

La division des sources

Les groupes chronologiques

Cette étude, par le regroupement des sources en trois ensembles, essaie de pallier l'inconvénient des études sérielles, tout en basant l'analyse sur un nombre important de documents. La décision de scinder les premières années du XIVe siècle est due à la standardisation des documents en cette période. La perte d'actes relativement substantielle, couplée à une diffusion de la pratique testamentaire encore toute relative, a permis d'inclure dans ce groupe les années de la première épidémie de peste. Ce premier groupe englobe donc les années 1299-1369 et contient 158 documents. Les cent ans successifs constituent le deuxième groupe, avec une représentativité croissante, vu la diminution de la population après la crise des années centrales du XIVe siècle. En effet, malgré la réduction de près de 60% du nombre d'habitants, le second groupe contient 245 testaments. Le dernier groupe englobe les années 1470-1530 et est composé de 327 testaments sur une période de soixante ans, ce qui augmente le degré de fiabilité des résultats de l'analyse puisque, si l'épidémie de 1348 doit être perçue comme un moment tragique de forte diminution de la population, celle-ci ne cesse de décroître tout au long du XVe siècle. De plus, les sources du troisième groupe proviennent presque exclusivement des minutiers, ce qui élimine tous les problèmes relatifs aux sources partielles, ainsi qu'aux copies[52]. En dernier lieu, les habitants de San Gimignano ont eu le temps de s'habituer au testament et peuvent s'exprimer plus librement ou, du moins, ils ont pu réfléchir à leurs dernières volontés avant de les dicter, puisque c'était devenu le moyen usuel de disposer de ses biens non seulement en cas de maladie, mais également pour acquérir un sentiment de tranquillité face à une mort soudaine. Peut-être, justement à cause de ces changements, les testaments deviennent de moins en moins des actes à caractère religieux; ce problème sera cependant affronté ultérieurement dans son ensemble[53].

52 Les parchemins contenant les copies existent, ils se sont bien entendu révélés inutiles.

53 Cette question sera traitée dans le chapitre consacré à l'évolution des legs pieux.

Dorénavant la terminologie de premier, deuxième et troisième groupe, se référera à ces divisions chronologiques, qui mettront en évidence l'évolution du document et des choix des testateurs. Il est clair, qu'outre une relative homogénéité, certains testaments méritent une attention particulière; pour cette raison ils seront cités en marge, afin de compléter l'approche sérielle.

Chapitre IV

La forme du document

Pour le droit romain, le testament permettait à un possesseur de biens d'instituer un héritier. L'intervention de l'Eglise, dans l'élaboration du document médiéval, a créé de nombreux changements dans la forme même du document. L'introduction des legs pieux, de la recommandation de l'âme et des dispositions pour les funérailles donne une empreinte chrétienne à ce document juridique. Cette impression est encore renforcée dans les actes rédigés à San Gimignano, puisque le nom de l'héritier se trouve à la fin du document, alors que souvent il s'agit de la disposition initiale; les angoisses pieuses occupent ainsi la première place.

Les testaments du corpus ont la même structure; dans le premier groupe toutefois, des éléments précis, comme le choix du lieu de sépulture, peuvent faire défaut. En effet, la personnalisation des dernières volontés s'affiche principalement dans les deux groupes suivants.

Comme tout document juridique, le testament était composé de certains éléments qui en déterminaient la validité: les actes du corpus sont nuncupatifs, donc dictés par un testateur à un notaire devant témoins. Le Code Justinien en proposait la définition suivante: *«Per nuncupationem quoque, hoc est sine scripture, testamenta et non alias volere sancimus, nisi septem testes [...] simul uno eodemque tempore collecti, testatoris voluntatem, ut testamentum sine scripture facientis, audierint»*[1].

Cette définition s'est simplifiée et la grande diffusion du testament nuncupatif l'a réduite à *«testamentum sine solennitate, nontamen sine scriptura»*[2]. En effet, la forme orale impliquait la présence de tous les témoins à l'ouverture de la succession. Afin d'éviter cet inconvénient, les notaires écrivaient les dernières volontés du testateur, toujours en présence de sept témoins. Le succès du testament nuncupatif a été dé-

1 Code Justinien 6, 23, 21, 4; L. De Charrin, *op. cit.* p. 42.

2 Accursius, Glossa a Cod. 6, 22,8, in A. Paravicini Bagliani *I testamenti dei cardinali del duecento,* note n. 116.

terminé par sa simplicité; le testateur ne devait pas savoir écrire et la mort des témoins n'invalidait pas l'acte.

Toute personne saine d'esprit, majeure et indépendante juridiquement, pouvait tester, les hommes devenant majeurs à quatorze ans, les femmes à douze; toutefois ces dernières testaient avec l'autorisation du père ou du mari. Les femmes avaient toujours besoin d'une autorisation masculine pour tester; cependant à San Gimignano une petite minorité de femmes teste expressément avec une autorisation[3].

Les enfants avaient droit à une partie de l'héritage; les filles n'étaient parfois pas citées puisqu'elles avaient déjà reçu leur dot; cependant, il était possible, selon le droit romain, d'exclure un enfant de l'héritage. Il était alors nécessaire de le citer dans le testament et ce choix devait être motivé par des raisons graves[4].

L'invocation initiale[5]

Les notes, prises lors de dictée du testament, devenaient un acte juridique complet lorsque le notaire les recopiait dans son minutier en y ajoutant les éléments du formulaire. Il est alors légitime de se demander dans quelle mesure les premières lignes du document, si standardisées, étaient expression de la volonté du testateur. Celui-ci ne dictait pas le préambule, il pouvait cependant demander au notaire d'insister sur un élément qui le touchait particulièrement. Les formules les plus courantes soulignaient la peur de mourir intestat, la précarité de l'existence ou la volonté d'éviter les problèmes d'héritage. Dès la deuxième moitié du XIVe siècle, les actes commencent par une longue invocation, qui inclut la recommandation de l'âme à Dieu, à la Vierge Marie et parfois à toute une série de saints. Difficile d'établir le degré d'autonomie des testateurs, cependant le formulaire devait exprimer des peurs réelles; le choix

3 Cet aspect sera analysé de manière complète dans la section consacrée aux femmes.
4 C'est ce qu'a tenté de faire Antonio Cortesi, dont le testament est étudié dans la quatrième partie.
5 Les informations juridiques de cette section proviennent essentiellement de la thèse de L. De Charrin, *op. cit.*

des mots appartenait certainement au notaire, mais les craintes étaient probablement collectives. Lentement, le testament s'intègre au quotidien, les testateurs le transforment en un moyen d'expression qui leur était propre; il véhiculait leurs peurs et leurs sentiments, de manière plus explicite dans le détail des dispositions que dans le formulaire.

Après ces précautions spirituelles, nous trouvons le prénom du testateur, la filiation et éventuellement le nom; les femmes indiquaient prénom et nom du mari, même si celui-ci était défunt.

Suivait la *commendatio animae* et le choix du lieu de sépulture. Malgré les tentatives de réglementation, les testateurs et les testatrices désiraient souvent être ensevelis à l'intérieur d'une église. Ils essayaient ainsi d'acquérir l'espace sacré et d'augmenter les protections; cependant la surface prévue pour les chapelles s'est rapidement révélée insuffisante et elles ne se trouvaient donc plus seulement dans le transept[6].

La sépulture dans une église était le privilège d'une certaine catégorie sociale, même si le Droit Canonique ne prévoyait aucun paiement. Cependant, l'évêque pouvait demander le respect de la tradition et donc le versement d'une offre et certains testateurs craignaient le refus de l'institution religieuse à laquelle ils avaient demandé sépulture, comme s'ils pouvaient penser «n'avoir pas suffisamment bien respecté la tradition»[7].

Les legs pieux et le contexte social

Un effort soutenu et constant a permis à l'Eglise de transformer le testament; un ancien acte juridique devenant ainsi un geste de piété religieuse et de charité. Le développement de la pratique testamentaire, des rites qui entourent la mort et le passage dans l'au-delà, accroissent l'attention portée au purgatoire. La définition de ce lieu se précise et nous passons

6 La sépulture dans une église avait souvent comme corollaire la chapellenie, c'est-à-dire une sorte de fondation pieuse qui impliquait l'obligation de messes et autres actes de culte, payés avec les biens du testateur.

7 Problème soulevé par E. Huber, in *La parrocchia nel Medioevo. Economia, scambi, solidarietà.*

d'un feu purificateur pour les âmes, à la construction d'une géographie de l'au-delà[8]. Les informations véhiculées par les sermons et les fresques du XIVe siècle permettaient aux futurs testateurs de visualiser l'avenir de leur âme; par conséquent, ils désiraient abréger les souffrances et multipliaient les legs pieux. Le «passage» était facilité par les donations, les aumônes, ainsi que les messes d'anniversaire ou celles de saint Grégoire. La période intermédiaire, réputée nécessaire à la purification de l'âme, était variable et elle dépendait de la croyance du testateur. L'attention portée au jugement universel était supplantée par le soin que chaque personne portait à sa propre destinée. Les sermons des ordres mineurs ont en partie permis cette transformation: une prise de conscience de la mort en tant qu'événement unique et personnel[9].

L'analyse des documents de San Gimignano met en exergue les différences entre les hommes et les femmes ce qui confirme les résultats des recherches menées dans les archives le sud de la France. Les femmes laissaient à des institutions religieuses, non seulement une partie de leur dot, mais également leurs vêtements. Donner ses habits équivalait, comme le précise Jacques Chiffoleau, à se présenter nus devant Dieu, afin de se soumettre à son jugement. Ces «passeports pour le ciel»[10] étaient des intermédiaires entre le testateur et Dieu, ils étaient dotés de grand pouvoir, puisqu'ils pouvaient effacer les péchés, sauver l'âme d'une personne et des défunts de sa famille[11]. Les Romains considéraient que la *heredis institutio est caput et fundamentum totius testamenti*; cette logique ne correspond plus à la réalité de San Gimignano, déjà au XIVe siècle. En effet, la structure même du document met en évidence l'importance des legs pieux; l'institution de l'héritier conclut le testament.

8 Pour de plus amples renseignements, J. Le Goff, *La naissance du Purgatoire*.

9 Idée mise en relief par J. Chiffoleau, *La comptabilité de l'au-delà*.

10 Expression utilisée par J. Le Goff, *op. cit.*

11 Souvent, les femmes demandaient que les bénéfices soient étendus à leurs parents, conjoints ou enfants déjà décédés. Ces indications sont précieuses puisqu'elles permettent de mieux comprendre les liens affectifs des testateurs; quelques hommes agissaient de manière semblable, mais ils sont nettement minoritaires.

Testaments et ordres mineurs

Le pontificat de Jean XXII a été marqué par les problèmes de la pauvreté apostolique; l'interdiction qui pesait sur les ordres mendiants de posséder des biens et de l'argent était en nette opposition avec la situation réelle, comme en témoignent du reste les nombreux legs pieux qui leur étaient destinés. Les disputes entre le clergé et les héritiers ont donné lieu à d'âpres luttes, chacun voulant tirer parti de la mort du testateur. Cependant, par la Bulle *Ad conditorem* du 8 décembre 1322, le pape renonce à la propriété des biens des frères mineurs[12]. Peu après, le conflit avec les franciscains a débouché sur la condamnation de la théorie de la pauvreté du Christ et de ses apôtres. Si ces décisions n'intervenaient pas directement dans les choix des testateurs de San Gimignano elles ont cependant représenté une aide, pour la compréhension des stratégies d'établissement des ordres mendiants; si les franciscains étaient proches de la population, leur participation aux tribunaux de l'Inquisition a néanmoins terni leur image.

De plus, les ordres mendiants bénéficiaient d'une meilleure réputation quand la situation économique était favorable. En effet, leur pauvreté devenait suspecte dans les moments difficiles et les testateurs préféraient laisser argent et aliments de manière générique aux *pauperes Christi*[13]. Une des plus grandes limites dans l'analyse des testaments réside dans la possibilité de mesurer le lien affectif de la population avec les différents ordres. Parfois, un legs est suffisamment explicite pour rendre intelligible le lien qui unissait testateur et couvent, cependant les motivations et les sentiments sont à lire entre les lignes et donc leur compréhension reste relativement subjective.[14]

12 Toutefois le mobilier des églises ainsi que les biens stables étaient exclus.

13 Cette idée a été développée par Ch.-M. de La Roncière in *L'influence des franciscains dans les campagnes de Florence au XIVe siècle.*

14 Les liens sont clairs quand par exemple un géniteur laisse une somme à un couvent, parce que son fils ou sa fille s'y trouve ou quand le choix s'insère dans la tradition familiale.

La famille et les autres légats

Une fois l'âme sauvée, les testateurs pouvaient penser à leurs proches et influencer leur futur du point de vue économique. Si les enfants avaient droit à une part d'héritage, ils pouvaient toutefois être déshérités, par demande expresse du testateur et motivée de raisons valides[15].

Les enfants ne faisaient pas toujours partie des héritiers universels du patrimoine; parfois ils devaient se contenter d'une partie de l'héritage ou alors faire valoir leurs droits. Il existe cependant une catégorie d'enfants qui ne pouvait se défendre, ceux qui naissaient après la mort de leur père. Les statuts de la ville de Sienne, déjà en 1262, prévoyaient que dans le délai d'un mois l'enfant devait *«habere, possedere et tenere omnia bona que fuerunt tempore mortis defuncti»*[16].

Les enfants avaient en effet certains problèmes à faire respecter leurs droits, tout comme les femmes qui vivaient une situation analogue et plus complexe. Sans droits dans la vie publique, la femme avait des difficultés à se faire respecter également dans la vie privée et les idées véhiculées par la religion chrétienne n'ont certainement pas agi en sa faveur. Saint Paul, dans la Lettre aux Corinthiens, XI 3 et 7 dit que «l'homme est le chef de la femme [...] L'homme est image de la gloire de Dieu, la femme est la gloire de l'homme»[17]. Ces idées permettaient de justifier les restrictions imposées aux femmes, restrictions destinées à la sauvegarde du patrimoine. Les hommes assuraient la continuité de la famille, alors que les femmes en sortaient avec la dot; les statuts de San Gimignano confirment cette idée en 1255.

> *«De matre non succedendo filio. Item filio vel filia ab intestato decedente, si descendentes vel veninentes ex latere, vel parte paterna habuerit usque tertium gradum, mater non succedat, nec frater fratribus ex parte matris de alio viro nati: et hoc capitulum de constituto in constitutum mictatur, et non extrahatur»*[18]. L'idée

15 Les enfants «oubliés» bénéficiaient normalement de la succession *ab intestato*.

16 De plus amples renseignements sur les normes statutaires siennoises, dans F. Niccolai, *op. cit.*, pp. 20 et ss.

17 Toutefois Saint Paul a également écrit «Vous êtes tous enfants de Dieu par la foi en Jésus Christ... Il n'y a plus juif ni grec, il n'y a plus d'esclave ni d'homme libre, il n'y a plus d'homme ni de femme».

18 Livre II, rubrique 18.

est reprise et renforcée en 1314, puisque, *«mater, vel alius ex parte materna non succedat et puis mulier dotata extra domum paternam, non possit venire ad successionem patris, fratribus carnalibus masculis existantibus»*[19].

Les communes utilisaient la même stratégie avec les étrangers, en limitant leur capacité successorale, surtout en ce qui concerne les immeubles[20].

Normalement le mari nommait la femme usufruitière de tous ses biens tant qu'elle restait veuve et vivait avec les enfants; plus qu'une protection envers la progéniture, cette mesure tendait à assurer un revenu et un toit à l'épouse. Une testatrice pensait essentiellement à son âme ainsi qu'à ses enfants et neveux, un homme devait en outre s'occuper du sort de son épouse[21].

Les héritiers universels

Le choix de l'héritier pouvait concerner une ou plusieurs personnes et il était, outre les dispositions pieuses, le but du testament. L'héritier général et universel recevait tous les autres biens du testateur, tout ce qu'il n'avait pas décidé de donner aux autres. Cependant, la part de chacun était fixée après déduction des dettes; il fallait donc déterminer la consistance du patrimoine, *(id quod relictum)*, et la succession pouvait avoir un solde négatif. La solution la plus avantageuse du point de vue économique consistait alors en la renonciation à tous les biens, cependant cela équivalait à un manque de confiance total envers le défunt.

Dans tous les cas, la succession s'ouvrait par l'inventaire que le Code Justinien obligeait à commencer dans les trente jours après le décès et à terminer dans un délai de trois mois[22]. Le patrimoine pouvant subir des

19 Livre II, rubrique 48.

20 Ces limitations sont présentes dans les statuts de Volterra et de Sienne, où les droits des privés sont réduits par l'intérêt public.

21 Les statuts de San Gimignano ne contiennent pas de dispositions quant à la capacité de tester des enfants bâtards.

22 Les statuts de San Gimignano en 1255 (rub. 11 livre deuxième) établissent que: *De coactione tutorum et curatorum ad inventarium faciendum. Item statuimus, quod omnes tutores, vel curatores, vel cautores (sic) ad inventarium faciendum*

modifications entre le moment de la dictée du testament et l'ouverture de la succession, il y avait la possibilité de faire des legs *ad pompam* sur les bénéfices prévus.

L'héritier pouvait être une personne ou une institution religieuse et les testateurs avaient la possibilité de nommer un ou plusieurs héritiers substitutifs, pour être certains que leurs biens aillent à une personne de leur choix. Lorsque les épidémies laissaient peu de chances de survie à d'hypothétiques héritiers, les testateurs nommaient en dernier recours une institution religieuse. En effet, si le but du testament romain était de donner un successeur au *pater familiae*, le document médiéval, tout en remplissant également d'autres fonctions, visait également à l'institution d'un héritier.

Nous avons toutefois quelques problèmes dans l'évaluation de la masse successorale; en effet, la part destinée à l'héritier est difficilement calculable si le testateur ne fournit pas d'éléments supplémentaires. Pour cette raison, le corpus de cette recherche est également constitué de quelques actes concernant les étapes de la succession et l'inventaire des biens. Pourtant, même quand nous avons le nombre exact de biens mobiliers et immobiliers, l'évaluation manque de précision. Nous ne connaissons en effet pas la valeur des immeubles, mais simplement leur position; en ce qui concerne les terrains, nous ignorons non seulement leur valeur mais également leur rendement[23]. En considérant les legs pieux ainsi que les autres biens cités dans le testament, nous pouvons avoir une idée du patrimoine, en intégrant également les renseignements que nous avons sur le testateur.

Après les éventuelles dispositions restrictives, l'acte se poursuivait avec la nomination des fidéicommissaires et des exécuteurs testamentaires; ensuite le formulaire standardisé reprenait un rôle de premier plan, pour l'affirmation de la validité de l'acte sur les précédents ainsi que sur

---

cogantur: si non fecerint ex quo potestati vel iudici a consanguineis vel vicinis fuerit denumptiatum, et si quis hoc facere recusaret habeatur infamis, et removeatur a tutela, et alius bonus et ydoneus detur, nisi inventarii confectio fuerit remissa ab eo qui potuit remictere. Ces dispositions sont confirmées dans les statuts de 1314.

23 L'analyse de la famille Dei permet de comprendre parfaitement ces considérations, puisque nous disposons d'un inventaire ainsi que du prix de certains immeubles.

les codicilles; on ajoutait également la possibilité de modifier ou d'annuler les dispositions présentes.

Les lieux de la dictée[24]

Les actes authentiques n'étaient que rarement rédigés chez le notaire et les testaments n'échappaient pas à cette règle. Plus d'un tiers des actes ont été dictés au domicile des testateurs et plus du 80% d'entre eux étaient malades, sans différences considérables pour les trois groupes[25]. En effet, si le testateur était en fin de vie, il semble logique que le notaire se rende à son chevet, afin d'écouter ses dernières volontés. Parfois une personne malade pouvait se trouver chez des voisins ou des amis et il décidait de tester à cet endroit. N'oublions pas qu'il s'agissait d'un acte public, auquel ne participaient non seulement le testateur, le notaire ainsi que les sept témoins, mais également d'autres personnes. Ces présences supplémentaires, laïques ou non, pouvaient influencer les choix du testateur; il devait cependant certainement y avoir des personnes qui assistaient simplement à la dictée des dernières volontés d'un concitoyen et se familiarisaient ainsi avec la procédure[26].

Au moins un tiers des testateurs choisissait de tester dans une église ou un couvent, sans distinctions majeures entre hommes et femmes. La proportion augmente de manière sensible pour le troisième groupe, puisque nous arrivons à 54%; il s'agit essentiellement de personnes en bonne santé qui vivaient en dehors des murs, dans le district de San Gimignano. Il était alors certainement plus facile de se rendre dans le bourg pour dicter ses dernières volontés, au lieu d'attendre le passage d'un notaire à

24 Pour cette section, il faut tenir compte des lacunes de certains documents du corpus. Pour le premier groupe nous avons un tiers des documents incomplets, qui ne fournissent pas le lieu de la dictée; ce pourcentage descend à 25% pour le deuxième groupe et il est presque nul pour le troisième (1%).

25 Toutefois la proportion des actes rédigés à la maison pour le deuxième groupe monte à 45%.

26 L'utilisation de citoyen a été faite dans une acception moderne du terme. A cette époque, San Gimignano n'ayant pas le statut de ville, on ne peut donc parler de citoyenneté.

la campagne. Quel meilleur endroit qu'un couvent ou une église pour mettre de l'ordre dans sa vie, régler ses comptes avec ce monde dans l'espoir d'une récompense dans l'au-delà?[27]

Les veuves avaient généralement le choix entre vivre dans la maison de leur feu mari ou alors revenir dans la demeure paternelle, bien entendu si elles ne se remariaient pas. Peut-être à cause de cette situation particulière, de nombreuses femmes préfèrent tester chez des voisins ou des amis et quelques-unes chez le notaire. Leur domicile n'était pas le meilleur endroit pour dicter les dernières volontés; tensions et problèmes pouvaient être ainsi évités. Parfois la femme était originaire d'un autre lieu; la situation était alors encore plus complexe, puisque revenir dans la maison paternelle signifiait déménager dans une autre bourgade ou une autre ville. Tita fille de Giusto de Matteo Comaldi de Castelfiorentino, veuve de Paolo fils de Stefano Muzodolfi de San Gimignano, teste une première fois en bonne santé en novembre 1452, dans la sacristie de la Collégiale; cependant, peu de temps après elle tombe malade et dicte de nouvelles dispositions, en février 1453, chez ses deux enfants Giovanni et Stefano, qu'elle nomme héritiers[28]. Le passage d'une église au domicile des enfants a certainement été causé par l'état de santé précaire de Tita, qui ne lui permettait plus de sortir. Toutefois, ce changement ne bouleverse pas la répartition de sa fortune, le premier testament contenait des dispositions concernant la dot de ses filles et quelques héritiers substitutifs. Dans le second acte cependant, elle laisse de l'argent pour un office dans la Collégiale, requête qui n'existait pas dans le premier: la maladie provoque souvent une augmentation des sommes destinées aux legs pieux. En 1455, les destinataires de ses biens sont restés les mêmes et si elle ne mentionne plus les filles, c'est probablement qu'entre temps elles se sont mariées. Rentrer à Castelfiorentino aurait été sans doute problématique pour Tita, elle vivait donc avec ses enfants dans la maison de son défunt mari.

27 De nombreux exemples illustrent cette situation, comme Stefano Migani de Castelvecchio qui dicte son testament dans le couvent augustinien (ASF, NA 20357 f. 1r.), ou alors Bartolo de Iacopo de San Donato, qui en 1433 teste dans la sacristie du couvent dominicain (ASF, NA 20451 f. 51-52r.)

28 ASF, NA 8772 f. 6-7.

Aucun testateur du premier groupe ne s'est rendu chez le notaire; si la situation se modifie légèrement, nous ne pouvons cependant pas parler de nouvelle tendance. En effet, il s'agit environ du 3% des testateurs, hommes ou femmes, de condition modeste ou fortunée; ce sont des personnes sans liens apparents qui se rendent, en outre, chez différents notaires, pour dicter leurs dernières volontés. Le testament était devenu de plus en plus populaire ainsi se sont multipliées les occasions qui ont poussé les habitants de San Gimignano à penser à leur mort, surtout lorsqu'ils étaient en bonne santé. Le lieu et le moment dépendaient alors de la volonté des testateurs et le domicile du notaire pouvait être l'endroit idéal.

Les témoins

Eléments essentiels du testament nuncupatif, les témoins étaient appelés par le testateur à l'endroit où avait lieu la dictée des dernières volontés devant le notaire. Leur nombre variait pour arriver jusqu'à dix ou douze, cependant la loi prévoyait un minimum de sept et *«mulier testimonium dicere in testamento quidem non poterit»*[29].

A San Gimignano ces normes étaient généralement respectées; nous pouvons encore une fois constater une adéquation de la pratique testamentaire aux restrictions imposées par le droit. En effet, les témoins devaient être des hommes majeurs et donc d'au moins quatorze ans, en pleine possession de leurs facultés mentales et non bénéficiaires du testament. Il est clair que des femmes ou des héritiers pouvaient être présents lors de la dictée, cependant ils n'avaient pas la responsabilité des témoins, exception faite pour les frères d'un couvent. En effet même si un couvent était bénéficiaire, les frères pouvaient être appelés comme témoins; c'est le seul cas où les bénéficiaires, même indirects, d'un legs pouvaient remplir cette fonction.

29 Cité par L. De Charrin, *op. cit.*, p. 50.

La liste des témoins concluait l'acte avec la mention de la convocation du notaire par le testateur.

Deuxième partie

L'identité des testateurs

Chapitre I

L'état de santé, les différences selon le sexe

Le corpus documentaire est hétéroclite autant par la provenance des documents que par les différents types de manuscrits qui ont été catalogués. La représentativité augmente au fil des années puisque, si le nombre d'habitants diminue sensiblement, les documents augmentent. Cette remarque, met en exergue le problème de la conservation des sources, essentiellement en ce qui concerne le XIVe siècle.

	Groupe 1 (1299-1369)	Groupe 2 (1370-1469)	Groupe 3 (1470-1530)
Hommes sains	20	60	111
Femmes saines	14	24	39
Hommes malades	45	75	102
Femmes malades	29	35	50
Hommes sans mention de l'état de santé	36	37	16
Femmes sans mention de l'état de santé	14	12	10
Total	158	243	328

Tableau 1. Répartition des testateurs selon le sexe et l'état de santé dans les trois groupes chronologiques

L'interprétation des données

La proportion hommes – femmes reste quasi constante, avec des chiffres proches des deux tiers – un tiers en faveur des hommes puis, dès la fin du XVe siècle, les hommes en bonne santé dépassent de quelques unités les malades et si les femmes en bonne santé augmentent, les veuves malades sont toujours majoritaires. Le testament n'est donc plus associé à la mort imminente, mais devient un acte juridique ayant encore parfois une forte composante religieuse.

Si les hommes sont nettement majoritaires au sein du premier groupe, les testateurs sont surtout malades, et ce sans distinction de sexe. En effet deux tiers des testateurs qui déclarent expressément leur état de santé sont souffrants au moment de dicter leurs dernières volontés. Malheureusement, bon nombre de sources partielles ou de copies ne fournissent pas ce détail; de plus, lorsque les testateurs se disent malades, ils ne jugent pas utile spécifier de quel dérèglement ils souffrent.

Ces résultats ne sont plus que partiellement vrais pour le deuxième groupe: les hommes incrémentent leur avantage; néanmoins, la plus grande augmentation s'est produite chez les testateurs en bonne santé, hommes ou femmes. Ces chiffres sont plus fiables puisque les sources complètes et les documents originaux augmentent sensiblement.

Le troisième groupe montre un visage légèrement différent et certainement bien plus proche de la réalité de ces années; en effet avec plus de trois cent testaments pour une période de soixante ans et une population totale en dessous des deux mille habitants, la représentativité est plus que suffisante. Les personnes en bonne santé sont de plus en plus nombreuses et la quasi-totalité des testateurs précise son état de santé.

Ces chiffres donnent donc une première image globale des testateurs de San Gimignano. Il s'agit soit d'hommes, soit des veuves, puisque les femmes célibataires ou encore mariées sont rares. Les femmes se mariaient certainement avec des hommes bien plus âgés et bon nombre d'entre elles se retrouvaient donc veuves relativement jeunes; un deuxième mariage était souvent la seule solution pour avoir une vie décente, si la maladie ne les emportait pas avant. Elles avaient en principe la nécessité d'obtenir une autorisation masculine pour pouvoir tester; les notaires de San Gimignano, si scrupuleux pour d'autres contraintes légales, se montrent ici laxistes: c'est en effet environ 5% des femmes qui teste avec l'autorisation du mari ou d'un parent masculin. Cette donnée ne doit toutefois pas donner l'image d'une certaine indépendance féminine dans la gestion des biens.

Contrairement à d'autres régions, comme le territoire d'Avignon étudié par Jacques Chiffoleau, où le protocole initial a permis de dresser un cadre assez précis du profil des testateurs, les actes dictés à San Gimignano contiennent peu de détails et le document ne permet pas toujours de mieux connaître le testateur. De plus, l'état de santé n'ayant aucune incidence sur la validité du document, ce détail intéressait peu le notaire, tout comme d'autres détails (la profession par exemple), qui pourraient cependant fournir d'importantes informations lors de l'étude de la pratique testamentaire. Nous pouvons aussi imaginer que qualifier le mal pouvait le renforcer ou du moins intensifier le danger pour le testateur, pour cette raison la peste n'était pas directement nommée[1].

Quand la maladie incitait à tester

Certains documents contiennent cependant des informations supplémentaires. Piero Cecchardini teste malade le 28 juillet 1412[2] et le document prouve la véracité de sa déclaration: une note en marge indique en effet la date de la mort du testateur, le premier août de la même année. Ce détail ne permet pas d'hésiter sur l'état de santé de Piero au moment de la dictée et sur la crédibilité de ses déclarations.

La maladie est citée indirectement dans deux testaments du premier groupe; Giacomo Salvi réside à l'hôpital de Santa Maria della Scala et il est malade, comme le prouve l'argent qu'il laisse à un médecin florentin qui l'a soigné[3]. Giacomo avait dû avoir de sérieux problèmes de santé puisqu'il était également débiteur de ser Beringario, médecin de San Gimignano, à qui il devait encore un florin. Si la maladie ne fait aucun doute, puisque deux médecins ont tenté de la soigner, nous ignorons totalement de quelle pathologie il s'agit. La situation de Masa Nerocci, veuve de Iacopo Guidi, diffère légèrement, puisqu'elle solde ses dettes avec un médecin, non seulement pour les soins qu'elle a reçus, mais également pour ceux qui avaient été prodigués à son mari. Elle décide donc de laisser onze florins au couvent dominicain pour couvrir les dé-

1 Cette idée de la maladie qu'on ne veut pas nommer, comme un rite de protection, est présentée par A. Tenenti, *op. cit*, à propos de la peste.

2 ASF, NA 5446 f. 21v.-23r.

3 Testament de 1330 in ASCSG, Santa Fina 15, f. 103r.

penses médicales et celles relatives à sa sépulture[4]. Même en l'absence de détails, nous pouvons supposer que le couple ait été affecté par l'épidémie de peste qui a sérieusement touché San Gimignano en 1348. De plus, le fait que les dépenses médicales de Iacopo n'aient pas encore été réglées permet de présumer qu'il était décédé peu de temps avant. Différentes sources documentent la première épidémie de peste, sans doute la plus meurtrière, mais malheureusement pas la seule[5]. En ce qui concerne le premier et le deuxième groupe, le corpus ne fournit aucune indication vraiment utile, puisque les testateurs ne jugent pas nécessaire ajouter des détails sur la réalité les entourant. Néanmoins les choses changent, puisque certains testaments, dictés en novembre 1527, ainsi que dans les premiers mois de l'année suivante, parlent clairement de la peste. Les testateurs se définissent sains d'esprit mais *infecti morbo epidemie*. Angela, fille du maître Bartolomeo Nerucci et veuve de Giovanni de Geminiano, décide de dicter ses dernières volontés après la disparition de son mari et de son fils, victimes de la peste. Elle a peur, se dit en

4 ASF, Diplomatico, 1348 giugno 24, Domenicani di San Gimignano.

5 Les premiers renseignements sur l'épidémie de 1348 en Toscane proviennent essentiellement de Matteo Villani e Giovanni Boccaccio. La première phase, pendant l'été 1348, a été la plus meurtrière; cependant les décès ont continué les deux étés suivants. La deuxième vague de 1359 à 1363 a touché la péninsule italienne, cependant c'est à la fin de ce siècle que plusieurs vagues successives ont complété le désastre. Les gouvernements assistent impuissants à la catastrophe et les mesures sanitaires isolées sont insuffisantes et ne peuvent éradiquer la maladie. Ce n'est qu'à partir de 1448 qu'à Florence tous les malades de peste seront transportés dans un seul hôpital, le Santa Maria Nuova. Les mesures religieuses sont donc enfin accompagnées par des précautions sanitaires, afin de réduire le risque de contagion. A San Gimignano, lors de la peste de 1348, le podestà Uberto Visdomini a été tué et des neuf Seigneurs qui composaient le gouvernement, cinq sont décédés; le Conseil du peuple a été réduit de moitié. Quatre personnes ont alors été chargées d'estimer les biens des défunts, pour les soumettre à la taxation, exception faite des legs pieux. Une fois la vague passée, les habitants de San Gimignano ont décidé de construire un autel en honneur des saints Fabiano et Sebastiano, érigé dans la Collégiale, pour la protection des survivants. En 1363, une deuxième épidémie a tué encore de nombreuses personnes puisque, peu de temps après, le pouvoir politique a autorisé les bandits exilés à revenir, afin de repeupler la terre. La dévotion des habitants envers saint Sébastien ne diminue guère, puisqu'en 1464, lors d'une nouvelle épidémie, ils demandent à Benozzo Gozzoli, d'exécuter des fresques dans l'église principale avec le martyr du saint.

bonne santé, mais elle se sent en grave danger après la mort des membres de sa famille[6]. Les ravages causés par les nombreuses épidémies ont favorisé l'installation d'un climat de peur. Le risque de contagion était très élevé puisque les mesures sanitaires et médicales pour prévenir la maladie étaient sommaires. En outre, la confirmation de l'épidémie au début de l'année 1528 est présente dans le testament de Santino de Francesco, dicté le 30 janvier; il se sent menacé par la peste, les membres de sa famille sont décédés depuis peu et il doit encore payer le médecin[7].

La peste joue naturellement le rôle de protagoniste; toutefois d'autres maladies causaient la mort des habitants de San Gimignano. En août 1529, le notaire Antonio Peraccini rédige un testament en langue vulgaire; nous pouvons y lire: *«Perche' l'anima è più degna del chorpo e pertanto che prudente huomo Francesco di Giovanni, fabbro di San Gimignano, sano di mente e d'intelletto benché malato di febre»*[8]. Cet homme craint la mort, il désire mettre en ordre toutes ses affaires et demande de nombreuses messes pour le bien de son âme, parce qu'il a de la fièvre. Lorenza, sa femme, obtient l'usufruit des biens ainsi que de l'activité de Francesco, mais c'est son frère qui sera héritier. Cependant Francesco prévoit la mort de son frère et laisse alors tous ses biens à l'hôpital de Santa Maria Nuova de Florence qui accueillait les malades de peste[9]. Existe-t-il un lien entre ce choix et la santé du testateur?

Quelques années auparavant le chanoine Geminiano Vecchi, membre d'une importante famille de San Gimignano, dicte ses dernières volontés au notaire Bernardino Lolli. Il ne donne aucune indication précise sur sa date de naissance, mais il laisse ses biens à des neveux adultes, ce qui laisse supposer un âge relativement avancé. Geminiano a peur de mourir intestat et désire disposer de ses biens avant de laisser ce monde; il se dit malade et *«oculi caligati et cecus»*[10]. Les habitants de San Gimignano

6 ASF, NA 3679 f. 42-44r.

7 ASF, NA 3679 f. 51.

8 ASF, NA 16533 f. 114.

9 Cet hôpital encore en fonction aujourd'hui, a été fondé en 1288 par Folco Portinari, père de Béatrice que Dante aima tant. Il recevait régulièrement les donations des habitants de San Gimignano, comme nous le verrons tout au long de cette étude.

10 ASF, NA 11927 f. 103-104, au feuillet 157 se trouve également la division des biens de Francesco, frère de Geminiano. Il partage son patrimoine entre ses fils et

qui se disent malades semblent donc l'être effectivement; la définition de la pathologie n'était certainement pas une chose aisée et du reste ce détail n'intéressait que relativement le testateur ainsi que les héritiers qui connaissaient leur proche. Les testateurs ne voulaient pas transmettre une image à la postérité; l'acte ne représentant pas la biographie détaillée de la personne concernée.

Nous avons toutefois un cadre général des conditions de santé des testateurs malades: peste, fièvre ainsi que faiblesses dues à l'âge semblent représenter les dérangements les plus courants.

Les autres raisons qui poussaient à tester

La peur de mourir semble être inversement proportionnelle à l'état de santé; cependant bon nombre de personnes qui décident de tester ne souffrent d'aucun mal. Quelles sont alors les raisons qui poussaient un homme ou une femme à convoquer un notaire et sept témoins? Silencieux et discrets sur leur santé, les testateurs de San Gimignano ne se montrent guère plus bavards quand il s'agit d'expliquer les raisons qui les poussaient à penser à la mort et donc à dicter leurs dernières volontés.

De multiples occasions pouvaient mettre la vie en danger: vieillesse et maladie bien entendu, mais également voyages ou pèlerinages. La vie n'étant pas statique nombreux sont ceux qui voyageaient pour des raisons professionnelles; marchands, banquiers ou militaires parcouraient des voies de communication plus ou moins sûres. Avant le départ, la peur de périr sur le chemin pouvait les pousser à dicter leur testament. Lorenzo Salvucci, *miles*, en bonne santé, teste en juillet 1383, sans préciser si le devoir l'appelle, ou quelle autre raison le pousserait à accomplir cet acte. Il paraît assez jeune, puisqu'il n'a qu'un enfant mineur, Angelo, qui deviendrait héritier; mais jusqu'à sa majorité les biens seraient administrés par Giovanni Salvucci, parent de Lorenzo[11]. Malheureusement, nous ne pouvons pas aller beaucoup plus loin dans l'analyse puisqu'il

l'un d'entre eux sera également héritier de Geminiano, la préférence de l'oncle était allée vers le neveu prêtre.

11 ASF, Diplomatico 1383 luglio 6, Domenicani di San Gimignano.

s'agit d'un document partiel, qui intéressait le couvent dominicain; Lorenzo demande d'être enseveli dans l'église du couvent, avec l'habit de l'ordre, et fait de nombreux legs en faveur des frères prêcheurs. Ce vœu laisse toutefois supposer que Lorenzo ne doit pas trop s'éloigner de San Gimignano, puisqu'il ne prévoit qu'un lieu de sépulture. En effet, le transport du corps posait de nombreux problèmes et Tommaso Bellavanti semble en être parfaitement conscient lorsqu'il teste en 1390. Il est en bonne santé et convoque un notaire et sept témoins laïques, dans l'église de San Matteo, afin de pouvoir dicter ses dernières volontés[12]. Ce n'est pas dans le protocole initial que nous pouvons trouver des renseignements utiles, puisque le formulaire est hautement standardisé; Tommaso ignore l'heure de la mort et ne veut pas mourir intestat. Cependant le choix du lieu de sépulture se révèle intéressant, Tommaso désirant être enseveli près de l'église des franciscains du lieu où il mourra; afin de s'assurer une sépulture décente, il prévoit une dépense de 10 florins[13]. Toutefois, il n'oublie pas les églises de San Gimignano qui recevraient une somme globale de 10 sous, en échange de prières pour son âme. Roberto Ghesi, en 1478, est encore plus précis et il demande d'être enseveli dans l'église des franciscains, s'il devait mourir à San Gimignano ou alors dans la cathédrale du lieu de son décès; les héritiers devraient alors dépenser, pour la sépulture et pour le bien de son âme, ce que leur dictera leur conscience[14]. Remarquons que Roberto tient en grande estime l'église des frères mendiants, puisqu'il demande la sépulture alternative dans une cathédrale. Ces deux exemples, comme du reste les nombreux testaments du commerçant Michele Benenati, illustrent parfaitement que l'exigence de tester peut provenir d'un voyage[15].

Toutefois, le meilleur exemple est certainement l'acte dicté par Andrea fils de Michele Capis qui teste le 23 septembre 1423 en prévoyant deux lieux de sépulture[16]. Andrea est en bonne santé et décide en premier

12 ASV, Fondo Toscano, 16533.

13 Tommaso était relativement fortuné, puisque son fils Cola reçoit entre autres biens, une maison et un *podere*. Les filles recevraient 250 florins de dot.

14 ASF, NA 20 f. 134v. 135r.

15 Les testaments de Michele Benenati et de sa femme seront traités dans la section consacrée à la famille et plus précisément au couple.

16 ASF, NA 14488 f. 15v.

lieu que, s'il devait mourir à San Gimignano, il serait enseveli, avec son père, près de l'église du couvent augustinien; mais il prévoit également de mourir à Colle Valdelsa et serait dans ce cas enseveli près de l'église du couvent franciscain de Colle Valdelsa, dans le sépulcre de Nanni Da Picchena, grand-père d'Andrea du côté maternel. En effet, le testateur nomme sa mère héritière universelle de tous ses biens; c'est ainsi que nous découvrons sa filiation et nous apprenons qu'elle est originaire de Colle Valdelsa et fille de Nanni de Monaldi Da Picchena. Ces dispositions laissent déjà supposer les raisons qui ont poussé Andrea à tester, à savoir un déplacement; il est jeune, probablement célibataire, puisqu'il ne cite ni femme ni enfants et laisse tous ses biens à sa mère. De plus, sa dernière disposition confirme pleinement nos soupçons: il nomme Giovanni fils de Antonio de Nanni Monaldi, de Colle Valdelsa, probablement Da Picchena, son procurateur dans toutes ses affaires[17]. La distance entre San Gimignano et Colle Valdelsa étant minime, le problème du transport du cadavre ne se pose pas; ce qui surprend ici c'est la limitation à ces deux endroits pour la sépulture. En effet, si Andrea se préparait réellement à un voyage, il devait être conscient de la possibilité de mourir ailleurs et donc donner des dispositions plus précises dans ce sens; au contraire si ses affaires lui permettaient de rester entre Colle Valdelsa et San Gimignano, l'utilité d'avoir un procurateur à Colle Valdelsa était réduite[18].

17 Le testateur nomme son procurateur Giovanni fils de Antonio de Monaldi de Colle Valdelsa mais la filiation est la même que celle de sa mère ainsi que le lieu de provenance, ce qui nous permet de supposer qu'il s'agit d'un cousin, de la famille Da Picchena.

18 Notons que la famille Da Picchena est la plus grande fortune de Colle Valdelsa selon les données du Cadastre de 1428, puisque Antonio, père de Giovanni déclare une fortune imposable de 2072 florins et 6 sous (ASF, Catasto 285, c. 33).

Chapitre II

L'âge

Le titre pourrait donner de faux espoirs quant aux résultats de l'analyse; en effet l'attitude des testateurs est cohérente: ils sont silencieux sur tout ce qui concerne les détails de leur vie. Peut-être ces personnes ignoraient leur date de naissance; toutefois une vingtaine de testateurs distribués de manière relativement régulière dans le temps accolent l'âge au nom. Biagio Bonagiunta affirme avoir plus de quatorze ans et moins de vingt-cinq, il s'agit donc d'un jeune adulte qui ignore l'année de sa naissance. Le fait d'avoir plus de quatorze ans lui permet de disposer de manière indépendante de ses biens. Sans descendance, mais gravement malade, il est conscient d'être déjà probablement en fin de vie et il laisse ses biens à sa sœur Bartala et à une tante, cette dernière est héritière de tout ses biens[1]. Bartala ne reçoit que 25 lires puisque probablement elle a déjà eu sa part d'héritage sous forme de dot; de plus et Biagio semble très lié à sa tante et au père de cette dernière chez qui a lieu la dictée de l'acte et qui sera son exécuteur testamentaire[2]. Biagio avait probablement perdu le reste de sa famille et il se rattache donc à sa tante.

Un autre jeune testateur est Iacopo Bracceri qui, en 1410 selon les déclarations de sa mère, a plus de quatorze ans et donc il peut tester. Il est malade et nomme ses frères Mariotto et Tommaso héritiers; les risques de tomber malade devaient être élevés puisque Iacopo prévoit le décès de ses deux frères ainsi que de nombreux héritiers substitutifs[3]. Ses craintes étaient en partie fondées: le testament porte la date du 23 août et sera publié peu après, le premier décembre, date du décès de Iacopo. Cepen-

1 Biagio la définit son *amita,* elle devrait donc être la sœur de son père.

2 Ce testament a été dicté en 1301 (ASF, NA 17573 f. 9r.).

3 Dans ce cas Antonia, mère de Iacopo, aurait la maison et 200 florins, le reste irait aux descendants de ses frères. Si les deux frères ne devaient pas avoir d'enfants, il nomme d'autres membres de sa famille, Gerardo et Giovanni et leurs enfants masculins. En dernier recours, si toutes ces personnes venaient à mourir, il nomme héritier Matteo Bracceri et ses enfants (ASF, NA 8784 f. 108r.-109r.).

dant, ce sont les héritiers Antonia et Tommaso qui publient le document, ce qui signifie que Mariotto est aussi décédé entre temps.

Ces jeunes testateurs ont toutes les raisons de penser à la mort, puisque leur état de santé précaire laisse supposer une brève existence. Néanmoins, quelques jeunes testateurs du troisième groupe qui semblent être en pleine forme dictent leurs dernières volontés. Nous pourrions à nouveau supposer que ces hommes s'apprêtent à voyager, mais parfois il peut s'agir d'une simple précaution; le testament n'étant alors plus associé à une mort proche. L'acte de Mariotto Vecchi porte la date du premier octobre 1478; il laisse l'usufruit d'une partie de ses biens à sa mère et nomme héritiers ses parents masculins les plus proches. Il est en bonne santé et les raisons de cet acte nous échappent, cependant une explication peut être fournie en comparant ce document avec le testament de sa grand-mère. Les deux actes ont été dictés le même jour, au même endroit, devant les mêmes témoins, et bien entendu devant le même notaire[4]. Il faudrait alors interpréter ce geste de manière différente: Bartolomea est malade, elle est veuve et décide de tester, elle distribue ses biens à ses enfants et donc également à Elisabetta, mère de Iacopo. Ce dernier, présent à la dictée du testament de sa grand-mère, profite peut-être de l'occasion pour faire de même, mais cela ne reste qu'une hypothèse. Nous pouvons affirmer par contre, que ni Bartolomea ni son neveu ne mourront rapidement; en effet ils sont cités le 12 juin de l'année suivante dans le testament d'Elisabetta[5].

4 Les deux actes se trouvent dans le registre de Michele Gentiluzzi.

5 ASF, NA 8772 f. 32-33r.

Chapitre III

Les étrangers

L'origine ou la provenance, nécessaire sans doute à l'identification, est un élément présent dans tous les testaments, ce qui permet de faire quelques considérations sur la population de San Gimignano. Environ 13% des testateurs vivant dans le bourg n'étaient pas d'origine locale[1]. Les femmes constituent les deux tiers du total des étrangers; en tenant compte du fait qu'elles sont minoritaires par rapport aux sources totales, nous pouvons parler d'un phénomène presque typiquement féminin. Florentines ou en tout cas Toscanes, il s'agit essentiellement de femmes qui ont épousé des habitants de San Gimignano et qui disposent d'une certaine fortune[2].

Les Toscans

Les habitants du district occupent une place particulière; en effet en parcourant les registres des notaires, nous constatons que de nombreux actes étaient rédigés à l'extérieur des murs[3]. Cependant, un certain nombre d'habitants du district testaient à San Gimignano, peut être simplement pour des raisons pratiques, puisque les notaires étaient plus facilement repérables près des habitations et des commerces qu'en pleine campagne. Ces personnes dictaient en général des testaments assez simples; ils

1 Les personnes qui vivent à proximité de San Gimignano, dans le district et se rendent dans le bourg pour tester n'ont pas été considérées comme des étrangers, exception faite pour les habitants de Castelvecchio. En effet, ce petit centre se trouve à quelques kilomètres et semble être plus autonome.

2 Cet aspect particulier sera analysé dans la section dédiée aux femmes, dans la quatrième partie de cette étude.

3 Afin de rendre cette étude possible, ces documents n'ont pas été pris en considération, sauf de rares exceptions. Le corpus aurait été trop conséquent et la qualité de l'analyse en aurait souffert.

désiraient être ensevelis dans le cimetière ou l'église les plus proches de leur lieu d'habitation et exprimaient peu de désirs particuliers. Antonio Maffeini de *Villa Sant'Andrea* se rend le 21 novembre 1445 chez le notaire Francesco Gamucci, parce qu'il désire tester[4]. Il est en bonne santé et demande d'être enseveli dans l'église de Sant'Andrea; il ne prévoit pas de legs pieux en dehors des dépenses de sépulture et les legs «obligatoires» à la fabrique de Santa Maria del Fiore de Florence[5]. Antonio n'a ni femme ni enfants: il laisse son lit à ses neveux et le reste de ses biens à son frère et ses neveux. Un bref examen de ce testament permet de comprendre qu'il s'agit d'une personne de condition modeste, sans liens directs avec San Gimignano, sinon celui d'habiter dans son district.

Le testament de Bartolo de Iacopo de San Donato est presque aussi simple: quelques legs pieux, l'usufruit de ses biens à sa femme, puis les enfants et neveux masculins sont nommés héritiers. La particularité réside dans le choix du lieu de sépulture, en effet Iacopo donne sa préférence à l'église de San Donato, mais ses nombreux déplacements à San Gimignano pourraient également impliquer une mort à l'intérieur des murs; dans ce cas il souhaite être enseveli près du couvent dominicain. La logique du testament de Iacopo est confirmée par le lieu de la dictée du testament: la sacristie du couvent des frères prêcheurs et ces derniers sont témoins de la dictée, le 14 avril 1433[6].

Les étrangers provenaient en majorité de Florence et leur degré d'intégration semble en général satisfaisant. En effet, seul Simone del Bene désire être enseveli dans sa ville natale, les autres se sentent donc suffisamment chez eux pour demander sépulture dans une église ou un cimetière de San Gimignano. Simone teste le 11 juin 1530, dans le chapitre du couvent dominicain, devant sept frères prêcheurs; le climat était donc de toute manière favorable à Florence, puisque les dominicains ont toujours représenté un bastion philo florentin à l'intérieur du territoire de San Gimignano. Le testateur choisit l'église des Santi Apostoli à Florence et précise qu'il désire être enseveli près des membres de sa famille

4 ASF, NA 8687 f. 36-37r.

5 Les testateurs laissaient généralement 5 sous à la cathédrale de Florence et à l'évêque de Volterra. De plus amples explications seront données dans la section dédiée à l'aspect religieux des testaments.

6 ASF, NA 20451 f. 51-52r.

déjà défunts; les dépenses seront soutenues par ses héritiers. L'église des Santi Apostoli se trouve dans le quartier de Santa Maria Novella; au XVe et XVIe siècles ont été ajoutées des chapelles latérales et la famille del Bene en possédait effectivement une, à côté de celle des familles Carducci et Altoviti[7]. Le testament de Simone manque cruellement de précision; il ne donne pas la filiation ni de son épouse, ni d'une femme qui lui a donné un fils illégitime. Peut-être une des deux était-elle de San Gimignano, cependant nous n'avons aucun moyen de le vérifier. Les bénéficiaires des legs de Simone sont concentrés à Florence, nous ignorons donc pourquoi il teste à San Gimignano et de surcroît en bonne santé. Il n'a pas d'enfants légitimes, pour cette raison il laisse 600 florins à son fils naturel, néanmoins cette somme devait être partagée entre les éventuels enfants nés du mariage. Il semble être relativement jeune, puisqu'il institue héritière sa mère, qui devra cependant tout laisser à ses éventuels enfants ou alors aux enfants de Giovanni Alberti et Simone Tornabuoni. Les liens avec Florence sont évidents: s'il ne devait pas avoir d'enfants, ce sont les descendants de deux familles florentines d'une certaine importance qui bénéficieraient de son héritage.

Les autres testateurs florentins semblent bien plus liés à San Gimignano, ils dictent leur testament dans leur maison de San Gimignano, en demandant sépulture dans les différentes églises du bourg. Tommaso Panizzi, citoyen de Florence, mais habitant à San Gimignano, teste le 15 mai 1462, en demandant à être enseveli dans l'église du couvent augustinien. Ce testament relativement simple confirme une certaine intégration, les legs pieux étant bien entendu partagés entre Florence et San Gimignano[8].

Les étrangers ne venaient pas tous de Florence, mais également de l'autre ville à proximité, Sienne. La famille Malevolti, par exemple, semble y avoir trouvé un terrain favorable; le 28 juin 1474, Alessandra Bardi, florentine, épouse de Federico Malevolti de Sienne qui habite à

7 La légende attribue la fondation de cette église à Charlemagne; nous pouvons affirmer qu'elle a subi d'importantes modifications au cours du XIVe siècle. La famille Altoviti de Florence a été longtemps liée à cette église comme en témoigne le monument funéraire de Oddo Altoviti, prieur de l'église de 1490 à 1507. Le testament se trouve en ASF, NA 3679 f. 257v.-258.

8 ASF, NA 16635 f. 32v.-33r.

San Gimignano, teste et demande sépulture dans l'église du couvent dominicain[9]. Malheureusement ce testament est une copie partielle, voulue par les frères prêcheurs; nous n'avons donc que les legs qui intéressaient le couvent[10]. Toutefois, à travers l'obligation de messes imposée à son fils Piero, nous découvrons qu'Alessandra a des biens immobiliers dans le district de San Gimignano, plus précisément un *podere* à *Villa Sovestri*: cette florentine, qui épouse un Siennois et habite à San Gimignano est proche du couvent dominicain qui a toujours obtenu le soutien de la ville dominante. Un peu plus d'une année après, Pandolfo Malevolti, qui habite également à San Gimignano, sent l'heure de la mort approcher; en effet, il est malade et demande au notaire Stefano Gentiluzzi de se rendre à son domicile dans le quartier de la Piazza afin de lui dicter son testament[11]. Pandolfo convoque également sept témoins et plus précisément frère Domenico Curradini de Barberino Valdelsa, recteur de l'hôpital Santa Maria della Scala, Nicola Abbracciabeni, Roberto Moronti, Giovanni Buonaccorsi, Lattanzio Casucci, ser Stefano Delli et Silurano de Gregorio génois et cordonnier de San Gimignano. Pandolfo semble s'être parfaitement intégré puisque ses témoins appartiennent aux meilleures familles de San Gimignano; il s'agit de notaires, commerçants et du recteur d'une des institutions caritatives les plus en vue[12]. Le testament est original parce que ses héritiers ne sont en fait que des héritières: il laisse sa fortune et ses biens à trois femmes de sa fa-

9 La famille Malevolti était présente à San Gimignano au moins depuis le début du XVe siècle, puisque dans le Cadastre de 1428 nous avons la déclaration de Antioccia épouse de feu Francesco Malevolti (ASF, Catasto 233, f. 7), de Federigo fils de Iacopo Malevolti (ASF, Catasto 233 f. 549-550) et de Francesco Malevolti (ASF, Catasto 266 f. 288). La fortune déclarée ne dépasse pas 210 florins; du reste Antioccia qui vit avec ses trois fils Pandolfo, Bernardo et Iacopo sera taxée sur une fortune de 106 florins.

10 Il s'agit du résumé d'un parchemin qui aurait dû se trouver à Florence mais qui a été perdu. Il ne reste donc que les quelques renseignements présents dans le manuscrit 82 à la Bibliothèque de San Gimignano.

11 ASF, NA 8772 f. 21-22r.

12 Il demande sépulture dans l'église de la Santissima Annunziata, du couvent dominicain, avec ses morts, précise-t-il. Cette formule courante pourrait être vide de sens, cependant il semble que tous les membres de cette famille aient une préférence pour le couvent.

mille, dont sa fille[13]. Probablement, l'absence de fils a créé cette situation, cependant les testateurs préfèrent généralement privilégier des parents plus éloignés ou des institutions religieuses et éviter d'instituer des femmes héritières. En outre, Pandolfo montre de nombreux égards envers sa femme, quand il la nomme usufruitière de tous ses biens; il précise qu'elle ne devra subir aucune pression de la part de l'évêque ou d'autres ecclésiastiques. Peut-être à cause de cette méfiance, le testateur ne fait pas de legs pieux ou plus simplement, ce texte constitue un des nombreux testaments avec une composante religieuse réduite[14].

Ces exemples montrent une société dynamique où les personnes se déplaçaient pour des raisons économiques, politiques ou professionnelles. Les liens familiaux ne se limitaient pas aux personnes nées à un même endroit, toutefois ces changements concernent ici des membres de familles aisées; comme toujours, les traces des gens modestes sont rares. Nous constatons ici que les membres d'une même classe sociale se regroupent, le dernier arrivé pouvant compter sur l'aide de ses pairs, ce qui facilite l'intégration. Les autres étrangers, toujours toscans, venaient de San Miniato, Volterra, Poggibonsi, Colle Valdelsa, Castelfiorentino, Pisa, Prato ou Pistoia, pour ne citer que les provenances les plus courantes. Cinq testateurs ont toutefois des origines un peu plus lointaines, généralement du nord de l'Italie, sauf Luca Botticini de Naples[15].

Les autres étrangers

Qu'il s'agisse d'un hasard ou non, ces testateurs sont tous malades et les documents se situent entre 1492 et 1530. Les situations diffèrent, comme

13 Les héritiers sont Petra épouse de Pietro [...] de Colle Valdelsa, Lamedonta épouse d'Antonio d'Alfonso de Certaldo et la fille du testateur Cleofi.

14 Comme de nombreux testateurs du troisième groupe, il laisse simplement la somme pour couvrir les frais de sépulture, ainsi que 5 sous à l'évêque de Volterra et à la sacristie de la Collégiale de San Gimignano.

15 En réalité il s'agit de six testaments et non cinq mais le sixième est celui de Iacopo Cortesi de Pavie que nous traiterons ultérieurement et dont la famille s'est établie à San Gimignano.

d'ailleurs le degré d'intégration. Deux exemples permettent de mieux saisir la situation.

Antonio de Bartolomeo de Milan habite depuis un certain temps dans le bourg, il vit dans le quartier de *San Giovanni* avec sa femme, originaire elle de San Gimignano[16]. Dans son testament, il se montre très proche du couvent franciscain, en demandant sépulture à côté de son frère, Francesco. Nous avons donc la confirmation qu'Antonio ne s'est pas déplacé seul; le début dans un nouvel environnement pouvait être difficile et l'aide d'un membre de la famille était alors précieux. Antonio fait également un legs à la confrérie liée au couvent franciscain, qui se trouve près de la porte du *Quercerchio*. Naturellement, le fils d'Antonio est institué héritier; cependant, en cas de décès prématuré, il serait remplacé par Giuseppe, frère d'Antonio, qui devrait alors effectuer un autre legs pieux. Comme le veut la tradition des testateurs du troisième groupe, les legs pieux sont réduits, même si Antonio demande des messes et même des messes de saint Grégoire. Nous avons donc une personne qui est partie de sa ville natale avec une partie de sa famille, puisque trois frères ont quitté Milan pour San Gimignano et Antonio ne fait aucune mention de biens ou liens encore existants avec la Lombardie. Il n'en va pas de même pour Bondus, un boucher, originaire de Côme, qui teste en 1492[17]. Cette personne a également épousé une femme de San Gimignano, mais en deuxièmes noces, puisqu'il déclare avoir un fils d'un mariage précédent. Nous ignorons si le déplacement à San Gimignano est survenu après le décès de cette première épouse, toutefois la vie de Bondus est partagée entre son lieu d'origine et San Gimignano. Il a des bien immobiliers aux deux endroits, mais puisqu'il demeure en territoire florentin, il demande sépulture près de l'église de Sant'Agostino, en laissant à sa femme, Caterina, le soin de pourvoir aux dépenses relatives à sa sépulture. Tant qu'elle restera veuve, elle sera usufruitière des biens; il institue héritiers ses trois enfants, mais en cas de décès prématuré, Bondus laisse tous ses biens au couvent augustinien. Ce n'est toutefois pas son âme qui le préoccupe, puisque la somme destinée aux legs pieux est presque inexistante; néanmoins il ne s'agit pas d'un problème économique, puis-

16 Le testament est du 17 février 1500 (ASF, NA 3674 f. 73v.-74).

17 ASF, NA 20907 f. 31r.-32v.

que Bondus dispose de nombreux biens tant sur le territoire florentin que sur celui de Côme. Il avait encore des liens matériels solides avec son lieu d'origine, malgré son intégration à San Gimignano. L'ouverture de l'exécution avec la liste des biens aurait permis une meilleure estimation de sa situation, cependant nous savons qu'il veut rendre la dot à sa femme par le biais d'un terrain à *Villa Barbiani* et qu'elle a l'obligation de récupérer 14 florins, que Bondus avait prêtés à un homme de Colle Valdelsa; cette créance est peut-être le résultat du commerce.

San Gimignano attirait donc une population étrangère qui pour des raisons diverses venait s'y installer; toutefois les motivations économiques ou privées n'étaient pas les seules, certaines personnes venant à San Gimignano également pour des raisons «de foi»: les moines, les prêtres ou les sœurs qui vivaient dans les couvents.

Frère Tommaso Verottis, originaire des collines du Casentino, est un dominicain qui habite dans le couvent de la Santissima Annunziata à San Gimignano; en 1458 il est bonne santé mais demande au notaire Pietro Nori d'écrire son testament. Tommaso semble se soucier essentiellement de sa famille et il montre de nombreuses inquiétudes à l'égard de sa mère ainsi que de ses sœurs. Il institue sa mère, Mea, héritière, alors qu'à ses trois sœurs, Dianora, Simona et Maddalena, iront 200 lires de dot. Toutefois, si la somme se révèle être trop importante, Mea pourra diviser en trois parties égales ce qu'elle réussira à obtenir. En cas de décès de l'une des sœurs, la somme totale sera bien entendu partagée en deux ou alors la mère pourra utiliser cet argent pour ses deuxièmes noces et les frères de Tommaso seront héritiers. Dans cet acte les dispositions pour l'âme sont plus que réduites et les legs pieux pratiquement inexistants. Le père de Tommaso est mort depuis peu et le testateur a voulu donner une garantie aux femmes de sa famille plus que dicter ses dernières volontés pour le bien de son âme.

Les déplacements étaient donc fréquents; si nous trouvons beaucoup d'étrangers à San Gimignano, nous pouvons supposer que de nombreux habitants du bourg partaient en quête d'une vie meilleure. Il serait intéressant de mesurer leur attachement à San Gimignano ainsi que leur intégration, cependant ceci pourrait être l'objet d'une nouvelle recherche[18].

18 Le testament de Lodovico Dei, étudié dans la section dédiée à sa famille, illustre cette situation.

Chapitre IV

La profession

Précieux et même indispensable pour une meilleure connaissance de la population de San Gimignano dès le XIIIe siècle, le testament permet d'approcher en marge le problème de la profession[1]. La discrétion dont font preuve les testateurs empêche de tracer un cadre exhaustif de la situation; il est cependant intéressant d'étudier la représentativité des métiers. En effet, après le prénom, la filiation et le nom de famille, si celui-ci existait, un peu plus d'un testateur sur dix, précise sa profession avant de donner sa provenance. Les hommes du XIVe siècle se montrent particulièrement discrets, puis, dès la fin de ce siècle, les testateurs divulguent plus volontiers leur vie ainsi que de leur situation professionnelle. Certains métiers sont toutefois plus facilement identifiables: il s'agit des usuriers et des notaires. Les premiers parce qu'ils demandent pardon pour leurs activités illicites; les deuxièmes, ayant une connaissance complète de la pratique testamentaire, fournissent un plus grand nombre de détails.

Les usuriers

Activité officiellement condamnée, le prêt à usure était toutefois une occupation largement répandue. Craignant leur dernière heure arrivée, ces hommes regrettaient leurs activités et demandaient aux héritiers la restitution des biens acquis de manière illicite. Cette précaution permet d'identifier les testaments d'usuriers, qui souvent complètent leur mo-

1 Il existe d'autres types de sources telles que le Cadastre ou l'Estimo qui permettent de mieux identifier la profession et la situation des habitants de San Gimignano. Pour avoir de plus amples informations, il suffit de consulter les écrits d'E. Fiumi et surtout son livre sur l'histoire économique et sociale de San Gimignano, publié en 1961.

ment de contrition avec la confession de leurs fautes à un ecclésiastique, chargé de remédier aux années de pêchés[2]. Chaque testateur décidait cependant des modalités de la restitution, certains précisant la somme, d'autres demandant de rembourser les personnes qui pouvaient prouver avoir été victimes d'usure. Dans certains cas, le livre de comptes, laissé aux héritiers ou au confesseur, fournissait tous les détails nécessaires à la réparation des torts.

Parfois, soit par choix personnel, soit parce que retrouver les gens était presque impossible, un legs à une institution ecclésiastique ou une aumône pour les pauvres permettait d'obtenir le pardon de l'Eglise et rassurait le testateur sur la possibilité d'avoir une place parmi les élus dans l'au-delà.

Toutefois, le repentir pouvait être de courte durée, essentiellement motivé par une maladie qui faisait craindre le pire. Certains usuriers testaient une première fois malades et demandaient naturellement pardon pour toutes leurs activités illicites; cependant, dans un testament ultérieur nous avons la preuve que le repentir avait été de courte durée. Une fois la santé retrouvée, les bons sentiments avaient disparu et ce n'est que lors de la dictée du deuxième testament que le repentir faisait de nouveau surface, les usuriers continuant leurs activités sans se soucier vraiment des conséquences pour leur âme, certains que les dispositions testamentaires pourraient tout remettre en place[3]. Selon une étude d'Enrico Fiumi, les testaments d'usuriers augmentent en période de peste, malheureusement il s'agit de registres de notaires conservés aux Archives de l'Evêché de Volterra, actuellement inaccessibles[4].

Ces informations peuvent néanmoins être complétées par une vingtaine de testaments inédits d'usuriers de San Gimignano. Au sein du premier groupe, Palmerino de Pietro, Gino de Corso, Muzzio de Bonin-

2 Outre les exemples fournis par cette étude, d'autres testaments d'usuriers ont été étudiés par E. Fiumi, *op. cit.*, pp. 97-102.

3 Cette attitude ne correspond toutefois pas à l'idéal catholique mais rappelle une des accusations que l'Eglise fait au mouvement vaudois de pouvoir obtenir le pardon de toutes les fautes avec la confession finale.

4 *L'attività usuraria dei mercanti sangimignanesi nell'età comunale*, in *Volterra e San Gimignano nel medioevo*, pp. 114-126. Les documents sont contenus dans les registres 12 et 15 des Archives de l'Evêché de Volterra.

segna et Giovanni de ser Dei admettent leur activité illicite et demandent aux exécuteurs testamentaires de restituer les biens acquis illégalement. Ces textes ne présentent toutefois pas de nombreux détails quant aux modalités de restitution, ces hommes demandant simplement de rendre ce qui a été obtenu de manière illicite[5]. Nous devons attendre 1374 et le testament de Broccardo Nucci, habitant le quartier de la *Piazza* de San Gimignano, pour avoir des renseignements plus précis. En effet, nous pouvons lire que:

> *questo e uno memoriale di Broccardo di Nuccio Bendii da San Gimignano nel quale sono scripte tucte quelle persone alle quale il decto Broccardo e tenuto in alcuna quantità di pecunia delquale si fa mentione nel testamento desso Broccardo e vuole che aquesto siora piena fede e questo memoriale ho scripto di mia prima mano io frate Palmieri di San Giovanini di San Forte di San Gimignano aripiego istantia di decto Brocardo. A D MCCCLXXIIII del mese di luglio et simigliatamente sono scripti su questo memoriale quelle persone che al decto Brocardo sono obligate*[6].

Broccardo veut donc régler ses dettes et il a confié son livre de comptes à un homme d'église lors de sa confession, le livre de comptes devant être utilisé en parallèle avec le testament afin de respecter pleinement ses dernières volontés.

La confession testamentaire de Nerio Moncini permet de récolter d'autres informations, puisqu'il renonce aux 29 florins prêtés à l'église Collégiale[7]. Ces hommes exprimaient leur repentir, pour sauver leur âme, puisque l'Eglise condamnait le prêt à usure; toutefois le testament de Nerio confirme le recours du clergé à ce type de prêt, ce qui crée une situation conflictuelle, justifiée seulement par les conditions économiques difficiles et le manque de liquidités[8].

Ser Nerio de Boninsegna gagnait une partie de ses revenus par le biais du prêt, mais il complétait ses gains avec la profession de notaire. Ses legs pieux laissent supposer une fortune conséquente qui sera distri-

5 ASF, NA 17572 f. 60r.; 11481 f. 20v.; f. 36r.; ASF, Diplomatico, 1348 giugno 30, Spedale di San Gimignano.

6 ASF, Diplomatico, 1374 luglio 13, Domenicani di San Gimignano.

7 ASS, Comune di San Gimignano 1348 giugno 24.

8 L'Eglise n'était pas la seule à devoir recourir au prêt, la Commune de San Gimignano avait déjà dédié une rubrique dans les statuts de 1255. En effet, la rubrique 99 du quatrième livre s'intitule *«de debiti usurariis solvendis»*.

buée aux institutions religieuses et aux neveux, puisqu'il n'a pas ou plus d'enfants. Les héritiers ne seront pas seulement les bénéficiaires de la fortune de Nerio, mais devront également s'occuper de l'exécution de ses dernières volontés, aidés par un chanoine. Jusque là, tout semble parfaitement anodin, cependant Nerio choisit une façon originale pour rembourser les sommes extorquées. Il prévoit, sans doute, que plusieurs personnes pourront prétendre avoir subi un tort et il décide donc de fixer une somme maximale à restituer de 10 florins, afin que les héritiers puissent répondre positivement à toutes les demandes[9]. Reste à prouver la légalité ou la faisabilité d'une telle solution, mais puisqu'il s'agit de réparer des actes illicites, une telle éventualité pourrait être acceptée comme un moindre mal.

Nous avons vu des usuriers se repentir temporairement, d'autres calculer les sommes à rendre; Cundino Bernardini au contraire semble faire preuve d'un plus grand cœur. Tout d'abord, il insiste sur la nécessité de rendre les biens acquis de manière illicite pour le bien de son âme. Ensuite il pense à son fils Torello et veut que la restitution de ces sommes puisse être également positive pour la conscience de son fils et il exige qu'elle soit faite avant l'exécution de toutes les autres requêtes testamentaires. Cundino met donc fortement l'accent sur la réparation des fautes commises durant son existence; il a peur pour lui, mais également pour son fils, qu'il voit entaché par ses fautes. Il craint que ses erreurs puissent se transformer en une sorte de malédiction pour sa descendance. Nous ne pouvons certainement pas mesurer l'honnêteté du testateur, ni connaître ses intentions cachées, cependant, dans ce cas, les legs pieux constituent une part prépondérante de l'acte.

La condamnation publique de l'activité d'usure n'empêchait pas sa propagation, ni son utilisation par ceux qui prétendaient l'interdire. Néanmoins, au moment de penser à la mort et au jugement dernier, les usuriers de San Gimignano avouaient leurs fautes et tentaient de manière plus ou moins adroite de minimiser l'incidence de ce pêché. Ils parlent d'activités illicites, d'usure, mais ne se définissent pas usuriers, sans doute également parce qu'ils ne commerçaient pas que de l'argent. Bon nombre de ces personnes avait également d'autres activités commercia-

9 ASCSG, Santa Fina 15 f. 13r.

les, ou exerçait une autre profession, comme l'a montré l'exemple de ser Nerio. En supposant que le montant de la réparation corresponde à la faute commise, Loysius Becci devait avoir bien des pêchés à se faire pardonner. Sa situation financière semble confortable puisque les héritiers de Corrado, son père, ont été soumis à une taxation de 123 lires en 1332, et les activités du commerce et de l'usure ont certainement augmenté son capital[10]. La famille proche de Loysius a été décimée; en effet il désire être enseveli près de sa femme et ses enfants, ce qui confirme l'épidémie de peste à San Gimignano en 1363. Loysius fait tout d'abord preuve d'humilité, puisque son corps ne devra être entouré que d'un linceul; cependant il demande à ses héritiers de faire recouvrir son tombeau par un monument en marbre composé de trois plaques décorées d'une guirlande noire, toujours en marbre, qui en fasse le tour. Sur une des trois plaques il demande que soient sculptées ses armoiries ainsi que l'inscription *«Sepulcrum ser Loysius ser Curadi de Becci de Sancto Geminiano et heredem suorum»*. Il décide de laisser plus de 200 lires et 1000 sous pour le bien de son âme, ce qui laisse supposer soit une grande piété soit de nombreuses fautes. Les activités de ce testateur étaient multiples; il reconnaît avoir pratiqué le prêt à usure, puisqu'il demande, avant tout, la restitution des sommes obtenues illégalement et inscrites dans son cahier. Il désire que les héritiers aient une attention particulière au cas de Bartala, femme de feu Michele, son frère, et aux prêts à usure accordés à ses enfants. De toute manière Loysius précise que la situation est parfaitement décrite dans son cahier et que les héritiers peuvent s'y fier. Cette dernière remarque permet de supposer que souvent les comptabilités des usuriers ne représentaient pas la situation réelle, mais qu'ils camouflaient une partie de leurs transactions. De plus, si la situation décrite correspond à la réalité, le testateur n'a pas vraiment eu de scrupules de son vivant puisqu'il a gagné de l'argent sur ses neveux et sa belle-sœur. En tout cas, pour Loysius, le testament est vraiment un «passeport pour le ciel», puisqu'il confesse ses erreurs, règle toutes ses dettes dans le détail, et par le biais de legs pieux, espère obtenir le pardon divin.

10 Le testament est de 1363 (ASF, Compagnie religiose soppresse da Pietro Leopoldo, 3038).

Il existait cependant une catégorie de personnes qui pouvait librement se déclarer usurier, sans craindre le jugement d'autrui, il s'agissait bien entendu des Juifs[11]. Un seul testateur déclare en effet ouvertement sa profession, sans repentir ni peur, il s'agit de Salomone, *fenerator* de San Gimignano[12]. Ce document de 1465 confirme la présence d'une communauté juive; Salomone parle de son frère ainsi que de son fils, cependant nous ne possédons aucun autre testament de cette population et sur la base d'une source unique, il est impossible d'estimer l'importance de ce groupe ainsi que son rôle à San Gimignano[13].

Les notaires[14]

Presque aussi nombreux que les usuriers, les notaires testaient généralement en bonne santé et leur profession laisse supposer que la dictée de leurs dernières volontés respectait vraiment leur pensée, ainsi que les règles du droit. Ces personnes n'avaient certainement pas de problèmes à tester, ils connaissaient la procédure, ainsi que les motivations spirituelles et économiques qui rendaient le testament un document indispensable dans la vie du bon chrétien. Il est intéressant de remarquer que les deux tiers des notaires testent en bonne santé alors que la proportion est inverse pour le reste du corpus documentaire; dans ce cas, les chiffres montrent clairement la particularité de cette catégorie. Toutefois, ces données s'expliquent également par l'appartenance de la majorité des documents au troisième groupe, période favorable à la personnalisation du testament.

Difficile d'ailleurs de faire des considérations globales sur ce groupe de testaments; plus que l'homogénéité de la catégorie, il est en effet pos-

11 Les Statuts de 1314 fournissent quelques précisions à la rubrique 10 du livre V intitulée *De feneratoribus forensius conducendis et de Consilio propterea convocando.*

12 ASF, NA 8772 f. 11r.

13 Quelques renseignements sur le prêt à usure fait par les Juifs à San Gimignano se trouvent aux pages 379-382 de L. Pecori, *op. cit.*

14 Pour de plus amples détails consulter la section sur les notaires et leurs registres.

sible de mettre en exergue les préférences personnelles. Si le choix du lieu de sépulture est souvent conditionné par l'appartenance à un groupe familial, les indications sont très précises. Gamuccio Gamucci opte pour l'église augustinienne, respectant ainsi la tradition familiale, alors que Francesco Ticcioni, choisit la même église mais parce qu'il y a fait construire son sépulcre[15]. Cette dernière situation était relativement courante, puisque environ la moitié des notaires demande sépulture dans un lieu sacré en précisant y avoir un tombeau. Pietro Tramontani l'a fait construire dans l'église collégiale, alors que Giovanni Narducci demande d'être enseveli dans le sépulcre *suorum antiquorum*, dans l'église de San Francesco[16]. Toutefois Pietro ne restera pas seul, puisque sa femme, dans son testament de dix mois postérieur, demande d'être enterrée à ses côtés. Pietro fait partie de la minorité des notaires qui testent en étant malades; nous avons ici la preuve de son décès peu de mois après la dictée de ses dernières volontés et donc, en quelque sorte, la démonstration de sa réelle maladie.

Iacopo Marsili a certainement pensé à sa mort, ce sont en effet les dispositions funéraires qui contiennent énormément de détails dans son testament. Iacopo ne veut pas être enseveli à San Gimignano, mais dans l'église de San Bartolo, dans le territoire environnant de Colle Muccioli. Son corps doit être déposé devant la chapelle de l'Assomption, dans une caisse en bois, avec les pieds dirigés vers l'autel principal et la tête vers la porte. Des choix aussi précis n'ont pu être faits au moment de la dictée, Iacopo devait donc certainement avoir pensé longuement à sa sépulture et avoir les possibilités économiques pour espérer la réalisation de ses souhaits[17].

Les testaments des notaires sont rédigés avec un soin particulier et ils contiennent des dispositions précises, non seulement en ce qui concerne les legs pieux. Comme nous l'avons déjà souligné, les informations privées et personnelles étaient souvent lacunaires, pour ne pas dire inexis-

15 Le premier testament est de 1522, le deuxième de 1527 (ASF, NA 16635 f. 213v.-214 et 15328 f. 44v.-46r.).

16 Giovanni teste en 1529, ASF, NA 20200 f. 125-127r., alors que Piero teste cinq ans avant, ASF, NA 11927 f. 242-243.

17 Ces deux documents de 1521 et 1523 ont été rédigés par Giovanni Nori et seront repris ultérieurement dans la section consacrée à la sépulture.

tantes. Nous devons attendre 1472 pour avoir l'âge et la profession d'un testateur: Filippo de Bartolo de Pietro Ricciardi, notaire de 44 ans, dicte un testament très détaillé[18]. Son confrère, Piero Nori, recueille ses dernières volontés dans le couvent franciscain. La lecture de ce testament permet d'affirmer que Filippo savait exactement quelle était sa situation financière et de quelle manière il voulait distribuer son patrimoine. Chaque légataire recevant une somme se voit attribuer le terrain ou l'immeuble correspondant à la valeur du legs. Filippo veut la restitution de la dot de sa femme Sandra et les 200 florins seront rendus par le biais de deux terrains. Les pères des deux conjoints sont décédés mais non leurs épouses; Antonia mère de Filippo recevra, selon le vœu de son défunt mari, les 100 florins de sa dot, sous la forme de l'usufruit d'un champ dans le territoire de San Gimignano. Filippo s'occupait probablement de sa mère; sentant la mort prochaine, il demande à ses héritiers de continuer. Sa belle-mère, Petra, doit par contre pouvoir récupérer les 150 florins de dot que Filippo avoue lui avoir pris, après la mort de son beau-père. Il a vendu les biens à un Siennois et la somme doit être restituée à Petra; la transaction doit avoir été conclue depuis peu, puisque Filippo précise qu'il faut encore payer 4 florins de gabelle à la Commune de Florence pour la vente du dernier terrain[19]. Filippo nomme ses deux fils héritiers, tandis que les filles recevront 200 florins de dot, qui seront obtenus par la vente d'une maison proche du couvent augustinien. Cette famille semble avoir connu une progression économique; en effet les dots augmentent sensiblement en deux générations, de 100 à 150 florins pour la mère et la belle-mère à 200 florins pour la femme et les filles du testateur. Cette variation n'est pas uniquement imputable à une amélioration des conditions de vie de certaines personnes, mais également à une certaine inflation. D'autres testaments montrent la même progression; par exemple, la femme du notaire Giovanni Cipriani avait une dot de 325 florins, alors que les filles du couple pourront obtenir 500 florins[20].

18 ASF, NA 15338 cc. 120v.-123r.

19 Le terrain avait été vendu pour 60 florins.

20 Dans la partie consacrée aux femmes, nous étendrons les confrontations afin de mieux comprendre s'il s'agit d'inflation ou si nous pouvons parler d'amélioration

Les autres professions

Une société ne peut vivre uniquement avec des notaires et des usuriers, même si ces deux professions étaient souvent exercées par des commerçants. La population de San Gimignano avait de nombreuses activités d'échange de marchandises; les habitants du bourg se déplaçaient et, comme nous l'avons constaté, des gens de l'extérieur venaient à San Gimignano pour des périodes plus ou moins longues[21].

Certains produits tels que la laine n'étaient pas de qualité suffisamment bonne pour être exportés et leur commercialisation se limitait au marché local; d'autres denrées, comme le safran, étaient destinées au marché international.

Si toutes les activités ne sont pas représentées dans le corpus, nous avons des artisans de la laine, des charpentiers, des couturiers, des cordonniers, et également des bouchers et des maçons. Parmi les professions plus «nobles», nous trouvons des enseignants[22], des notaires, des juges et des banquiers, un homme de lettres, quelques personnes avec des charges publiques, et également un médecin et plus particulièrement

---

des conditions économiques. Le document dicté par Giovanni Cipriani a été rédigé par le notaire Bernardino Lolli en 1528.

21 Selon un tableau d'E. Fiumi, *op. cit.*, les activités des habitants de San Gimignano, étaient les suivantes: les artisans de la laine et du cuir dominaient au XIIe siècle, suivaient les artisans du fer, les bouchers et les marchands de bétail. En 1322, le premier rang était attribué aux notaires et aux juges, suivi par les marchands, les artisans de la laine, les couturiers, les cordonniers, les *pizzicaioli*, les forgerons, les charpentiers, les bouchers, les *vetturali* et les *barbieri*. En 1346, la situation reste inchangée. Les métiers mineurs comme ceux des boulangers ou des meuniers par exemple, n'avaient pas l'autorisation de se regrouper en corporations, et ils ne pouvaient donc pas participer activement à la vie politique et administrative. Au cours du XIVe siècle, Paniccia de Luto Moronti a reçu l'autorisation de l'évêque Ranuccio Allegretti de battre monnaie, ce qui montre une autre activité de cette population qui essaie de multiplier les possibilités afin d'augmenter son bien-être. En 1323, l'association qui dirige cette activité montre que Paniccia travaille avec Fantone de Gretto de Rossi, Meo d'Alberto d'Arezzo, Vannuccio de Petruccio, Tignoccio de Baldo Tolomei, et Guglielmo de Giuntarino de Cunigliano.

22 Déjà les Statuts de 1314 prévoyaient que l'enseignant de grammaire touche 15 lires par an (IV, 220 *De magistro gramatice in Sancto Geminiano morando et eius salario*).

un chirurgien. Il s'appelle magister Cipriano de Martino Cipriani et teste en 1523[23]. Cette profession peu courante nécessitait certainement de longues études, qui avaient dû être effectuées hors San Gimignano, dans les grands centres tels que Bologne ou Sienne. Cipriano est de San Gimignano et a exercé sa profession dans les alentours; il a trois enfants mais il ne précise pas si l'un d'eux suit ses traces. Ce détail aurait pu être confirmé par le legs de ses instruments à l'un des héritiers et cette information aurait pu fournir de précieux détails sur la manière d'exercer la profession[24]. Au début du XIVe siècle la Commune de San Gimignano devait d'ailleurs payer un médecin de Poggibonsi, qui exerçait dans le territoire[25].

Les soins apportés par le médecin étaient complétés par les produits des pharmaciens dans le corpus il existe quelques testaments d'*aromatarii* qui possédant une boutique à San Gimignano. Giovanni Mainardi par exemple, dicte deux testaments, en 1522 et 1530. Chaque fois il se déclare *aromatarius,* cependant ce n'est que dans le second document que nous avons plus de renseignements sur sa situation professionnelle. Giovanni possède une certaine fortune et désire aider Nicola, son neveu de condition modeste. En 1530, il lui laisse sa maison dans le quartier de San Matteo au lieu dit *alla Piazzetta,* exception faite de *l'apoteca et la coquina per l'arte aromatica*, laboratoire qui ira à son fils, héritier universel de tous ses biens[26]. Bartolomeo, fils unique de Giovanni, reprendra donc l'activité paternelle, ou du moins, tel est du moins le vœu du testateur.

Parfois nous devons supposer la profession sur la base d'un legs; c'est le cas de Piero Ceccardini, qui teste le 27 juillet 1412. Il est gravement malade, ce qui est prouvé par son décès le premier août de la même année, il ne précise pas sa profession mais laisse à son neveu, un commerce

23 ASF, NA 11927 f. 197r.-198r.

24 Dans cette situation, l'inventaire des biens au moment du décès pourrait se révéler très intéressant, également parce qu'il devrait contenir la liste des instruments de travail de Cipriano. Un de ses enfants est également appelé Magister, cependant il n'y a pas d'autres détails.

25 Ce médecin reçoit 15 Lires par an et en 1314 il réside à San Gimignano depuis trois ans (Statuts de 1314, V, 53).

26 ASF, NA 15328 f. 269r.-271v., l'autre document se trouve en ASF, NA 11927 f. 184r.-187r.

situé dans le quartier de la Piazza. Piero n'a pas de fils, mais Filippa, sa fille, sera héritière universelle; cette générosité envers une femme, implique que son activité commerciale soit reprise par un homme de la famille.

Les artisans possèdent certainement un nombre variable d'outils qu'il aurait été intéressant de cataloguer, tout d'abord pour comprendre leur activité, ensuite afin de mieux estimer leur situation économique. Malheureusement ces objets étaient souvent destinés à l'héritier universel et donc n'étaient pas spécifiés dans le testament. Il serait donc utile de retrouver les actes contenants l'inventaire des biens du défunt[27].

La situation économique d'un artisan était normalement inférieure à celle d'un notaire ou d'un usurier, toutefois l'ascension sociale était possible. Bartolomeo de Lorenzo d'Angelo, *pellicciaio,* teste en 1456. Il nomme héritiers ses deux fils, Faustino et Iacopo, et tient à préciser que le premier est prêtre et le deuxième notaire; nécessité ou orgueil paternel, ce détail permet toutefois de relever que la profession n'était pas forcément héréditaire et qu'une amélioration de la position sociale était possible.

Les instruments du métier

Tous ces artisans, mais également les paysans, utilisaient des outils en fer, comme Francesco de Giovanni, forgeron qui teste en 1529[28]. Sa femme Lorenza aura l'usufruit de tous les biens mobiliers et immobiliers, ainsi que de tous les meubles et autres biens contenus dans la maison et dans son atelier. Francesco est conscient des problèmes économiques que son épouse risque de rencontrer; pour cela, il lui donne l'autorisation de vendre une partie des biens pour subvenir à ses besoins. Cette générosité du mari est cependant soumise à deux conditions: Lorenza devra rester veuve et s'occuper de l'âme du testateur défunt, selon sa

27 Ceci pourrait constituer une nouvelle étude, sur un nombre limité de testaments bien qu'il ne soit pas aisé de retrouver ces documents. Nous verrons dans la section consacrée aux exécutions quelques exemples pris comme première approche.

28 ASF, NA 16533 f. 114r.

propre conscience[29]. Nous ne connaissons pas la situation de Lorenza, cependant la multiplication des précautions de son mari laisse supposer de nombreux problèmes: tout d'abord les exécuteurs devront faire l'inventaire des biens de Francesco, afin que sa femme puisse recevoir la totalité de ce qui lui a été destiné et de surcroît il précise qu'elle ne devra subir aucune pression. Lorenza reçoit la totalité des instruments de travail de son mari, ce dernier est conscient du fait qu'ils lui seront en partie inutiles et donc il lui permet de les vendre. Encore une fois, nous pouvons lire entre les lignes les difficultés économiques des femmes seules, lorsque leur situation familiale ne leur permettait pas de posséder des biens immobiliers d'où percevoir une rente. N'ayant pas d'enfants, c'est dans un premier temps au bien être de sa femme que pense cet homme lorsqu'il teste. Francesco a un frère qui héritera de ses biens après la mort de Lorenza et cette situation pourrait représenter un danger pour la veuve, qui risque de perdre une partie de l'usufruit déjà de son vivant, au profit de son beau-frère.

29 Au début du XVIe siècle, les testateurs font de plus en plus souvent appel à la conscience de leurs héritiers, afin qu'ils fassent le nécessaire pour le bien de leur âme.

Chapitre V

La situation économique

Ce titre, peut-être prétentieux, n'implique pas une étude complète de la situation économique des habitants de San Gimignano du XIVème au XVIe siècle; cependant, malgré les limitations du testament, avec l'absence de la liste des biens destinés aux héritiers universels, ce document peut toutefois donner des indications sur la condition des testateurs. Il ne s'agit donc pas de comprendre dans quel environnement se trouvaient les habitants de San Gimignano, mais simplement de tracer dans les grandes lignes les catégories de gens qui décidaient de tester.

Les dettes

Le testament, servait donc à régler ses comptes au sens spirituel et également pratique du terme. Le repentir sincère augmentant la clémence du jugement, les testateurs avaient l'habitude de demander à leurs héritiers de régler leurs comptes, de s'occuper de leurs dettes et éventuellement de leurs créances[1]. Les calculs des testateurs étaient d'autant plus précis quand ils étaient en fin de vie ou se préparaient à un voyage. Toutefois, une telle demande pouvait faire partie du formulaire testamentaire et des précautions d'usage.

Nous pouvons donc nous fier à ces requêtes quand la situation semble concrète (détails, noms). Bartolomeo Palmerini, par exemple, teste en 1420, en bonne santé et demande à ses héritiers de solder la dette qu'il a contractée auprès de Giovanni et Meo Gamucci. Ce prêt, sans doute relativement important, ne pouvait être remboursé dans de brefs délais et, Bartolomeo avait le soupçon qu'au moment de sa mort, il pourrait tou-

1 Nous excluons ici les particularités liées aux usuriers, déjà traitées dans la section dédiée à ce métier.

jours être débiteur des frères Gamucci[2]. Deux autres testateurs, Domenico Beni et Angelo Buoni, testent en bonne santé et demandent aux héritiers le remboursement de leurs dettes. Cependant, ils ne définissent pas exactement le lieu de sépulture, ce qui laisse entrevoir un voyage et donc explique parfaitement la requête. Angelo et Domenico précisent qu'ils désirent être ensevelis dans l'église du couvent dominicain de San Gimignano ou dans celle du même ordre du lieu où ils mourront[3].

Les documents plus intéressants sont toutefois dictés par des personnes malades ou qui ressentent fortement le risque de mourir, ce qui, de toute évidence, augmente les bons sentiments et la volonté de mettre les choses en place[4]. Lorenzo de Geminiano, artisan du bois, en fait la démonstration; en effet, il demande à ses héritiers de régler ses comptes avec son associé Giovanni Pellegrini[5]. Lorenzo choisit de se faire ensevelir dans le cimetière de l'église de San Francesco, laissant 25 florins à la confrérie, en échange de prières pour le bien de son âme. En ce qui concerne la suite du testament, Lorenzo exige que les recettes issues de son travail, qui seront perçues après sa mort, soient divisées entre ses héritiers et son associé Giovanni Pellegrini Brandi, ceci sous le contrôle du recteur de l'hôpital de Santa Fina. Cependant, Lorenzo a des dettes avec son associé, tout d'abord 6 lires et 15 sous pour divers travaux, ensuite 2 lires pour un travail réalisé pour frère Curso, de l'hôpital de Santa Maria della Scala, puis 3 lires pour le cercueil qui a servi à la sépulture de la femme de Lorenzo et enfin 6 setiers de blé. Lorenzo lui laisse également tous ses instruments de travail, ainsi que la moitié de l'argent qui se trouve dans une cachette à côté des instruments. Dans ce cas, les enfants et les membres de la famille ne semblent pas vouloir reprendre l'activité de Lorenzo; il laisse donc ses outils à son associé. Une comptabilité assez précise permet à ce testateur de déléguer à ses héritiers la clôture des comptes.

2 ASF, NA 8787 f. 14v.-17v.

3 Les documents sont respectivement de 1433 et 1450 (ASF, NA 20357 f. 56-57r. et 20351 f. 50-51r.).

4 Un premier exemple pourrait être le testament de Broccardo Nucci, étudié dans la partie consacrée aux usuriers.

5 ASF, NA 3679 f. 265-267r.

Parfois, nous entrons dans la vie privée et presque intime des testateurs, comme nous le révèle le testament de Girolamo Ticcioni dicté en 1501[6]. Cet homme demande à son frère Francesco, de donner 8 florins à Giovanni Mainardi, *aromatarius,* et de régler ainsi une dette. Toutefois, Girolamo précise que si Giovanni devait mourir avant d'avoir reçu l'argent, alors Francesco donnerait aux enfants de Giovanni la somme écrite dans le livre qui a pour titre *Il libro secreto domini Giovanni segnato A ad chartam 13*. Cette requête assume donc un caractère particulier, la transaction portant alors peut-être sur d'autres montants ou alors il s'agit d'usure. Le document n'est pas clair, des recherches approfondies sur ces deux personnages, afin de trouver d'autres actes les concernant, permettraient sans doute une meilleure compréhension de la situation[7]. Girolamo menace son frère: si celui-ci ne respecte pas cette procédure, il perdra l'héritage. L'hôpital de Santa Fina serait alors héritier, avec la même obligation, et s'il devait également refuser c'est le couvent des frères prêcheurs qui recevrait l'héritage.

Parfois, le règlement des dettes équivalait directement à un legs pieux, ceci quand le débiteur était une institution religieuse et que le créancier ne réclamait pas la somme qui lui était normalement due. Nerio Moncini, en 1348, demande à ses neveux, héritiers universels, de renoncer à 29 florins qu'il avait prêtés à l'église Collégiale. De la même manière, Iacopa veuve de Nicola Muzi et fille de Stefano de Poggibonsi, sans famille, qui laisse tout à l'hôpital de Santa Maria della Scala, ne veut pas que ses héritiers réclament l'argent qu'elle avait prêté à six pauvres personnes de San Gimignano[8]. Stefano Capi, recteur de l'église de San Bartolomeo, ne renonce pas à ses créances, mais les transforme par voie testamentaire en legs pieux[9]. En effet, son principal débiteur est Andrea Minghetti, qui lui doit 38 florins 6 lires et 40 sous; cet argent sera transformé, par les exécuteurs testamentaires, en legs pieux pour la Collégiale et pour un couple de pauvres.

6 ASF, NA 15320 f. 150v.-152r.

7 Il s'agit ici simplement d'une suggestion, qui met encore une fois en relief l'importance de recherches croisées.

8 Iacoba teste en septembre 1424 et décède onze jours après la dictée de ses dernières volontés (ASF, NA 9567 f. 48v.-50r.).

9 ASF, NA 8787 f. 36v.-38r.

Le détail des dettes ou des créances implique une réflexion avant la dictée du testament et une certaine familiarité avec l'acte. Les prêts ne mentionnent ni intérêts ni usure ni la réalité qui pouvait se cacher derrière ces sommes, et ce ne sont pas les testaments qui pourront le dévoiler[10]. L'exemple de Girolamo Ticcioni laisse présager une réalité cachée et la vigilance s'impose quant aux sommes décrites ainsi qu'à la réelle possibilité de tout récupérer. Le bourg de San Gimignano est donc habité par une population relativement hétéroclite et les différences économiques entre les testateurs impliquent que la richesse n'était pas un facteur déterminant pour tester. La présence de la communauté juive, très exiguë d'après les sources implique deux interprétations: les Juifs n'adhéraient pas à la pratique testamentaire, en tant qu'usage lié à l'Eglise catholique, ou leur présence à San Gimignano était très réduite[11].

10 Un parchemin de 1340 documente un prêt fait à la commune de San Gimignano, par Lippo Scolari de Florence et Pietro Useppi, pour un montant de 900 florins. La somme devra être rendue en un mois (ASF, Diplomatico 1340 ottobre 24, Comune di San Gimignano). Cinq ans après, le syndic de la commune reconnaît avoir reçu un prêt de 1576 florins à rendre en une année. La somme avait été prêtée par Ferino du feu Arrigo qui agissait au nom de Roberta Tolomei de Sienne veuve de Lippo Scolari, Roberta a donc repris l'activité de son mari (ASF, Diplomatico 1345 settembre 9, Comune di San Gimignano).

11 Une étude précise sur les communautés juives à San Gimignano n'a jamais été effectuée. Un travail très intéressant a été fait pour la voisine Volterra, mais nous ne pouvons appliquer ces conclusions à une bourgade voisine (Alessandra Maria Veronese *Una famiglia di banchieri ebrei tra 14 e 16 secolo*, Pisa, ETS, 1998).

Troisième partie

Les legs pieux ou comment sauver son âme

Chapitre I

Evolution de chaque type de legs pieux dans le temps

La multiplication des legs pieux servait à protéger l'âme, à contraster l'effet négatif des pêchés. En fin de vie, ou face à un danger, le testateur essayait d'imaginer les bonnes actions qu'il pouvait encore accomplir, celles capables de le sauver. Difficile d'établir avec précision la consistance du patrimoine des testateurs sur la base de leurs legs pieux; cependant, la somme totale destinée à sauver l'âme, peut donner une indication assez fiable sur la situation économique des habitants du bourg de San Gimignano[1]. Pour cette raison, les testaments complets ont été divisés en huit ensembles, de Lp1 à Lp8, d'après la nature et la somme destinée aux legs pieux[2].

Dans un deuxième temps, la mise en parallèle de ces résultats, avec le choix des lieux de sépulture, permettra de comprendre quels types de fidèles étaient proches des principales institutions religieuses de San Gimignano.

Le tableau suivant illustre l'évolution des huit typologies de legs pieux au cours de la période étudiée, les chiffres ont été convertis en pourcentages afin de faciliter la lecture des données.

1 Cette méthode d'analyse, avec des tranches de référence un peu différentes, avait été utilisée avec succès par J. Chiffoleau dans son ouvrage sur Avignon, *op. cit.*

2 Lp1: aucun legs pieux, outre les frais pour la sépulture et les 5 à 10 sous pour la Collégiale et l'évêque de Volterra.
Lp2: des legs pieux modestes pour un maximum de 10 lires ou 200 sous.
Lp3: des legs pieux inférieurs à 100 lires, environ 25 florins.
Lp4: des legs pieux inférieurs à 100 florins.
Lp5: des legs pieux supérieurs à 100 florins.
Lp6: des legs pieux faits essentiellement d'aumônes d'aliments à distribuer aux pauvres.
Lp7: des legs pieux avec des maisons, des terrains ou des fermes.
Lp8: une institution religieuse ou pieuse est héritier universel.

	Groupe 1 (1299-1369)	Groupe 2 (1370-1469)	Groupe 3 (1470-1530)
Pourcentage de Lp 1	6,59	21,98	28,81
Pourcentage de Lp 2	16,48	17,58	19,87
Pourcentage de Lp 3	25,27	17,58	20,86
Pourcentage de Lp 4	6,59	6,59	10,60
Pourcentage de Lp 5	1,10	2,75	7,28
Pourcentage de Lp 6	2,20	4,4	2,65
Pourcentage de Lp 7	18,68	8,24	4,64
Pourcentage de Lp 8	23,08	20,88	5,30

Tableau 2. Répartition des divers types de legs pieux dans les trois groupes chronologiques

L'interprétation des données

Deux tendances sont clairement visibles: l'augmentation de l'ensemble Lp1 et la diminution de l'ensemble Lp8, ce qui montre clairement que les testateurs deviennent de plus en plus réticents à nommer une institution religieuse héritier universel. La famille prend le dessus et si les héritiers directs font défaut, les habitants de San Gimignano vont chercher un peu plus loin, au sein de leur famille, afin de trouver les bénéficiaires potentiels de leur fortune. Les valeurs de l'ensemble Lp1 montrent qu'un pourcentage très faible de testateurs, dans le premier groupe, ne spécifiait aucun legs pieux et laissait aux héritiers le soin de pourvoir aux dépenses de sépulture; alors qu'au début du XVIe siècle, nombreux sont les testateurs qui chargent héritiers et fidéicommissaire de dépenser les sommes nécessaires au bien de leur âme.

Deux raisons semblent pouvoir expliquer le phénomène: tout d'abord nous pouvons comprendre cette évolution comme une sorte de laïcisation de la pratique testamentaire. Elle ne représente plus exclusivement le moyen de sauver son âme, mais également l'instrument pour prendre les dernières dispositions relatives à son patrimoine. Dans ce cas, le rôle du fidéicommissaire était investi d'une responsabilité supplémentaire puisqu'il devait décider des dépenses nécessaires aux legs pieux. Ensuite une plus grande habitude de la pratique testamentaire avait mis en confiance les testateurs, qui savaient pouvoir compter sur leurs héritiers dans l'exécution des legs pieux; en effet, ce sont souvent les héritiers, accompagnés parfois d'un ecclésiastique, à remplir ce rôle. Libérés du souci de racheter leurs pêchés, certains testateurs fortunés, pouvaient envisager la meilleure manière de distribuer leur fortune. Nous devons toutefois souligner, que laisser des dispositions vagues quant aux legs pieux ne signifiait pas forcément l'absence de ces legs.

La difficulté à estimer la valeur des biens immobiliers rend plus difficile l'interprétation des données, puisque les testateurs se contentaient d'en donner la position. Il est donc délicat de dire si la diminution massive des donations de terrains et maisons constitue une diminution générale des sommes destinées à l'Eglise, ou si au contraire, l'augmentation des legs supérieurs à 100 florins représente un plus grand bénéfice. Les estimations des maisons et terrains présentes dans les documents, se situent entre 50 et 100 florins au minimum. Cependant, nous ne connaissons pas les dimensions de ces biens immobiliers, ce qui ne nous permet pas de faire des comparaisons fiables; toutefois, nous pouvons raisonnablement penser que les legs dépassant les 100 florins étaient plus importants qu'une maisonnette ou un petit terrain, sans égaler néanmoins un ensemble de biens, comme une maison entourée de terrains cultivables ou un *podere*. En outre le numéraire faisait défaut: ce qui posait sans doute plus de problèmes lors des exécutions était de vendre des biens pour disposer des liquidités, donc il était plus difficile d'obtenir la totalité de la somme qui constituait un legs en argent, plutôt qu'une maison.

Nous pouvons affirmer, qu'au début du XIVe siècle, les testateurs de San Gimignano laissaient en général des terrains ou des édifices aux institutions religieuses, ce qui leur a permis de se constituer un patrimoine remarquable. Les héritiers directs faisaient parfois défaut, puisque les épidémies et les guerres avaient fortement réduit la population; ce qui avait poussé les testateurs à nommer leur héritier universel une institution caritative. Cette position a permis une ultérieure augmentation des propriétés ecclésiastiques, qui pouvaient ainsi alimenter les pauvres. En effet, les testateurs demandaient souvent qu'une partie des récoltes puisse se transformer en aumônes pour les nécessiteux. De la fin du XIIIe au milieu du XVe siècle, cette catégorie s'est sans doute accrue; ce qui a certainement encouragé bon nombre de testateurs du deuxième groupe à transformer leurs legs pieux en quantités de pain, huile, vin et viande pour les pauvres[3].

En conclusion, les legs des testaments du premier groupe, en excluant les catégories Lp7 et Lp8, étaient relativement modestes, la majorité des testateurs donnait une somme qui variait entre 11 et 100 lires et peu de personnes avoisinaient ou dépassaient les 100 florins. De plus, l'augmentation des valeurs de l'ensemble Lp1, pour les actes du troisième groupe, ne signifie pas une diminution de la fortune des testateurs, tout comme la nette augmentation des legs avoisinant et dépassant les 100 florins n'implique pas une amélioration des conditions économiques de certains habitants de San Gimignano. Si le fait de choisir un lieu de sépulture représentait un avantage économique pour l'église élue, au début du XIVe siècle la différence des sommes destinées aux institutions pieuses était souvent moindre et les testateurs distribuaient équitablement l'argent[4].

Des marques de piété discrètes

Parfois, les testaments regroupés dans l'ensemble Lp1 ne permettent pas de comprendre quelle était la situation économique des testateurs; brefs et concis, ils manquent de détails nécessaires à une bonne utilisation de la source. Le document, dicté le quatre mai 1412 par Martino Lotteri, dans sa maison, alors qu'il est malade illustre cette situation[5]. Le testateur demande sépulture auprès du couvent augustinien et laisse à ses héritiers le soin de pourvoir aux messes et luminaires nécessaires à sa sépulture en nommant héritier universel son neveu Lotterio, puisque son fils Lorenzo est déjà décédé. Un ultime détail, écrit en marge du docu-

3 Pour une récente analyse du rôle des hôpitaux dans l'assistance aux pauvres, D. Le Blévec, *La part du pauvre. L'assistance dans les pays du Bas-Rhône du XIIe siècle au milieu du XIVe siècle.*

4 Nous verrons cependant quelques exemples, où le plus grand bénéficiaire n'était pas l'église qui avait été choisie pour la sépulture.

5 ASF, NA 5446 f. 14v.-15r.

ment: Martino est décédé le 20 mai; ce qui permet de vérifier la réelle maladie du testateur. Néanmoins, aucun autre élément ne permet une meilleure compréhension de la situation et ce type de testament caractérise les personnes du premier groupe, qui laissaient aux héritiers le soin d'organiser les messes nécessaires au bien-être de leur âme, sans indiquer désirs particuliers, peurs ou autres détails sur leur situation personnelle.

Néanmoins, la discrétion quant aux dispositions pieuses n'implique pas l'impossibilité de comprendre la situation financière du testateur, surtout pour les testaments des deux derniers groupes. La consistance du patrimoine se devine également à l'aide d'autres éléments, comme les dispositions prises pour la famille. Domenico Becci, par exemple, appartient à une des grandes familles du bourg et dans son testament de 1430 ne figure aucun legs pieux précis[6]. Après avoir choisi d'être enterré dans l'église des frères prêcheurs, il demande à son fidéicommissaire de dépenser la somme nécessaire pour des messes et des cierges: le montant destiné au bien être de son âme reste donc inconnu. Cependant, Domenico laisse à sa famille près de 500 florins, exception faite des biens destinés à l'héritier universel[7] et il choisit sa femme et un membre de la famille Becci pour exécuter ses dernières volontés et s'occuper de ses enfants; ces personnes devront augmenter les legs pieux si les enfants décèdent. Aucune précision concernant la somme destinée aux legs pieux, mais 500 florins distribués à la famille, ce qui implique une situation économique confortable. Un autre exemple est le testament de Dianora Chiarenti[8] elle choisit d'être ensevelie avec son mari auprès du couvent franciscain et demande à ses héritiers de dépenser la somme nécessaire à sa sépulture. Dianora distribue sa dot de 400 florins à sa descendance, fille et neveux, en destinant sa fortune à la famille. Souvent les institutions religieuses devenaient héritières universelles en cas de

6 ASF, NA 8787 f. 40r.-42r.

7 Il s'agit de son fils et d'éventuels autres fils à naître. Malheureusement, nous ne disposons pas de la liste des biens au moment de l'ouverture de la succession, ce qui permettrait une estimation des biens de Domenico.

8 Le testament a été rédigé en 1495 par le notaire Giovanni Abbracciabeni (ASF, NA 21 f. 62-63r.).

décès de toute la famille, donc, dans le cadre d'une succession régulière elles pouvaient être lésées.

Cette tendance se confirme dans le temps, comme le prouve, par exemple, le testament de Stefano Bonaccorsi dicté en 1512 au notaire Giovanni Nori. Il suit la tradition familiale et demande sépulture dans l'église franciscaine, où se trouve le sépulcre de la famille; les héritiers devront dépenser la somme nécessaire à ses obsèques. Il laisse tous ses biens à son fils, mais si celui-ci devait mourir sans héritiers, il serait substitué par le cousin et les neveux du testateur. Ces derniers, auraient alors l'obligation de donner pendant quatre ans 24 setiers de blé aux pauvres, le jour de saint Sébastien, devant l'église franciscaine[9] et s'ils manquaient à ce devoir, l'héritage irait à l'hôpital de Santa Fina[10]. La dévotion à saint Sébastien augmente en période de peste, Giovanni craint peut-être que son fils ne soit emporté par une prochaine épidémie et, dans ce cas, il tente de sauver non seulement son âme, mais également celle de son héritier s'il devait décéder prématurément.

Les membres de la famille étaient donc privilégiés et, en avançant chronologiquement, la dévotion aux institutions religieuses semble diminuer en faveur des liens familiaux. Cette hypothèse est confirmée, essentiellement dans le troisième groupe, par les pourcentages des ensembles Lp7 et Lp8[11]. En effet, les donations sous forme de propriétés immobilières diminuent de manière sensible: les constructions et les terrains restent au sein de la famille. Cette tendance ne signifie toutefois pas que les testateurs de San Gimignano ont cessé de faire des legs pieux conséquents: si la maison ou la ferme restent en famille, les legs pieux importants existent, comme le montre l'évolution de l'ensemble Lp5.

9 Les mesures de blé sont exprimées en *staia* (setiers) ou *moggia*, un *moggio* correspond à 16 *staia* ce qui équivaut à 584,70 litres environ.

10 ASF, NA 15326 f. 77-78.

11 Une nette diminution de la présence des institutions religieuses, dans ces ensembles implique forcément une diminution générale des sommes laissées pour le rachat de son âme.

La donation de biens immobiliers

Les donations formulées en sommes d'argent étaient souvent payées avec des biens immobiliers mais parfois les testateurs décidaient quel terrain ou quel immeuble destiner à une institution caritative, en réduisant ainsi la part d'héritage destinée à la famille. C'est le cas de Giotto Ugolini, qui teste en 1334 et demande sépulture auprès des dominicains en leur laissant en échange un terrain. Giotto a une épouse qui aura l'usufruit de ses biens mais au moment de sa mort; l'héritage n'ira toutefois pas aux trois filles, mais aux pauvres. Ses filles ne reçoivent que 20 sous, ce qui laisse supposer qu'elles ont déjà touché leur dot; malgré cela l'augmentation est vraiment modérée[12]. Il n'en va pas toujours ainsi, Bandeccha Posche, membre d'une riche famille décide, en 1357, de dicter ses dernières volontés. Elle n'a pas ou plus d'enfants et se montre très généreuse avec le couvent dominicain, puisqu'en échange de la sépulture et de messes pour le bien de son âme, elle donne une maison avec jardin et cour intérieure, dans le quartier de San Matteo, au lieu dit *Chafasso.* Les dominicains ne pourront rien vendre ni modifier la chapelle qui s'y trouve, sauf s'ils choisissent de s'établir en ce lieu. Bandeccha fait ce legs pour le bien de son âme et de sa famille, en laissant à un frère prêcheur le soin de tout exécuter. Cependant la famille n'est pas oubliée, puisque son neveu Lapo est nommé héritier et les biens de Bandeccha devraient être relativement conséquents. La donation de biens immobiliers aux frères prêcheurs se situe au moment du déplacement du couvent voulu par Florence, ce qui pouvait faciliter leur nouvel établissement. En effet, après la soumission à la ville dominante, les dominicains ont dû quitter le lieu stratégique de *Montestaffoli*, pour occuper l'ancienne église de Santo Stefano in Canova[13].

Certainement, quand les institutions pieuses s'installaient dans la région il était normal que les habitants leur laissent une maison ou un ter-

12 ASF, Diplomatico 1333 gennaio 6, Domenicani di San Gimignano.

13 Ce déplacement a constitué un avantage pour les dominicains qui se sont rapprochés de la place principale, tout en occupant une des églises les plus vénérées de San Gimignano. La ville de Florence s'est toujours montrée très favorable aux frères prêcheurs, même lors de disputes des dominicains avec la Collégiale.

rain, pour qu'elles puissent l'occuper. Une fois établies, elles ne nécessitaient plus la donation de propriétés immobilières, ce qui pourrait justifier, en partie du moins, la diminution d'immeubles dans les legs pieux. De plus, au cours du XVe siècle le nombre de propriétaires laïcs a nettement diminué et seulement les terrains avec un meilleur rendement étaient occupés[14]. L'addition de ces deux motivations, semble justifier pleinement la baisse de propriétés immobilières dans les legs pieux, surtout si nous l'insérons dans le cadre d'une progressive laïcisation du document.

Comme nous l'avons déjà précisé, ces différences chronologiques, ne signifient pas que les testateurs de San Gimignano ont cessé de léguer une partie importante de leur fortune à l'Eglise, simplement les formes ont changé. Du reste, les legs dépassant les 100 florins augmentent nettement après 1470 et les testateurs préfèrent simplement laisser de grandes sommes d'argent, en échange de messes et de prières, pour le bien de leur âme[15]. Le pourcentage de ces testateurs reste bas, comme la proportion de personnes riches au sein d'une population, mais il passe du huitième et dernier rang au début du XIVe siècle, au cinquième rang deux siècles plus tard. La moitié d'entre eux, fonde une chapelle ou améliore une structure déjà existante; ces documents sont donc particulièrement intéressants puisqu'ils contiennent plus de détails, comme c'est le cas de l'acte dicté par Lodovico Ridolfi. Cet homme de San Gimignano se trouve à Rome pour prêter service à la curie romaine; il teste malade en 1487, en exprimant le souhait d'être enseveli dans sa douce terre natale et plus précisément dans la chapelle de l'Annonciation à Marie de l'église franciscaine[16]. Lodovico veut retrouver les membres sa famille dans la tombe et demande à ses héritiers de faire célébrer des messes chantées pour le bien de son âme. Il décide deux autres legs pieux: 100 florins à la chapelle où il sera enseveli et 100 autres comme dot à des filles indigentes; sa famille héritera du reste de sa fortune. Nous consta-

14 Pour de plus amples détails sur la conduction des terres, deux ouvrages sont indispensables. Tout d'abord le livre de E. Fiumi, *op. cit.*, qui traite essentiellement de la situation aux XIIIe et XIVe siècles et les ouvrages d'E. Conti sur le Cadastre.

15 Notons que les sommes d'argent étaient souvent données sous forme de propriétés immobilières.

16 ASS, Comune di San Gimignano, 1487 dicembre 12.

tons, comme d'ailleurs dans bon nombre de testaments de cette période, que la somme destinée aux legs pieux était concentrée dans les mains d'un ou deux bénéficiaires. L'augmentation du nombre de testaments et donc des legs pieux *pro anima* pouvait provoquer un relâchement dans le soin apporté à l'exécution des vœux du testateur. Ces derniers craignaient qu'un partage équitable entre différents couvents ou églises ne puisse pas garantir une exécution soignée; du reste la tâche des exécuteurs et du fidéicommissaire était facilitée par le nombre réduit de dispositions.

Le rôle du fidéicommissaire

Le fidéicommissaire ne faisait pas toujours partie des héritiers; alors le testateur pouvait lui laisser une somme servant à payer le travail qu'il devait effectuer. Maffia de Maffei demande au chanoine de la Collégiale et à deux hommes de San Gimignano d'être ses fidéicommissaires et de vendre sa maison de Pietrafitta. En échange de ce travail, il leur sera versé 6 lires et 40 sous[17]. Cette compensation, parfois présente dans le premier groupe, disparaît; elle semble pourtant la juste récompense pour un travail à accomplir, surtout par une personne qui ne sera pas bénéficiaire[18].

Les désirs les plus courants

Les testateurs de San Gimignano laissaient généralement une somme allant de 10 à 100 lires; cette donnée confirme que la pratique testamentaire n'était pas du ressort de la classe privilégiée. Fiore de Cantignano, veuve d'un membre de la famille Gentiluzzi, laisse un sous aux frères

17 Il s'agit d'un testament du premier groupe, dicté par une veuve proche de la Collégiale (ASF, NA 17572 f. 32v.).

18 Il s'agissait souvent d'ecclésiastiques qui pouvaient ainsi s'assurer de l'accomplissement des legs pieux; par ce biais ils étaient donc bénéficiaires en même temps que l'institution à laquelle ils appartenaient.

ermites ainsi que son lit; alors que le coussin blanc et la couverture rouge iront à ses enfants et 30 lires à son neveu[19]. Ces objets et cet argent constituent probablement toute sa fortune et vraisemblablement, elle habitait dans la maison de son défunt mari avec ses enfants et devait en avoir l'usufruit.

Cependant, dans chaque tranche chronologique les proportions entre les catégories varient, ce qui donne des indications sur l'évolution économique des habitants de San Gimignano et leur manière d'envisager les legs pieux. La baisse de dons immobiliers pourrait signifier la volonté de laisser aux exécuteurs une plus grande marge de manœuvre: la carence de numéraire, rendait difficile la distribution de sommes en argent, alors que le legs d'un terrain pouvait être immédiat. Le testateur avait la conscience tranquille, il avait utilisé une partie de sa fortune pour le pardon de ses pêchés mais les exécuteurs des legs pieux et des autres légataires devaient fournir un travail conséquent.

19 ASF, NA 5851 f. 31v.

Chapitre II

Les souhaits des testateurs

Quelques désirs particuliers

Au-delà des tendances perceptibles lors de l'étude sérielle, le corpus documentaire recèle certains actes, qui contiennent des désirs particuliers. Ces requêtes permettent de mieux comprendre l'état d'esprit de certaines personnes, leurs attentes. Le testament, document individuel par excellence[1], permet toutefois de rendre visibles certains liens familiaux. C'est le cas du notaire Filippo Ricciardi qui, en 1472, fait un legs en accord avec sa femme; il laisse 10 florins pour la dot d'une fille pauvre que sa femme avait choisie[2]. Filippo teste en bonne santé et dicte des dispositions très précises quant aux héritiers; nous pouvons supposer qu'il se prépare à partir et ce legs pieux, d'ailleurs le seul, incarne plus un accord avec sa femme que le réel désir de sauver son âme. Filippo a quarante quatre ans, âge déjà relativement avancé, qui lui permet d'envisager sereinement la mort. Pourtant, il laisse le soin aux héritiers de régler les frais des messes, des luminaires et des aumônes qui seront demandées par les augustiniens. Sa confiance envers cet ordre lui permet de se décharger de l'organisation de la partie pieuse de son testament, pour se consacrer pleinement à la distribution de sa fortune à sa famille.

Le testament devrait refléter les choix personnels, influencés éventuellement par les témoins ou le notaire, cependant nous avons trouvé un testament unique pour deux femmes. Une entente parfaite à été possible entre Iacoba Useppi, femme de Niccolò Peroni et sa belle-sœur Nera, qui testent ensemble en 1363[3]. Elles demandent à être ensevelies dans l'église franciscaine ou à côté de celle-ci, avec l'habit des sœurs, et les héritiers devront dépenser 100 lires pour leurs frais de sépulture. Les legs

1 Nous avons toutefois trouvé un testament de couple et deux femmes de la même famille qui ont testé ensemble.

2 ASF, NA 15338 f. 120v.-123r.

3 ASV, Fondo Toscano, 16479.

pieux sont très précis et particuliers, ce qui constitue une exception pour les testaments du premier groupe. Tout d'abord elles laissent un champ à *Villa Gambocci* avec une petite maison, un four et divers terrains aux dominicains; en échange, les frères prêcheurs devront construire une chapelle avec un autel, qu'elles précisent devoir être, beau et orné d'une toile. Ce tableau devra représenter l'Assomption de la Vierge avec saint Jean Baptiste, saint Nicolas, saint Jérôme, sainte Catherine, sainte Agnès et sainte Marie Madeleine. Les franciscains devront en outre acheter un calice en argent, un habit sacerdotal et un livre de messe. Les deux testatrices désirent que la chapelle soit construite dans le bras droit de l'église et le chapitre des frères devra faire célébrer un *officium mortuorum* après la saint Jean Baptiste. En dernier lieu, les dominicains devront donner 20 florins à l'évêque de Pérouse, pour solder une dette de Nuccio Peroni, père de Niccolò et de Nera. Les deux femmes désirent donner une ferme avec un four une cabane et deux terrains aux bénédictins de *Villa Barbiani*. Ces derniers devront cependant faire construire un autel, dédié à saint Jérôme, orné d'une toile représentant les images du corps du Christ de la Sainte Vierge, de saint Jérôme, saint Nicolas et sainte Catherine. L'autel sera décoré avec un calice en argent, des chandeliers en argent, des tissus et un livre de messe. En dernier lieu, les frères devront dire, chaque jour, une messe sur l'autel, pour le bien de l'âme des deux testatrices. Chaque année, le jour de saint Jérôme sera un moment particulier, puisque les bénédictins devront dire une messe avec le recteur de l'église dédiée aux saints Nicolas et Catherine[4]. Le jour suivant, ils sont chargés de dire huit messes et un *officium mortuorum* avec des bougies et des torches, pour le bien de l'âme des testatrices. Les bénédictins ne pourront pas vendre les biens reçus et la désobéissance à l'une des clauses restrictives leur fera perdre le legs, au profit des frères mineurs. Le couvent

4 Nous ne saurions expliquer l'attachement à saint Jérôme, qui a vécu en ermite et est aujourd'hui patron des érudits, des exégètes et des traducteurs. La légende veut que durant son séjour dans le désert saint Jérôme ait enlevé une épine de la patte l'un lion. Celui-ci guérit et lui en fut reconnaissant, ce pouvoir de guérisseur était peut être cherché dans ce cas de dévotion qui sera repris plus tard par des peintres connus à San Gimignano comme Benozzo Gozzoli. La dévotion à saint Nicolas est fréquente à San Gimignano, puisque la tradition veut que la Collégiale ait été construite sur une ancienne église dédiée à saint Nicolas.

féminin de Santa Caterina recevra un *podere* et des terrains à *Villa Paterno* au lieu dit *Fontanella*; en échange les soeurs devront prier pour les testatrices et les membres de leur famille déjà défunts. Dans ce cas également, le terrain ne pourra pas être vendu, sous peine d'annulation du legs et dans ce cas les biens iraient aux pauvres. Le couvent aura donc tout intérêt à respecter les exigences des testatrices puisqu'il a été nommé héritier universel; en cas de refus, l'héritage irait à l'église dédiée aux saints Nicolas et Catherine, déjà bénéficiaires d'un legs important. Ces deux femmes ne font allusion à aucun membre de leur famille, tout ce qu'elles possèdent ira à des monastères ou des églises. Le document est atypique puisque ni l'église collégiale ni le couvent augustinien ne sont cités. Privilégier le couvent franciscain et le monastère féminin de Santa Caterina ainsi que l'église des Santi Nicola et Caterina, ne s'explique que dans le cadre de la famille Peroni. C'est en effet la fille de Niccolò, son héritière Caterina, qui avait fondé cette église, par la donation d'une maison dans le quartier de San Giovanni[5]. Grâce à ce deuxième testament de la famille Peroni et à l'intervention de quelques habitants de San Gimignano, Urbain V, par une bulle du 8 janvier 1364, autorisa la construction du monastère de Santa Caterina sous la règle de saint Benoît[6]. A la lumière de ces informations les choix des deux testatrices acquièrent un autre sens: le désir de poursuivre un œuvre pieuse familiale féminine qui aboutira à la réalisation d'un monastère.

Dans un document du troisième groupe et plus précisément dicté en 1505, le monastère de Santa Caterina est encore protagoniste; alors même que le testateur désire être enseveli auprès de l'église franciscaine[7]. En effet, Pietro de Luca Salvi demande à sa fille Tommasa de dépenser la somme nécessaire à sa sépulture, mais elle devra également faire réaliser une image terre cuite qui représentera saint Sébastien et qui

5 Caterina avait également laissé des biens pour la chapelle de saint Nicolas, en réservant à la famille des droits sur cette même chapelle. L'église aura pour dot un *podere* ainsi qu'une maison (ASV, Fondo Toscano, 16476).

6 Ce monastère dépendait directement des chanoines de Saint Pierre à Rome, qui confièrent l'institution aux frères Michele et Girolamo du monastère bénédictin de *Villa Barbiani*. Les sœurs devaient donner chaque année deux livres de safran aux chanoines, la charge fut ensuite réduite à une livre de cire pour une valeur de deux lires. Pour d'autres renseignements sur le couvent cf. L Pecori, *op. cit.*

7 ASF, NA 9018 f. 162.

sera mise sur l'autel principal de l'église du monastère. Le visage sera peint et l'objet décoré selon le goût de Tommasa, qui aura cinq ans pour le réaliser. En échange, Pietro requiert une messe annuelle pendant huit ans. Le testateur précise que l'image devra être de bonne façon; saint Sébastien protégeait de la peste et Pietro est malade, peut-être aspire-t-il à une protection supplémentaire[8].

L'intention de ces personnes semble sincère, ils recherchent effectivement un soulagement à leurs souffrances en s'appelant à un ou plusieurs saints. Parfois les requêtes sont altruistes, comme c'est le cas de Giovanni Ridolfi, qui en 1430 demande à ses frères de faire un legs particulier aux franciscains[9]. En effet, Giovanni a trois frères Francesco, Angelo et Bartolomeo, qui seront d'ailleurs héritiers universels. Le testateur avait fait un ex-voto à la Vierge, lors de la maladie de Francesco: la donation d'un tableau d'une valeur de 10 florins ou plus, pour l'autel de la sainte Vierge, afin que Francesco puisse guérir. La santé de Francesco semble s'être rétablie, puisqu'il est cité dans le testament, Giovanni demande donc à son fidéicommissaire de respecter son ex-voto. De plus, en remerciement de la guérison, Angelo et Bartolomeo devront payer chaque année, après la fête de l'Annonciation à Marie, un *officium mortuorum* qui sera célébré dans l'église du monastère, en mémoire du testateur.

Les requêtes des testateurs: ce qu'ils demandent en échange des legs pieux

Les testaments plus simples contenaient uniquement la demande générique de messes pour le bien de l'âme. Normalement, les messes de sépulture englobaient l'utilisation d'un nombre variable de cierges selon la somme à disposition et les testateurs pouvaient ajouter un effet sonore en demandant le son des cloches. Le 23% des testateurs de San Gimignano

8 Pietro semble très lié à sa fille puisqu'il la nomme héritière universelle et il donne à son gendre un terrain d'une valeur de 21 florins.

9 Giovanni est malade lorsqu'il teste chez lui dans le quartier de San Giovanni (ASF, NA 8787 f. 34v.-36r.).

s'est contenté de ces requêtes de base; alors que ces mêmes personnes adoptaient parfois des dispositions très précises quant aux légataires[10]; les autres ont donc choisi des rituels plus complexes, mais quelles étaient alors les attitudes plus courantes?

Tout d'abord les demandes de messes précises, qu'il s'agisse d'un nombre fixe de célébrations au moment de la mort ou alors des messes d'anniversaire. Par exemple, Andrea Nucci, en 1338, souhaite que les héritiers fassent célébrer des messes pour la rémission de ses péchés, dans l'église augustinienne où il sera enseveli[11]. De la requête générique de messes nous passons à des messes pour les morts, des messes d'anniversaire et des messes de saint Grégoire. Un *officium mortuorum* comprend plusieurs messes, en général entre dix et vingt, des cierges et des aumônes; la somme à dépenser était en principe fixée par le testateur. En 1528, Tommaso Benzi charge ses héritiers de faire célébrer, pendant sept ans, les huit premiers jours de novembre, un *officium mortuorum* de dix messes, avec dix prêtres, accompagnées de cierges; le tout associé aux aumônes jugées nécessaires[12]. Le notaire Giovanni Nori exige le même type de messes pendant cinquante ans, sous peine de retirer l'héritage à sa descendance[13]. Les menaces étaient d'ailleurs habituelles, les bénéficiaires, laïcs ou non, pouvaient souvent être lésés s'ils ne respectaient pas un souhait pieux du testateur. Geminiano Mainardi menace de maudire ses héritiers s'ils ne font pas faire un habit sacerdotal avec les armes de la famille Mainardi pour la Collégiale; il est toutefois clément et il leur laisse cinq ans pour exécuter cet ordre[14].

Les messes d'anniversaire étaient aussi fréquentes que les *officia mortuorum* et les sommes destinées pouvaient varier de quelques sous à plusieurs centaines de florins. Les personnes qui désiraient une continuité dans les célébrations demandaient des messes de saint Grégoire, c'est-à-dire de célébrations quotidiennes pendant 30 jours, qui parfois ils

10 Nous reprendrons ces considérations avec plus de précision dans la partie consacrée aux légataires.

11 ASF, NA 13404 f. nn.

12 ASF, NA 15328 f. 49r.-5v.

13 ASF, NA 2402 f. 95v.-109r. (Document dicté en 1544).

14 ASF, NA 3852 f. 124v.-126r.

incluaient également une messe d'anniversaire annuelle[15]. Certains testateurs unissaient toutes ces requêtes, que ce soit envers une ou plusieurs institutions religieuses, comme l'a fait Guglielmo fils de Matteo[16]. En effet, dans son testament de 1510, il regroupe tous ses legs pieux et les destine au couvent augustinien. Outre les frais de sépulture, il laisse 100 florins d'or pour la construction d'une chapelle dédiée à saint Nicolas de Tolentino, qui devra être faite où se trouve l'autel dédié à saint Nicolas et sainte Lucie, à côté de l'autel dédié à saint Bartolo. La chapelle sera décorée avec un tableau et elle recevra une dot de 200 florins qui serviront à une célébration annuelle le jour de la saint Nicolas. De plus, il désire que le lendemain, soit célébré un *officium mortuorum* de douze messes, avec les cierges opportuns; ces célébrations seront faites pour le testateur et sa famille. Les 200 florins seront également utilisés pour faire dire trente messes de saint Grégoire. Guglielmo laisse 100 autres florins pour la décoration de la chapelle, mais il désire également contribuer à la décoration de la sacristie, avec 100 autres florins, pour le bien de son âme et celle de ses parents défunts. Guglielmo semble être très proche du couvent augustinien, il y dicte son testament, en présence de témoins de l'ordre et le prieur est nommé fidéicommissaire, avec le recteur de l'hôpital de Santa Fina. Il n'a pas d'enfants et la seule indication sur son âge est la présence sa mère dans l'acte qui est nommée usufruitière de tous ses biens. Il institue ses neveux héritiers mais il mêle très peu sa famille à ses dispositions pieuses, qui sont d'ailleurs très généreuses. Guglielmo se distingue également par son attachement aux membres de sa famille déjà défunts. Cette attitude, comme nous le verrons dans le chapitre consacré aux sépultures, était presque exclusivement féminine; c'est peut-être parce qu'il n'a pas de descendance directe qu'il se rattache ainsi à ses ancêtres.

15 Pour de plus amples informations sur les messes dites de saint Grégoire consulter *Benedicti XIV, Opera Omnia, De Sacrosanto Missae Sacrificio, t. VIII, Prati, in typ. Albina, MDCCCXLIII*, p. 236.

16 ASV, Fondo Toscano, 16457.

Quand les hôpitaux sont bénéficiaires de legs pieux

La majorité des legs pieux contenait argent et propriétés immobilières, cependant certaines donations étaient faites sur mesure pour les bénéficiaires. Les hôpitaux, par exemple, recevaient souvent le lit, les couvertures ou les vêtements du testateur, afin qu'ils puissent les utiliser, pour aider les malades et les pèlerins. Toujours dans l'idée d'aider les plus défavorisés, ces institutions étaient choisies pour donner une dot à des filles pauvres, afin de faciliter leur mariage ou leur entrée au couvent.

Un dernier exemple, du deuxième groupe, permet de montrer la précision avec laquelle étaient parfois décidées les actions que devaient faire les héritiers, pour le bien de l'âme du défunt.

Fina Ceccholini est veuve, elle est malade et dit percevoir le danger de la mort qui s'approche, elle recommande son âme à Dieu, à la Sainte Vierge, à saint Augustin et saint Bartolo[17]. La *commendatio animae* laisse déjà entendre son attachement au couvent augustinien, qui se confirme dans le choix du lieu de sépulture. Elle veut être ensevelie avec son père et son fils devra s'occuper de dépenser la somme nécessaire pour le bien de son âme. Elle demande la dépense de 3 livres de cire, dans les quatre principales églises de San Gimignano, pour illuminer le Corps du Christ lors de la consécration eucharistique; bien entendu, l'église augustinienne reçoit également d'autres dons: tout d'abord un terrain à *Villa Paterno,* en échange d'une messe sur l'autel de l'Annonciation. Cette messe sera célébrée éternellement le jour de l'Annonciation et le couvent devra faire une aumône de blé en novembre à la saint Martin. Cet attachement au couvent augustinien s'explique non seulement par la tradition familiale, mais également par la situation de son fils, puisqu'il est frère au convent. Il reçoit d'ailleurs l'usufruit de tous les biens de sa mère qui seront utilisés également pour les besoins du couvent; il n'a cependant pas le droit de vendre les immeubles. Frère Bartolomeo a également le rôle de fidéicommissaire et il devra récupérer les créances mais également utiliser les biens de sa mère, pour régler ses dettes. Après le décès du fils les biens iront au couvent qui aura l'obli-

17 Testament dicté le 10 juillet 1447 au notaire Giovanni Mainardi (ASF, NA 12588 f. 66v.-71r.).

gation de faire célébrer, à la saint Bartolo, des messes en leur mémoire, qui seront accompagnées de cierges allumés lors de la consécration eucharistique. Le couvent augustinien aura également l'obligation de faire réaliser un vitrail rond au-dessus de l'autel de l'Annonciation, qui représente le crucifix, l'image de la Vierge et d'autres saints. Fina termine la partie des legs pieux avec les dernières recommandations au couvent, elle désire être ensevelie dans l'église, auprès de son père, du côté du cimetière et veut que sa sépulture soit couverte d'une pierre tombale. Elle interdit la vente de tous les biens immobiliers pendant vingt ans, sous peine de retirer tout l'héritage au couvent, pour le donner à l'hôpital de Santa Maria della Scala; cette institution est d'ailleurs bénéficiaire d'un legs important: une maison à colombage avec le terrain environnant. En échange, l'hôpital a l'obligation de faire célébrer chaque année, à la saint Jean Baptiste, au moins dix messes avec dix frères ou dix prêtres sur l'autel de l'Annonciation et, le jour suivant, un *officium mortuorum* d'au moins vingt messes, avec au moins vingt prêtres. Ces derniers devront utiliser 4 livres de cire et chaque frère ou prêtre devra tenir dans sa main un cierge; leur présence durant les messes sera récompensée avec 8 lires. Une fois encore, la testatrice précise que la maison ne pourra pas être vendue.

Ce document a certainement été longuement réfléchi, en opposition avec la longue liste de legs pieux, Fina ne mentionne que peu de bénéficiaires laïques. Elle laisse sa maison dans le quartier de San Matteo, ainsi que quarante florins à trois personnes, qui ne semblent pas être de sa famille. Un dernier souhait de cette femme rend le document encore plus particulier, elle demande à son fils de ne pas utiliser sa dot dans l'exécution du testament. En effet, Fina précise que sa mère est encore en vie et que sa dot servira à son maintien. Par cette dernière précaution nous pouvons deviner le destin différent qu'ont eu ces deux femmes, la première, en fin de vie, doit compter sur la dot de sa fille pour survivre, La deuxième fait un testament complexe, riche, qui témoigne des nombreux biens en sa possession; nous pouvons trouver rassurant le destin de Fina, qui a réussi à échapper à la condition misérable que vivaient souvent les veuves. L'absence d'enfants excepté le fils, frère du couvent augustinien, lui a peut-être permis de bénéficier de la fortune du mari et elle semble avoir réussi à conserver la propriété de ses biens.

Chapitre III

Le lieu de sépulture

Ce que prévoient les Statuts

Le rituel de la sépulture a été codifié très tôt à San Gimignano, déjà les Statuts de 1255, précisaient que *«nulla mulier intret, vel exeat per portam Sacti Joannis plebis Sancti Geminiani, quum aliquis mortuus portabitur ad ecclesiam, seu ad sepulturam ad seppellendium, neque ante mortuum, neque post mortuum, donec separentur homines a domo defunti»*[1]. Ces dispositions ne concernent bien entendu que la Collégiale, puisqu'en cette période les couvents n'avaient pas encore été construits à San Gimignano. En 1297, le Conseil des Seigneurs de la gabelle a décidé d'acheter un tissu moitié jaune et moitié rouge avec au milieu une croix rouge et jaune, appliquée sur les parties de couleur contraire, afin de

1 Il s'agit de la rubrique 54 du livre III, qui continue ainsi *«Item non levetur plantus, nisi viderint venire catalectum ad domum defunti, et tunc elevetur plantus solum per mulieres, et non per homines; sed per homines et etiam mulieres elevetur plantus in ecclesia, si voluerint, quum ibi corpus defunti de sua domo fuerit deportatum ad ecclesiam. Contra vero facienti bannum X sol. den. ei tollatur.*
Item quod extracto corpore de dicta domo, ab hominibus portetur ipsum corpus ad ecclesiam, quo delato mulieres vadant postea ad ecclesiam, et pro defunto debeant tantum se excapelliare, uxor, mater, filia, soror, et cuniata, nurus et neptes ex linea paterna, vel materna intelligatur, que sit uxor carnalis fratris defunti, et etiam socrus. Conta facienti bannum X sol. den. ei tollatur.
Item quum corpus deportatur ad ecclesiam nulla cultra vel copertorium ponatur super defunto, nisi linteamen, vel tappetum seu carpita que nunc est vel erit aput plebem predictam ad hoc ordinata, et quod torchi candelarum, vel candela, vel ceri retro vel ante defuntum, quum portatur ad seppelliendum, nullo modo deportentur. Contra facenti bannum C sol. den. ei tollatur» […] Cet article règle également d'autres aspects des funérailles, comme les personnes qui ont le droit de fréquenter la maison du défunt. Les femmes étaient particulièrement concernées, puisqu'elles ne pouvaient pleurer à la messe qui avait lieu le lendemain pour le défunt, ni se montrer avec la tête découverte; alors que les hommes ne pouvaient pas porter de barbe. En outre, les cloches ne devaient pas sonner pour célébrer les anniversaires de mort.

couvrir le corps des défunts, sur le chemin du domicile à l'église[2]. Les quantités de cierges ont été réglementées au cours du siècle suivant, tout d'abord en les interdisant lors de la procession, ensuite on a permis d'en allumer quatre en payant une gabelle de 5 sous pour chaque cierge; 20 sous étaient alors demandés pour chaque cierge supplémentaire. Les normes des Statuts de 1255 tombées en désuétude, la Commune s'est limitée à réglementer la quantité de cierges et torches: le jour de la mort il était possible de brûler huit torches, ainsi que 30 livres de cire pendant les messes du mois qui suivait et 15 livres pour la messe d'anniversaire.

Les legs pieux n'étaient pas obligatoires, toutefois il fallait couvrir les frais de sépulture et penser à sauver son âme. L'évêque de Volterra percevait une taxe sur les testaments généralement de 5 sous, qui correspondait aux 5 sous de la gabelle pour la commune de San Gimignano. Après la soumission à Florence, la cathédrale de Santa Maria del Fiore avait également droit à une taxe sur les testaments[3]. Malheureusement il n'y a plus de trace écrite du partage des sommes destinées aux legs pieux, sans indication précise des destinataires. A Florence et selon les études de Richard Trexler l'évêque et la paroisse du lieu de sépulture en percevaient les deux tiers; le reste pouvant être distribué, selon les désirs du fidéicommissaire[4]. La logique permet de supposer des tentatives analogues dans le territoire avoisinant San Gimignano, surtout au XIVe siècle; puisque à ce moment a lieu la diversification des destinataires possibles des legs pieux.

Certains testaments, contiennent la preuve des tentatives de l'évêque de Volterra, pour bénéficier de sommes plus importantes. En 1423, Nino Niccholini, dicte ses dernières volontés et demande sépulture dans la Collégiale, avec ses proches parents déjà ensevelis dans la chapelle dédiée à sainte Catherine. Outre les dépenses pour la sépulture, il laisse 30

2 Le jaune et le rouge étaient les couleurs du bourg de San Gimignano.

3 Dès 1392 tous les testateurs de San Gimignano devaient donner 20 sous à la fabrique de la cathédrale florentine. Néanmoins un acte du 21 septembre 1424, confirme la présence d'une taxe qui devait être versée à la sacristie de la Collégiale de San Gimignano qui variait d'un minimum de 20 sous à un pourcentage de la valeur des biens hérités, si les bénéficiaires n'étaient pas membres de la famille (ASF, Carte di San Gimignano, 300, f. 1r.-2v.).

4 Pour de plus amples détails sur la question à Florence consulter les travaux de R. Trexler cités en bibliographie.

lires pour des messes et des prières, 30 autres lires par an à un prêtre qui devra dire la messe sur l'autel de la chapelle et un terrain comme dot pour cette dernière. Cependant, Nino précise que sur les sommes laissées à la Collégiale, l'évêque de Volterra ne pourra rien exiger. Un nombre restreint de testateurs du deuxième groupe, environ le 5%, a agi de la même manière, en spécifiant que le legs à l'évêché représentait la *canonica portione*. Ces précisions laissent supposer une certaine ingérence de l'évêque, dans les legs pieux de San Gimignano[5].

Entre le moment de la dictée du testament, la mort et l'hypothétique survie de l'âme, il existait tout le rituel de la sépulture et des funérailles. Cette dernière action pour le corps était accompagnée de gestes précis, souvent demandés par le testateur. En effet, avant de commencer la liste plus ou moins longue des legs pieux, le testateur élisait son lieu ou ses lieux de sépulture[6].

Le prix d'une sépulture

Difficile de donner une estimation précise de ce que pouvait coûter un enterrement tout à fait normal, sans requêtes particulières quant aux messes et au tombeau. Les testateurs, par le biais de legs pieux, achetaient des messes, des prières et des cierges, pour le jour de leurs funérailles et les jours suivants. Toutefois, sans tenir compte des messes d'anniversaire ou des messes de saint Grégoire, peu de personnes laissaient une somme précise, destinée à couvrir les frais de sépulture.

Contrairement aux autres dispositions, les testateurs du premier groupe se montrent plus précis, lors de l'estimation du prix à payer pour leurs funérailles; un des rares cas où les sources du XIVe siècle fournissent plus de détails.

5 Pour s'en assurer, il serait nécessaire reprendre la correspondance entre l'évêché et le bourg afin de déterminer avec précision la teneur des rapports, ce qui dépasse largement les objectifs fixés pour cette recherche.

6 Nous avons vu, dans la section consacrée aux raisons de tester, que certaines personnes, pour des raisons de mobilité, choisissaient des lieux de sépulture multiples.

En avançant chronologiquement, la proportion de personnes qui laissait simplement le soin aux héritiers de dépenser la somme nécessaire pour le bien de leur âme augmente; nous rejoignons ici les considérations déjà faites pour les legs pieux, concernant une certaine laïcisation des testaments. En outre, le développement de la pratique testamentaire a certainement rendu les personnes plus conscientes du rôle des héritiers des exécuteurs et du fidéicommissaire; en leur demandant de faire le nécessaire, ils savaient ce qu'ils pouvaient obtenir. Préciser une somme que l'on désire dépenser implique donc souvent des messes ou des luminaires supplémentaires. Parfois le testateur ne dépensait que peu d'argent, comme Deo de Tancredi, qui limite ses frais de sa sépulture à 20 sous; alors que la somme totale de ses legs dépasse 400 sous[7]. Néanmoins, la confrérie proche de la Collégiale a un rôle important, puisque Deo décide de lui laisser 40 sous pour la veillée mortuaire. Dans le même ordre d'idées, Francesco Riccardini, fixe un maximum de 12 lires pour les messes et l'habit de sépulture; cependant nous avons des exemples qui outrepassent largement ces sommes. Par exemple, Michele Benenati, en 1425, dispose que soient dépensés 200 florins pour honorer sa sépulture. Les disponibilités économiques de Michele sont telles, qu'il laisse à sa fille 800 florins de dot mais sa femme Bartolomea, se limite à dépenser 20 florins pour sa sépulture.

Quelques sous étaient donc suffisants pour être enseveli dans un cimetière; cependant les messes d'anniversaire, les luminaires et la sépulture dans une église coûtaient bien plus. Ippolito Niccolini Tori, laisse par exemple 50 florins pour construction d'un autel dans l'église des frères augustiniens, qui devra être décoré avec un tableau, des tissus et un calice[8]. Les vœux précis et particuliers dévoilent quelques traits de la personnalité du testateur, comme l'a déjà montré le testament de Fina Ceccholini.

Conditionné par la tradition familiale ou d'autres raisons personnelles et sentimentales, le choix du lieu de sépulture était tout de même un des points importants du testament, puisqu'il déterminait le futur du corps ou mieux du cadavre. Le problème se pose quant au nombre de personnes

7 ASF, Diplomatico 1338 febbraio 18, Spedale di San Gimignano.

8 ASV, Fondo Toscano, 16381.

qui pouvaient effectivement être ensevelies dans les églises. Les actes contiennent souvent la formule *in ecclesia* ce qui ne signifie pas forcément que le testateur pouvait être enterré dans l'église. Quand nous trouvons *apud* cela est clair, le testateur indique le cimetière, dans les autres cas, il est difficile de trancher. Dans les actes qui contiennent des précisions quant à l'existence d'un sépulcre ou d'une chapelle, le testateur était vraisemblablement enseveli dans l'église; lors de l'absence de détails supplémentaires, nous devons rester vigilants dans l'attribution de la sépulture à l'intérieur de l'église chaque fois que nous trouvons *in*.

Evolution chronologique des choix de sépulture

	Groupe 1 (1299-1369)	Groupe 2 (1370-1469)	Groupe 3 (1470-1530)
Choix absent	26,30	4,15	2,60
Eglise Collégiale	27,90	11,45	24,60
Couvent augustinien	19,50	23,50	24,20
Couvent franciscain	19,50	30,75	23,20
Couvent dominicain	9,30	14,60	13,90
Autres	0	5,5	6,45
Divers	5	10,15	5,15

Tableau 3. Répartition du pourcentage de testateurs qui choisit un lieu de sépulture dans chaque tranche chronologique

L'interprétation des données

Les testaments incomplets, les codicilles et les particules n'ont pas été pris en compte, ce qui permet à la colonne «Choix absent» de contenir exclusivement les testaments complets, qui ne mentionnent pas un lieu de sépulture. Les testateurs qui avaient choisi de se faire ensevelir à San Gimignano, mais dans une église ou un couvent de moindre importance, se trouvent dans la colonne «autres». Le dernier groupe appelé «divers» rassemble les testateurs qui ont choisi de se faire ensevelir à l'extérieur de San Gimignano, généralement parce qu'il s'agit de leur lieu d'origine.

La plus grande variation, concerne la colonne «choix absent»: les testateurs ont pris conscience des possibilités qu'offre le document, ils apprennent à mieux gérer la dictée de leurs dernières volontés et interviennent de manière significative sur les dispositions qui concernent le corps. Sans doute, le fait de pouvoir choisir entre plusieurs lieux de sépulture, motive les testateurs à exprimer une préférence[9].

Les couvents augmentent leur influence au cours des premières années du XIVe siècle et la mise en place de ces stratégies donnera ses fruits en peu de temps. D'ailleurs, nous assistons à un bouleversement au sein du deuxième groupe; la Collégiale perd la moitié des préférences, au profit des trois couvents principaux. L'église Collégiale connaît donc, au début du XVe siècle, un moment de crise; il pourra être résolu grâce au développement de la confrérie. En effet, plus de la moitié des testateurs qui demandent sépulture dans la Collégiale ou dans son cimetière, mentionnent la confrérie. Selon les indications de Giuliano Cetti, elle s'occupait particulièrement des sépultures et de la *cura animarum*[10]. En effet, ce testateur laisse 12 lires à la confrérie de la Sainte Croix de la Collégiale, afin que celle-ci remette en état la sépulture à côté de la sienne; qu'il précise être sous le crucifix. Toutefois, la Collégiale reste privilégiée avec le legs d'un terrain et d'une vigne à *Villa Paterno*; ces immeubles devront servir de dot à l'autel de la chapelle que le testateur a fait construire dans l'église. En reliant cet autel directement à son nom, le testateur demande une messe, le jour de la saint Julien en décembre, et cette date sera également fêtée en laissant toute la journée une lampe allumée sur l'autel. Les désirs de Giuliano laissent entendre qu'il s'agit d'une personne relativement fortunée; toutefois si nous n'avons pas d'autres renseignements sur lui, nous connaissons en partie la vie de son fils Nello, son héritier universel. En effet, Nello est un homme de droit et

9 Dans la première partie de ce travail, nous avons vu une rapide chronologie de la construction des couvents à San Gimignano; cette remarque exclut bien entendu les personnes qui voulaient se faire ensevelir à l'extérieur de San Gimignano. Au XIIIe siècle, en effet, l'église Collégiale, recueillait tous les suffrages, ce qui n'impliquait pas la nécessité de choisir un lieu de sépulture précis

10 ASF, NA 9567 f 125r.-126v.

de lettres, qui aura de nombreuses charges publiques et sera ambassadeur de la république florentine; il mourra deux ans après son père en 1430.[11] La relation qu'établit Giuliano entre la confrérie et le crucifix n'est pas aléatoire; le nom de ces confréries et une attention particulière de ces organisations au moment de Pâques renvoient sans cesse au symbole de la croix. Le lien était donc facile à faire pour les testateurs qui étaient proches d'une confrérie et qui pouvaient demander sépulture près d'un crucifix.

A en croire Francesco Tucci, les confréries avaient d'ailleurs un rituel particulier[12]. Ce testateur demande d'être enseveli dans le cimetière de la Collégiale, dans le sépulcre construit par Gualtiero Raschini, situé à côté du mur près de la chapelle dédiée à saint Michel. Ce sépulcre se trouve à côté de la porte principale et Francesco désire y être enseveli selon le rituel de la confrérie de la Sainte Croix de la Collégiale, avec l'habit de celle-ci. Le testateur pense à un éventuel refus et demande alors de faire au mieux avec des messes, des veillées mortuaires, des luminaires et des aumônes; il dicte également des dispositions concernant l'habillement de sa femme Giuliana, qui devra porter des *pannis vidualis.* Francesco lègue toute sa fortune à des œuvres pieuses, il ne cite ni enfants ni autres membres de sa famille et d'ailleurs sa femme n'apparaît que pour recevoir les vêtements de deuil.

Tout au long de la période étudiée, les couvents des frères franciscains et des frères augustiniens confirment leur importance et, malgré une chute dans le troisième groupe, les franciscains font partie du peloton de tête: les frères mineurs ont joui d'une grande popularité. De leur côté, les dominicains ont occupé une place particulière; avec un pourcentage de sépultures inférieur mais constant, ils ont su attirer les fidèles des meilleures familles de San Gimignano. Cependant, avant de comprendre s'il existe des similitudes parmi les testateurs qui ont choisi un même lieu de sépulture, voyons d'abord quelques cas de testateurs qui ne mentionnent pas le désir d'être enseveli à un endroit précis.

11 Pour de plus amples renseignements sur le juriste Nello de Giuliano Cetti, cf. L. Pecori, *op. cit.* p. 475.

12 ASV, Fondo Toscano, 16485.

Quand le lieu de sépulture n'était pas défini

Le testateur laissait parfois à ses héritiers le soin de tout décider; en 1313, Agnese Cursi dictait ses dernières volontés à ser Ranieri de ser Boninsegna et le document ne contient pas le lieu de sépulture. Cette femme, ne semble pas posséder beaucoup de biens et son patrimoine est sans doute constitué de sa dot. Les exécuteurs testamentaires ne devront pas seulement choisir où la faire ensevelir, mais également déterminer les bénéficiaires de ses legs pieux. En effet, Agnese décide de faire des aumônes et laisser 25 lires à des églises de San Gimignano, en échange de messes pour son âme[13]. Cependant, elle ne donne aucun autre détail et demande simplement à ses exécuteurs testamentaires de s'en occuper. Elle n'indique pas son domicile mais teste malade chez Nuto Paganelli; les membres de cette famille seront ses héritiers, ce qui laisse supposer qu'elle pouvait habiter chez eux et avoir des liens de parenté avec ces gens. Nous avons ici l'exemple d'une veuve, sans enfants et de condition modeste, qui dicte ses dernières volontés, sans avoir vraiment les idées claires quant aux possibilités que lui offre le testament. Elle illustre parfaitement la tradition, quand la paroisse ou le clergé local étaient les bénéficiaires incontestés des legs *pro anima*. C'est d'ailleurs au cours du XIVe siècle que les lois synodales ont commencé à établir les portions destinées à l'évêque[14]. En effet, les testateurs commençaient à privilégier d'autres institutions pieuses, ce qui privait les paroisses et les évêques de revenus conséquents, il se peut alors qu'une partie allant jusqu'aux deux tiers des sommes laissées génériquement pour le bien de l'âme aille automatiquement au clergé. Dans ce cas, lorsque Mattea de ser Clari laisse 30 lires à ses fidéicommissaires en leur demandant de les utiliser selon leur conscience pour le rachat de ses fautes, seulement 10 lires pourront être utilisées librement selon les vœux du prieur du couvent augustinien et du recteur de l'hôpital de Santa Maria de la Scala[15]. Du reste, la Collégiale avait reçu 5 sous mais l'évêque de Volterra n'était pas cité dans l'acte, les normes voulues par les évêques florentins n'avaient pas cours

13 ASF, NA 17575 f. 78v.

14 Pour de plus amples détails sur la question à Florence consulter les travaux de R. Trexler cités en bibliographie.

15 ASF, Diplomatico 1348 giugno 21, Santa Maria Maddalena di San Gimignano.

à San Gimignano, cependant nous pouvons légitimement penser que dans tous les diocèses il existait la volonté de récupérer une somme de tous les testaments.

De nombreux actes du premier groupe ayant été rédigés par ser Ranieri de ser Boninsegna, ils n'offrent en général pas de nombreux détails. Dépourvus du choix de sépulture, ils ne contiennent souvent aucun élément qui pourrait laisser transparaître la personnalité du testateur. Anonymes et impersonnels, ils constituent néanmoins la norme pour les premières années du XIVe siècle. Probablement, lorsque le testateur n'indiquait aucune préférence, il était enseveli dans le cimetière de la Collégiale, avec la procédure habituelle, mentionnée dans les statuts. La majorité de ces personnes n'avait pas d'enfants, ce qui pourrait constituer une première explication; ils n'avaient pas la certitude que quelqu'un s'occupe vraiment de l'exécution des leurs dernières volontés[16]. Plusieurs facteurs déterminaient donc cette situation, les testateurs qui ne choisissaient pas de lieu de sépulture, étaient en grande partie membres du premier groupe, ils ont dicté leurs dispositions à ser Ranieri de ser Boninsegna, ils sont de condition modeste et n'ont pas d'enfants.

Malgré cela, certains testateurs échappent à ces catégories, leur lieu de sépulture est implicite, même s'ils n'ont pas pris le soin de le préciser. En 1469 Papera, femme de ser Ghino Peroni, notaire, dicte son testament à Lapo de Maffei[17]. Elle ne spécifie pas de lieu de sépulture mais elle semble être très proche du couvent augustinien. En effet, elle laisse 50 florins au couvent et plus précisément à l'autel de la chapelle de saint Bartolo, qui se trouve entre l'autel de la famille Brogi et celui de la famille Gamucci. Papera identifie cet endroit comme «son autel» et demande que l'argent soit utilisé pour le bien de son âme, mais également pour le bien de celle des membres de sa famille déjà défunts. Ces deux détails, laissent supposer que Papera a probablement été ensevelie dans

16 Rappelons toutefois que les fidéicommissaires étaient normalement garants de la bonne exécution des legs pieux.

17 Papera dicte son testament dans la maison de son époux, avec son autorisation et celle d'un représentant du clergé, selon la loi (ASV, Fondo Toscano, 16439). Nous avons les testaments du fils de Ghino, qui dicte ses dernières volontés en 1512 et 1527 (ASF, NA 15322 f. 295r. et NA 15328 f. 46r.-47v.).

l'église du couvent augustinien[18]. D'ailleurs, un dernier élément plaide en faveur de cette thèse, le testament du mari, Ghino Peroni dicté une année plus tard[19]. Il ne parle pas de sa femme, mais il désire être enterré dans l'église du couvent augustinien près de l'autel dédié à saint Bartolo. Malheureusement, il s'agit d'un document partiel, voulu par les frères ermites, pour prouver la générosité du testateur envers le couvent; nous ne disposons donc d'aucune autre précision.

Les conditions économiques et le moment chronologique déterminent en partie le contenu des testaments et les choix de sépulture; toutefois il existe une différence dans la manière d'aborder le testament qui varie selon le sexe. L'attachement à la famille, l'attention envers les enfants et le lien avec la famille paternelle diffèrent: ces dissimilitudes se retrouvent dans les dispositions concernant la sépulture.

Divergences entre hommes et femmes

Les femmes avaient tendance, au sein du premier groupe, à ne pas définir de lieu de sépulture. Une des pistes à suivre, pour mieux comprendre les attitudes face à ce choix crucial, pourrait donc être la séparation hommes – femmes.

	Groupe 1 (1299-1369)	Groupe 2 (1370-1469)	Groupe 3 (1470-1530)
Eglise Collégiale	24,75	9,25	23,05
Couvent augustinien	9,90	19,10	24,35
Couvent franciscain	15,85	20,80	20,90
Couvent dominicain	5,94	11	10

18 Papera tient vraiment à ce que les augustiniens reçoivent les 50 florins. En effet, cet argent devra provenir de la vente de terrains et tant que les héritiers n'auront pas exécuté cette disposition, ils devront donner au couvent, le dernier jour de mai, 10 livres de blé en aumône. En échange, les augustiniens célèbreront, dans les huit jours qui suivent à la saint Bartolo, un *officium* de vingt messes, avec les cierges voulus par le mari de Papera.

19 ASV, Fondo Toscano, 16440.

Tableau 4. Répartition du pourcentage d'hommes qui a exprimé une préférence pour le lieu de sépulture

	Groupe 1 (1299-1369)	Groupe 2 (1370-1469)	Groupe 3 (1470-1530)
Eglise Collégiale	22,80	8,45	20,20
Couvent augustinien	7	16,90	18,20
Couvent franciscain	12,30	32,40	25,25
Couvent dominicain	8,80	15,50	18,20

Tableau 5. Répartition du pourcentage de femmes qui a exprimé une préférence pour le lieu de sépulture

L'interprétation des données

Dans ces tableaux simplifiés, nous avons omis les cas particuliers de sépulture à l'extérieur de San Gimignano ou dans des églises et monastères d'importance mineure, afin d'augmenter la lisibilité des données.

La Collégiale a perdu bon nombre de suffrages dans la deuxième tranche chronologique: les femmes se sont détournées de manière importante de cette église au profit des frères mineurs alors que les hommes expriment des différences moins nettes entre les trois principaux couvents. La reprise dans le troisième groupe est d'ailleurs imputable à la confrérie de la Sainte Croix de la Collégiale, puisque les testateurs qui demandent expressément sépulture dans l'enceinte de l'église mentionnent la confrérie et lui témoignent sa confiance.

Le couvent franciscain, après une ascension impressionnante dans le deuxième groupe, reste le choix préféré des femmes dans le troisième, alors que les hommes se partagent de manière égale entre la Collégiale et le couvent augustinien. En un peu plus d'un siècle les femmes ont radicalement changé leurs préférences, la bonne représentativité du troisième groupe permet en outre de rendre ces résultats fiables.

Les préférences féminines se différencient de celles des hommes également en ce qui concerne le couvent des frères prêcheurs, qui dans le troisième groupe égale le résultat du couvent augustinien.

Avoir un grand nombre de préférences pour la sépulture implique bien entendu des avantages économiques, la fortune des testateurs revêt donc toute son importance. En effet, l'église où l'on choisit d'être enseveli reçoit en principe le legs pieux le plus important. Giovanna Nucci en est l'exemple, puisque dans son testament en 1337 après avoir demandé sépulture dans le cimetière de la Collégiale, elle distribue une partie de sa fortune aux différentes institutions religieuses de San Gimignano; toutefois la Collégiale bénéficie de 9 lires et 15 sous alors que les autres églises ne reçoivent que 10 sous.

Les premières années du XIVe siècle ne sont dans ce sens pas exemplaires; la construction des nouveaux couvents, impliquait une plus grande propension à faire un legs, même s'ils ne devaient pas recevoir la sépulture, ce qui fausse un peu les proportions.

Le double choix féminin

Les femmes étaient confrontées au choix crucial de suivre le mari ou la famille paternelle dans le tombeau; une chose est certaine, les testateurs envisageaient rarement d'être ensevelis seuls. Parfois, surtout dans le premier groupe, les filles suivaient la famille paternelle, comme nous le prouve la famille Biliotti. Le 6 septembre 1340, Donato Biliotti dicte ses dernières volontés dans sa maison devant sept témoins, dont six frères augustiniens[20]; l'attachement du testateur au couvent, se confirme par le choix du lieu de sépulture: il désire être enseveli *cum religioso habitu dictorum fratrum* et il désire *si hora congrua moriatur, vigilie honorabiles*[21]. Ses trois filles seront dotées de la même manière: 340 florins que les deux premières ont d'ailleurs déjà reçus. Son épouse Bernarda Pellari

20 ASV, Fondo Toscano, 16365.

21 Il laisse aux frères du couvent de Sant'Agostino, tout d'abord 20 sous à tous les prêtres qui assisteront à ses funérailles, puis des produits de la terre comme dot perpétuelle de la chapelle dédiée à saint Donat et Sainte Catherine.

recevra un *podere*, d'une valeur de 350 florins, dont elle pourra disposer librement. En outre, elle pourra bénéficier de l'usufruit de tous les biens du testateur qui se trouvent dans la maison ainsi que de la demeure elle-même. Le couple a eu un fils, Angelo, qui sera héritier, cependant Donato craint qu'il ne meure avant lui, dans ce cas de figure, sa femme serait usufruitière de tous ses biens, donc également du *podere* à *Villa Casale*, d'un terrain en partie cultivé avec de la vigne et d'un autre terrain d'une valeur de 350 florins d'or. Dans ce cas, Bernarda aurait carte blanche quant à l'administration et la vente des biens; cependant certains biens immobiliers du testateur iraient à d'autres membres de sa famille. En effet, Angelo a deux fils Augustino et Donato: chacun recevra un *podere* sur le territoire de *Remignole*, ainsi qu'un autre terrain. Le testateur précise que ces biens ne pourront être vendus et en cas de décès des deux neveux, les biens iraient à ses filles, héritières après le décès de Bernarda. Les précautions à l'égard de son épouse n'auront pas suffi, puisque le 14 septembre alors que Donato est déjà mort, sa veuve devient oblate auprès du couvent augustinien en *petens instanter a dicto priore habitum regularem et vestem, ut alie domine dicti ordinis Sancti Augustini sunt vestite*[22]. Cette décision influencera d'ailleurs sa fille Telda, puisque dans son testament elle demandera sépulture au couvent augustinien *cum habitu amantellatarum* de l'ordre. Elle est malade et la date du document, le 10 juillet 1348, permet de supposer qu'elle ait été infectée par l'épidémie de peste[23]. Dans ce cas, les frères du couvent augustinien remplissent également le rôle de la famille manquante; en effet Telda confie à frère Paolo les 150 florins d'or qui constituent l'héritage de sa fille Piera[24]. Les frères augustiniens sont au centre du testament, puisque les legs pieux se résument à des sommes d'argent pour le couvent et pour la réalisation de fresques dans l'église; le prieur sera fidéicommissaire et Telda nomme le couvent héritier de tous ses autres biens. Il ne subsiste qu'un petit problème à la réalisation des dernières volontés

22 ASV, Fondo Toscano, 16366.

23 ASV, Fondo Toscano, 16375.

24 Les nombreux décès, suite à l'épidémie impliquent une grande prudence de la part de la testatrice. En effet, Telda demande qu'en cas de décès de frère Paolo, le couvent se charge de garder la somme jusqu'à ce que Piera n'atteigne quatorze ans. Si elle devait décéder avant, les 150 florins seraient propriété du couvent.

de cette testatrice: elle doit encore récupérer 340 florins d'or des héritiers de Santino de Meo Cotennacci, son époux. En mettant en relation cette somme avec le contenu du testament de son père, nous pouvons vérifier qu'il s'agit de sa dot. Toutefois Telda a d'autres ressources; en effet les exécuteurs testamentaires devront également récupérer 63 florins de Nicola Clari, la même somme de Francesco Alberti, puis 156 lires des héritiers de Bartalo de Iacopo Parigi, et le tiers d'un *podere* à *Remignole*[25]. Ces testaments mettent en exergue une dévotion féminine proche du couvent augustinien, qui s'est concrétisée par l'oblation de Bernarda lors de son veuvage.

Le problème du lieu de sépulture se posait surtout pour des femmes qui n'étaient pas originaires de San Gimignano, comme l'illustre parfaitement Antonia de Niccolò de Colle Valdelsa, mariée à Domenico Ficarelli de San Gimignano[26]. Le 9 mai 1472, elle se rend dans la sacristie de la Collégiale pour dicter ses dernières volontés au notaire Pietro Nori. Elle demande d'être ensevelie auprès de son défunt mari, dans l'église augustinienne; à moins que ses héritiers n'en décident autrement. Antonia nomme héritières ses deux filles Tita et Sandra, la première est déjà veuve et son défunt mari, Cipriano Vecchi, est enseveli dans la Collégiale; c'est justement à côté de ce dernier qu'Antonia pourrait être ensevelie. Elle laisse carte blanche à ses deux filles, qui devront exécuter les legs pieux au maximum quatre ans après sa mort; toutefois Antonia privilégie le couvent franciscain et celui des clarisses de Santa Chiara, alors qu'elle devrait être ensevelie, soit dans la Collégiale, soit dans l'église du couvent augustinien. S'agit-il d'une dévotion particulière d'Antonia qui se concrétise dans les legs pieux mais pas dans le choix de la sépulture? Cette lecture est rendue plausible parce qu'en effet, avec cette option, elle privilégie un couvent qui lui est cher et en même temps son corps ne sera pas seul dans la tombe. Du reste, dans le premier groupe, les femmes spécifient très rarement les personnes qu'elles désirent retrouver dans le tombeau et aucune ne mentionne le mari. Les choses changent rapidement puisque le 53% des femmes du deuxième groupe dit précisément quels membres de sa famille elle désire retrouver dans la tombe.

25 Donato Biliotti, père de Telda possédait deux poderi à *Villa Remignole*.
26 ASF, NA 15338 f. 112r.-114r.

La préférence se porte bien évidemment soit sur l'époux ou alors sur les parents ou les enfants de la testatrice. La proportion entre la famille d'origine et la famille acquise par mariage sont presque identiques; cependant les femmes qui suivent leur mari choisissent de préférence le couvent franciscain[27]. Cette donnée permet de relativiser en partie l'ascension fulgurante de cet ordre dans les préférences féminines du XVe siècle. Puisque comme il apparaît dans les actes, les choix des femmes étaient souvent conditionnés par ceux de l'époux défunt. En règle générale, les femmes demandaient plus facilement d'être ensevelies avec leur famille d'origine si celle-ci était de San Gimignano dans deux cas de figure: si leur époux était encore en vie ou s'il était mort depuis longtemps. Cependant, dans le troisième groupe, presque la totalité des femmes qui précisent vouloir rejoindre un proche dans la tombe, mentionnent le mari. Comment interpréter ce changement? Nous avons constaté quelques signes qui permettent d'affirmer une augmentation de l'importance de la famille crée par le mariage et ce dernier élément tend également dans cette direction. Pour les épouses qui avaient des origines florentines[28], elles se trouvaient presque obligées de demander sépulture près de leur mari; cependant plus d'une avait le choix, alors pourquoi ne pas tendre vers une interprétation qui revalorise la famille et les liens créés par le mariage?

Dans ce contexte, Elisabetta Buoni, veuve d'un membre de la famille Vecchi, opte pour une solution originale, qui pourrait nous fournir une nouvelle clé de lecture[29]. En effet, les deux familles se faisaient enterrer traditionnellement dans l'église des frères mineurs, alors Elisabetta demande d'être près de son père Matteo si elle devait mourir avant son fils Mariotto, sinon près de son mari. Nous pouvons en déduire que le fils serait enterré près du père et qu'Elisabetta entend non seulement suivre son mari mais également et peut-être surtout son fils afin de recomposer ainsi la famille qu'ils avaient crée.

27 Il s'agit des deux tiers environs.

28 Toutes les femmes qui n'étaient pas originaires de San Gimignano, ne venaient pas de Florence, mais, comme nous le verrons dans la section consacrée aux femmes, bon nombre d'entre elles appartenaient à une famille florentine.

29 Le testament a été dicté en 1479, alors qu'Elisabetta était en bonne santé (ASF, NA 8772 f. 32r.-33r.).

L'importance de la famille

Les legs pieux avaient tout compte fait un but égoïste, il s'agissait d'un geste généreux finalisé à sauver son âme. Néanmoins, de nombreux testateurs élargissaient le bénéfice des messes et des prières à leur proche famille déjà décédée. Cette attitude était essentiellement féminine, comme si le *pater familiae* devait s'occuper du futur économique et la mère, pouvait se soucier du bien de l'âme de ses proches.

Simona, veuve d'Angelo, illustre parfaitement ce cas de figure: elle a survécu aux nombreuses épidémies de peste de la fin du XVe et du début du siècle suivant et c'est en bonne santé qu'elle teste en 1503[30]. Son mari et son fils sont décédés, elle demande d'être ensevelie à leurs côtés et requiert une messe d'anniversaire, le jour de sa mort, dans la Collégiale, pour elle et ses deux proches défunts, elle ajoute également 20 lires d'aumône pour les pauvres. De sa famille il reste encore la belle-fille, qui pourra récupérer sa dot de 80 florins et les deux fils de Nicola, son fils défunt. Simona nomme ses deux neveux héritiers, cependant, en cas de mort de ces derniers, l'héritage irait à la Collégiale et plus précisément à la chapelle de saint Gérôme.

Cette dévotion à la famille n'est pas un cas unique. Apollonia Chiarenti désire être ensevelie auprès de son défunt époux Bernardo Gamucci mais elle dépense six florins pour des prières destinées non seulement à sauver son âme mais également celle de son père. Les hommes ne sont pas seulement les bénéficiaires des attentions féminines, parfois ils expriment leur affection envers des membres de leur famille. Pietro Benzi, en 1506, demande sépulture aux frères augustiniens et il précise vouloir retrouver ses ancêtres, mais surtout sa femme[31]. Nous avons donc, pour une fois le cas inverse, un mari attaché à son épouse, cependant Taddea est encore en vie, elle reçoit de l'argent et de quoi se nourrir. Pietro la nomme fidéicommissaire et nous avons ainsi deux possibles interprétations. Tout d'abord Pietro avait fait un premier mariage et il désire re-

30 ASF, NA 13099, n.n.
31 ASF, NA 9017 f. 209r.

trouver sa première épouse, ou alors, sa tombe est déjà prévue pour y accueillir sa femme, le moment venu[32].

Le problème de la dimension d'une tombe peut en effet se poser, Ugone Brogi en 1527 demande à ses enfants de l'ensevelir dans l'église Collégiale, il précise dans son sépulcre, où se trouvent déjà certains de ses enfants[33]. Cependant, il veut faire enterrer à cet endroit, uniquement sa femme et ses enfants, ainsi que les héritiers de lignée masculine. Dans un codicille de trois ans postérieur, il est encore plus précis, puisque son corps devra être déposé dans une caisse en bois et mis dans le lieu que le chapitre des chanoines lui a accordé, avec l'appui de l'évêque d'Assises. Il demande, que les os de son père, de sa mère, de ses enfants, tout comme ceux des autres proches parents enterrés dans la Collégiale soient mis dans ce sépulcre. La mention de l'évêque d'Assises et son intervention, se comprend à la fin du testament, quand il est nommé tuteur des enfants d'Ugone, parce que membre de sa famille. Si les femmes demandaient des messes, les hommes déplaçaient les corps; ce sont deux manières qui reflètent deux sensibilités différentes, mais qui expriment un attachement au groupe familial[34].

La notion du corps et le transport des os

Le désir de retrouver dans la tombe des personnes que les testateurs ont aimées, illustre l'inquiétude du devenir après la mort et donne une plus grande importance au corps. En effet, l'aspect corporel et matériel avait son importance, bien entendu la préoccupation concernait le tout, corps et âme; toutefois avec des aspects différents et particuliers.

32 Impossible de trancher puisque Pietro ne mentionne pas le nom de son épouse quand il demande d'être enseveli à ses côtés.

33 ASF, NA 11929 f 129r.-130v.

34 Nous avons également un testament féminin qui demande le déplacement des os des membres de la famille il s'agit du document dicté par Iacoba Useppi, femme Niccolò Peroni et sa belle-sœur Nera, qui testent ensemble en 1363. Ce document a déjà été traité dans la section des désirs particuliers concernant les legs pieux.

L'habillement

Certaines personnes décidaient, par voie testamentaire, de l'habillement de leur corps dans le sépulcre. Un avant-propos est nécessaire dans ce domaine, afin de séparer le legs de vêtements et le désir d'habiller son corps d'une certaine manière lors de la sépulture.

Laisser tous ses vêtements à une institution caritative, équivalait à se présenter nus devant Dieu, pour être jugés et accessoirement pardonnés[35]. Quand Agnola Ugolini, veuve de Piero Pagni, en 1428, demande sépulture avec ses ancêtres, près de la Collégiale, et laisse à la fabrique de cette institution ses meilleures tuniques et chemises, elle fait certainement un acte pieux[36]. Dépouillée de ses vêtements, elle se présente au jugement divin, en ayant nommé l'hôpital de Santa Fina héritier universel. Ces démonstrations de grande piété ne sont malheureusement pas accompagnées d'autres précisions, quant au déroulement de ses funérailles. En règle générale, les testateurs qui précisaient l'habillement souhaité, désiraient un vêtement monacal, normalement celui de l'ordre du couvent qu'ils avaient choisi pour être enterrés. Les testateurs et surtout les testatrices demandaient le vêtement des oblats ou alors celui de la confrérie liée à l'ordre choisi. Nous assistons à une nette augmentation des requêtes d'habits liés aux confréries dans le deuxième groupe, en relation avec la multiplication de ces organisations qui prêtaient une attention particulière aux veillées mortuaires. Toutes ces options tendaient vers le même but, celui d'exhorter à la pauvreté, comme d'ailleurs l'ont fait de manière plus explicite certains testateurs. En effet, essentiellement dans le premier et deuxième groupe, les testateurs demandaient d'être recouverts simplement d'un linceul; il ne s'agit pas forcément de personnes pauvres, mais justement d'un acte de piété, la renonciation à tous les biens terrestres, pour se présenter de manière simple et vraie devant Dieu.

Le chanoine Bartolomeo d'Angelo donne l'exemple en demandant, en 1420, d'être enseveli au lieu où sont enterrés les chanoines, avec la

35 Le problème du legs des vêtements, surtout pour les femmes, a été très bien traité par J. Chiffoleau, dans son ouvrage en 1980.

36 ASF, Diplomatico 1428 aprile 17, Spedale di San Gimignano.

cape et l'habit de la confrérie de la Sainte Croix de la Collégiale. La description de son habillement est encore plus précise, puisqu'il désire avoir d'abord une chemise puis la veste sacerdotale; ici l'humilité laisse la place à une plus grande conscience de soi, au désir d'apparaître[37]. Dans le même ordre d'idées Ardingla Cattani demande de porter, le jour de son enterrement, sa chemise verte, brodée sur le devant[38].

Le déplacement du cadavre

Après nous être occupés du cadavre en tant que corps à habiller, passons maintenant au cadavre en tant que corps à ensevelir. Giovanni Paolo Alamanni, fils de Domenico, teste malade en 1513[39]. Il recommande son âme à Dieu, à la Vierge, à saint François ainsi qu'à toute la cour céleste du paradis, puis il passe aux dispositions concernant le corps. Giovanni demande simplement d'être enterré dans l'église de saint Pierre martyr avec des funérailles ordinaires[40]. Il laisse à cette église 100 florins, pour la construction d'une chapelle dédiée à saint François et pour la décoration il se fie entièrement aux choix de ses héritiers. Ces derniers auront l'obligation de faire dire une messe de saint Grégoire, ainsi qu'un *officium mortuorum*, chaque année, pendant vingt-cinq ans. Ces messes seront dites pour le bien de son âme ainsi que de celle de sa mère et de tous les morts de sa famille. Le testateur avait une femme, des frères et sœurs mais pas de descendance directe: il nomme héritier Iacopo Marsili, avec qui il affirme avoir des liens de parenté. Iacopo devra faire transporter à San Gimignano le cadavre de Domenico, père du testateur, mort

37 ASS, Comune di San Gimignano, 1420 ottobre 1.

38 ASS, Comune di San Gimignano, 1348 giugno 18.

39 ASF, NA 4669 f. 42r.-44r.

40 Cette église aura une grande importance dans la quatrième partie de cette étude, dans la section consacrée à la famille Cortesi et plus particulièrement à Paolo Cortesi qui demande également sépulture en ce lieu. Elle ne doit d'ailleurs pas être confondue la chapelle dédiée à Piero de San Gimignano, martyr franciscain et le couvent franciscain lui-même. En effet, à l'intérieur du couvent il existait une chapelle dédiée au martyr, dont la commune de San Gimignano avait d'ailleurs financé les fresques. Pour de plus amples renseignements L. Chellini *San Gimignano*, in «Miscellanea storica della Valdelsa», 1993, fascicule 3 pp. 90-91.

à Florence et déposé temporairement dans le couvent dédié à l'ange Raphaël et l'enterrer dans l'église de saint Pierre martyr. Le testateur désire que le cadavre de son père soit enseveli près du sien, cet acte sera suivi dans les huit jours de la célébration d'un *officium mortuorum* de vingt messes, avec douze livres de cire auxquelles il ajoute la distribution de l'aumône qui se doit: Iacopo Marsili a donc le devoir de faire en sorte que l'enterrement contienne tous les rites en vigueur à San Gimignano. Les intentions louables de Giovanni Paolo risquent cependant de rencontrer un problème, puisque nous ne savons pas depuis combien de temps son père, Domenico, était décédé; en effet le testament parle de *cadaver*.

Le transport du cadavre en tant que tel était interdit, cependant Boniface VIII avait laissé la possibilité de transporter les os, une fois que la nature avait fait son cours. La requête du testateur était donc tout à fait plausible, tant qu'elle n'incluait pas le démembrement. En tout cas, le notaire Iacopo Marsili, son neveu, avait effectivement tenté d'exécuter le vœux de Giovanni Paolo, puisque dans son testament, dicté en 1521, il demande que les ossements de Domenico Alamanni soient transférés de l'église de San Michele à *Casale*, où elles se trouvent actuellement, à celle de San Pietro à San Gimignano. Iacopo précise qu'ils doivent être mis avec ceux de son fils et que lors du transport il faudra dire un *officium mortuorum* d'au moins six messes, brûler trois livres de cire et pratiquer les aumônes d'usage pour les prêtres qui diront ces messes. En 1513 Giovanni Paolo parlait du cadavre de son père, huit ans plus tard Iacopo Marsili parle justement des ossements qui sont transportables, alors pourquoi se trouvent-ils à *Casale*? Iacopo précise qu'il fait faire ce transport à cause d'un legs pieux de Giovanni Paolo qui avait demandé le transport des ossements du père de Florence à San Gimignano; cependant, la somme laissée par le fils n'était pas suffisante. Iacopo précise que les 100 florins laissés par Giovanni Paolo ont servi à l'édification de la chapelle et qu'il est possible de vérifier ce qu'il dit. Il a donc fallu deux testaments et presque dix ans pour que le corps ou mieux les ossements d'un habitant de San Gimignano mort à Florence, puissent être ensevelis dans sa terre natale, près de son fils. En outre, les dépenses pour une telle opération étaient relativement conséquentes; ces problèmes ne concernaient donc qu'une classe restreinte au pouvoir économique important.

Les déplacements posaient parfois des problèmes, le décès en un lieu différent que celui souhaité pour la sépulture impliquait des dépenses supplémentaires. Certaines personnes prenaient donc des dispositions précises, afin que leurs volontés puissent être respectées. Giovanni Gamucci, fils de Damiano, dicte ses dernières volontés en 1502, alors qu'il est en parfaite santé[41]. L'idée du testament causée par un déplacement, est confirmée par les dispositions concernant la sépulture, mais également par un document de dix jours postérieur. Giovanni Gamucci était un chanoine de la Collégiale da San Gimignano et parmi d'autres charges ecclésiastiques il était recteur de l'église de San Pietro à *Libbiano*. Un document témoigne d'une controverse entre Giovanni et l'évêché de Volterra à propos des revenus de cette église; pour régler l'affaire notre testateur a certainement dû se déplacer[42]. En effet, après la *commendatio animae* il demande d'être enterré dans le sépulcre de son père et de ses ancêtres, se trouvant dans l'église augustinienne de San Gimignano; avec les frais que ses neveux, héritiers universels, jugeront nécessaires. Néanmoins, ses héritiers auront l'obligation, si le testateur devait mourir à une distance de cinquante *milliaria* de San Gimignano, de le transporter à leur frais à San Gimignano. Ce déplacement, payé par les héritiers, devait permettre au testateur d'être enseveli dans la tombe familiale. La non-exécution de ce vœu, comporte la perte de l'héritage dont serait alors bénéficiaire le couvent augustinien, avec les mêmes obligations. Giovanni précise que les héritiers devront faire le déplacement à leurs frais dans le délai de deux mois; ce qui élimine le problème du testament précédent de l'insuffisance du legs. Le seul risque ici, est le refus de l'héritage, à cause des charges trop lourdes, éventualité qui n'est pas prise en compte par le testateur qui laisse certainement un patrimoine conséquent.

Nous ne saurions critiquer la requête qui semble légitime, cependant le délai de deux mois ne permet pas le transport du cadavre avant la décomposition, ce qui devrait impliquer le démembrement. La distance

41 ASF, NA 20743 f. 4v.-6v.

42 Le document se trouve in ASF, NA 20743 f. 2v.-4r.

n'était pas impossible à parcourir, cependant il s'agit tout de même de cinquante mille pas, ce qui englobe un territoire environnant relativement important. Giovanni Gamucci dicte deux autres testaments en 1509 et 1520. Le chanoine ne mentionne rien de particulier en 1509 mais en 1520, il précise le désir d'être enseveli près de son père, dans le couvent augustinien[43]. Ses occupations l'obligeaient sans doute à se déplacer, il spécifie donc que s'il devait décéder à plus de vingt *milliaria* de San Gimignano, ses héritiers auraient une année pour faire ensevelir son corps près de celui de son père. Cet acte dicté en 1520 est lié à celui de 1502, la distance est raccourcie et le temps pour exécuter le déplacement a été prolongé, cependant la peur est la même: ne pas pouvoir reposer éternellement à côté de son père.

Toutes les dispositions particulières impliquaient des dépenses, il serait donc intéressant de pouvoir évaluer la fortune des testateurs qui montraient leur confiance vers l'une ou l'autre institution caritative.

Les différents types de legs pieux et le choix du lieu de sépulture

Après une domination incontestée, le clergé de San Gimignano a dû, au cours du XIVe siècle, compter avec d'autres forces religieuses, capables de fidéliser une partie de la population.

En revenant à la distinction hommes-femmes, nous remarquons, pour les deux premiers groupes, que les testatrices qui choisissaient la Collégiale, avaient des moyens économiques limités. Leurs legs pieux étaient modestes et la Collégiale bénéficiait de la générosité des femmes qui choisissaient les franciscains; nous constatons un lien qui unissait les deux églises, souvent bénéficiaires des mêmes testateurs.

Bien entendu, les testatrices fortunées et qui donnaient une grande partie de leurs biens existaient, cependant il s'agit d'exceptions. Tommasa Cetti veuve de Venanzio Moronti, jouissait de par son nom d'une situation économique favorable. Elle teste en 1414 et choisit d'être ense-

43 ASF, NA 11928 f. 78r.-79v.

velie dans chapelle dédiée à l'Annonciation de la Vierge de l'église augustinienne. Tommasa ne suit pas son défunt mari, qui sept ans avant avait choisi l'église franciscaine, où reposait déjà son père et le reste de sa famille; elle veut retrouver sa famille paternelle en laissant au recteur de l'hôpital de Santa Fina le soin de dépenser la somme nécessaire à ses funérailles[44].

Venanzio avait laissé sa maison dans le quartier de la Piazza à sa femme, en précisant que si elle ne la voulait pas elle irait à sa sœur; en effet, Tommasa semble ne pas avoir besoin d'une demeure supplémentaire, puisque dans son testament elle cite de nombreux biens immobiliers. Tout d'abord, elle laisse, en échange de prières, une maison au couvent augustinien, l'immeuble appartenait à sa mère et se trouvait dans le quartier de San Matteo; elle précise que le legs est valable tant que le chapitre augustinien existera. L'hôpital de Santa Maria della Scala recevra une ferme dans le territoire environnant à *Cellole*. L'autre hôpital, celui de Santa Fina, est nommé héritier universel et recevra une maison avec un cloître, un moulin à huile, un cabanon et toutes les terres environnantes, qui appartiennent à Tommasa. Ces possessions se trouvent au lieu dit *Alla Ripa* et Tommasa inclût également dans le legs les domestiques. En échange, l'hôpital devra faire chaque année, à la sainte Catherine, une aumône de 32 mesures de blé. Tommasa craint que l'hôpital ne respecte pas ses volontés et vende ses biens; dans ce cas elle précise que le tout irait à Curie romaine. En échange, Tommasa demande une messe, le 3 novembre, dans l'église augustinienne qui coûtera deux florins. La testatrice décide encore de nombreux legs pieux pour une somme totale dépassant les 100 florins.

Par l'étude des huit typologies de legs pieux, il est possible d'entrevoir non seulement les préférences des testateurs mais également leur situation économique ou du moins la nature et la consistance de leurs legs pieux. Les testateurs qui choisissaient d'être ensevelis dans une église ou dans le cimetière environnant, distribuaient également une partie de leur fortune à d'autres églises ou institutions pieuses. Cette pratique était surtout répandue dans le premier groupe, par manque de vo-

44 Le testament de Tommasa se trouve in ASF, NA 1857, mais il existe également deux copies dans le *Diplomatico*. Celui du mari se trouve à Sienne (ASS, Diplomatico San Gimignano, mazzo 23 n. 22).

lonté d'affirmer les préférences ou simplement par volonté de se conformer aux usages; toutefois l'institution religieuse qui recevait le corps du testateur était généralement bénéficiaire du legs pieux le plus important.

	Eglise collégiale	Couvent augustinien	Couvent franciscain	Couvent dominicain
Legs Lp1	30	12	30	18
Legs Lp2	28	28	22	08
Legs Lp3	26	23	23	11
Legs Lp4	16	36	32	08
Legs Lp5	00	19	26	51
Legs Lp6	04	13	38	17
Legs Lp7	24	09	23	28
Legs Lp8	33	23	16	21

Tableau 6. Répartition du pourcentage de testateurs d'après le choix du lieu de sépulture et la nature des legs pieux qu'il décide de faire

L'interprétation des données[45]

Ce tableau résume la moyenne des tendances des trois groupes chronologiques, il nous permet de voir quelles institutions religieuses ont obtenu le plus grand nombre de demandes de sépulture, et quelle était la nature des legs pieux que voulaient faire ces mêmes testateurs. La somme des colonnes dépasse le 100% puisque les legs pieux pouvaient être constitués par une somme d'argent et des aumônes et donc concerner plus d'une catégorie; par contre la somme des lignes est inférieure à 100% parce que le tableau ne prend pas en compte les demandes de sépulture dans des églises mineures. Nous allons cependant analyser ces données tout en tenant compte des réalités particulières de chaque tranche chronologique.

45 Les catégories de Lp1 à Lp8 représentent les différents types de legs pieux, les mêmes que nous avions déjà utilisées pour le premier graphique de la troisième partie, qui représentait l'évolution de chaque type de legs pieux dans le temps.

En tenant compte de ces remarques, qui illustrent les limites de cette simplification graphique, nous pouvons passer à l'analyse des données. Tout d'abord, les testateurs qui désiraient être enterrés dans la Collégiale ou dans son cimetière, choisissaient en grand nombre et de manière stable dans le temps, une institution caritative héritier universel[46]. Il s'agissait le plus souvent des *pauperes Christi* ou alors de l'hôpital de Santa Fina, ainsi que de la Collégiale elle-même. Cette première impression de générosité est contrastée par le comportement des autres fidèles, qui se contentaient de donner généralement des sommes inférieures à 100 lires[47]. Les aumônes, présentes essentiellement dans le deuxième groupe[48], diminuent un peu la proportion des legs pieux de deuxième et troisième catégorie, cependant aucun testateur ne dépasse les 100 florins[49]. Les proportions constatées pour les testateurs préférant l'église Collégiale, illustrent essentiellement la typologie des testateurs du premier groupe; ils laissaient peu d'argent mais, en contrepartie, ils étaient généreux quant aux propriétés immobilières et nommaient facilement une institution caritative héritière universelle[50].

Ces données nous permettent également de mieux comprendre le rôle des confréries à San Gimignano, ces organisations présentes dans les testaments dès la moitié du XIVe siècle deviennent très populaires et la nature des biens reçus met en évidence leurs compétences[51]. En effet, les testateurs donnaient souvent des aliments ou des aumônes en argent; afin que la confrérie puisse nourrir les pauvres. Certainement, après les premières épidémies de peste et la soumission à Florence, le problème de la pauvreté était très ressenti à San Gimignano et les nécessiteux étaient nombreux. Avant le développement des confréries, la tâche de l'assistance aux pauvres semble avoir été assurée principalement par les frères mineurs, puisque les testateurs qui leur demandaient sépulture étaient

46 Nous rappelons qu'il s'agit de la catégorie représentée par Lp8.

47 Donc graphiquement de Lp1 à Lp3.

48 Il s'agit de la catégorie Lp6.

49 Il s'agit de la tranche Lp5. L'église collégiale recevait bien entendu des legs importants mais les testateurs qui demandaient sépulture dans l'église ou le cimetière se comportaient ainsi.

50 Ce cas de figure est illustré par le testament de Tommasa Cetti vu précédemment.

51 Les confréries étaient citées au sein du deuxième groupe dans le choix de l'habit pour la sépulture.

généreux en ce sens. Sans oublier son rôle d'assistance, le couvent franciscain a ensuite développé d'autres compétences prestigieuses; les confréries ont ainsi pu prendre la relève. Les testaments contiennent parfois un lien entre une confrérie et un couvent comme c'est le cas de l'acte dicté par Simone d'Antonio en 1424[52]. Il demande sépulture à la confrérie de la Sainte Croix de la Collégiale et désire être enseveli sous la fresque du crucifix, avec l'habit de la confrérie en laissant une aumône et de la cire; néanmoins, son legs principal est destiné au couvent dominicain. En effet, les frères prêcheurs, recevront huit setiers de blé pour des messes sur l'autel du crucifix ainsi que le prix d'une messe le jour de sainte Lucie. Ce dernier legs sera d'abord payé par la femme et la sœur de Simone, puis par les neveux de ce dernier. Le rapprochement entre confrérie de la Collégiale et couvent dominicain se retrouve jusqu'à la fin du testament, puisqu'il a été dicté dans le couvent et le prieur de la confrérie sera le fidéicommissaire. Ce lien entre les prieurs des confréries et les exécuteurs des dernières volontés est également présent dans le testament de Francesco Riccardini, dicté en 1337[53]. Il désire être enseveli dans le couvent franciscain avec l'habit de l'ordre, et ses héritiers devront dépenser 12 lires pour faire célébrer des messes, afin que son âme puisse être sauvée. Il dicte ce testament dans le couvent des frères mineurs, au notaire Giovanni de Leo Bindi; nous savons qu'il est le fils du recteur de la confrérie de la Collégiale, il serait donc légitime d'avoir un legs pour cette institution. En effet, Francesco nomme Leo Bindi fidéicommissaire et laisse vingt sous à la confrérie[54]. Néanmoins, il ne fait aucun legs à la Collégiale en distribuant généreusement huile, blé, vin et bois aux principaux couvents et hôpitaux du bourg en échange de messes pour son âme. Francesco n'a pas d'héritiers directs, il ne mentionne aucun membre de sa famille si ce n'est sa femme, qui pourra récupérer sa dot et sera usufruitière de tous ses biens. Dans cette situation, le testateur décide de laisser son héritage à l'hôpital de Santa Maria della Scala: choix logique d'un homme qui désirait aider les plus défavorisés. En effet, tous les legs pieux de Francesco serviront à nourrir des pauvres et

52 ASF, NA 9567 f. 36r.-37r.

53 ASV, Fondo Toscano, 16518.

54 Un des registres de Leo Bindi Ruggerotti à été retrouvé à San Gimignano, tous les testaments contiennent un legs à la confrérie.

les exécuteurs testamentaires auront la possibilité de vendre des terrains, afin d'accomplir ses dernières volontés. Cette ultime remarque met encore une fois l'accent sur le manque de numéraire, qui pouvait poser des problèmes lors de l'exécution des volontés testamentaires. Quelques années plus tard, à la fin du XIVe siècle, la confrérie de la Collégiale, aura un rôle essentiel puisqu'elle aidera cette église à conserver et augmenter ses fidèles. Contrairement à cet état d'esprit, Francesco les dissocie et sa générosité envers la confrérie n'a aucune répercussion sur son lien avec l'église collégiale.

En passant à l'analyse du rapport des testateurs avec les couvents, c'est encore une fois la différence dans les legs immobiliers, compensée par les institutions d'héritiers universels, qui distingue les personnes préférant les augustiniens de celles fidèles aux franciscains. En effet, les augustiniens attiraient une population sensiblement plus riche, mais qui laissait plus volontiers une somme d'argent qu'un immeuble. De plus, les testateurs fortunés qui demandaient sépulture au couvent franciscain, rarement le privilégiaient dans leurs legs pieux. Quand l'héritier était une institution caritative, les testateurs choisissaient souvent l'hôpital de Santa Fina ou celui de Santa Maria della Scala; ce qui implique une réduction des bénéfices pour les frères mineurs.

Ce problème ne touche pas les frères prêcheurs, qui attiraient presque exclusivement une clientèle riche; en effet les legs de 10 lires à 100 florins sont peu nombreux alors que la majorité des testateurs laisse des sommes dépassant largement les 100 florins. D'ailleurs, en ce qui concerne le premier groupe, tous les testateurs qui, comme Bilia Bindocci, laissaient au moins cette somme, demandaient d'être ensevelis auprès du couvent des frères prêcheurs. Cette veuve teste en mai 1348 et son seul enfant encore en vie, Francesco, est un dominicain, ce qui explique son attachement au couvent. En effet, elle y demande sépulture et désire que soient dépensées vingt lires pour son enterrement; ensuite elle distribue 12 lires aux autres couvents et laisse le reste aux frères du couvent de la Santissima Annunziata. Bilia désire la construction d'une chapelle dédiée à saint Jean, qui devra être décorée avec la vie du saint, elle donne 100 florins au couvent et autorise son fils à dépenser plus si nécessaire. Ce dernier a été chargé de l'exécution des dernières volontés de Bilia, qui ne spécifie pas la consistance de sa fortune. Un document de 1303 précisait que Corso Guidi avait reçu 300 lires, somme qui représentait la dot de sa future épouse Bilia[55]. Cet acte nous permet de faire deux remarques, une première concernant l'âge de la testatrice qui dépasse les cinquante ans, et une deuxième sur l'augmentation de la fortune de Bilia.

Des testateurs particuliers

Les résultats mis en évidence par ce tableau, nécessitent une dernière remarque. Le choix du lieu de sépulture impliquait normalement que le couvent ou l'église élus, deviennent également les bénéficiaires du legs pieux le plus important. Cependant, ce n'est pas toujours le cas: une petite proportion de testateurs a agi de manière différente, comme Francesco Brogi[56]. Cet homme teste malade en 1424 et, en respectant la tradition familiale, demande sépulture au couvent augustinien, avec l'habit de la confrérie. Il ne fait aucune distinction entre les principales églises du bourg et laisse 5 lires à chacune en échange de messes. Cette somme sera également donnée aux bénédictins de *Villa Barbiani*, alors que les couvents féminins recevront 40 sous. Francesco laisse aussi un florin aux confréries liées à la Collégiale et au couvent franciscain; alors que celle lié au couvent augustinien recevra 10 florins. Ce legs plus conséquent, servira à la construction de l'hôpital, que la confrérie voulait réaliser et Francesco laisse également un lit pour héberger les pauvres. La dévotion de Francesco aux hôpitaux se concrétise dans son legs pour la structure de Santa Maria Nuova de Florence[57]; en effet, après avoir donné 20 florins et 23 setiers de blé aux deux plus importants hôpitaux de San Gimignano, il laisse 300 florins à celui de Florence[58]. Francesco fait un dernier legs relativement important, puisqu'il laisse 50 lires à l'église de San Matteo, pour compléter sa décoration; ce legs s'explique par les

55 ASF, Diplomatico 1302 gennaio 6, Domenicani di San Gimignano.

56 ASF, NA 9567 f. 37r.-40v. Il teste également en bonne santé en 1409 (ASV, Fondo Toscano, 16414).

57 Francesco Brogi avait été envoyé comme ambassadeur à Florence pour résoudre un problème que la commune de San Gimignano avait avec le couvent des clarisses.

58 Les deux hôpitaux de San Gimignano sont respectivement le Santa Maria della Scala et celui de Santa Fina.

nombreuses propriétés du testateur dans le quartier de San Matteo, ce qui laisse supposer qu'il s'agissait de son église paroissiale[59]. Cette typologie d'actes concerne tous les couvents, exception faite de celui des dominicains; en effet, l'attachement des testateurs qui choisissait ce couvent était tangible et mesurable en argent et propriétés dont pouvait bénéficier le couvent au moment de la succession.

59 Le contenu de cet acte sera repris dans le chapitre sur les légataires, plus précisément dans la quatrième partie et dans la section consacrée à la liste des biens et é la transmission des biens immobiliers.

Chapitre IV

Les désirs particuliers

Un acte officiel, contenant des vœux personnels comme le testament, se prête à des erreurs d'interprétation. La difficulté réside souvent dans la compréhension des désirs des testateurs afin de trouver une motivation plausible aux choix qui sortent de l'ordinaire. Le risque est cependant celui de prêter au testateur des intentions qu'il n'avait pas. Les marques tangibles, en ce qui concerne le choix de sépulture, sont fournies par des constructions pieuses voulues par les habitants de San Gimignano; qu'il s'agisse d'une fresque, d'un tableau, d'un autel, d'une chapelle ou d'un monument funéraire, le but recherché était similaire, celui d'obtenir une protection supplémentaire[1].

Nous avons examiné plusieurs testaments qui contenaient la volonté des testateurs d'être ensevelis à un endroit précis, soit parce qu'ils retrouvaient des membres de leur famille, soit à cause de la proximité d'un symbole religieux. Ces aspirations pouvaient se concrétiser dans la construction d'une chapelle qui servait de lieu de sépulture à la famille.

Les chapelles

La requête la plus courante prévoyait la construction ou l'amélioration d'une chapelle. Ce phénomène reste constant dans le temps parce que la fortune économique des familles et des testateurs pouvait varier en permettant à de nouvelles personnes d'accéder à ce privilège; de plus un membre important d'une famille pouvait faire une nouvelle fondation, pour marquer son passage sur terre.

1 La construction d'une chapelle ou d'un autel, ainsi que de tout monument funéraire représentait également une marque de la présence du testateur aux yeux de la postérité. Toutefois nous n'aurons pas les exemples éclatants du macabre flamboyant français illustrés par J. Chiffoleau.

Les églises ont donc été remplies de ces évidents signes de dévotion, ce qui a posé parfois des problèmes de place et d'espace, le propos dans cette section est celui de mettre en exergue certains exemples particulièrement significatifs, qui ne s'insèrent pas facilement dans un contexte familial[2].

Maffia de Maffei demande d'être enterrée dans le cimetière de la Collégiale et ne pouvant pas se permettre la fondation d'une chapelle elle laisse 70 lires au prêtre qui dira la messe dans la chapelle du cimetière. N'ayant pas les moyens de s'assurer une protection particulière et personnelle, par le biais d'une construction qui la rappellerait aux yeux des vivants, Maffia désire néanmoins utiliser la chapelle commune[3].

Si la fondation d'une chapelle était souvent un acte qui concernait toute une famille, il ne s'agissait pas toujours de la descendance; parfois c'est entre frères que cette décision était prise. Angelo Vannocchi teste en 1398, après le décès de son frère, il désire être enterré dans la Collégiale avec l'habit de la confrérie de la Sainte Croix[4]. Il souhaite qu'à cet endroit soit construite, une chapelle dédiée à saint Bartholomé. Il la dote d'un champ et les fidéicommissaires devront également dépenser 40 lires, pour un *officium mortuorum*, qui sera célébré le jour suivant la festivité du saint, en souvenir des frères défunts. Angelo exige, qu'en cette occasion, les célébrations soient faites par six prêtres, alors que les autres messes seront dites par un prêtre choisi par les héritiers. La dot de la chapelle sera versée après la mort de l'épouse et de la belle-sœur du testateur, usufruitières d'une partie de ses biens. Dans ce cas, la mort d'une partie des légataires permet la réalisation d'un vœu pieux; alors que parfois c'est la mort des héritiers légitimes qui donne naissance à la fondation d'une chapelle. Angelo Benvenuti illustre ce cas de figure, cet homme, notaire de San Gimignano, était chancelier à Montepulciano;

2 Parfois nous avons des renseignements sur certaines familles, mais nous ne disposons pas de testaments suffisants pour pouvoir les traiter dans la cinquième partie, ce qui nous permet néanmoins d'analyser les testaments les plus intéressants à titre individuel.

3 ASF, NA 17572 f. 32v. (Testament dicté le 5 décembre 1299).

4 ASS, Comune di San Gimignano, 1398 gennaio 22. Les testaments de Broccardo Nucci et son frère, que nous verrons dans la quatrième partie, présentent la même situation.

lieu auquel il semble être attaché[5]. En effet, il demande d'être enterré dans l'église des frères mineurs de Montepulciano, en leur laissant 5 lires pour la rémission de ses pêchés. Sa famille était réduite puisqu'il ne mentionne que cinq femmes: sa sœur Filippa, qui se trouve au couvent de Santa Maria Maddalena de San Gimignano, deux autres sœurs qui recevront une maison, son épouse Nicolosa, qui pourra récupérer sa dot, et sa fille Sandra qui est nommée héritière. Si Sandra devait mourir avant de pouvoir avoir des héritiers, sa fortune serait utilisée pour la construction d'une chapelle dans la Collégiale de San Gimignano. Angelo veut la dédier à saint Michel et chaque jour un prêtre devra dire la messe sur son autel. Le testateur nomme les fidéicommissaires, qui devront s'occuper de la chapelle, il s'agit du sacristain et d'un chanoine du chapitre de la Collégiale, ainsi que du prieur de la confrérie de Sainte Marie de l'Annonciation. Angelo précise que les fidéicommissaires pourront vendre sa maison située dans le quartier de San Giovanni à San Gimignano, ainsi que tous les meubles qui seront retenus nécessaires pour la construction et la décoration de la chapelle.

Quand la construction existait déjà, les testateurs pouvaient en compléter la décoration ou ajouter des matériaux précieux comme du marbre, soit pour la chapelle soit pour leur propre sépulture. Conte Riccardini demande à son fidéicommissaire, le prieur des franciscains et Nuccio Useppi, de faire construire un monument funéraire sur sa tombe[6]. Il désire dépenser 25 lires pour une structure qui sera faite d'abord en terre, puis en briques, pierres et chaux et recouverte de marbre. Certainement plus riche, l'hospitalier Mascio Arnolfini prend des dispositions encore plus précises. Sa charge auprès de l'hôpital de Santa Fina ne lui fait pas passer beaucoup de temps dans son village natal, il prévoit donc d'être enseveli dans l'église de Santa Maria à Viterbe ou dans toute autre église dominicaine du lieu où il mourra; l'ordre recevrait alors 25 lires. Toutefois, Mascio avait été prévoyant, il avait dépensé 14 florins pour une pierre tombale qu'il avait confiée à Muzzio Palmerini de San Gimignano et qu'il désire récupérer; néanmoins, s'il meurt à Rome, il sera enseveli dans le sépulcre qu'il s'est fait construire dans l'église de Saint Jean au

5 ASS, Comune di San Gimignano, 1400 agosto 17.
6 ASS, Comune di San Gimignano, 1305 gennaio 24.

Latran[7]. Mascio est malade, il a prévu de nombreuses solutions, mais toutes ont pour but d'avoir une sépulture digne de son rang.

Le monument funéraire reflète aux yeux des successeurs l'image du défunt, bien entendu plus nous nous trouvons en présence de personnes riches et importantes, plus leur désir de paraître sera grand[8]. La population de San Gimignano est composée de différentes couches sociales, cependant nous avons un corpus constitué de personnes relativement discrètes, qui se conformaient à la tradition.

Les œuvres d'art

Cette forme de dévotion est plus rare, outre les exemples déjà cités des dernières volontés exprimées par Giovanni Ridolfi et Pietro Salvi[9], d'autres testateurs ont choisi cette marque de piété.

Martino Gralli, décide de financer un tableau représentant la Vierge et l'Enfant qui sera mis au-dessus de la porte de l'église de *Villa San Quirico*[10]. Le testateur entend bénéficier directement de l'influence positive de cette image pieuse et demande sépulture juste en dessous.

L'association image pieuse et sépulture était courante, en 1479, Iacoba, veuve d'Antonio Margatti, veut être enterré dans l'église du couvent augustinien, près de son défunt époux, mais demande à son héritier de faire peindre sur le tombeau la Vierge Marie et sainte Catherine, afin qu'elles prient pour elle[11].

7 ASF, Diplomatico 1304 dicembre 24, Spedale di San Gimignano.

8 Les testaments de la population de San Gimignano ne peuvent pas contenir les détails et les richesses de personnages importants comme par exemple des cardinaux. Pour une étude détaillée de ce type de documents, cf. A. Paravicini Bagliani, *op. cit.*

9 Respectivement ASF, NA 8787, f. 34v.-36r. et NA 9018, f. 162.

10 ASF, NA 11480 f. 84r. (Testament dicté en 1308).

11 ASF, NA 12520 f. 15.

Chapitre V

Un dernier geste pieux

Les testateurs exprimaient de différentes manières leur dévotion ainsi que la volonté d'aider les plus miséreux. Si au cours des XIVe et XVe siècles la charité s'est développée surtout grâce à l'aumône, à l'attention aux pèlerins, aux legs aux hôpitaux ou à l'argent laissé à des pauvres jeunes filles pour constituer leur dot, il existait une autre attitude qui peut être assimilée à un legs pieux alors qu'elle ne concerne pas une institution religieuse ou caritative. En effet, ces comportements pour autant louables qu'ils soient, ne visaient pas à un changement de la condition des nécessiteux, mais à la survie de cette catégorie pauvre, au maintien de la hiérarchie. Nous pourrions créer un parallèle entre la pauvreté du Christ et la leur, la charité chrétienne se développait, non pour renverser les équilibres, mais pour les maintenir.

Cependant, vers la fin du XVe et au début du siècle suivant, nous assistons à une nouvelle forme de piété: les riches habitants du bourg de San Gimignano offraient souvent, par le biais du testament, la liberté à leur servante. Intégrée vraisemblablement dans la famille, la jeune femme ou jeune fille, puisqu'il est difficile de leur donner un âge, reçoit une dot ou alors des biens pour subvenir à ses besoins vitaux et la possibilité d'être libre. Toutefois, il existait différentes sortes de servantes, puisque sous cette appellation nous trouvons également les compagnes des prêtres, des chanoines ou d'hommes restés veufs.

Les testaments féminins

Cette attitude n'était pas une prérogative masculine et quelques femmes ont inclus leur servante dans leurs dernières volontés. Maddalena, veuve de Antonio Salvi, dicte, en juin 1440, à Francesco Gamucci, un testament pieux[1]. Elle désire être ensevelie près de ses parents, dans l'église augustinienne, en nommant le couvent héritier universel, à condition qu'il respecte ses dispositions pour la sépulture. Son testament ne contient qu'un autre legs, pour Simona sa servante à qui elle laisse l'usufruit de la maison, ainsi que le lit et le matelas avec tous les tissus de laine et de lin. Maddalena exclut toutefois une couverture rouge, qu'elle met parfois sur le lit et qui fera partie de l'héritage. Simona aura de quoi se nourrir puisqu'elle reçoit l'usufruit d'un terrain avec une vigne à *Villa Casali* ainsi que tout le froment, le fourrage, le vin et l'huile qui se trouvent dans la maison. Maddalena insiste sur le fait que Simona ne devra pas être importunée et pourra effectivement recevoir une partie de ses biens; néanmoins elle ne nomme pas de fidéicommissaire ou d'exécuteur testamentaire.

Le contenu de l'acte, rédigé dans la sacristie du couvent augustinien, devant sept membres de l'ordre, laisse supposer une grande influence des frères ermites. Ces derniers pourraient d'ailleurs perdre l'héritage au profit du couvent de Santa Maria Maddalena s'ils devaient contrevenir aux désirs de la testatrice. Maddalena s'était certainement attachée à sa servante qui représentait peut-être ce qui ressemblait de plus près à une famille, si ses volontés ont été respectées Simona a pu vivre de manière autonome.

Les hommes et les servantes

Les testateurs s'assuraient généralement que ces personnes puissent avoir une certaine qualité de vie et leur demandaient souvent de continuer à servir l'épouse et les enfants. Cependant la cohabitation n'était pas toujours possible, Matteo Buonaccorsi demande à Caterina, sa servante de rester avec sa famille. Après la mort de son épouse, elle recevra l'usufruit d'une maison et d'un terrain; Matteo ne prévoit donc pas la possibilité de libérer sa servante avant le décès de son épouse.

1 ASF, NA 8686 f. 127v.-128v.

Giovanni Mainardi a une autre opinion, puisqu'il demande à sa famille de s'occuper de sa servante Maria, cependant si elle ne veut pas rester, les héritiers devront lui donner 20 florins en deux ans[2]. Giovanni teste à nouveau huit ans plus tard et la situation semble être nettement plus favorable à Maria; certainement à cause du décès de Diamanta, épouse de Giovanni[3]. Ce dernier lui laisse la possibilité de vivre dans sa maison, tout en recevant la paie qui lui était donnée, ainsi que de la nourriture et des vêtements adéquats. Elle a toujours la possibilité de quitter la maison de son maître et les héritiers devront lui donner 30 florins en six mois, dans le cas contraire, Giovanni lui laisse un champ à *Villa Monte Gompoli*, d'un rendement de 5 setiers qui est maintenant cultivé par les enfants et héritiers de Michele del Lucciola[4]. En 1530 Maria bénéficie d'un statut privilégié à la maison et elle a la possibilité de partir et avoir un rendement constant avec le terrain si les héritiers refusent de lui donner la somme en un temps relativement bref; en effet, nous passons des deux ans du premier document aux six mois du deuxième.

La libération pouvait être fixée par voie testamentaire, Agostino de Nicola, précise que Lucia, la servante qu'il a achetée, devra encore servir sa femme et ses enfants cinq ans après sa mort, puis elle pourra être libérée[5]. Agostino teste le 10 septembre 1476 et décède le 8 novembre de la même année, il laisse une famille nombreuse et c'est peut-être dans ce but qu'il désire garder Lucia encore cinq ans à partir du jour de son décès.

Les testateurs remerciaient en général la personne pour les services rendus, comme le fait avec grand soin Filippo Gamucci en 1518. En effet, il cite Margherita de Bacci Brosi de Pistoia, qui l'a servi pendant 14 ans et lui lasse un salaire de 70 florins, que les héritiers devront lui donner en une année. Filippo craint que ses enfants ne tardent à donner l'argent à Margherita et les oblige à lui donner 24 setiers de blé en août,

2 ASF, NA 11927 f. 184r.-187r.

3 ASF, NA 2398 f. 87r., et ASF, NA 15328 f. 269r.-71v. Le premier testament avait été dicté en 1522.

4 Nous avons ici un des rares exemples de mention d'un terrain agricole qui contient également le rendement.

5 ASF, NA 8772 f. 23v.-26r.

9 barils[6] de vin en octobre, un baril d'huile en janvier, 30 livres de lin en octobre, 80 livres de viande en janvier et 10 lires à la mi-avril et à la mi-octobre. Margherita recevra également ses mouchoirs, ses linges ainsi que les draps et le matelas qui se trouvent chez sa fille déjà mariée, en dernier lieu elle recevra une couverture. Si les héritiers s'obstinent à ne pas obéir, il lasse 300 florins à l'hôpital de Santa Maria Nuova de Florence qui devra s'occuper d'exécuter ce legs. L'hôpital, en échange de l'argent reçu, devra faire célébrer chaque année en novembre un *officium mortuorum* d'au moins dix messes, avec les dépenses en cierges nécessaires.

Ces femmes pouvaient prendre la place d'une épouse décédée et si l'affection était suffisante, les hommes essayaient de leur laisser de quoi vivre après leur décès; le rapport avec les héritiers légitimes ne devait pas être simple, puisque tous les testateurs dans ce cas prennent d'infinies précautions afin que la servante reçoive ce qu'il a prévu pour elle.

Quand le testateur n'était pas un laïc…

Le rapport était encore plus ambigu lorsque le testateur était un prêtre ou un chanoine. Près des deux tiers des testateurs qui mentionnent une servante appartiennent à ces deux catégories; nous suivrons les dernières volontés de Giovanni Gamucci, chanoine de San Gimignano[7]. Son dernier testament dicté en 1520 contient des dispositions intéressantes quant aux servantes, surtout parce que le document est assez simple, puisqu'il englobe uniquement les dispositions pour la sépulture, le nom des héritiers et les legs concernant les servantes. Le pluriel est nécessaire puisque Giovanni avait eu une première servante, Diana, décédée avant 1520, mais le testateur laisse l'usufruit et le fruit de sa maison à Giulio fils de Diana. La deuxième servante, Antonia, aura la possibilité de vivre

6 Les barils sont utilisés principalement pour l'huile et le vin ils correspondent à 33,42 litres environ.

7 Nous avons déjà parlé de ce testateur dans la section concernant le transport du cadavre.

dans la maison du quartier de San Matteo ou alors dans celle de *Villa San Pietro*, en recevant de quoi se nourrir. Antonia a deux filles et Giovanni leur laisse un *podere* qui comprend une maison et des terrains à *Villa San Pietro*; en outre, elles recevront tous les tissus et draps du testateur. Il ne s'agit pas de quelques sous ou lires, Giovanni Gamucci traite ces trois jeunes personnes presque comme des enfants, ce qu'ils étaient probablement. L'acte ne mentionne pas de fidéicommissaires ou d'exécuteurs testamentaires, même si nous pouvons imaginer que les frères augustiniens, bénéficiaires des legs pieux, voudront s'en occuper. Les neveux, héritiers du reste, pourraient revendiquer certaines propriétés, au nom des liens de sang légitimes, ce qui laisse présager quelques difficultés lors de l'exécution.

Les enfants naturels étaient une réalité, les hommes d'église ne les reconnaissaient pas toujours officiellement, cependant, par voie testamentaire, ils étaient en mesure de leur assurer un avenir. Cette catégorie n'avait toutefois pas l'exclusivité dans ce genre de situations. Le notaire Iacopo Marsili, dans son testament dicté en 1523, reconnaît avoir un enfant naturel. Après avoir perdu son épouse, avec qui il a eu un fils, prénommé Nicola, le testateur ne s'est pas remarié. Le document révèle néanmoins la présence de Francesco, son fils naturel, et celle de Caterina, sa servante; le lien entre ces deux personnes n'est pas établi, le testateur ne spécifie pas s'il s'agit de mère et fils. Le traitement qui leur sera réservé les unit cependant, puisque Nicola, héritier de Iacopo, devra lui donner ce qu'il retient juste. En outre, Caterina pourra rester dans la maison du testateur et y recevoir de quoi vivre, même si elle devait tomber malade.

Parfois les testateurs voulaient simplement permettre à ces personnes de sortir de leur condition et leur offrir la possibilité de se marier. Giovanni Nori laisse 4 florins à Francesca Cipriani, sa servante, afin qu'elle puisse se marier avec Girolamo Moncini. Le testateur précise qu'il est très satisfait du travail de Francesca et donc son fils, héritier universel, devra lui donner cet argent[8]. Dans un codicille du 5 août 1462, Francesco Brogi, se montre bien plus généreux envers sa servante, puisqu'il lui donne 25 florins de dot, qui devront lui être distribués par son frère

8 Testament du troisième groupe (ASF, NA 2402 f. 95v.-109r).

Matteo. Les *items* concernant les servantes se trouvent avec les legs pieux ou à la fin de ceux-ci, ce qui permet de les assimiler aux donations pieuses. Francesco, dans son premier testament, avait laissé sa fortune à son frère et ce n'est que dans le codicille qu'il détaille les legs pieux aux quels il devra se soumettre pour bénéficier de l'héritage[9]. Elisabetta Buoni, agit de la même manière, son testament ne contient pas de legs pieux et ce n'est que dans un codicille postérieur qu'elle prévoit une distribution de ses biens en cas de décès de son fils. Elle décide alors de faire de nombreux gestes pieux et d'ajouter 10 florins à la dot de sa servante Margherita[10].

La famille résulte le bénéficiaire prioritaire des testateurs, surtout dès le milieu du XVe siècle, la piété des testateurs transparaît de manière évidente, lorsqu'ils prennent en considération la perte des héritiers légitimes. Dans ce cas, les legs pieux se multiplient et les bénéficiaires augmentent, il devrait donc être possible avoir une image des liens familiaux à travers l'étude des testaments.

9 Les deux documents ont été rédigés par Stefano Gentiluzzi (ASF, NA 8772 f. 8v.-9r.).

10 ASF, NA 8772 f. 32r.-33r.

Quatrième partie

Famille et légataires: les bénéficiaires laïcs

Chapitre I

Le choix des légataires

Le testament, ne s'arrête bien entendu pas aux dispositions pieuses concernant l'âme, une deuxième partie[1], plus ou moins longue et complexe, énonce les biens et l'argent que le testateur désire laisser à sa famille ou aux personnes qui lui sont chères.

Ces actes ont souvent été utilisés pour comprendre la piété des personnes en un lieu et en un temps donnés[2] en effet, si le testament permet de savoir, dans quelle mesure la population contribuait à l'aumône ou quelles étaient les institutions pieuses et leur rôle dans la vie quotidienne, ainsi que dans la *cura animarum*, il peut être étudié de manière différente. Le corpus dont nous disposons pour le territoire de San Gimignano consent également de recomposer des familles sur plusieurs générations, ce qui peut donner des résultats intéressants[3].

Les différences d'après le sexe des testateurs

Le testament peut servir de base à une étude des conditions économiques et sociales et permettre de comprendre les liens qui unissaient les testateurs à leur entourage; puisque la famille au sens strict, parents et enfants, peut être souvent reconstituée par les testaments de l'un des conjoints. L'attention que les testateurs portaient à leur famille était tributaire du contexte historique et social, mais également du sexe des testateurs; c'est pourquoi une analyse chronologique mais globale de la

1 Nous pouvons parler de deuxième partie en ne tenant pas compte du formulaire initial, sinon il faudrait distinguer d'abord le formulaire, puis les legs pieux, les légataires, l'institution de l'héritier et finir à nouveau par le formulaire.

2 Des études de J. Chiffoleau jusqu'au très récent ouvrage de D. Le Blévec, cités en bibliographie.

3 Toutefois, pour commencer une étude des familles, le seul recours aux testaments est insuffisant, c'est pourquoi une rapide consultation du Cadastre a été nécessaire.

situation, n'aurait pas été d'une grande utilité. La séparation hommes-femmes permet au contraire de mettre en évidence les particularités de chacun, les deux tableaux suivants illustrent l'évolution de l'attention portée à la famille par les testateurs de chaque sexe; les résultats n'ont qu'une valeur relative puisque le contenu et le montant des donations n'a eu aucune incidence[4]. Bien entendu, les totaux pour chaque groupe dépassent largement le 100%, puisque les testateurs qui citaient des enfants, mentionnaient également un conjoint ou alors un autre membre de la famille. Cette première mise en perspective des données permet de visualiser les bénéficiaires prioritaires, les personnes dignes d'attention particulières.

	Groupe 1 (1299-1369)	Groupe 2 (1370-1469)	Groupe 3 (1470-1530)
Conjoint	10	4	13
Enfants	37	41	79
Famille	70	52	36
Sans famille	13	23	5

Tableau 7. Répartition du pourcentage de légataires dans les testaments féminins

	Groupe 1 (1299-1369)	Groupe 2 (1370-1469)	Groupe 3 (1470-1530)
Conjoint	53	57	59
Enfants	60	48	63
Famille	48	57	52
Sans famille	11	7	4

Tableau 8. Répartition du pourcentage légataires dans les testaments masculins

4 Ultérieurement nous verrons ce que les testateurs destinaient à leur conjoint ou aux enfants, ainsi que l'identité de l'héritier.

L'interprétation des données

Tout d'abord quelques explications concernant la légende, l'ensemble «sans famille» désigne les actes qui ne contenaient que des legs pieux ou alors ceux qui mentionnaient exclusivement des légataires laïques ne faisant pas partie de la famille[5]. L'ensemble «famille», englobe les liens de sang, mais également les personnes entrées dans la famille par mariage[6]. Cette catégorie est composée essentiellement par les neveux ou alors les frères et sœurs des testateurs; plus rarement, nous trouvons les parents, les oncles et les tantes.

Généralement, les neveux substituaient les enfants inexistants ou prématurément décédés et, quand le testateur n'avait pas eu le temps de fonder une famille, les parents ou les frères et sœurs étaient les principaux bénéficiaires. Le recours aux neveux pouvait également permettre aux testateurs de transmettre des biens en ligne masculine, quand ils n'avaient que des filles[7].

Les deux tableaux montrent des réalités différentes; en effet, les enfants ou les autres membres de la famille étaient les principaux bénéficiaires des testaments féminins; les époux étaient rarement cités, conséquence logique du nombre élevé de testatrices veuves[8]. Cependant, en faisant abstraction des veuves, le 60% des femmes dans le premier groupe, le 77% dans le deuxième et le 49% dans le troisième, ne laisse rien à l'époux. Ces variations sont toutefois à mettre en relation avec le pourcentage de veuves dans l'ensemble des documents, puisque dans le premier groupe, le 90% des femmes qui teste était veuve, nous descendons dans le deuxième à 73% pour arriver à 55% dans le dernier groupe.

5 Par exemple le testament des deux femmes de la famille Peroni, Iacoba Useppi, femme Niccolaio Peroni et sa belle-sœur Nera, qui testent ensemble en 1363. Le document contient exclusivement des legs pieux et est concentré sur le monastère féminin de Santa Caterina et sur l'église des Santi Nicola e Caterina.

6 Parfois ce sont les gendres et non les filles qui deviennent légataires.

7 Exception faite bien entendu des testateurs qui choisissent une institution caritative comme héritier. Ce problème sera plus amplement traité dans la section consacrée aux héritiers universels.

8 Dans le premier groupe le 55% des femmes qui ne mentionne pas de mari dit être veuve, nous arrivons à 75% dans le deuxième, pour redescendre légèrement jusqu'à 66% dans le troisième.

Ces chiffres se basent sur un nombre exigu de documents, cependant ils consentent de donner quelques indications de base, puisqu'en ce qui concerne les hommes, la proportion de veufs ne dépasse guère le 20%.

En conclusion, les femmes avaient peu d'attentions à l'égard de leurs époux, elles ne prenaient pas le soin de leur laisser quelque chose, mais elles se concentraient sur les enfants et la famille[9].

Ces données permettent une première remarque, si la proportion de femmes veuves diminue, cela signifie qu'elles ressentaient la nécessité de tester, même si leur époux était encore en vie. De plus, rares sont celles qui l'ont fait avec leur autorisation, comme Margherita Baroffi femme d'Antonio qui teste malade en 1487, avec le consentement de son époux[10]. La consistance de son unique legs pieux est un tissu, où figurent saint François et la Vierge et elle laisse tous ses biens à ses enfants[11]. Les moyens économiques de cette femme étaient certainement limités, son héritage devait donc être sa dot, confiée à son mari. Margherita nomme son fils Giovanni héritier universel, en précisant qu'il devrait partager les biens avec ses éventuels frères ou sœurs. Aucune distinction donc d'après le sexe, c'est le lien de sang, la descendance qui prime. La testatrice avait ici respecté les normes en vigueur quant à son incapacité de tester seule, cependant il s'agit d'une exception. De plus, la proportion des épouses qui mentionne le mari décroît, nous pouvons donc supposer une certaine autonomie féminine dans le fait de tester ou du moins dans les décisions que contient l'acte.

Au contraire, plus de la moitié des testateurs cite une épouse dans le document; généralement plus jeune, elle survivait à l'époux, comme le montre la forte proportion de veuves parmi les testatrices et seulement une part minime de testateurs ne cite aucun membre de sa famille.

9 Les femmes citent leurs époux défunts dans les legs pieux, elles semblent se soucier prioritairement de leur âme, plutôt que de leur bien-être matériel s'ils sont encore en vie; les hommes citent leur épouse décédée, généralement pour régler des problèmes relatifs à la dot.

10 ASF, NA 3423 f. 8r.

11 Margherita demande sépulture dans le cimetière de l'église collégiale, et laisse 5 sous à la sacristie de l'église et 5 sous à l'évêque de Volterra. Ces sommes représentent plus une taxe qu'un réel legs pieux, en effet comme nous l'avons constaté dans la section consacrée à la spiritualité ces sommes sont présentes dans tous les documents.

Ces personnes, surtout dans le troisième groupe, ont des situations particulières. Lazzaro Ricci est un prêtre de San Gimignano, prieur de l'église de Castelvecchio; ses biens iront donc logiquement à l'église collégiale du bourg. Iacobo Marzoccho est originaire de la Lombardie, il laisse tous ses biens au couvent dominicain qui devra se soucier de son âme, cet homme est malade et ne semble pas avoir de famille à San Gimignano[12]. Le testament de Lazzero de Nicola Becci, dicté et écrit en langue vulgaire en 1522, est un peu différent; cet homme est un hospitalier de Santa Fina mais sa famille a de solides origines du bourg. Après une longue invocation et la demande de sépulture, il ne parle guère de sa famille mais de Tommaso Ciandei de Prato[13]. Il le remercie tout d'abord pour les services qu'il a rendus à l'hôpital et le nomme usufruitier de tous ses biens mobiliers et immobiliers, de toutes ses actions et crédits, des draps de lin et de laine ainsi que de tous ses meubles, dont il a fait un inventaire. Tommaso recevra également un crédit de 854 lires, 11 sous et 3 deniers qui est inscrit dans les livres de l'hôpital. Lazzero précise qu'il se trouve au feuillet 20 du livre des *Reductioni Debitori et Creditori* et qu'il avait prêté cet argent à l'hôpital pour l'achat d'un terrain à *Campobriano*. En outre, cet héritier devra récupérer l'argent que lui doivent ser Ranieri et ser Torello Caciotti, comme il apparaît dans ses livres de comptes, pour une somme de 350 florins. Le testateur fixe les termes pour la restitution et laisse tous ses biens à Francesco mais, après le décès de ce dernier, le tout ira au couvent des frères prêcheurs. Cet acte représente donc un choix singulier: l'exclusion de la famille du testament; habituellement la volonté des testateurs était de transmettre leur

12 Le premier acte est daté du 13 mai 1472 et a été dicté dans la sacristie de l'église collégiale, où Lazaro demande sépulture dans un sépulcre de famille. La décision de laisser tous ses biens à la Collégiale, résulte donc comme un acte pieux (ASF, NA 15338 f. 114r.-115r.). Le deuxième document a été dicté le 20 janvier 1530 au domicile du testateur et les dominicains sont pratiquement les seuls bénéficiaires (ASF, NA 11929 f. 264r.-265v.).

13 Il recommande son âme à Dieu, à la Sainte Vierge à saint Jean Baptiste et Evangéliste, à saint Bartolo, sainte Fina, saint Pierre martyr de l'ordre des frères mineurs, au glorieux Pierre martyre de l'ordre des frères prêcheurs ainsi qu'à la glorieuse vierge Barbara et à toute la cour céleste du paradis. Il désire être enseveli dans l'église dominicaine, dans son sépulcre qui se trouve, au milieu de celle-ci (ASF, NA 15326 f. 169r.-171r.).

patrimoine à leur descendance de manière aussi directe que possible. D'ailleurs, l'évolution inverse des ensembles «enfants» et «famille» prouve que c'est en l'absence des enfants que les neveux ou les frères étaient privilégiés.

En ce qui concerne les femmes, les changements relatifs à l'époux ne semblent pas influencer l'évolution de l'attention portée aux enfants ou au reste de la famille. En effet, l'ensemble «enfants» fait une ascension fulgurante inversement à celle de la famille. Moins du 40% des femmes mentionne des enfants dans le premier groupe et, il faut attendre le troisième groupe pour avoir des valeurs proches du 80%. Cela signifie-t-il que les femmes du premier groupe donnaient moins volontiers une part de leur héritage à leurs enfants? Ou alors devons-nous penser que seulement un petit nombre d'entre elles avait une descendance directe? Face à ces données les possibilités d'interprétation sont multiples: le groupe un englobe des années de forte récession ainsi que les premières épidémies de peste, ce qui pourrait laisser supposer un taux de mortalité infantile très élevé. Les hommes, plus âgés que leurs épouses, testaient alors que les enfants étaient très petits, et donc une plus grande proportion d'entre eux était encore en vie; c'est pourquoi les dernières volontés masculines ne présentent pas la même situation. Toutefois, au-delà des conjectures, les documents du premier groupe restent peu fiables, vu le nombre exigu d'actes complets, surtout en ce qui concerne les femmes[14]. Une meilleure représentativité pourrait confirmer cette omission des enfants, qui peut également être assimilée à un rôle que les testatrices avaient à remplir; bien plus actives du point de vue spirituel, elles semblent, dans un premier temps, laisser la gestion économique des enfants à leurs époux, sans doute parce que leur possibilité d'administrer un patrimoine était également moindre et souvent nulle.

14 Le nombre de documents double pour le deuxième et triple pour le troisième groupe.

Chapitre II

La famille restreinte: le couple

Mariages arrangés ou unions d'amour, l'attention portée au conjoint reste une indication de la qualité de la relation qui unissait les époux. Bien entendu, le souvenir du conjoint défunt, pouvait également exprimer l'affection et l'importance du couple, comme l'ont montré les préférences pour le lieu de sépulture ou les demandes de messes. Cependant, au-delà du désir d'être ensevelis l'un près de l'autre, les conjoints pouvaient manifester de manière pratique l'attachement qu'ils avaient envers leur compagnon. Les rôles étaient néanmoins différents, la femme avait souvent des moyens plus limités et son testament avait un sens, au niveau économique, lorsqu'elle avait au moins pu récupérer sa dot. Cependant la richesse humaine des sentiments prime parfois sur les revenus matériels, l'analyse des testaments regroupés par couples ne devrait donc pas se limiter aux soucis financiers, mais essayer de percer les siècles qui nous séparent de ces individus, pour percevoir, l'espace d'un instant, quelques-unes de leurs émotions.

En faisant abstraction des intérêts économiques, un document simple, nous ramène à une réalité touchante: en 1498, Donato Ferri et sa femme Caterina, fille de Antonio, dictent leurs dernières volontés, dans leur maison du quartier de San Matteo, au notaire Antonio Ghini[1]. Ce couple dicte un testament unique, les dispositions sont donc prises d'un commun accord. Donato est malade, tandis que Caterina est en bonne santé, ce qui pourrait laisser entendre que le risque de contagion existe[2]. Ils seront ensevelis dans le cimetière du couvent augustinien, et la fille ainsi que la nièce devront s'occuper des legs pieux[3]. Le couple décide que le

1 ASF, NA 9016 f. 171v.-174r.

2 Le danger ne concerne pas que les périodes d'épidémie de peste, le risque était constant.

3 Les frères ermites devront dire 20 messes par an, pendant lesquelles seront brûlées 3 livres de cire que leur fille donnera au couvent en janvier, tout comme un baril de vin pur. Leur nièce devra donner l'argent pour faire célébrer 10 messes annuelles en janvier, où seront brûlées 2 livres de cire et elle donnera également un baril de

survivant sera usufruitier de tous les biens du ménage, c'est-à-dire, un terrain à *Villa del Castello* doté d'une vigne, d'arbres et d'une petite maison, un autre terrain à *Villa Signani* et une maison dans le quartier de San Matteo, avec le jardin potager et une source d'eau. A ces propriétés du mari, s'ajoute un terrain à *Campaldi* ainsi qu'une maison dans le quartier de San Matteo, qui appartiennent à Caterina. Leur fille héritera du patrimoine après le décès des deux conjoints, cependant elle ne pourra pas le transmettre à sa descendance, puisqu'une fois décédée, c'est l'hôpital de Santa Fina qui en bénéficiera[4]. Leur nièce Elisabetta, en échange des legs pieux à exécuter, recevra le terrain de *Campaldi*, mais elle devra en partager l'usufruit avec ses frères et sœurs. Le couple ne forme ici plus qu'une entité; c'est l'union face à la mort qui prime, pour le bien être de la descendance. Caterina avait des biens, ce qui lui laissait la possibilité de ne pas dépendre de son mari, la préoccupation qu'ils ont d'abord l'un envers l'autre puis pour leur fille et enfin pour leur nièce représente sans doute un signe explicite d'attachement familial, en outre l'égalité de traitement, indépendamment du sexe des bénéficiaires[5], prouve que les discriminations pouvaient être dépassées. Nous ignorons la situation de leur fille, cependant si elle n'est pas *moniale* l'interdiction de transmettre l'héritage à sa descendance manque de sens puisque les neveux et les nièces bénéficient d'un terrain.

Le rôle des femmes, la valeur de la dot

Le mariage pouvait aussi représenter une bonne affaire, le moyen d'améliorer sa condition sociale ou économique, et ceci non seulement pour les

---

vin pur. Si elles ne devaient pas respecter ces obligations, tout ce qui leur était destiné irait à l'hôpital de Santa Fina qui aurait les mêmes obligations.

4 En échange, l'hôpital devra faire une célébration le dernier jour de l'an en mars et faire une aumône publique de trente pains cuits et de viande pour les pauvres. Le non-respect de ces clauses impliquera le passage des biens au couvent augustinien qui devra faire une aumône de 20 pains cuits. Les testateurs nomment leur fille héritière, mais il s'agit d'un usufruit viager.

5 Ceci en ce qui concerne la nièce et sa descendance, puisque le terrain sera partagé entre frères et sœurs à parts égales.

femmes; toutefois, après le décès du conjoint la situation était bien plus difficile pour elles: problèmes à récupérer la dot, litiges avec les héritiers, difficultés à vivre seules. Les complications sont attestées indirectement par les précautions des testateurs et la situation ne s'améliore pas avec le temps, puisque Francesco del Mangia, en 1511, précise que sa fille Rosa pourra utiliser sa maison en cas de besoin, c'est-à-dire, si une fois veuve elle ne devait pas parvenir à récupérer sa dot[6].

La liberté des femmes seules était souvent limitée: soit elles restaient veuves et pouvaient espérer obtenir l'usufruit des biens du défunt époux ou elles décidaient d'essayer de récupérer la dot. Maddalena Fabbri, originaire de Castelfiorentino, selon les dispositions testamentaires de son mari, avait la possibilité de bénéficier de l'usufruit de ses biens, cependant elle devait rester veuve et ne pas demander sa dot[7]. Moins d'une année après la dicté de l'acte, Paolo décède et le 25 décembre 1441, Maddalena, reconnue usufruitière par le notaire Giovanni Ghesi, répudie l'héritage à cause des limitations imposées par son mari[8]. Le document succinct, ne permet pas de connaître le montant de la dot, ni les intentions de Maddalena, cependant elle désire sa liberté, probablement pour se remarier[9].

La situation n'était toutefois pas désespérée, le testament de Ginevra Casucci veuve de Giovanni fils de Cristoforo nous rassure partiellement. Elle laisse 200 florins au couvent dominicain et autant au couvent augustinien pour des messes de saint Grégoire, puis elle distribue le reste de sa fortune à sa famille[10]. Ses deux filles recevront 20 florins et son fils Bartolomeo, issu d'un premier mariage, 130 florins; ces sommes tout comme les legs pieux proviennent de sa dot. Ce n'est pas tout, elle laisse à son neveu Agnolo Casucci tout ce qu'elle a reçu de la dot de sa mère, malheureusement sans quantifier la somme. La mort de ce neveu sans héritiers impliquerait le partage suivant: la moitié à Bartolomeo Buona-

6 ASF, NA 2397 f. 338r.-339r.

7 ASF, NA 8942 f. 39r. Le document a été dicté le 14 novembre 1440.

8 Ce document se trouve dans le même registre au feuillet 44.

9 En règle générale, les hommes demandaient à leurs épouses de rester veuves sans demander leur dot; en échange, elles bénéficiaient de l'usufruit d'une partie ou de la totalité de leurs biens.

10 ASF, NA 3670 f. 7r.-8v. Le testament a été dicté le 31 décembre 1492.

vanti et l'autre à Bindo de Girolamo, ces deux personnes sont également ses neveux, le premier de la famille de son précédent mari et le second de son époux récemment défunt[11]. Le reste de ses biens est destiné à ses deux fils, ce qui laisse supposer qu'outre sa dot et celle de sa mère, Ginevra possède d'autres biens.

Un siècle plus tôt, Bilia Scolari originaire de Florence qui teste en 1344 après le décès de son mari, Gualtiero Salvucci, choisit une autre option[12]. Ce mariage avait uni un riche personnage de San Gimignano avec une florentine, la famille Salvucci, au premier plan de la scène politique au XIIIe siècle a perdu de son importance, l'alliance avec un bon parti de la future ville dominante, s'intègre dans une stratégie visant à garder un certain pouvoir. En 1344 Bilia est seule, Gualtiero est décédé tout comme leur fille Ermellina, la testatrice laisse donc tous ses biens au couvent des bénédictines de San Vittore. Cependant, deux semaines plus tard, le 13 septembre, Bilia demande à l'abbesse Bice du couvent d'être accueillie à condition que son testament soit accepté. Puisqu'il existe un accord entre les deux parties, Bilia pourra entrer au couvent des bénédictines de San Gimignano. Ce mariage n'a donc pas donné un résultat durable, le couple n'ayant pas de descendance directe, l'éventuel bénéfice de l'union ne profitera qu'au couvent des bénédictines.

Nous avons vu quelques solutions que les femmes pouvaient préférer au moment du veuvage, cependant revenons au début du mariage et au choix de l'épouse. Ces unions pouvaient-elles représenter un avantage financier? Par le biais de certains testaments nous pouvons connaître le montant de la dot, où se situait alors la moyenne?

Tous les testaments ne contiennent pas l'indication précise de la somme d'une dot, cependant nous pouvons compter sur le 16% des do-

11 Ginevra précise que si ses fils devaient mourir, ils seraient substitués par ses neveux, si elle devait rester sans héritiers elle donnerait son héritage à la chapelle de la famille Casucci qui se trouve dans la Collégiale et elle augmenterait le montant de ses legs pieux.

12 ASF, Diplomatico 1344 agosto 30, Domenicani di San Gimignano.

cuments du premier groupe, le 14% pour le deuxième et le 32% pour le troisième[13].

	Groupe 1 (1299-1369)	Groupe 2 (1370-1469)	Groupe 3 (1470-1530)
Dot < 50 lires	30	0	2
Dot < 50 florins	29	27	26
Dot < 100 florins	15	9	11
Dot < 200 florins	7	24	8
Dot < 500 florins	19	33	47
Dot > 500 florins	0	6	7

Tableau 9. Répartition du pourcentage de femmes qui recevait dot dans chaque tranche chronologique

Ces résultats permettent de faire quelques remarques, tout d'abord, nous devons faire une distinction entre les montants des épouses ou des testatrices qui ont été effectivement versés et les sommes présumées que les testateurs désiraient donner à leurs filles. En effet, nous n'avons aucune certitude que les montants promis par le père, lors de la dictée du testament, aient été effectivement versés et que le testateur ait eu en sa possession la somme.

Nous constatons une augmentation du montant destiné aux jeunes filles à marier et si les sommes dépassant les 500 florins restent rares, elles font une apparition discrète dans les deux derniers groupes. Au XIVe siècle donc, les dots représentaient en règle générale une somme qui s'approchait des 50 florins, bien entendu nous arrivons à des chiffres plus élevés, mais le tableau illustre parfaitement la progression des montants qui se stabilisent ensuite en moyenne autour des 200 à 400 florins.

Le 30% des actes du premier groupe qui mentionne le montant de la dot d'une fille ou d'une épouse, concerne des sommes inférieures à 50 lires, le choix de donner si peux est-il toujours dicté par la pauvreté du testateur? Giotto Ugolini, par exemple, teste en 1334, il est veuf et a trois

13 Nous pouvons connaître la dot d'environ 200 femmes, puisque dans certains documents nous avons le montant de l'épouse et celui destiné aux filles.

filles à qui il décide de laisser 20 sous de dot[14]. Cependant Giotto demande sépulture au couvent dominicain, en leur laissant un terrain, pour le bien de son âme et de celle des membres de sa famille déjà défunts, ce qui laisse supposer un patrimoine supérieur à quelques sous; de plus le testateur désire que ses biens, après le décès de son épouse, qui en a l'usufruit, soient utilisés pour aider les *pauperes Christi*. Ces données permettent de supposer que les filles de Giotto sont déjà mariées et donc elles ont déjà reçu leur part d'héritage, les 20 sous ne seraient alors qu'un supplément voulu par leur père. Dans le cas contraire, cet homme donne un exemple de piété religieuse, qui pourrait léser le bien-être de sa progéniture. En effet, parfois, les montants laissés à une fille semblent insuffisants mais ils ne constituent qu'une donation supplémentaire, comme nous le prouve le testament de Francesco Lari, du 27 août 1380[15]. Il est malade et laisse à sa femme sa dot de 70 lires ainsi que des vivres, alors que ses deux filles reçoivent respectivement 50 florins et 10 lires, qui doivent provenir d'un terrain, que le testateur possède à *Villa Gambocci*. Cependant, Santina n'est guère privilégiée par rapport à sa grande sœur, puisque cette dernière est déjà mariée et Francesco précise que les 10 lires représentent un ajout à la dot déjà versée. Le testateur respecte la procédure classique et nomme son unique fils héritier, alors que ses deux frères seront les tuteurs de sa fille encore mineure.

Lorsque nous essayons de comprendre la gestion des dots à travers les informations contenues dans les testaments, nous devons être attentifs au fait que les testaments masculins peuvent mentionner deux sortes de dots, puisque les hommes doivent rendre la dot de leur épouse et penser à celle de leurs filles. Si les montants des dots des épouses devaient correspondre à la réalité, les promesses de dot pour les filles pourraient être exagérées. Farinato Bottacci, en 1349, laisse à son épouse l'usufruit de ses biens, à condition qu'elle reste veuve, dans le cas contraire elle pourra récupérer sa dot de 110 florins ainsi que 140 florins supplémentaires. Le couple n'a qu'un fils, cependant Farinato prend en considération la possibilité d'être à nouveau père et demande que ses filles reçoi-

14 Déjà mentionné dans la section consacrée à l'évolution de chaque type de legs pieux dans le temps (ASF, Diplomatico 1333 gennaio 6, Domenicani di San Gimignano).

15 ASF, NA 10563 f. 74r.

vent 250 florins de dot sans préciser si cette somme peut être donnée à chaque fille ou s'il s'agit d'un montant à partager[16]. Paraître plus fortuné pouvait non seulement être un désir légitime mais cela servait également à la réalisation d'un meilleur mariage pour la descendance; les actes de mariage pourraient soulever bon nombre de doutes quant à la réelle possibilité économique des testateurs[17].

La réticence à verser les montants des dots promises, déterminée ou non par de réelles difficultés économiques, apparaît surtout dans les actes du dernier groupe. En 1526, Angelo Tamagni, après le préambule initial, détaille l'ensemble de ses biens qui serviront à la réalisation de ses volontés testamentaires[18]: il s'agit d'un *podere* à *Villa Castello*, qui comprend une maison, une étable, un pressoir à huile, ainsi qu'une autre petite cabane et tous les outils nécessaires au travail de la terre pour une valeur totale d'environ 450 florins. Il possède également une maison dans le quartier de San Giovanni à San Gimignano qui a été estimée par la commune à 100 ducats ainsi que tous les meubles qui se trouvent à l'intérieur, pour une valeur de 130 ducats. Après quelques legs succincts à la Collégiale ainsi qu'au couvent augustinien, il distribue sa fortune à ses proches. Ses fils Pierfrancesco, Iacopo et Giovanni pourront toucher 120 ducats du *podere* à *Villa Castello*, alors que ses autres fils Bartolo et Antonio auront la maison dans le quartier de San Giovanni. Le testateur a également une fille, Brigida bénéficiaire de 200 florins de dot donnés de la manière suivante: 150 florins en argent et 50 autres florins en tissus et vêtements, Angelo précise qu'elle ne pourra prétendre à rien d'autre et que ce sont ses fils qui devront payer la dot pour leur sœur, qui aura toutefois la possibilité de revenir à la maison paternelle en cas de veuvage, comme ses autres sœurs déjà mariées[19]. L'existence des sœurs est

16 Farinato a une situation économique confortable puisqu'il demande également la construction d'une chapelle dans l'église du couvent augustinien qui sera dotée de 60 florins; elle a été voulue par Farinato et son frère Luca (ASS, Diplomatico Comune di San Gimignano, 1348 gennaio 5).

17 Cette problématique pourrait constituer à elle seule une autre recherche qui permettrait de comprendre la gestion des dots et la relative autonomie économique des femmes dans la région.

18 ASF, NA 16635 f.227r.-229r.

19 Ce qui confirme la réelle difficulté que rencontre une veuve à vivre seule et à récupérer sa dot, cette précaution est prise par la majorité des testateurs.

confirmée par une ultérieure requête du testateur; en effet, Angelo doit encore 30 florins à Pietro fils de Francesco, 6 florins à Mariotto et 22 florins à Giovanbattista, ses trois gendres qui n'ont que partiellement touché les dots promises. Par contre Angelo confesse avoir reçu la dot de 140 florins de Francesca, femme de son fils aîné Bartolo. Une fois la dot établie et le mariage stipulé, le versement du montant au mari ou à sa famille n'était donc pas immédiat, Pietro est déjà veuf et pourtant Angelo doit encore lui verser 30 florins, une grande partie de la somme a déjà été donnée puisque nous pouvons supposer que les dots étaient semblables pour toutes les filles et la dernière pourra toucher 200 florins.

Il est rare qu'un seul acte nous éclaire sur la situation de plusieurs générations, heureusement, le nombre de documents en notre possession pour le XVe siècle, nous permet de mettre en relation plusieurs personnes et de vérifier la réalisation de certaines volontés testamentaires. Dans ce sens, la famille Buoni offre un bon exemple, tout d'abord parce que nous avons la liste des biens immobiliers de Marcholino Buoni dans le Cadastre de 1427, ensuite parce que nous disposons du testament de son fils, de sa belle-fille, ainsi que de celui de sa petite fille[20]. Matteo fils de Marcholino teste en 1437, il avait 46 ans au moment de la compilation du cadastre[21], c'est donc relativement jeune qu'il dicte ses dernières volontés, il est d'ailleurs en bonne santé mais ne mentionne pas son épouse Bartolomea, qui devrait avoir 31 ans et qui testera en 1478[22]. Cette dernière n'est d'ailleurs pas de San Gimignano, en effet elle est fille de Nero Moschini de Castelfiorentino, son mari ne lui ayant rien laissé c'est sans doute sa dot qu'elle partage dans son testament, il s'agit d'environ 150 florins[23]. Bartolomea teste dans sa maison du quartier de San Giovanni et ses témoins sont en partie des personnalités importantes du bourg: son gendre, Bartolomeo de ser Agnolo Ridolfi, Giovanpiero de Stefano Moronti, ser Bartolomeo de Leonardo Ficarelli, Pierfrancesco de

20 Il s'agit des documents suivants: ASF, Catasto 234, f. 176-182; NA 3828, f. 40r.-41r.; 8772, f. 28r.-29r. et f. 32r.-33r.

21 Le document est daté du 20 octobre 1428.

22 La mère et la fille testent d'ailleurs chez le même notaire, Stefano Gentiluzzi.

23 Bartolomea augmente les dots des filles de sa famille pour un total de 140 florins et fait quelques legs pieux.

Roberto Moronti et quatre étrangers[24]. Matteo multiplie les dispositions en vue de protéger ses enfants: les fils seront héritiers alors que les filles, Apollonia et Elisabetta, recevront une dot relativement élevée. Apollonia, qui avait 9 ans en 1428, est mariée en 1437 et donc a déjà reçu sa dot; cependant si les garçons venaient à décéder, elle pourrait toucher 40 florins supplémentaires[25]. Elisabetta, recevra 200 florins de dot, qui pourraient devenir 300 si elle devait être seule héritière: cette requête testamentaire s'est transformée en une dot de 250 florins. En effet, quand en 1479 Elisabetta, veuve de Giovanni de Pietro Vecchi, dicte ses dernières volontés à Stefano Gentiluzzi, elle laisse, à sa mère Bartolomea, l'usufruit de sa dot de 250 florins ainsi que de 20 autres florins que lui doit son frère. Malheureusement Bartolomea meurt un mois plus tard, le 13 juillet 1479, ce sera donc Mariotto, fils de la testatrice, qui sera héritier. Les nombreuses épidémies imposent une certaine prudence, Elisabetta prévoit donc également le décès de son fils, avant qu'il ne puisse avoir d'héritiers directs, c'est alors Francesco, frère de la testatrice qui serait le principal bénéficiaire de son patrimoine[26].

La possibilité de disposer de plusieurs actes provenant de la même famille, permet de mieux mesurer les liens affectifs qui unissaient différentes générations, ainsi que la véracité de certaines informations contenues dans un testament. La dot d'Elisabetta a sans doute pu être augmentée à cause du décès prématuré d'une partie de ses frères; la somme proposée respectait cependant la réelle situation économique du testateur. Matteo déclarait déjà en 1428 une fortune imposable de 490 florins, alors que son père avait encore une maison, un *podere* ainsi que deux autres terrains cultivés[27]. Cette situation économique confortable, impli-

24 Il s'agit de Michele fils d'Antonio Corsoni et son fils Cerbone de *Villa San Donato*, ainsi que Francesco Biagini de Montauto et Antonio Beltrami de Milan qui habite à San Gimignano.

25 Malheureusement nous ne connaissons pas le montant de la dot d'Apollonia.

26 Elisabetta laisse 100 florins à son frère, 50 florins à ses deux sœurs, 50 autres florins pour doter des pauvres filles et le reste servira pour le bien de son âme.

27 Ces informations ont été tirées du Cadastre, les déclarations sont faites de la manière suivante: le chef de famille fournit aux officiers la liste de ses biens immobiliers avec les rentes qu'il en retire, suit la liste des dettes et des créances, ainsi que la composition de la famille à charge du déclarant. Afin de réduire au maximum leur imposable, les habitants de San Gimignano déclarent qu'au moins une partie

que des dots moyennement élevées pour les filles: Bartolomea avait reçu de 150 florins, il s'agit d'une progression remarquable en une seule génération.

Ce n'est donc pas la fortune de Bartolomea qui lui a valu l'entrée dans la famille Buoni, puisque son apport financier était négligeable par rapport au patrimoine familial; d'autres documents permettent par contre de formuler des hypothèses différentes quant aux motivations qui ont poussé à l'union.

Les avantages d'un bon mariage

Pour le mari, au-delà de la dot qui l'enrichissait le temps de l'union, un bon parti pouvait valoir bien d'avantage sur le plan politique et social. Si certains testateurs n'étaient pas originaires du bourg, ce n'était pas une prérogative masculine; de nombreuses femmes provenaient du territoire florentin, quel était donc l'intérêt de s'unir à une Florentine et quels sont les avantages d'une telle politique matrimoniale?[28]

Les luttes entre les familles nobles ou riches du bourg n'ont plus le même intérêt après la soumission à Florence: dès la deuxième moitié du XIVe siècle, les familles les plus en vue aspirent à avoir de bons rapports avec la ville dominante afin de tirer profit de cette nouvelle situation. Les testaments suggèrent une piste et à l'aide des données du Cadastre nous pouvons fournir une ébauche d'explication concernant les motivations qui sous-tendent au choix d'un conjoint appartenant à la ville dominante[29].

---

des créances est à considérer perdue alors qu'ils devront rembourser toutes leurs dettes. Ces déclarations ne tiennent toutefois pas compte des liquidités ni des valeurs en marchandises.

28 Seulement 6% dans le premier groupe, elles représentent plus du 30% des femmes dans le deuxième et redescendent à 28% pour le dernier. Elles se concentrent surtout dans les années centrales du XVe siècle.

29 Cette question complexe de la politique matrimoniale ainsi que de la gestion des dots mériterait d'ailleurs une étude approfondie.

Les testaments du couple Benenati: les dernières volontés d'un marchand

Contemporain de la famille Buoni analysée précédemment, le couple formé de Bartolomea Casini de Florence et Michele Benenati[30], présente une situation unique. En effet, quand les testateurs ne se sont pas contentés de dicter un testament, mais ont répété ce geste plusieurs fois, ils nous permettent de mieux les connaître. L'étude des testaments de ce couple, nous permet de suivre certaines étapes de la vie de ce commerçant marié à une riche florentine puisque nous disposons de dix actes dictés entre 1414 et 1449[31].

Le premier acte est un testament de Michele, dicté à son domicile, au notaire Bartolomeo Ridolfi. Il est en bonne santé et demande sépulture aux frères mineurs, dans le sépulcre de sa famille, se trouvant à l'intérieur de l'église du couvent. Ses héritiers devront dépenser la somme nécessaire à ses funérailles et il laisse 100 autres florins pour la décoration de l'autel. Ses legs pieux se terminent ainsi et le reste du document est axé sur la famille, tout d'abord il donne 60 florins à sa sœur et 1000 autres à Tommaso fils de Angelo Benenati. Le testateur ne précise pas le lien de parenté qui l'unit à Tommaso, nous pouvons supposer qu'il s'agit d'un neveu ou d'un cousin. Le couple n'a pas d'enfants, Michele distribue donc une partie de sa fortune à la descendance masculine. Il n'oublie pas son épouse, qui pourra récupérer, si elle décide de se remarier, sa dot

30 Sur la famille Benenati Enrico Fimi a écrit en 1961: «Ghibellini residenti nella contrada di san Giovanni, i Benenati sono presenti nella libra del 1277. All'estimo del 1318 troviamo ser Lotteringo, gli eredi di ser Coppo e Muzzo. Nel 1322 sono allibrati i figli di Muzzo, ser Polito di Lotteringo e gli eredi di ser Coppo. Bartalo di Iacopo si trasferisce a Napoli per commercio; la famiglia vive nel ramo di Muzzo, dal cui figlio Giovanni, prestatore, nacquero Tommaso e Benenato. Tommaso sposò la figlia di Berto di Feo, mercante famoso, la quale rimasta vedova, fu estimata nel 1397 per moggia 33 staia 9. L'ultimo superstite dei Benenati è quel Michele di Benenato di Giovanni, forse del ramo di Iacopo, che trafficò a lungo in Inghilterra e che si ritirò a San Gimignano dopo il 1419», *op. cit.* pp. 240-241.

31 ASF, NA 17879, f. nn.; ASF, NA 8787, f. 12r.-14v.; f. 20r.; f. 21v.-24v.; f. 27v.-30r.; f. 42r.-46r.; ASF, NA 20356, f. 15r.-17v.; f. 82v.-84r.; ASF, Diplomatico 1440 agosto 8, Santa Maria Maddalena di San Gimignano et ASF, NA 20356, f. 86v.-87v.

de 600 florins. Dans le cas contraire, elle aura l'usufruit de tous les biens de son mari, avec la sœur de ce dernier. Michele ne parle pas d'un beau-frère, ce qui laisse supposer que sa sœur est déjà veuve; par son testament, il tente donc de protéger deux femmes proches, qui pourraient se retrouver seules. La générosité de Michele envers les femmes ne va pas jusqu'à les nommer héritières, puisque après leur décès, ou si elles devaient se remarier, son héritage irait à l'hôpital de Santa Maria Nuova de Florence. Toutefois, sa femme aura la responsabilité d'exécuter ses dernières volontés et, en cas de décès, elle serait substituée par sa sœur, religieuse au couvent de San Girolamo, assistée par Iacopo Moronti. Le testateur est lié à Florence par l'origine de sa femme, son choix concernant l'héritier, reste toutefois une décision personnelle et non argumentée[32]. Michele se préparait certainement à un voyage, ses activités à Londres sont d'ailleurs confirmées par les données du Cadastre: en 1428 il doit 150 florins aux héritiers de Charoccio Cighala de Gênes. Michele n'a pas pu solder cette dette parce que Charoccio est mort sur son bateau alors qu'il naviguait vers l'Angleterre[33].

Six ans plus tard, Michele dicte à nouveau ses dernières volontés, il est de retour à San Gimignano et en bonne santé; s'il ne modifie pas ses liens avec le couvent franciscain, il a toutefois les idées plus claires quant à sa sépulture, qui coûtera 120 florins et il en laisse 150 autres directement au couvent[34]. Ses demandes de messes sont concentrées le jour de la saint Michel, ainsi que le jour de sa mort, ces dispositions précises sont accompagnées d'une grande générosité, puisque les autres couvents de San Gimignano reçoivent 220 florins[35]. Sa belle-sœur Ales-

32 Bartolomea, dans ses testaments de 1448 et 1449, laisse à l'hôpital un champ qui se trouve hors de la porte de San Giovanni à San Gimignano, elle précise que ce champ est de sa propriété.

33 Michele avait contracté la dette lors d'un de ses voyages sur son bateau (ASF, Catasto 233, f. 294.).

34 Michele désire que son exécuteur testamentaire dépense 100 florins pour la cérémonie et les messes d'anniversaire, en outre 20 florins seront donnés à la personne qui célèbrera les messes.

35 Plus précisément 100 florins aux frères prêcheurs, 50 aux augustiniens, 50 au couvent de San Girolamo et 20 à celui de Santa Caterina. Les 50 florins au couvent augustinien devront servir à décorer avec du marbre l'autel de saint Bartolo, alors que le legs au couvent de Santa Caterina est destiné à sœur Caterina Useppi. Deux ans

sandra, sœur au couvent de San Girolamo, ainsi que sa sœur Francesca Benenati, ont l'usufruit d'un *podere* à *Villa San Quirico*, qui a été acheté à Iacopo Bonagiunta; néanmoins, après leur décès, cet immeuble ira aux héritiers. Les deux femmes reçoivent également l'usufruit d'une maison dans le quartier de la Piazza, avec tout ce qu'elle contient, sauf le coffre-fort de sa femme Bartolomea, qui se trouve dans cette maison. La fortune de Michele a évolué de 1414 à 1420, d'une part parce que ses legs pieux sont nettement supérieurs, ensuite à cause de tous les biens immobiliers qu'il cite dans le testament. Sa femme Bartolomea Casini, devait également posséder une certaine fortune puisqu'elle dispose au moins d'un coffre-fort et de 600 florins de dot; son mari lui laisse en outre l'usufruit de sa maison et de tout ce qu'elle contient. Le couple n'a toujours pas d'enfants et Michele laisse à sa femme la possibilité de donner le mobilier et le bois présents dans la maison qui, le cas échéant, iront à la commune de San Gimignano.

Les choix du testateur oscillent toujours entre Florence et San Gimignano, s'il choisit l'hôpital de Santa Fina comme héritier, il laisse 200 florins pour les pauvres de Florence[36]. L'augmentation des sommes a provoqué également celle des fidéicommissaires et des exécuteurs testamentaires. Tout d'abord, il confie ce rôle à sa femme, qui pourra ainsi faire en sorte de ne pas être lésée lors de l'ouverture de la succession, puis, en insistant sur l'importance de ce rôle, il nomme également Iacopo Moronti, Giovanni Tinghi, Lorenzo Busterri ainsi que le frère dominicain Nicola de Angelo. Enfin, il précise que les legs pieux seront soumis à la volonté des fidéicommissaires, en qui il a pleine confiance.

Le premier document avait été dicté au domicile de Michele devant sept témoins laïques, six ans après, le testateur est dans la sacristie du couvent franciscain et seulement une partie de ses témoins est laïque. Le

---

plus tard, un codicille de Michele augmentera le legs pour la décoration en marbre. Dans le testament de 1420, il laisse un podere à *Villa Gambocci* au couvent de San Girolamo et une aumône de 25 tuniques pour des pauvres ainsi que 50 florins pour la dot de quatre jeunes filles qui entreront au couvent.

36 L'hôpital aura l'obligation de donner chaque année 15 florins d'or à la sœur du testateur et de faire une aumône d'un *moggio* de blé, donné sous la forme de pain, chaque année à la saint Michel; cette aumône sera doublée après le décès de Francesca.

changement du lieu ne justifie pas les variations, Michele est beaucoup plus proche de San Gimignano dans le deuxième document, par ses legs pieux, mais également par l'attention portée aux femmes de sa famille; le respect de ces dispositions leur permettra de vivre sans avoir de soucis économiques majeurs.

En 1425 Michele dicte un nouveau document, cette fois dans son *apoteca* du quartier de la Piazza. Il augmente à nouveau ses frais de sépulture et demande à son épouse de dépenser 200 florins, il en destine 100 autres au couvent franciscain[37]. Sa femme aura également l'obligation de donner pendant onze ans 10 tuniques à des pauvres nécessiteux, pour le bien de l'âme de Michele et pour la gloire de Dieu. Son dernier legs pieux est pour le moins inhabituel à San Gimignano, il désire donner 200 florins pour la libération de personnes pauvres, emprisonnées pour dettes. Michele avait demandé à ses héritiers de régler ses comptes dans le testament de 1420, un commerçant avait certainement l'habitude de faire des prêts ou de contracter des dettes, cette conscience des problèmes d'argent, est donc exprimée à travers cette disposition. Ces deux derniers legs illustrent clairement la volonté de faire acte de contrition et de se racheter. Toujours dans le même sens, il dispose que l'usufruit de sa maison, dont bénéficiera sa femme, puis ses enfants et ses neveux, soit soumis à une aumône de pain cuit. Nous avons donc trois œuvres de charité demandées par le testateur, qui devront être en premier lieu exécutées par sa femme. Les dispositions concernant cette dernière ne changent pas, toutefois nous avons une indication supplémentaire concernant la famille, puisque Michele mentionne leur fille Ginestra. Elle recevra une dot de 800 florins, somme qui serait réduite à 500 lors de la naissance d'autres frères ou sœurs. Un certain optimisme, quant à ses futurs héritiers transparaît enfin du document, la naissance de Ginestra laisse supposer l'arrivée d'autres enfants et peut-être d'un héritier. En effet, Michele décide de nommer ses futurs fils, héritiers universels, mais la prudence lui impose la nomination d'un héritier substitutif qui est de nouveau l'hôpital de Santa Maria Nuova de Florence. L'hypothétique

37 Les 200 florins devront couvrir les frais de sépulture et les messes, les 100 autres seront dépensés selon les besoins des frères mineurs. Michele demande, en cas de décès de sa femme, que ce soit sa belle-sœur Alessandra qui s'occupe de ses funérailles.

présence d'enfants en bas âge implique la désignation d'un ou plusieurs tuteurs, Michele choisit des tutrices: sa femme ou sa belle-sœur, puis le couvent de San Girolamo[38]. Enrico Fiumi a écrit que Michele est rentré à San Gimignano en 1419, toutefois ses activités professionnelles n'ont pas cessé, puisque le codicille de 1422 avait été dicté dans son *apoteca,* il en va de même pour son testament de 1427. Ce document est semblable à celui de 1425, quoique les sommes destinées aux les legs pieux sont sensiblement diminuées[39]. La famille ne semble pas s'être agrandie, Ginestra est la seule enfant du couple et sa dot sera de 500 florins, elle devrait avoir au maximum sept ans puisqu'elle n'était pas mentionnée dans le codicille de 1420. Son père lui permet d'avoir l'usufruit de ses biens ainsi qu'une servante, en échange d'une aumône de 20 setiers de blé le jour de saint Michel. Le testateur ne renonce donc pas à une attention particulière le jour de son onomastique, tout comme d'ailleurs il tient à l'aide aux prisonniers. Cependant la sœur de Michele a été omise, soit parce que décédée ou alors parce qu'elle s'est remariée. Le testateur oublie également d'autres hypothétiques enfants, puisque après le décès de sa fille et de son épouse, il désire laisser sa maison à la commune de San Gimignano en échange d'une aumône de pain cuit. Michele multiplie les exécuteurs, tout d'abord sa femme puis, sa belle-sœur, Stefano Moronti, Stefano Useppi, Angelo de Michele Ghesi, Piero Franceschini et Angelo Neri.

Les autres dispositions sont presque identiques aux actes précédents, cependant le testament de 1430 contient de plus importants changements. Michele Benenati dicte à nouveau ses dernières volontés à Stefano Gentiluzzi, mais en langue vulgaire, et le document est riche d'informations sur les églises et les couvents de San Gimignano. Tout d'abord, le legs pour la Collégiale, nous permet de savoir qu'il existait dans cette église une statue dédiée à l'Annonciation de la Vierge, puisque Michele

38 Le choix de ce couvent a certainement été dicté par la présence de sa belle-sœur.

39 Il laisse 150 florins pour sa sépulture en insistant sur les luminaires, qui devront être présents en abondance. Sa femme est toujours désignée pour l'exécution de ses dispositions funéraires. Il reprend également le désir de donner 150 florins à des pauvres emprisonnées pour dettes, ainsi que la constitution de dots pour de pauvres jeunes filles. Il termine les legs pieux avec la donation d'un lit et de 10 florins à l'hôpital du couvent augustinien, ainsi que 25 tuniques à 25 pauvres.

laisse 30 florins pour un habit en soie qu'il faudra mettre sur la statue. Ensuite, la dévotion à saint Bartolo est renouvelée avec un autre legs de 30 florins: cette somme servira à l'achat de parements pour l'autel de l'église augustinienne. Le testateur n'oublie pas l'autre ordre important du bourg et laisse 60 florins aux frères prêcheurs, afin qu'ils puissent porter à terme les travaux du dortoir, il ne change bien entendu pas de lieu de sépulture ni les dispositions qui concernent ses funérailles[40].

Michele accentue la précision des requêtes faites au couvent de San Girolamo, qui recevra, après le décès de sa femme, un *podere* à *Villa San Quirico*, avec tous les animaux qui s'y trouvent[41]. Cependant, un legs aussi important inclut des obligations précises, en effet, Michele demande que chaque recluse et sœur du couvent dise chaque matin cinq Notre Père et cinq Je vous salue Marie à genoux devant le crucifix de la sacristie du monastère et ceci pendant vingt-cinq ans[42].

Les aumônes sont toujours partie intégrante de ses legs pieux et la somme augmente dans ce dernier acte, pour arriver à 300 florins et 80 sous[43].

Le changement le plus important concerne le choix de l'héritier, en effet, Michele nomme son épouse et Alessandra *moniale* au couvent de San Girolamo. Le testateur est sain de corps et d'esprit, cependant il a un certain âge, puisque son premier testament avait été dicté seize ans aupa-

40 Dans ce dernier document il demande que soient dépensés 100 florins pour son enterrement.

41 Nous avons déjà souligné que l'attention portée par le testateur à ce couvent était sans doute due à la présence de sa belle-sœur.

42 Michele laisse également 20 florins au couvent de Santa Caterina et 25 florins à celui de Santa Maria Maddalena pour les mêmes prières.

43 Sa femme aura l'obligation de donner 150 florins pour les pauvres nécessiteux, qui seront dépensés de la manière suivante: 50 florins pour acheter des tissus qui seront donnés aux pauvres la veille de la Toussaints, au plus tard une année après le décès du testateur; 15 florins pour doter des jeunes filles pauvres et 50 florins pour des draps blancs pour le lit qui seront divisés de manière équitable entre les différentes institutions du bourg. Le testateur cite les hôpitaux des dominicains, de la Collégiale, du quartier de San Giovanni ainsi que le nouvel hôpital de Sant'Antonio. Ce dernier legs atteste la présence des antonins à Altopascio, ainsi que la connaissance de Michele des institutions extérieures au bourg. Ce legs ainsi que la donation aux emprisonnés pour dettes, courante dans d'autres réalités, confirment la culture de Michele, son habitude à côtoyer la société extérieure à San Gimignano.

ravant. La présence de Michele dans le cadastre nous permet de compléter ces renseignements: il vit seul avec sa femme dans sa maison de San Gimignano proche de la maison de commune, il a 75 ans alors que sa femme en a 45, mais elle est souffrante[44]. Le testateur ne va pas chercher de lointains héritiers mais confie tout son patrimoine à deux femmes, ce choix original pourrait poser quelques problèmes et Michele en est conscient; il ajoute que l'évêque de Volterra ne pourra pas aller contre les dispositions de son dernier testament afin de récupérer son héritage. De plus, Alessandra est une religieuse, elle n'a donc pas la possibilité de posséder des biens en son nom; si une partie de l'héritage servira à poursuivre les œuvres de bienfaisance et les aumônes, c'est certainement le monastère qui pourra bénéficier en premier lieu de l'héritage. Michele craint que ses dernières volontés ne puissent pas être exécutées, il multiplie les légataires substitutifs et pour la première fois il donne une partie de ses biens à des membres éloignés de sa famille, sans préciser le degré de parentèle qui les lie.

Ce que décide son épouse

Seize ans après le dernier testament de Michele[45], en 1446 sa femme Bartolomea Casini, originaire de Florence, dicte à son tour ses dernières volontés. Elle respecte en quelque sorte la tradition du couple, puisque nous pouvons suivre ses dispositions testamentaires de 1446 à 1449. Son origine florentine l'oblige presque à demander sépulture auprès de son mari, afin de ne pas être ensevelie seule. Ses prétentions sont toutefois bien plus modestes puisqu'elle demande au fidéicommissaire de ne pas dépenser plus de 20 florins[46].

44 La déclaration a été faite en 1428 (ASF, Catasto 234, f. 294).

45 Le dernier testament de Michele Benenati en notre possession est daté de 1430, E. Fiumi en cite un autre en 1432 qui se trouverait aux Archives de l'évêché de Volterra, ce qui signifie qu'il reste pour le moment inaccessible.

46 Le premier document, (ASF, NA 20356 f. 15r.-17v.), ne contient aucune somme et le troisième est incomplet (ASF, Diplomatico 1440 agosto 8, Santa Maria Maddalena di San Gimignano), cependant dans le deuxième et le quatrième, Bartolomea précise la somme à ne pas dépasser pour ses frais funéraires (Respectivement ASF, NA 20356 f. 82v.-84r et ASF, NA 20356 f. 86v.-87v.).

Dans les deux premiers actes elle distribue des florins à la Collégiale ainsi qu'aux dominicains et naturellement aux franciscains, fidèle aux choix de son défunt époux. Les sommes sont relativement importantes puisqu'elles dépassent les 200 florins. Michele avait plusieurs fois cité son *podere* à *Villa San Quirico*, Bartolomea a pu effectivement entrer en possession de ce bien puisque, dans son premier testament, elle le laisse au monastère de Santa Chiara[47]. Comme son mari, elle distribue généreusement une partie de ses biens pour aider les pauvres et les nécessiteux en laissant pour l'aumône des sommes avoisinant les 100 florins. Le premier acte mentionne également une servante, Michele, en 1427, avait laissé sa servante à sa fille, ici Bartolomea décide d'offrir une dot à la fille de sa servante, Antonia, puisqu'elle doit se marier. Le contenu de l'acte ne permet pas d'être certains qu'il s'agisse de la même personne, puisque Michele était resté très vague. Dans les trois actes suivants, la testatrice ne mentionne plus la fille d'Antonia, nous pouvons donc espérer qu'elle est mariée et que Bartolomea a pu lui donner la somme de son vivant.

L'évolution des legs pieux de la testatrice peut être résumée de la manière suivante: une nette préférence pour le couvent des frères mineurs ainsi que pour ceux de San Girolamo et Santa Caterina, couplée d'une nette propension à l'aumône. Si Michele désirait nourrir et vêtir des nécessiteux, son épouse se soucie de donner une dot aux jeunes filles qui ne peuvent pas compter sur la fortune familiale. Bartolomea ne se dissocie toutefois pas des choix faits par son mari et dans le premier document elle nomme héritier l'hôpital de Santa Fina, qui deviendra dans les actes suivants non seulement bénéficiaire d'un legs, mais également chargé de la distribution d'une aumône de pain cuit. En 1446, Bartolomea demande également cette aumône mais elle précise qu'elle devra être faite le jour de saint Michel, en reliant ce geste pieux à la mémoire de son défunt époux. Trois ans plus tard l'aumône reste la même, la testatrice n'exige plus cependant qu'elle soit faite à un moment particulier, un peu comme si les années avaient estompé le souvenir du mari. Toujours en 1446, Bartolomea laisse un florin d'or à cinq notaires, pour

47 Ce bien immobilier faisait partie des possessions de Michele avec la maison de San Gimignano (ASF, Catasto 234, f. 294).

des messes de saint Grégoire, pour elle et son mari, qui doivent être exécutées dans les trois mois après son décès. Ces deux dispositions, ont sans doute été prises peu de temps après la mort de Michele, une fois que l'exécution de ses dernières volontés avait été effectuée et que Bartolomea se trouvait à la tête d'un patrimoine relativement important. Les documents suivants ne mentionnent plus le mari, si ce n'est dans le choix du lieu de sépulture, le lien entre les deux époux semble s'être atténué. Toutefois c'est d'une autre manière que Bartolomea se rattache à la famille Benenati, et aux choix de son mari; le couple n'a pas d'héritiers et le problème principal consiste en la nomination d'un bénéficiaire de leur fortune, le choix de la testatrice porte sur les enfants de Luca de Matteo de Panzano, qui font partie de sa famille, en ligne masculine. Bartolomea n'est pas plus précise quant à l'identité de ces personnes, elle leur laisse le sépulcre de la famille Benenati qui se trouve à l'entrée de l'église franciscaine, sur la pierre tombale sont sculptées les insignes de la famille de son défunt mari. Ce dernier désir représente une tentative désespérée de prolonger la tradition familiale, qui est vouée à disparaître en l'absence d'héritiers directs. Nous devons préciser que Luca de Matteo de Panzano était *podestà* de San Gimignano en 1429, ce qui confirme encore une fois l'importance de ce couple et leur important réseau de relations.

Michele était un commerçant, il parle de son *apoteca* à San Gimignano, de ses dettes et créances, il respecte son épouse et ne veut pas qu'elle soit lésée après sa mort. Sa considération pour Bartolomea croît et est très présente dans le testament de 1430. Il est bonne santé mais il perçoit la fin de son existence et devient alors plus concret dans les dispositions concernant ses survivants. Bartolomea dit être malade dans les trois derniers actes qui ont été dictés en une année, dans l'avant-dernier elle «déshérite» l'hôpital de Santa Fina au profit de ceux qui sont probablement des neveux.

Les compléments du Cadastre

La lecture de ces actes transmet une impression de bien-être matériel, il est alors intéressant de comparer ces données avec la conclusion de la déclaration que fait Michele aux officiers du Cadastre de Florence en 1428:

Io Michele d'anni 75 o piu e poco sano come fanno i vecchi e la mia donna a circa danni 45 inferma a diverse infermita per modo che dellanno otto mesi sta malata o piu remedia e medicine della qual cosa porto grande spesa assai piu che altro non pesa [...] in capo dellanno non avanzo nessuna chosa ma piuttosto rimetto indietro del capitale

Le couple n'a plus de fille et si leur santé est précaire, Bartolomea vivra encore vingt ans et les legs pieux de Michele ne semblent pas appartenir à une personne avec de grandes difficultés financières. Michele laisse de l'argent pour doter de pauvres jeunes filles, sans toutefois préciser l'identité des destinataires[48], mais dans sa déclaration aux officiers du Cadastre, il dit avoir deux jeunes filles à sa charge et celles-ci ne sont pas des servantes mais elles sont traitées comme des filles. Michele prétend devoir leur donner prochainement une dot, cette ultérieure dépense ne figure pas dans la dictée de ses dernières volontés[49].

Bien entendu le but de ces actes est aux antipodes, l'image que l'on veut laisser à la postérité dépend en partie des dispositions testamentaires, alors que la déclaration pour le Cadastre déterminera les taxes à payer. Toutefois ce dernier document nous permet d'avoir une information complémentaire sur Bartolomea et sur sa fortune. En effet, Michele déclare que son épouse a déposé, il y a fort longtemps, mille florins à la commune de Colle Valdelsa et cette somme provenait de son héritage maternel. Le placement dépend de la volonté de la mère de Bartolomea qui avait voulu partager la rente annuelle de 120 florins entre des œuvres pieuses et la famille de Bartolomea. Cette femme avait donc outre les 600 florins de dot et des possessions immobilières, également 1000 autres florins. La relation entre le couple et Colle Valdelsa ne s'arrête pas ici puisque Michele parle de 100 florins qu'il doit donner aux Officiers de la chapelle du *Sacro Chiodo* qui se trouve dans une chapelle de la cathédrale[50]. La fortune de Bartolomea Casini n'est plus à démontrer,

48 Il fait ces legs dans les testaments de 1420, 1427 et 1430.

49 Alors que le testateur mentionne une servante.

50 Le clou, était objet de vénération, puisqu'il provenait, selon la tradition, de la Croix du Christ. La légende raconte qu'un cardinal français, sur le point de mourir, a donné la relique à un prêtre de Bibbiano qui était son compagnon de voyage de retour de Terre Sainte. Ce prêtre, à son tour avant de mourir, a confié la relique à sa mère en lui demandant de la donner au bourg de San Gimignano ou à celui de Colle Valdelsa. Afin de décider à qui la donner, la femme devait avertir les deux

Michele a sans doute fait une très bonne affaire en la mariant, quoi qu'il en dise dans sa déclaration aux officiers du Cadastre. Lui-même n'est pas à plaindre puisqu'il a des créances pour un montant total de 2200 florins, dont la moitié a été prêtée à la Commune de San Gimignano, bien entendu il précise que cet argent est à considérer comme perdu, en espérant obtenir une réduction de l'imposition fiscale[51].

Lorenzo Da Picchena et son épouse: une alliance avec Florence et le couvent dominicain

Quand le rapprochement avec Florence était très marqué, les testateurs montraient également une préférence soit pour des institutions religieuses florentines[52], ou alors pour le couvent dominicain, comme l'a fait Alessandra Rubris, veuve de Lorenzo Da Picchena. Quatre testaments et trois codicilles de 1519 à 1530 nous permettent de reconstruire partiellement la situation de cette femme, ses rapports avec sa famille ainsi que

communes en même temps, en leur disant le don qu'elle allait leur faire, la première commune qui allait envoyer un délégué serait la propriétaire du «Sacro Deposito». Au XVe siècle la popularité du *Sacro Chiodo* n'a cessé d'augmenter, et la population locale lui demandait d'éloigner le danger de la peste; le conseil communal décide de l'exposer le 12 septembre 1417 afin d'éviter l'épidémie et en a fait de même en 1424. Les habitants de San Gimignano semblent également y être attachés puisque, au-delà du témoignage de Michele Benenati, le 31 mars 1589, Dejanira fille de Baccio Bandinelli florentine, et femme de Paolo Cortesi de San Gimignano, possédée par des esprits du mal a été libérée, selon la tradition, un vendredi saint à la vue de la relique. Pour de plus amples renseignements consulter P. F. Cateni *Notizie della reliquia del Sacro Chiodo servita alla Crocifissione del N.S.G.C.*, Colle Valdelsa, 1821.

51 Michele ajoute toute une liste de débiteurs qui lui doivent différentes sommes d'argent depuis au moins douze ans. Parmi ces personnes nous trouvons également un neveu du testateur, qui lui doit 327 florins. Ces créances durent depuis tellement longtemps que Michele les considère perdues, puisque certains débiteurs sont morts, d'autres lui doivent cet argent depuis 30 ans, en tout Michele déclare avoir perdu 1361 florins.

52 Les testaments de Michele Benenati illustrent cette typologie de personnes.

son degré d'intégration à San Gimignano[53]. Son mari a été enterré dans l'église du couvent dominicain, où Alessandra désire être ensevelie; le testament dicté en 1528 précise qu'en ce lieu se trouve également leur enfant Bernardo prématurément décédé. Nous ne connaissons pas le patrimoine d'Alessandra, ni si son défunt mari lui a laissé des biens, en tout cas elle partage sa dot, qui se monte à 800 florins.

Le père de Lorenzo, Berto de Iacopo était présent dans le Cadastre de 1427, il déclarait alors posséder cinq *poderi* relativement conséquents puisque chacun était doté d'une maison pour les travailleurs et leurs familles, ainsi que de plusieurs terrains[54].

Berto possède également une maison dans le quartier de la Piazza où il habite, des terrains, un moulin et un autre *podere*. Il a 27 ans, il vit avec sa mère Susanna de 65 ans et son frère aîné Luca. Il a épousé Dorotea fille de Francesco Useppi; toutefois, d'après la déclaration du Cadastre, le versement de la dot n'est pas encore terminé.

Cette brève description du patrimoine de la famille Da Picchena, nous permet de la situer parmi les riches familles du bourg, cependant Enrico Fiumi ne lui consacre que quelques lignes, ce qui confirme l'ascension tardive de cette famille, ainsi que ses liens étroits avec Florence; comme nous le verrons par la suite[55].

Alessandra Rubris, partage sa dot de 800 florins entre sa fille et le couvent dominicain ou mieux son fils Lorenzo, frère du même couvent. Elle précise que son fils fait partie de la congrégation de *San Marco*, dont effectivement le couvent dominicain de San Gimignano était membre au début du XVIe siècle[56]; néanmoins elle multiplie les précautions et les avertissements à l'encontre des frères prêcheurs. En effet, s'ils ne remplissent pas leurs obligations, ils pourraient perdre l'héritage: ils devront donner une partie de la somme au fils de la testatrice et célébrer

53 Chronologiquement: ASF, NA 20919 f. 148v.-149v. (en 1519); 11927 f. 201r.-202v. (en 1523); 7321 f. 147r.; f. 151r.-154v.; f. 159r.; f. 159r.-164v. (tous en 1528) et 7322 f. 125r.-126v. (en 1530).

54 Ces poderi lui permettent de recevoir chaque année du blé, de l'huile et du vin, ainsi que d'autres céréales (ASF, Catasto, 233, f. 297r.-304r.).

55 L'auteur suit la famille jusqu'au XVIIe siècle, quand le dernier membre de la famille Curzio était un secrétaire de la famille Médicis. E. Fiumi, *op. cit.*, p. 271.

56 Nous trouvons cette remarque dans le deuxième document.

des messes pour son âme mais ils en seraient dispensés en cas d'épidémie de peste. Cette dernière remarque permet de comprendre que la testatrice est très sensible aux évènements historiques et ceux-ci influencent directement ses décisions. Au-delà des soucis liés à ses croyances religieuses et au bien de son âme, Alessandra prend grand soin de défendre les intérêts de sa fille[57]. Ce qui nous paraît alors étrange ce sont toutes les précautions prises par la testatrice, pour sauvegarder son héritage de la mainmise des frères dominicains: dans le deuxième document elle nie aux frères prêcheurs l'accès à son habitation et en 1528 elle précise qu'elle teste parce que elle veut protéger sa fille et son gendre de leurs prétentions sur sa maison. L'insistance avec laquelle elle met des limites à l'action des frères prêcheurs nous laisse entendre que leur comportement a causé des problèmes et que les souhaits d'une femme, même s'ils sont exprimés de manière officielle dans un acte notarié pouvaient ne pas être respectés. Afin d'augmenter les protections destinées à sa fille, Alessandra l'associe dès 1528 à son mari Bartolomeo Gamucci.

Les soucis de la testatrice peuvent être compris dès que nous les mettons en relation avec son fils, le tristement célèbre Lorenzo Da Picchena, frère du couvent dominicain de San Gimignano[58]. Les sources font état de l'emprisonnement de ce dominicain par le prieur du couvent de San Gimignano, sans pour autant préciser la nature de ses actes répréhensibles. Toutefois Lorenzo arrive à s'enfuir et se rend à Florence, où l'appartenance à la famille Da Picchena lui permet d'obtenir la garantie de sa liberté sans possibilité de représailles. Le couvent de la Santissima Annunziata, déjà tombé en disgrâce, n'a donc eu d'autre choix que de rendre l'héritage injustement perçu, et Lorenzo a pu rentrer à San Gimignano, avec l'appui de la population locale[59].

Dans le cadre de la famille Da Picchena, l'alliance avec Florence va de soi, dès 1319 le chanoine Conte Da Picchena donnait 1000 ducats

57 En 1519 elle a encore une fille et un fils, ce dernier étant frère prêcheur au couvent dominicain de San Gimignano, il ne pourra assurer la descendance.

58 Je remercie ici Isabella Gagliardi qui m'a permis de prendre connaissance de l'ébauche d'un article qui traite de ce problème.

59 La famille Da Picchena avait toujours appuyé la ville dominante et elle a réussi à tirer profit des nombreux changements imposés par Florence, comme nous le montre cet épisode.

d'or aux florentins afin qu'ils restaurent les murs de la ville, ce geste avait pour but de donner une image positive de San Gimignano au gouvernement florentin. Deux siècles plus tard, le testament d'une florentine veuve d'un membre de la famille Da Picchena, proche du couvent dominicain, en décadence, mais qui pouvait compter sur l'appui de celui où se trouvait Girolamo Savonarole, exprime donc une certaine continuité.

Les autres couples proches de Florence

Les familles en vue cherchaient cette union avec la ville dominante[60], comme en témoignent les mariages de Francesco Chiarenti et Biliotta Gherardini, d'Antonio Chiarenti et Elisabetta Cipriani, d'Agostino Abbracciabeni et Elena Riccialbani, de Pellegrino Marsili et Elisabetta Lamberti ou encore de Taddeo Bracceri et Brigida Ciais[61]. L'apport politique n'est sans doute pas en discussion, quant à savoir si ces mariages contribuaient également à un redressement économique de la famille, les recherches effectuées ne permettent que de le supposer partiellement; en effet les épouses florentines étaient toujours fortunées, elles disposaient de dots conséquentes, supérieures à la moyenne de celles relevées à San Gimignano. D'un autre côté, elles s'insèrent dans des familles relative-

60 Une ultérieure preuve de la condition privilégiée de ces familles, résulte également de la comparaison de ces noms, avec ceux des délégués que San Gimignano avait choisis en 1504 pour régler une controverse importante avec le couvent franciscain: Girolamo Becci, Francesco de Agostino Lattanzio Cortesi, Cosimo Moronti, Giovanni de ser Ugone, Giovanni Vecchi, Matteo Nerucci, Iacopo Mainardi, Iacopo de Berto Da Picchena, Francesco Chiarenti et Pietro Ridolfi. Il s'agissait de chasser les frères conventuels et instaurer l'observance, ce changement que ce soit pour le couvent franciscain ou encore plus pour les frères prêcheurs, exprimait une ultérieure adéquation au renouveau que vivait Florence.

61 L'identification de ces unions avec des florentines a été possible grâce aux testaments que ces femmes ont dictés à San Gimignano, en effet dans les testaments des époux la provenance des femmes n'est souvent pas mentionnée. Ce manque de précision implique donc une perte d'informations. Les testaments ont été dictés de 1449 à 1528 (ASF, NA 20357 f. 47v.-48r; 8772 f. 7v.-8v.; f.34v.-35r.; 9015 f. 31v.-32r et 8677 f. 234v.-235v.).

ment riches, dont les hommes auraient de toute manière épousé des femmes généreusement dotées.

Le dépouillement systématique des sources concernant les mariages et les dots, mis en parallèle avec la situation économique et politique des habitants de San Gimignano, pourrait sans doute fournir quelques clés de lecture. La situation de Nera fille de Giovanni de Tornaquinci da Florence femme de Pugolo de Piero Pannocchini de San Gimignano, ne peut que confirmer ce qui précède[62]. Pugolo teste le 6 novembre 1413, il est malade et veut être enseveli dans l'église du couvent dominicain, les dépenses seront décidées par sa femme, leur fille ainsi que son beau-frère[63]. Son unique legs pieux est en faveur du chanoine de l'église de San Michele à *Villa Paterno*, il lui laisse une rente annuelle de 100 sous en échange de messes, après la saint Michel, pour le bien de son âme. Le lien du testateur avec cette église se retrouve un peu plus loin dans le texte puisqu'il laisse à sa fille Dialta les droits qu'il a sur cette église[64]. Son autre fille Caterina, sœur au couvent de Santa Maria Maddalena, est nommée héritière après le décès de Nera, usufruitière des biens du testateur. Pugolo désire rendre à son épouse sa dot de 100 florins et il lui laisse la possibilité de gérer librement sa fortune, cependant elle ne pourra pas vendre la maison qui se trouve dans le quartier de la Piazza mais elle pourra la partager avec sa fille. A première vue, la situation économique de Nera ne semble pas particulièrement aisée, cependant nous ignorons quels sont ses biens propres, cette interrogation légitime peut être partiellement résolue, à l'aide d'autres documents. Tout d'abord le 9 mars 1415 Nera a prêté 200 florins d'or à la commune de San Gimignano ce qui lui vaudra une rente viagère de 24 florins l'an, ensuite ses filles recevront 20 florins chacune et elles seront héritières l'une de l'autre[65].

62 Arrigo de Neri de Tornaquinci était podestà de San Gimignano en 1396 et cette famille deviendra l'importante famille Tornabuoni de Florence.

63 ASF, Diplomatico, 1413 novembre 16, Santa Maria Maddalena di San Gimignano

64 Le testateur a un *patronatus*, il en retire donc un bénéfice auquel il semble tenir tout particulièrement, puisqu'il précise qu'il devra passer aux héritiers de sa fille, quel que soit leur sexe et, si elle devait mourir avant d'en avoir, ce *patronatus* irait à Francesco et Domenico de magister Iacopo et à sa sœur Gentile.

65 ASF, Diplomatico, 1414 marzo 9, Santa Maria Maddalena di San Gimignano. L'acte a été rédigé chez le notaire Giovanni Gamucci.

Le testament de Nera en 1424 est une preuve supplémentaire de sa situation économique privilégiée[66]. Elle suit son mari quant au choix du lieu de sépulture et elle désire être vêtue uniquement de l'habit des oblates, le couvent des frères prêcheurs recevra ses meilleurs vêtements ainsi qu'un terrain, en échange de messes pendant huit ans. Ses origines florentines sont certainement la cause de son legs de 200 florins à l'hôpital de Santa Maria Nuova, ainsi que de 40 sous pour la remise en état des murs de Florence[67]. La testatrice fait un dernier legs pieux et laisse tous ses autres vêtements aux pauvres, elle se présente donc nue au jugement divin, aidée par sa fille qui est chargée de l'exécution de ses dernières volontés[68]. Nera ne parle plus de son autre fille, le seul autre membre de sa famille est son neveu Zanobio qui recevra une maison située sur la place principale de San Gimignano, en échange d'une dot de 20 florins pour deux pauvres jeunes filles à marier[69]. Zanobio a également droit à 25 florins que Caterina devra lui donner dans les six mois qui suivront la mort de Nera. La testatrice précise quelques biens qui parviendront à son héritière Caterina: un terrain à *Montauto*, avec l'obligation de faire célébrer chaque année pendant douze ans une messe pour l'âme de sa mère le jours après l'Annonciation, et la maison de Pugolo, comme lui-même avait décidé dans son testament; elle devra toutefois donner 12 florins de dot à deux jeunes filles[70]. Tout comme

66 ASF, Diplomatico 1424 maggio 8, Santa Maria Maddalena di San Gimignano et Domenicani di San Gimignano.

67 Son legs à l'hôpital de Santa Maria Nuova est soumis à une double donation de l'hôpital, tout d'abord de 25 florins au neveu de la testatrice, ensuite de 10 florins au couvent de Santa Maria Maddalena de San Gimignano, où se trouve la fille de Nera. Si l'hôpital refuse ces conditions, la testatrice nomme la confrérie de San Michele de Florence bénéficiaire des 200 florins.

68 Caterina, devra s'occuper de l'exécution avec le recteur de l'hôpital de Santa Fina.

69 Néra précise que la maison ne pourra pas être vendue. En outre, si Zanobio devait décéder sans héritiers, la maison irait à l'hôpital de Santa Fina qui aurait également l'obligation de faire célébrer pendant 10 ans une messe annuelle. Au contraire, si la maison reste dans la famille, les héritiers devront donner 50 florins à l'hôpital, pour la même raison.

70 Sur le même parchemin se trouve un codicille, daté du 26 octobre 1426, Nera décide de donner au couvent de Santa Maria Maddalena le terrain qu'elle avait laissé aux dominicains, dans ce cas les sœurs devront donner 25 florins aux dominicains et dépenser 16 florins pour l'âme de la testatrice qui seront utilisés pour les

l'acte du prêt à la commune de San Gimignano, le testament de Nera a été écrit par le notaire Giovanni Gamucci, ces deux documents prouvent la totale autonomie financière de cette femme, et sa fortune semble supérieure à celle de son mari, voyons alors ce que nous permet de savoir le cadastre[71]. En 1428, Nera est encore en vie, elle dit avoir 65 ans et être infirme, puisqu'elle doit avoir une personne à son service, de plus, elle a une fille au monastère de Santa Maria Maddalena qui est aveugle, ce qui lui cause d'énormes dépenses. Bien entendu, elle se plaint de payer trop de taxes à la commune et tente de donner une image aussi misérable que possible, cependant ses biens immobiliers sont nombreux. Elle habite une maison de sa propriété dans le quartier de la Piazza et en loue une autre à Nicolina veuve de Antonio Malevolti pour quatre florins par an, cependant elle prétend que cette maison est souvent vide et donc la rente n'est pas régulière. Elle possède un terrain qu'elle fait travailler, ce qui lui permet de recevoir chaque année du blé, ainsi que d'autres céréales, de l'huile, une livre de safran, un setier des figues, un de noix et 120 livres de viande de porc. Nera n'a pas de dettes mais de nombreuses créances, qu'elle dit ne pas pouvoir récupérer; il s'agit entre autres de 75 florins que son gendre Piero Daterini, devrait encore lui rendre, de la dot de sa fille prématurément décédée, mais également de la moitié de la dot de sa mère, ce qui représente 370 florins. Nera a d'autres créances, pour un montant total de 30 lires, ainsi que deux autres terrains mais qui ne sont pas travaillés. Elle déclare sa rente viagère de 24 florins mais précise qu'après son décès cette somme sera donnée à l'hôpital de Santa Maria Nuova de Florence. La position de Nera n'est donc pas à plaindre puisqu'elle a une fortune imposable de 668 florins et 9 sous.

Nous ne connaissons pas la date du décès de Nera, cependant elle se situe entre 1428 et 1435, en effet, un document daté du 31 mai 1435 concerne le partage du patrimoine de Pugolo Pannocchini entre le couvent de Santa Maria Maddalena et sa fille Caterina[72]. Deux actes distinc-

---

travaux à effectuer dans l'église et le dortoir. La testatrice ajoute quelques bénéficiaires, à savoir les fils de Nicola Balducci et Santina veuve de ser Filippo, à qui elle laisse des aliments et des vêtements.

71 ASF, Catasto 285 f. 18v.

72 Puisque Nera était usufruitière, ce partage ne pouvait pas avoir lieu de son vivant (ASF, Diplomatico, 1435 maggio 31, Santa Maria Maddalena di San Gimignano).

ts, datés du même jour et de la main du même notaire, Tommaso de ser Domenico Masseotti, règlent le partage de l'héritage. Dans le premier, le monastère prend possession de la moitié des biens qui le composent, mais dans le deuxième acte, l'abbesse et les sœurs, renoncent à la moitié de l'héritage laissé par Pugolo Pannocchini en faveur de sa sœur Caterina, religieuse du même couvent. Cette dernière précision sur le partage des biens de la famille Pannocchini, prouve la lenteur des procédures de succession, néanmoins nous pouvons constater le respect de la volonté des testateurs, ainsi que celui des personnes. D'après la déclaration de Nera, sa fille est aveugle et ne peut donc vivre de manière autonome; lui laisser l'héritage de son père équivaut à une preuve de miséricorde.

Les situations que nous avons analysées s'insèrent dans le cadre d'une politique matrimoniale visant à assurer une amélioration de la situation familiale, tant du point de vue économique que social. Malheureusement, ce sont les héritiers directs à faire souvent défaut; les conditions de vie difficiles n'épargnaient pas les enfants et quand les héritiers étaient absents, les bénéfices acquis par ces unions étaient en partie perdus.

Chapitre III

Les enfants

Le partage du patrimoine implique l'entrée en jeu des enfants, puisque s'ils existent, ils devraient être les héritiers naturels. Le dernier «obstacle» à cette réalisation est représenté par le conjoint survivant, nous avons vu que souvent les enfants ne pouvaient pas toucher leur part d'héritage, avant le décès des deux conjoints. Toutefois, la relation qui unit parents et enfants diffère d'un acte à l'autre et selon le sexe, mais quels étaient les comportements typiques des testateurs de San Gimignano à l'égard de leurs enfants?

La différence d'après le sexe

Quand la progéniture est nombreuse, nous pouvons mieux saisir les éventuelles discriminations entre les enfants de lits différents, ainsi que de sexe différent.

En 1313 Nuccio Useppi est en bonne santé, il décide toutefois de dicter ses dernières volontés à ser Ranieri de ser Boninsegna, cet acte est précieux parce que c'est un des premiers du corpus, qui détaille ce que pourront recevoir les enfants[1]. De son premier mariage avec Nera, sont nés Gino, Contuccio, Ticcio, Biagio et Lagina; les deux premiers recevront 200 florins à Ticcio sont destinés 100 florins, 200 lires et un terrain, alors que Biagio ne pourra bénéficier que de 160 florins. La particularité de ce document réside également dans le fait que Nuccio a déjà donné tout cela de manière officielle, par actes authentiques; il cite les notaires qui ont rédigé les documents, comme pour prouver que ces biens ne lui appartiennent plus[2]. Nuccio a choisi un moment bien précis

1 ASF, NA 17575, f. 84r.

2 Nuccio a bénéficié des services de trois notaires différents pour ces actes, les donations à ses deux premiers fils ont été faites par le notaire Dietiguardi, l'acte qui

pour donner une partie de ses biens à ses fils, leur émancipation; pour marquer le passage à l'âge adulte ils ont reçu une partie de l'héritage. Nous ne connaissons pas leur âge ni leur situation familiale, ils sont en tout cas majeurs. Nuccio n'en oublie pas pour autant sa fille, qui pourra bénéficier de l'usufruit d'un *podere* situé à *Villa San Quirico*, qui sera cependant de propriété de ses frères. Le testateur s'est marié une seconde fois et il laisse l'usufruit de ses biens à son épouse Gentile[3]; néanmoins, après son décès, le tout ira à ses fils. De ce mariage sont nés trois autres garçons, Geppo, Polito et Brogino qui recevront trois terrains et un *podere* avec les terres environnantes et un pressoir à huile, le tout dans les environs de *Villa San Quirico*. Nuccio prévoit également la naissance d'autres enfants qui auront droit à une part de ce bien immobilier dont il ne précise pas la valeur: difficile d'évaluer l'équité de traitement entre les fils de deux mariages. La comparaison des biens immobiliers avec des sommes d'argent pose un double problème: s'il est difficile de d'estimer la valeur d'un bien immobilier, il représente une garantie majeure. En effet, le manque de numéraire ne permettait pas toujours la réalisation des donations en argent qui se concrétisaient alors par la vente de biens immobiliers: si le prix de vente était inférieur au résultat espéré la somme léguée pouvait être diminuée. Nuccio ne semble pas s'en soucier, et il ne prend pas en considération la naissance de filles et leur hypothétique dot. D'ailleurs le problème se pose pour Langina, son père ne mentionne aucune dot déjà reçue ni à recevoir, nous pouvons supposer qu'elle soit mariée ou veuve, en tout cas qu'elle ait déjà reçu sa dot, puisque au-delà de l'usufruit du *podere* son père ne lui destine rien.

La différence de traitement entre les deux sexes est évidente, Nuccio, par le biais des donations à ses enfants, voulait peut-être également se débarrasser d'une partie de ses biens, soit pour en retirer un avantage

---

concerne Ticcio a été rédigé par Pantaleo Bonaccorsi, alors que celui de la donation des 160 florins à Biagio a été rédigé par Tramertino Noroncini.

3 Bien entendu, elle peut avoir l'usufruit des biens si elle reste veuve, dans le cas contraire elle peut récupérer sa dot, ainsi que ses vêtements et ses bijoux. Malheureusement, le testateur ne se montre pas plus précis sur les bijoux de sa femme, ainsi que sur la somme que représente sa dot. Comme nous l'avons déjà remarqué, les testateurs du premier groupe (1300-1369) sont réticents à fournir des détails lors de la dictée de leurs dernières volontés.

fiscal, soit pour éviter de rembourser des créditeurs[4]. Malheureusement, les contemporains de Nuccio n'étaient généralement pas aussi précis que lui; le schéma conventionnel prévoyait la donation d'une dot plus ou moins conséquente aux filles et la distribution d'une part égale du patrimoine à tous les fils. Le testament de l'usurier Muzzio Boninsegna le prouve: sentant sa dernière heure s'approcher, il appelle le notaire Iacopo de Lippo et lui dicte ses dernières volontés le 13 novembre 1327[5]. Il a été marié deux fois et sa deuxième épouse Lapa est encore en vie; si elle reste veuve, il lui laisse l'usufruit de tous ses biens, dans le cas contraire elle pourra récupérer ses 100 lires de dot. Il ne fait aucune distinction entre les enfants du premier et du deuxième lit, c'est le sexe qui détermine l'héritage à recevoir. En effet, ses quatre garçons se partageront l'héritage, alors que les quatre filles auront droit à 400 florins de dot[6]. Nous devons préciser que les deux fils de Benvenuta, première épouse de Muzzio, reçoivent également, par le biais du testateur, 100 lires de leur mère. Cette dernière avait peut-être donné des dispositions précises quant au partage de sa dot, cependant ce n'est qu'au moment du décès de Muzzio que le partage sera effectif. La disproportion entre la dot de la mère et celle des filles, laisse supposer une augmentation conséquente des possibilités économiques de Muzzio; sa profession doit sans doute y être pour quelque chose[7].

Malgré sa générosité apparente envers ses filles, Muzzio entend clairement favoriser ses héritiers. S'il précise que ses filles, en cas de veuvage, pourront revenir à la maison et y trouver un logement ainsi que de la nourriture, il réduit à 20 lires la dot des filles qui entreraient au couvent[8]. De toute évidence, elles sont encore très jeunes; néanmoins Muzzio précise qu'elles devront se marier en un laps de temps de 6 à 15 ans, pour permettre aux garçons de bénéficier entièrement de l'héritage. Le compte à rebours pour le mariage n'entre d'ailleurs pas en vigueur au

4 Le fait de se retourner contre les héritiers compliquait la procédure pour les créanciers.
5 ASF, NA 11148, f. 36 r.
6 Il s'agit des filles du deuxième lit, Muzzio a eu également une fille de son premier mariage, qui a déjà reçu sa dot et cette donation a été faite devant notaire.
7 Il pourrait également s'agir d'une erreur entre florins et lires.
8 Si c'est un de ses fils qui désire entrer au couvent, il recevra 80 lires.

moment de la mort du testateur, mais lors de la dictée des dernières volontés. Muzzio craint que l'exécution soit perturbée et requiert une amende de 50 lires à l'encontre des éventuels contestataires, il pense certainement aux victimes de ses activités de prêt à usure.

La revanche féminine

Les héritiers masculins avaient logiquement la préférence, ainsi le patrimoine restait en famille, cependant quand ils faisaient défaut, les testateurs pouvaient choisir leur fille, comme nous le montre Vittorio fils de Giovanni Bernardi, qui en 1475 dicte un testament essentiellement laïc[9]. En effet, avant de s'occuper de sa famille, il demande simplement à ses héritiers de pourvoir aux dépenses pour sa sépulture et laisse 5 sous à la sacristie de l'église collégiale et à l'évêque de Volterra[10]. Ses héritiers seront deux femmes, son épouse et leur fille, la première pourra gérer librement le patrimoine de Vittorio sans devoir rendre des comptes aux autres membres de sa famille ou à l'autorité épiscopale, puis, après son décès, le tout ira à leur fille Francesca, épouse de Francesco Nicoli. Le testateur demande toutefois que Francesca partage son héritage avec ses futurs fils, il est intéressant de remarquer que l'acte a été dicté chez le gendre du testateur. En suivant cette idée de parité entre les deux sexes ou éventuellement de gestion féminine des ressources, nous trouvons des actes qui nous autorisent à supposer un pouvoir décisionnel féminin.

Examinons tout d'abord le testament de Francesco fils d'Augusto, dicté en 1511 à Iacopo Benvenuti, qui a des dispositions pieuses semblables à celles de Vittorio[11]. Francesco est malade et désire assurer le bien être de sa famille, tout d'abord en permettant à sa femme Caterina de bénéficier de l'usufruit de tous ses biens, puis en autorisant sa fille à revenir à la maison en cas de veuvage, même si elle ne parvenait pas à récupérer sa dot. Ces dispositions n'ont rien d'exceptionnel, cependant le

9 ASF, NA 8772, f. 20v.-21r.

10 Il demande d'être enseveli dans le cimetière du couvent augustinien.

11 Il demande sépulture au couvent augustinien et laisse 5 sous à la fabrique de la Collégiale, ainsi que 5 sous à la fabrique de la sacristie de la Collégiale (ASF, NA 2397, f. 338r.-339r.).

testateur a également un fils, Giovan Battista qui sera son héritier, mais Francesco émet une réserve quant à la prise de possession des biens, son fils ne pourra rien recevoir avant d'avoir fêté son vingtième anniversaire: sa mère sera jusqu'à alors responsable du patrimoine. Ne connaissant pas le contenu de masse successorale nous ne pouvons savoir quels types de biens Caterina devra administrer, cependant s'appuyer ainsi sur son épouse comme l'ont fait ces deux testateurs, semble confirmer l'idée que la gestion des intérêts des enfants pouvait concerner les deux époux. La distinction entre les rôles féminins et masculins sans pour autant se confondre peut sans doute être diminuée par ces exemples concrets.

Comme nous le verrons dans le choix des héritiers, la préférence pour les garçons est évidente, nous avons cependant quelques cas de passage de sommes en ligne féminine, comme les choix d'une femme qui dicte deux fois ses dernières volontés avant et après la mort de son époux, ce qui modifie le contenu des actes. En effet, Angela Nerucci dicte en 1527 deux testaments, le 18 octobre et le 6 novembre, elle est en bonne santé, cependant elle a peur de la peste. En effet, dans le premier document elle dit avoir perdu son fils, alors que dans le deuxième nous apprenons le décès de son époux. Les legs pieux sont semblables, dans le deuxième acte elle précise simplement que si le couvent des frères prêcheurs, celui des augustiniens et la Collégiale ne respectent pas ses requêtes de messes, les sommes destinées aux legs pieux iront à l'hôpital de Santa Fina[12]. Dans les deux documents elle cite son confesseur, un chanoine de San Gimignano, à qui elle laisse 4 florins, puis elle passe aux dispositions concernant les héritiers. Angela laisse 130 florins à son frère Antonio afin qu'il les utilise pour la dot de ses filles; s'il devait ne pas en avoir, la somme servirait à augmenter la dot des filles de la testatrice. En dernier recours, si toutes ces personnes devaient mourir, les 130 florins iraient à son mari Giovanni. Angela semble avoir pleine confiance en son frère, puisqu'elle le nomme exécuteur testamentaire et fidéicommissaire, avec son confesseur, le chanoine Girolamo. Une vingtaine de jours plus tard, Giovanni est décédé et Angela décide de dicter de nouvelles dispositions, elle dote directement ses deux filles et nomme héritiers substitutifs sa

12 Les deux actes ont été dictés dans le jardin potager de son frère dans le quartier de San Matteo au notaire Michele Buonanni (ASF, NA 3679, f. 37v.-38 et f. 42r.-44r.).

nièce et son frère[13]. Les deux filles deviennent héritières, sans doute parce que les nièces sont décédées, mais craignant une fin imminente pour ses enfants Angela prend des précautions et multiplie les héritiers substitutifs. Cette femme désire transformer sa dot en autres dots, augmenter la fortune de ses descendantes, mais comme les hommes demandent souvent que leurs biens suivent prioritairement la lignée masculine, dans ce cas elle opère la même discrimination sexiste.

Les enfants illégitimes

Parfois les testaments révèlent des situations bien plus difficiles que la simple gestion du passage du patrimoine d'une génération à l'autre. Dans la partie consacrée à la spiritualité nous avons comparé cet acte à une confession, en précisant que le testateur pouvait se servir de la dictée de ses dernières volontés pour avouer des torts et des fautes commises. Le 11 juin 1530, Simone fils de Francesco del Bene, se rend dans couvent dominicain afin de dicter ses dernières volontés[14]. Ce citoyen de Florence a épousé Francesca dont nous ne connaissons pas l'origine, cependant le couple n'a pas d'enfants, toutefois Simone a eu un enfant naturel né de Ludovica. De ce fils nous ne connaissons même pas le prénom, le testateur lui laisse 600 florins, qu'il devrait partager avec ses éventuels demi-frères issus du mariage de Simone et Francesca. La différence entre enfants légitimes se fait sentir au moment de désigner l'héritier universel; en effet, Simone, nomme tout d'abord sa mère, puis ses éventuels enfants, fils de Francesca et enfin, si ceux-ci devaient faire défaut, les fils de Giovanni Alberti et de Simone Tornabuoni de Florence. Les liens du testateur avec Florence sont très forts, il le montre jusque dans le choix de ses héritiers substitutifs, en outre, il fait entière confiance aux frères prêcheurs puisque ce sont ses seuls témoins[15].

13 Sa nièce est la fille de sa sœur Nicolosa et son frère hérite avec son fils Lodovico.

14 ASF, NA 3679 f. 257v.-258v.

15 Nous avions déjà cité ce testateur dans la section consacrée aux étrangers.

Une dernière situation requiert une attention particulière: les scrupules de Cristoforo Ceccarelli, qui teste malade en 1503[16]. Il se trouve à Empoli, ce qui doit représenter un souci supplémentaire quant au respect de ses dernières volontés; l'éloignement ne pouvant pas être synonyme de précision. Ses dispositions testamentaires quant à sa famille sont relativement simples, mais elles laissent deviner son attachement à ses enfants. Tout d'abord, il désire rendre la dot de 28 florins à son épouse Antonia, qui bénéficiera également de l'usufruit des biens de son défunt mari tant qu'elle restera veuve. Cristoforo nomme ensuite ses trois fils héritiers universels, cependant il multiplie les précautions et ceci pour deux raisons: son fils Nicola est un frère du couvent augustinien[17] et son fils Gioacchino est malade. Ce dernier *non esse sanus mentis neque corpore,* ses conditions de vie doivent donc être particulièrement difficiles, le testateur précise plusieurs fois que malgré sa condition, Gioacchino doit recevoir sa part d'héritage, cependant il ne pourra pas vendre ses biens sans l'aval de ses deux frères Nicola et Geminiano. Le décès de l'un de ses fils impliquerait le partage des biens entre les survivants; toutefois le testateur ne protège pas son fils jusqu'au bout, puisqu'il ne prévoit pas qui s'occuperait de lui si les deux autres frères devaient décéder.

16 ASV, Fondo Toscano, 16456.

17 Le testateur demande d'ailleurs sépulture au couvent des frères augustiniens, où se trouvent ses ancêtres.

Chapitre IV

Le choix de l'héritier

Le conjoint, les enfants ainsi que tous les membres de la famille au sens large pouvaient hériter le patrimoine d'un testateur si ce dernier ne privilégiait pas une institution religieuse. Encore une fois les choix des testateurs varient dans le temps comme le montre le tableau suivant.

	Groupe 1 (1299-1369)	Groupe 2 (1370-1469)	Groupe 3 (1470-1530)
Enfants héritiers	44	34	64
Famille héritière	21	30	26
Conjoint héritier	2	7	4
Eglise héritière	28	25	5
Autres héritiers	5	4	1

Tableau 10. Répartition du pourcentage de chaque catégorie d'héritiers dans les groupes chronologiques

L'interprétation des données

Les résultats déjà mis en exergue concernant la famille et l'importance de son rôle dans le troisième groupe sont confirmés; d'ailleurs la tendance des deux ensembles «Eglise» et «Enfants» est inversée. En effet, une plus grande disposition des testateurs à nommer les filles héritières en l'absence de garçons, implique une diminution des cas où un monastère ou une église devenait bénéficiaire de tous les biens.

Les institutions caritatives

L'appellation «Eglise» inclut tous les monastères, les églises, les hôpitaux ainsi que les *pauperes Christi.* Les testateurs du premier groupe ont d'ailleurs une nette propension à l'aumône, puisque le 51% de ceux qui choisissent une institution caritative, nomment héritiers universels les *pauperes Christi*, sans préciser ultérieurement qui seront les bénéficiaires de leur patrimoine, ce qui confirme l'attitude des testateurs du premier groupe, généreux avec les institutions caritatives et peu enclins à donner des informations détaillées. Ces personnes ont de la famille, Giotto Ugolini a même trois filles[1], mais il n'est pas le seul à léser des proches parents: Nuto Ranucci laisse 48 lires et 20 florins aux frères augustiniens à qui il demande sépulture et nomme les *pauperes Christi* héritiers universels[2]. Son neveu aura l'usufruit d'un terrain qui ira ensuite au couvent de Sant'Agostino et il sera également fidéicommissaire avec l'épouse du testateur. Cette dernière n'est d'ailleurs absolument pas mentionnée, ni dans la liste des héritiers potentiels, ni pour la récupération de sa dot.

Les testateurs qui désirent faire preuve de piété, choisissent également un hôpital, avec une préférence pour celui de Santa Maria della Scala, les couvents au contraire, sont bénéficiaires de legs pieux mais rarement héritiers universels[3]. La tendance en faveur des hôpitaux se confirme dans le deuxième groupe, puisque le 47%[4] des testateurs choisit un des deux hôpitaux déjà cités; avec une nette préférence pour celui de Santa Fina. Les confréries font leur entrée avec un 10%, mais l'exploit ne se poursuit pas dans le troisième groupe. Nous avions remarqué l'augmentation de legs pieux pour les confréries dans le deuxième groupe, ces données confirment l'âge d'or de ces institutions en cette période. Les

1 Nous avons déjà parlé a deux reprises de ce testateur (ASF, Diplomatico 1333 gennaio 6, Domenicani di San Gimignano).

2 Acte daté du 1 août 1329 (ASV, Fondo Toscano, 16359).

3 Environ un quart des testateurs choisit un couvent ou une église et l'autre quart l'hôpital de Santa Maria della Scala ou celui de Santa Fina. Vu le choix important d'églises et de couvents comparé aux deux hôpitaux, le succès de ces institutions semble remarquable.

4 Bien entendu, ces pourcentages ne se réfèrent pas à la totalité des testateurs mais à la totalité des testateurs de l'ensemble en question, ici il s'agit de l'ensemble «Eglise».

autres couvents et églises se partagent le reste, avec un bon résultat pour le couvent bénédictin de Santa Maria de *Villa Barbiani* et celui des frères mineurs. Dans le dernier groupe, le résultat le plus remarquable est celui du couvent dominicain puisqu'il obtient le 37% des suffrages, dans un contexte peu favorable aux institutions religieuses, où l'hôpital de Santa Fina se taille toujours une part importante qui avoisine le 30%.

Les enfants

La catégorie la plus intéressante est sans doute celle des enfants[5], où il n'est pas approprié d'utiliser systématiquement les termes comme «victimes» ou «discriminations» à propos des filles. En effet, les testatrices ne sont pas plus favorables à des successions en ligne féminine, quelques cas existent, comme nous l'avait montré l'acte dicté par Angela Nerucci en 1527[6], cependant une analyse globale des documents ne permet pas de généraliser cette attitude puisque la proportion entre pères et mères qui instituent leurs enfants héritiers universels est semblable[7]. Une écrasante majorité de testateurs qui laisse son patrimoine aux enfants, n'inclut donc pas les filles, surtout en présence de fils[8]. Les testateurs acceptent de laisser leur héritage aux filles, si les garçons font défaut ou parce qu'ils n'ont pas d'autre famille et ils ne veulent pas laisser leurs avoirs à l'Eglise; dans ce cas ils demandent à leurs filles de le transmettre à leurs enfants masculins. Il était bien plus facile de laisser son héritage aux filles quand il n'y avait pas d'hommes dans la proche famille, comme le

5 L'ensemble «Conjoint» est moins intéressant et a des valeurs réduites, tout d'abord parce que bon nombre de femmes étaient veuves, puis parce le conjoint qui reste, bénéficie plus de l'usufruit de la totalité ou de certains biens, mais il est rarement héritier.

6 Nous avons déjà parlé des deux testaments qu'elle a dictés (ASF, NA 3679, f. 37v.-38v. et f. 42r.-44r).

7 Il s'agit du 90% des hommes du premier groupe, contre 80% des femmes, pour le deuxième groupe les proportions sont de 90% et 75% et dans le dernier nous arrivons à 84% et 76%.

8 Dans ce cas les pourcentages sont très réduits, pour le premier groupe nous avons le 0% d'hommes et le 6,6% de femmes, pour le deuxième groupe 1,9% d'hommes et 0% de femmes et pour le dernier groupe 4,6% et 1,5% de femmes.

fait Bellina Masseotti veuve de Coppo Useppi, en 1358 qui nomme sa fille héritière universelle de ses biens[9]. Cette femme n'a plus d'autres enfants puisque ses deux fils Michele et Ranieri sont déjà décédés, elle dicte des clauses très simples qui, outre le choix de l'héritier, prévoient les dispositions concernant sa sépulture[10]. Une telle situation n'est pas unique, cependant les testateurs essaient généralement de distribuer leurs biens à plusieurs membres de leur famille: quand les bénéficiaires sont très limités et une fille est héritière, nous pouvons supposer que la famille, même au sens large, a été décimée. Dans ce sens, le deuxième groupe apparaît comme celui où les familles ont le nombre d'enfants le plus réduit. En effet les testateurs qui choisissent les enfants représentent à peine le 35% du total et nous assistons à l'inversion entre les proportions des ensembles «Famille» et «Eglise». L'impossibilité de laisser son patrimoine à ses propres enfants, fait glisser l'attention des testateurs vers les autres membres de la famille, au détriment des intentions pieuses. Un autre chiffre nous permet de confirmer le nombre restreint d'enfants dans les familles des testateurs du deuxième groupe, à savoir le pourcentage de testateurs qui, tout en choisissant d'autres héritiers, incluent leurs filles dans le testament[11]. La diminution des enfants dans la catégorie des héritiers n'est donc pas due à un changement de stratégie, mais simplement à une réduction du nombre de descendants directs. Dans l'ensemble du troisième groupe, peu de testateurs laissent leurs biens à une institution caritative ou à un couvent, le quart de ces personnes ayant de surcroît une fille, nous pouvons en conclure qu'il s'agit de convictions personnelles et profondes qui ont motivé cette option. Le phénomène de masse, l'influence du notaire ou des institutions religieuses sont à exclure, puisque ces documents n'ont aucun point commun, outre la volonté des testateurs. La combinaison entre le nombre réduit de

9 ASF, Diplomatico 1350 novembre 28, Domenicani di San Gimignano.

10 Bellina choisit le couvent des frères prêcheurs où se trouvent probablement son époux et ses deux fils; cependant elle ne mentionne aucun endroit précis où elle aimerait être ensevelie.

11 Nous parlons de filles et non pas d'enfants puisque si des garçons existent, ils sont automatiquement héritiers. Seulement Ermellina Salvucci, en 1340, laisse son patrimoine à sa mère Bilia tout en ayant deux enfants. Bardo recevra 700 florins et Ginevra 300 (ASF, Diplomatico 1340 gennaio 9, San Girolamo di San Gimignano).

personnes qui opèrent ce choix et la présence de filles, laisse entendre que les quelques testateurs qui laissaient leurs biens sous forme de legs pieux, accomplissaient un geste réfléchi et voulu, un témoignage de leur piété. De toute manière les filles avaient été dotées, le choix de nommer une église ou un monastère héritiers universels, ne signifiait pas les déshériter. Le notaire Iacopo Nardi, après avoir généreusement pensé au bien de son âme et doté ses filles, nomme héritier le couvent dominicain[12]. Le testateur rend à sa femme Francesca sa dot de 50 lires, en précisant qu'elle ne pourra prétendre rien d'autre; il sera toutefois plus généreux envers ses deux filles. La première est une sœur du couvent de Santa Caterina, elle a donc déjà reçu une dot lors de son entrée au couvent, mais Iacopo ajoute 10 florins en spécifiant que la somme ne peut subir aucune variation. Sa deuxième fille, Lucrezia a épousé Gamuccio Gamucci et a déjà reçu 425 florins de dot, Iacopo ajoute 10 lires à cette somme. Le testateur inclut dans ses dispositions pieuses des institutions florentines: ses legs et l'héritage entier qu'il destine au couvent dominicain seraient donnés à celui des bénédictins de *Villa Barbiani*, ou à l'hôpital de Santa Maria Nuova de Florence si les frères prêcheurs ne devaient plus suivre la réforme prônée par le couvent florentin et Savonarole. L'amélioration des conditions économiques se lit à travers l'évolution des sommes destinées aux dots, des 50 lires de l'épouse aux 425 florins de la fille, en cette fin de XVe siècle il semble vraiment que l'ascension sociale d'un habitant de San Gimignano devait avoir comme corollaire un lien étroit avec Florence.

La famille au sens large

Si les enfants faisaient défaut les testateurs pouvaient choisir un membre de leur famille; toutefois le sens d'une donation à un frère, une sœur ou un neveu ne reflète pas les mêmes intentions. Les trois tranches chronologiques que nous avons déjà amplement utilisées, permettent encore une fois de saisir l'évolution des préférences des testateurs. Dans le premier groupe la différence entre les neveux et les frères est minime, tout aussi

12 ASF, Diplomatico 1483 dicembre 28, Domenicani di San Gimignano.

bien pour les femmes que pour les hommes. Le choix entre ces deux catégories exprime la volonté de laisser son patrimoine à un proche, un homme ou un jeune homme qui prendra le relais et pourra ainsi continuer à perpétrer la tradition familiale. Corsetta Bonaccorsi est malade et en 1301 elle décide de dicter son testament au notaire ser Ranieri de ser Boninsegna[13]. Elle est veuve et son testament respecte les caractéristiques des documents du premier groupe, elle donne quelques sous aux principales églises et couvents du bourg et ne fournit pas de détails qui pourraient nous permettre de connaître les raisons de ses choix. Elle a deux filles qui recevront 5 sous, somme dérisoire, même pour cette testatrice qui en distribue 70 pour le bien de son âme. Corsetta avait cependant eu d'autres enfants puisqu'elle laisse 15 deniers à ses neveux Dinuccio et Bandecca, fils de sa fille défunte. Elle a un autre neveu, Masino qui recevra 20 sous, nous ne connaissons cependant pas sa filiation. Les montants minimes de ces donations permettent d'entrevoir une discrimination sexiste, les enfants des filles recevant moins que les enfants des fils, cette hypothèse est confirmée par le choix de l'héritier de la testatrice: son neveu Nicola, fils de son fils défunt. C'est donc à son fils qu'elle aurait aimé laisser ses avoirs, celui-ci étant mort, elle transfère la propriété de ses biens à son neveu.

La différence entre les deux catégories, neveux et frères, s'accentue naturellement dans le deuxième groupe; en effet, le manque d'héritiers directs, déjà constaté dans cette tranche chronologique, ne peut qu'aller en faveur des neveux, qui substituent les enfants absents. Le 15% des hommes et le 18% des femmes laisse ses biens à un ou plusieurs neveux, alors que le 10% des hommes et le 9% des femmes choisit un frère[14]. Les dernières volontés d'Antonio Salvi illustrent parfaitement la recherche désespérée d'héritiers directs; en effet cet homme qui teste malade à son domicile, en 1424, prend des dispositions précises, quant au choix de ses héritiers universels[15]. Il se soucie tout d'abord du bien être de sa femme, à qui il laisse l'usufruit de la maison et la nomme tutrice des neveux mineurs; le testateur a également une nièce, déjà mariée, qui recevra 20

13 ASF, NA 17573, f. 6r.

14 Le 5,5% des femmes choisissent le mari, alors que le 5% des hommes choisissent la mère et le 7,5% l'épouse.

15 ASF, NA 8787, f. 20v.-21r.

florins en augmentation de sa dot. Antonio est surtout intéressé à sa belle-fille, Fina, épouse de son fils Gaspare récemment défunt, puisque Fina est enceinte. Si elle donne naissance à une fille, elle sera héritière à égalité avec les filles et les autres nièces du testateur, si elle donne naissance à un fils, il sera héritier et les autres filles auront simplement une dot. Le sexe de cet enfant sera donc déterminant pour le partage du patrimoine, de plus si cet héritier venait à mourir avant d'atteindre la majorité, il serait substitué par Lorenzo et Paolo, neveux du testateur et fils de sa fille. Antonio désire laisser ses biens à sa descendance en ligne masculine, même si les bénéficiaires devaient être des femmes, toutefois sa préférence va vers un garçon, s'il est le fils de son fils. De toute manière, Lorenzo et Paolo seront héritiers de le leur père, dans ce sens Antonio opère un choix juste et équitable.

L'écrasante majorité de fils parmi les héritiers du troisième groupe, réduit fortement la proportion de neveux, qui pour la première fois est inférieure aux frères. En effet, le 12% des testateurs et le 6% des testatrices nomme un frère héritier universel, contre le 8% des testateurs et le 3% des testatrices, en ce qui concerne les neveux. De plus, nous remarquons une nette différence entre ces deux situations; en effet, les frères sont généralement bénéficiaires des testateurs en bonne santé, sans doute même relativement jeunes, qui décident de tester pour prévenir un danger ou avant d'affronter un voyage[16].

Une dernière catégorie, pour d'évidentes raisons, ne pouvait laisser ses biens à sa descendance directe: ceux qui avaient décidé de consacrer leur vie à Dieu.

Quand le testateur n'était pas laïc

L'intérêt porté à la catégorie des hommes d'église est né de la situation particulière de San Gimignano après la soumission à Florence. En effet, la bourgade a dû se réorganiser, trouver un autre moyen pour continuer à

16 Les deux tiers des testateurs qui nomment un frère héritier universel sont en bonne santé.

se développer, malgré les conditions difficiles et la réduction de l'autonomie. Les luttes pour la prise du pouvoir local n'avaient plus de sens, tout comme une partie des affaires liées au commerce et au tracé de la Via Francigena, pourtant San Gimignano est restée précieuse, la ville dominante sera attentive à son développement, surtout à celui des structures religieuses: la renaissance artistique avait un prix. Une étude centrée sur le développement des bénéfices ecclésiastiques ainsi que sur l'identité des bénéficiaires, permettrait sans doute de confirmer ou de réfuter cette hypothèse, les testaments indiquent une première approche puisqu'ils consentent d'identifier quelques personnages, prêtres, chanoines ou frères d'un couvent et de connaître certains détails de leur vie.

Une première constatation doit être faite au sujet de la chronologie; en effet, sur trente-quatre testaments, aucun ne fait partie du premier groupe et seulement neuf du deuxième[17]. Une meilleure représentativité de la société de San Gimignano dans le troisième groupe ne suffit pas à justifier de tels chiffres, la proportion de chanoines et de prêtres est augmentée et peut-être c'est surtout leur masse successorale qui s'est accrue, justifiant pleinement la dictée d'un testament, non seulement pour le bien de leur âme.

Néanmoins, quelles sont les précautions que ces personnes prennent pour sauver leur âme? Tout d'abord, les deux tiers des testateurs sont en bonne santé, ce qui représente un net dépassement de la moyenne, puisque même pour le troisième groupe, elle est de 45%[18]. Ce n'est donc pas le danger face à la mort qui détermine l'exigence de tester, voyons alors quelles sont les dispositions prises pour l'âme.

Les femmes sont rares, nous avons deux membres des tiers ordres et deux sœurs, une du couvent de San Girolamo et l'autre de celui de Santa Chiara, malheureusement deux documents sont partiels, ce qui réduit considérablement les renseignements à notre disposition[19]. Ces actes sont

17 Parmi les trente-quatre documents il y en a deux qui ont été dictés par des laïques particuliers, membres des tiers ordres comme Lara Arringhieri (BCSG, Ms. 82., f. 13r.) et Iacoba Ridolfi (ASF, NA 9019, f. 86v.-87r.).

18 Il s'agit de 150 testateurs sur 328.

19 Nous avons la *particula* du testament de Antonia Corbizi du couvent de Santa Chiara, dicté en 1458 (ASCSG, Santa Chiara, 4 filza di scritture dal n. 1 al n. 440, c. 100) et une copie partielle de celui de Lara du tiers ordre franciscain (BCSG, Ms.

simples, les institutions qui ont accueilli ces femmes sont bénéficiaires de leur patrimoine, en concurrence avec les héritiers légitimes: le neveu Antonio pour sœur Agata du couvent de San Girolamo et les filles Costantina et Corsina pour Iacoba Ridolfi du tiers ordre franciscain. Outre le lieu de sépulture, rien ne distingue ces actes des autres documents dictés par leurs contemporaines: ces femmes demandent d'être ensevelies avec les autres sœurs ou les autres *mantellate* du couvent ou de l'ordre.

Les testaments masculins

Cet ensemble offre une plus grande diversité et donc un intérêt majeur vu le nombre plus élevé de sources disponibles. Les testateurs définissent leur rôle et leur position, douze se qualifient *presbiter*, neuf *canonicus*, quatre *frater,* deux *rector,* un *reverendus*, un *clericus* et un *protonotarius apostolicus.*

Analysons d'abord le premier groupe, les prêtres, qui parfois cumulent les charges comme Bartolo fils de Giovanni qui est également recteur de l'église de San Lorenzo ou Lazzaro fils de Gori Ricci, prêtre de San Gimignano, prieur et recteur de l'église de San Frediano à Castelvecchio[20]. Ce dernier veut être enterré dans l'église collégiale, mais dans le sépulcre de la famille Gori, cette option de demander sépulture avec les autres membres de sa famille, qui ont d'ailleurs un sépulcre à l'intérieur d'une église, caractérise une minorité de ce groupe de testateurs, qui généralement se fait ensevelir où se trouvent les autres prêtres ou chanoines. Dans ce contexte, le testament de Cristoforo fils de Michele Bracceri est particulièrement intéressant. L'acte est daté du 12 juin 1520, Cristoforo est malade et demande sépulture dans la Collégiale, où sont ensevelis les chapelains et ses héritiers ainsi que les fils de son neveu Giovanni devront dépenser la somme nécessaire à ses funérailles[21]. Dix sous à la Collégiale et autant à l'évêque de Volterra, complètent ses legs

82, c. 13r.). Les deux autres testaments proviennent de deux registres de notaires (ASF, NA 1857, f. nn. et NA 9019, f. 86v.-87r.).

20 Respectivement ASF, NA 185,7 f. nn. et NA 15338, f. 114r.-115r.; les deux actes ont été dictés en 1410 et 1472.

21 ASF, NA 15325, f. 353 v.-355v.

pieux, alors que la partie consacrée aux légataires est plus complexe. Tout d'abord Cristofano reconnaît les qualités de sa belle-sœur, Brigida, épouse de Taddeo, son frère défunt, et fille de Francesco Ciais de Florence, en lui laissant l'utilisation de sa maison ainsi que l'usufruit de tous ses biens, tant qu'elle restera veuve. Les nièces[22] sont mariées, cependant Cristofano prévoit, en cas de veuvage, la possibilité de leur retour dans sa maison, elles devraient toutefois récupérer leur dot. Le testateur laisse, à Giovanni, fils de Giovanni Bracceri et à sa descendance masculine, sa maison du quartier de San Giovanni qui ne pourra pas être vendue, sinon elle irait au chapitre de la Collégiale, en échange de messes. Cristofano nomme Francesco, Massimo, Lodovico et Taddeo, fils de Giovanni, héritiers de tous ses biens, ils devront cependant s'occuper de la restitution des sommes empruntées par le testateur.

La situation de Cristofano devient plus intéressante au début de l'année suivante, lors de la dictée de son codicille[23], qui modifie radicalement ses dispositions testamentaires. Le lieu de sépulture n'est plus le même, en effet Cristofano choisit de se faire ensevelir dans l'église du couvent franciscain, dans le sépulcre où se trouvent les ossements de son père, sa mère et ses frères. Les dépenses funéraires doivent correspondre à l'ancienne coutume de la famille Bracceri et la charge incombe à sa belle-sœur Brigida, usufruitière de ses biens. Le testateur, dans ce codicille, met au premier plan les valeurs familiales, le prestige de sa charge devient secondaire face aux liens de sang. De plus, nous apprenons que la famille Bracceri connue à San Gimignano dès la première moitié du XIIIe siècle, avait développé un rituel qui lui était propre lors des funérailles, nous ne pouvons ajouter d'autres détails puisque le seul témoignage en notre possession est le codicille de Cristofano, qui en prouve l'existence[24]. Ce codicille semble avoir été dicté après la disparition des

22 Il s'agit de Tita et Francesca, filles de Brigida Ciais et Taddeo Bracceri. Tita est l'épouse de Ugone fils de Tommaso Brogi qui a testé en 1527. Nous reparlerons de Tita dans le chapitre V de cette partie, lors de l'étude de la famille Brogi puisque une partie importante du testament de son mari la concerne.

23 ASF, NA 15326, f. 79v.-81v.

24 Nous avons retrouvé quatorze testaments de la famille Bracceri, si une écrasante majorité demande sépulture aux frères mineurs, les testateurs ne fournissent aucun détail sur le déroulement des funérailles, ce qui nous empêche de comprendre ce que sous-entend Cristofano.

neveux, héritiers du testament de 1520; en l'absence d'héritiers masculins, Cristoforo augmente la somme destinée aux legs pieux. Le couvent franciscain reçoit sa maison qu'il avait destinée au chapitre de la Collégiale, avec des obligations précises de messes. Les frères mineurs devront faire célébrer dans les huit jours suivants la festivité de saint François, un *officium mortuorum* sur l'autel de la chapelle de la famille Bracceri, dédiée à la Vierge Marie et tous les frères du couvent devront participer à ces célébrations, puisque, dans le cas contraire, le legs irait à l'hôpital de Santa Fina. Brigida doit également exécuter les legs pieux voulus par son défunt époux Taddeo, pour une somme de 25 florins ainsi que ceux de leur servante Maria pour 10 florins. Cristoforo ajoute la requête de faire célébrer pendant quinze ans, le jour de son décès, quinze *officia mortuorum* avec la présence de quinze prêtres qui devront célébrer au moins une messe chantée durant laquelle chaque prêtre recevra une aumône de quatre sous. La sacristie de l'église des franciscains reçoit 20 sous et la cire nécessaire à la célébration d'une messe, dans les huit jours qui suivent la festivité de saint Jean Baptiste. Brigida a également à sa disposition 50 florins, destinés au couvent des frères mineurs, pour le bien de l'âme de Taddeo, de Maria et de Cristoforo. Les mois qui séparent le testament du codicille ont été une période de maladie, Cristoforo, reconnaît les services reçus de Michelangelo de Bartolomeo Ciamberla, *barbitonsor* de San Gimignano, qui l'a soigné tout au long de sa maladie et demande à Brigida de lui laisser l'utilisation de son *apoteca* qui est sous la tour où maintenant habite Giovanni Ruffelli qui travaille le cuir. Cet endroit sera à disposition de Michelangelo tout au long de sa vie, ensuite Brigida pourra le récupérer et Cristofano précise que Brigida ne pourra demander aucune somme pour la location de l'*apoteca*.

Cette femme devient la protagoniste des dernières volontés de Cristofano qui décide de lui rendre sa dot de 500 florins, sous forme d'un *podere* composé de plusieurs maisons et terrains au lieu dit *Cortenanni*, le testateur précise qu'il a estimé la valeur de ces biens immobiliers et les héritiers ne pourront prétendre que le *podere* vaut plus, afin d'en récupérer une partie; les bénéficiaires de l'héritage sont d'ailleurs des femmes, Tita et Francesca, filles de Brigida et de Taddeo.

Une dernière disposition du codicille, permet de mesurer encore une fois les problèmes qui survenaient lors de la restitution des dots. En effet,

Cristofano demande de rembourser tous ses créanciers exception faite des 250 florins que réclame Oliviero Ferri, mari d'Antonia, fille de Giovanni Bracceri, neveu de Cristofano. Oliviero demande de ne pas prendre cet argent dans le patrimoine de Cristofano, puisqu'il était prévu que la somme proviendrait de l'héritage de Giovanni père d'Antonia. Malheureusement nous n'avons pas plus de détails sur cet accord passé entre Oliviero et Giovanni; toutefois il semble logique que la dot d'une femme provienne du patrimoine de son père; nous pouvons aussi aisément imaginer qu'une personne lésée essaie de se retourner contre tous les membres de la famille de son débiteur, afin de récupérer la somme qui lui est due.

Ces documents prouvent l'importance des liens de parenté et l'attachement aux affaires de famille des personnes qui ont décidé de servir l'Eglise. Quand nous pouvons associer les charges ecclésiastiques à des noms de famille connus, cela confirme l'intérêt que pouvait représenter cette position, surtout dès la fin du XVe siècle[25].

La famille Cortesi: la difficulté de choisir des héritiers

Dans le contexte du choix de l'héritier, une place de particulière doit être réservée à Paolo, fils d'Antonio Cortesi, qui teste à son domicile dans le quartier de la Piazza, le 14 juillet 1510[26]. Cette noble et illustre famille, originaire de Pavie, arrive à San Gimignano en 1448 et participe rapidement à la vie politique du bourg, comme le prouve la mission d'Antonio

25 Outre les cas déjà cités, nous pouvons ajouter Michele Abbracciabeni que nous retrouverons dans la section consacrée à sa famille (ASF, NA 8772 f. 33r.-34r). Puis le chanoine Giovanni fils de Damiano (ASF, NA 22 f. 133) qui devient en 1520 prieur de l'église de San Giusto à Barbiano, et recteur de l'église et de la paroisse de San Pietro du diocèse de Volterra; Giovanni dans son deuxième testament se qualifie d'archidiacre en attestant ainsi le parcours effectué (ASF, NA 11928 f. 78-79). Enfin le chanoine Benedetto Ridolfi qui teste en 1527 (ASF, NA 11927 f. 246v.-248). Mais la liste pourrait continuer avec les familles Vannilli, Giusti, Fortini et Ficarelli.

26 ASF, NA 2027 f. 32-35r.

Cortesi, en 1449, à Rome, auprès du pape[27]. Malheureusement, nous ne possédons pas les volontés testamentaires de Bartolomeo Cortesi ou de son fils Antonio, cependant nous avons deux testaments de Iacopo fils de Bartolomeo et donc frère d'Antonio dictés en 1476 et 1480[28]. Il est en bonne santé et ne précise pas les raisons qui l'ont poussé à tester; le couple qu'il forme avec Marisilia fille de Pietro Attavanti, n'a pas d'enfants. Les seules personnes de sa famille citées dans le document, sont l'épouse et Tommaso frère du couvent de la Santissima Annunziata[29]. Iacopo est d'ailleurs très lié aux frères prêcheurs puisqu'il leur laisse son patrimoine pour les aider à construire leur couvent et nous avons la confirmation de l'édification de l'autel dans la chapelle principale aux frais de Iacopo Cortesi[30]. Toutefois, le testateur ajoute des restrictions: le couvent dominicain ne pourra pas vendre l'héritage de Iacopo, qui servira à la construction du chapitre et à la réalisation de toutes les décorations nécessaires, le couvent recevra, entre autres choses, une maison avec un jardin potager au lieu dit *Chiassodoro*, un *podere* à *Villa Casale*, un à *Villa Paterno*, un à *Racciano* et un autre à *Guinzano* ainsi que plusieurs terrains agricoles. Ces quelques considérations laissent peu de doutes sur la situation économique de Iacopo, son frère Antonio ne lui était pas second. En effet, ses charges officielles à Rome, son mariage avec Tita

27 Les renseignements biographiques que nous pouvons trouver sur la famille Cortesi sont souvent confus et discordants, nous nous limiterons donc à donner les informations attestées au moins par une source, en effet la lecture de la bibliographie consacrée à la famille nécessite la plus grande prudence, surtout en ce qui concerne Luigi Pecori et Vincenzo Coppi, dont malheureusement s'inspire Ivo Ceccharini pour le contexte historique de son analyse. Toutefois il est certain que peu après leur arrivée à San Gimignano les membres de la famille Cortesi sont devenus citoyens de ce lieu.

28 ASF, NA 8772, f. 22r.-23v. et NA 9013, f. 153v.-154v.

29 Son frère Antonio est probablement déjà décédé en 1476, puisque le 11 août 1474 Sixte IV concède à Niccolò Pandolfini la charge d'écrivain apostolique qu'Antonio avait précédemment, puisqu'il était mort hors du territoire de la Curie (Cette supposition est faite par l'ouvrage *Dizionario biografico degli Italiani. Istituto delle enciclopedie italiane.* Fondata da Giovanni Treccani, Roma, 1983 sous Cortesi Antonio et prouvée par un document se trouvant au Vatican, ASV R*eg. Vat.* 563, f. 235.).

30 BCSG Ms 82 f. 21v.

Aldobrandini de Florence et le destin de leur fils Paolo Cortesi, représentent des signes indiscutables de sa position enviable[31].

Le testament de Paolo Cortesi

L'activité littéraire de Paolo, ses écrits théologiques sont connus, nous allons donc nous concentrer sur les éléments présents dans le testament de cet homme né en 1465 qui, après une brillante carrière ecclésiastique, a préféré se retirer à San Gimignano[32]. Son testament de 1510 précède de peu sa mort qui survient la même année, il se dit en effet malade dans l'invocation initiale[33]. Le choix du lieu de sépulture est symbolique, puisqu'il demande que son corps ne rejoigne pas son père et l'église des frères prêcheurs, mais il désire être enseveli dans l'église dédiée à saint Pierre martyr. Ce choix singulier, n'aurait rien de remarquable mais cette église était précédemment celle du couvent de Santa Chiara, où se trouvaient les sœurs qui suivaient la règle de saint François. Puis quelques problèmes ont surgi entre les sœurs et les frères du couvent franciscain, ce qui a porté en 1496 le déménagement des sœurs à l'intérieur des murs où se trouvait l'ancien hôpital de Santa Croce. La structure à l'extérieur

31 Antonio Cortesi travaillait à la chambre apostolique avec Lodovico Ridolfi, en 1456 la commune de San Gimignano lui écrit pour obtenir la libération de la Sacristie de la Collégiale de l'imposition de la dîme en occasion de la Croisade ainsi que la révocation d'une excommunication. Deux ans plus tard, en 1458 la commune de San Gimignano lui écrit une lettre en tant que président de la chambre apostolique en lui demandant d'obtenir des exemptions fiscales pour l'hôpital de Santa Fina et la sacristie de la Collégiale (BSCSG, Ms. A IV 3 à la lettre C).

32 Deux textes de Paolo Cortesi ont été publiés, il s'agit de *Disputationes in quattuor libros sententiarum*, Roma, 1504 et *De cardinalatu*, édité par Simeone di Niccolò Nardi, Castel Cortese, 1510. Pour de plus amples renseignements sur Paolo Cortesi: F. Pintor, *Da lettere inedite di due fratelli umanisti (Alessandro e Paolo Cortesi). Estratti e appunti di F. Pintor*, Perugina, Unione tipografica Cooperativa, 1907; Eugenio Garin, *Celebri polemiche letterarie,* Mandrisio, 1957, pp. 11-24; P. Paschini, *Una famiglia di curiali nella Roma del Quattrocento: i Cortesi,* «Rivista di storia della Chiesa in Italia», XI (1957), n. 1 pp. 1-48 ainsi que les actes du colloque *Paolo Cortesi e la cultura del suo tempo (San Gimignano, 13-15 giugno 1991)* en cours de publication.

33 ASF, NA 2027, f. 32-35r. et ASS, Comune di San Gimignano, 1510 settembre 14.

des murs n'allait pas rester inutilisée et, en 1510, une bulle papale de Jules II a donné l'église et le couvent aux frères de la *Regolare Obbedienza di S. Francesco di Cremona*, appelés également frères *d'Ammaddio*. La date officielle de la prise de possession des frères est le 24 juillet 1510[34], nous pouvons alors supposer que Paolo Cortesi voulait appuyer cette décision papale. En effet, son testament est daté du 14 septembre de la même année, il parle de l'église Saint Pierre martyr et cite les frères *d'Ammaddio*; la fidélité de Paolo à Jules II n'est pas à prouver[35] et sentant sa dernière heure arrivée il lui manifeste encore une fois son appui. Il aide cette nouvelle congrégation en donnant également un bien immobilier, dont le fruit servira au maintient des frères[36]. Ce choix aura une conséquence pour la mémoire de Paolo Cortesi: de cet homme illustre il reste les écrits mais sa sépulture a été perdue puisque l'église a été démolie avant la fin du XVIe siècle et les dépouilles n'ont pas été récupérées. Si le testateur parle peu de sa famille, nous avons toutefois la relative surprise de découvrir la présence d'un fils, en effet Paolo nomme héritier universel son fils naturel Alexandrino. Il ne précise pas l'identité de la mère, toutefois il avait déjà reconnu ce fils, puisqu'il dit qu'il s'agit de son fils naturel qu'il avait légitimé devant le cardinal Francesco Soderini[37]. Nous ne connaissons rien d'autre sur la vie de ce fils naturel, toutefois il doit être relativement jeune puisque son père nomme deux tuteurs il s'agit de Bartolomeo fils de Lodovico Ridolfi et de Lattanzio, frère de Paolo. Les liens entre les familles Ridolfi et Cortesi continuent; Antonio et Lodovico étaient ensemble à la chambre apostolique, une génération après, la confiance que témoigne le testateur à Bartolomeo prouve la continuité de ces bons rapports.

Paolo ne laisse pas entière liberté aux deux tuteurs, en effet, il leur donne des dispositions précises: ils devront s'occuper d'Alexandrino jusqu'à l'âge de 25 ans, puis ils ne pourront plus interférer dans la ges-

34 L. Pecori, *op. cit.* p. 433.

35 Paolo Cortesi avait dédié à Jules II ses deux ouvrages publiés.

36 Cet acte n'aura pas suffi à mettre sous les meilleurs auspices la nouvelle congrégation, en 1530 les frères ont abandonné les lieux puisque les rentes n'étaient pas suffisantes à leur survie.

37 Il s'agit de l'évêque de Volterra, Paolo Cortesi est précis à ce sujet et cite le notaire qui a rédigé l'acte.

tion de ses affaires. Leur rôle sera également celui de lui trouver une femme, mais pas n'importe la quelle, Paolo désire qu'elle soit florentine, il précise qu'elle ne pourra pas avoir une autre origine. Cette dernière requête ne fait que confirmer les résultats de notre analyse sur la politique matrimoniale des familles les plus en vue de San Gimignano et l'importance des liens avec Florence. En dernier lieu, le testateur nomme héritier substitutif son frère Lattanzio[38].

Les dernières volontés de son frère Lattanzio

Un autre testament, justement celui de Lattanzio, frère de Paolo confirme les liens de la famille avec Florence[39]. Si un frère s'est distingué pour ses rapports avec l'Eglise, l'autre a été nommé chevalier, après avoir servi le duc Alphonse d'Este contre les Vénitiens. Une instance, présentée par Lattanzio le 9 décembre 1516 aux autorités de San Gimignano, précise l'importance du rôle de cette famille dans le bourg: Lattanzio possède un immeuble sur la place principale, la *Piazza del Pozzo* et il demande la concession d'occuper une partie du sol publique pour agrandir sa demeure. En échange, il promet de réaliser une habitation capable de recevoir tous les grands seigneurs qui pourraient venir à San Gimignano et, dans ce cas, la communauté du bourg pourrait se servir de la maison Cortesi comme s'il s'agissait de sa propre demeure; c'est d'ailleurs ce qui sera réalisé[40].

Dans son testament, conformément à la tradition familiale, il veut que son corps soit enseveli dans le couvent dominicain et après quelques legs pieux sommaires, il nomme son fils Antonio héritier, en demandant à sa femme et à l'hôpital de Santa Maria Nuova de Florence de veiller sur lui, en tant que tuteurs. Lattanzio donne également 25 florins de dot à sa servante, et nomme sa femme Ippolita de Sienne usufruitière de tous ses biens, si elle reste veuve. Son épouse ne vivra pas longtemps puisque un

38 Il semble bien d'ailleurs que ce soit Lattanzio l'héritier de son frère, nous ne savons si Alexandrino est décédé ou s'il n'a pas réussi à succéder à Paolo.

39 Acte dicté en septembre 1518 à San Gimignano (ASF, NA 16635, f. 186-188r.).

40 BSCSG, Ms. A IV 3 à la lettre C.

acte du 20 juin 1526 concerne un legs pieux qu'elle avait désiré faire au monastère de San Girolamo[41]. Les fidéicommissaires ont donné 80 ducats au monastère et Ippolita voulait que le quart de cette somme aille au peintre Vincenzo fils de Bernardo Tamagni de San Gimignano, pour l'exécution d'une toile, peinte sur bois, destinée à l'église augustinienne; le document atteste que ce double legs a été exécuté. D'ailleurs dans un tableau représentant la Nativité de la Vierge qui porte la signature du peintre Vincenzo Tamagni, nous pouvons voir une jeune femme agenouillée devant la Vierge encore enfant, il s'agit d'Ippolita Seracini. Le tableau porte l'inscription suivante: *D. Ipolita Seracena post mortem d. Lactantii Cortesii sui dilectissimi conjugis fieri fecit anno D. MDXXIII.* La famille Cortesi s'est donc montrée généreuse avec les églises du bourg, l'actuelle chapelle du Sacrement de la Collégiale qui était avant la chapelle sainte Anne, a été fondée par la famille Cortesi, qui avait également sa chapelle dans l'église du couvent dominicain de San Gimignano. En 1477, financés par Antonio Cortesi, les frères prêcheurs ont construit le chœur et la chapelle principale de leur église, alors qu'en 1520 un legs de 227 florins leur a permis de construire le réfectoire.

Des litiges dans la famille, le cas d'Antonio Cortesi

Une famille si proche de l'Église ne regorge pas forcément des meilleurs sentiments, comme nous le prouve le testament d'Antonio fils de Lattanzio Cortesi dont nous allons simplement reporter quelques passages, parce que il se trouve hors du cadre chronologique fixé par cette étude, le document est daté du 7 juin 1549, toutefois son contenu exceptionnel nous semble justifier la digression chronologique.

Tout d'abord ce testateur nous donne *in extenso* les raisons qui l'ont poussé à tester et ce ne son pas des craintes pour le bien de son âme qui lui ont fait faire ce choix, il dit en effet

> *[...] considerando quanto è sia bene al huomo prudente non aspettar di condursi decrepito in necessità di governo o sotto l'arbitrio delli mali iniqui agnati cognati e figliuoli alli quali non manca mai [...] alli loro attinenti e padri impedire la libe-*

41 ASF, NA 10522, f. 207r.-209v.

ra faculta di testare per succedere ad essi ab intestato come molte volte s'e visto et havendomi gli infrascritti figli Lactantio et Paulo impedito il vendere certi beni immobili per maritar [...] Hipolita mia figliuola spaventato da tante ingiurie iniquità et sinistri modi per non mi aver acondurre in loro potestà hora che mediante la sanità sono in mio arbitrio et potere non volendo senza testamento decedere [...] che infin che io vivo sia sempre secreto [...] che in mia vita li sopra et infrascritti miei figli sapendo la mia mente non procurassino con insidie per avventura contro la propria mia vita [...][42]

Le testateur ne dit pas si ses fils ont eu de bonnes raisons de se comporter ainsi, il a d'autres fautes à se faire pardonner. En effet, il demande à ses exécuteurs de payer la dot de trois jeunes filles qui se présenteront avec *una cedola obligatoria di mia propria mano*, deux pour une somme de 50 florins chacune et la troisième pour une somme de 100 florins. Antonio a une pensée délicate à l'égard de ces femmes et il tait leur nom, parce qu'il avait pensé les marier mais il n'en a rien fait, pour se racheter, il désire que ces sommes puissent être payées de manière aussi secrète que possible.

La tentative d'une fondation pieuse

Toutefois, selon Antonio, ce geste n'était pas suffisant il devait accomplir un autre acte pieux pour mériter le pardon, il décide donc de destiner une partie de ses biens à la réalisation d'un lieu appelé *La casa delle Vergini de Cortesi* et il précise les modalités pour l'accomplissement de cette institution:

[...] le case si comprano da Antonio Franzesi et dalli figli poste in San Gimignano nella contrada di San Giovanni et nella strada di piandornella [...] insieme con la casa di Pierbello potendosi per giusto prezzo delli propri padroni havere et etiam che mittino una petitione nel nostro consiglio in nome di tal luogo pio, che li concedi lungo il detto horto il terreno che è fra la strada e le mura fino alla concia de Becci lassando la strada libera et che faccino levar il ponte che di presente è fra luno horto e laltro et che detti executori spendino nella compra di dette case et fabrica fino alla somma di fiorini milledugento di lire quattro e soldi dua per fiorino et in oltre assegno et iure legati lascio adette case di vergini le case [...] in detta strada di piandornella.

42 Le testament se poursuit par le choix du lieu de sépulture, à savoir la chapelle de la famille dans le couvent de la Santissima Annunziata de San Gimignano.

Antonio prévoit également le financement des premières dots, en effet il demande à ses exécuteurs de mettre 3000 écus d'or au *Monte della fede di Roma* ou à celui de *Santo Spirito*, selon leur volonté[43].

La question financière n'était pas la seule à préoccuper Antonio qui dans son testament, inclut les statuts de cette nouvelle communauté d'aide aux jeunes filles à marier et la met sous la protection de Dieu[44]. La maison devra être habitée par dix femmes et afin d'éviter problèmes et litiges, Antonio détermine avec précision les modalités de la sélection[45].

43 La somme proviendra pour une première moitié de la vente de certains de ses biens immobiliers et les 1500 écus devront immédiatement être déposés au Mont. Puis pour la deuxième moitié il prévoit le mode de financement suivant: *per anni trenta continui scudi cinquanta ogni anno da cavarsi delli frutti delli sopra detti beni existenti in terra et contato di San Gimignano da pagharsi ciaschuno anno per detti esecutori et da cominciarsi subito doppo mie morte et finir come segue quali insieme con li frutti che caveranno del detto monte ogni tre anni al meno si spendino in detto monte et cosi vadini seguitando fin che havranno adempiuto di comperare detta somma di scudi tremila [...]*

44 *[...] per esser tal luogo pio fondato a honore del nostro salvatore et honore di detta terra e contado a utile et salute delle povere vergini di essa, l'oratione delle quali sarà causa di mantenersi nella gratia del omnipresente Dio et del nostro Illustrissimo Principe.*

45 *[...] quattro sene aspetti alli Priori tre alli spettabili Capitani dua alli honorevoli collegi una alli savi consiglieri che per li tempi saranno havendo a elegger quelli che per dignità grado eta alli altri precedessero et quelle delle piu sane arrivando alli due terzi otterra s'intendi e sia vinta a vita per maestra et abatessa di dette vergini et quella mancando di vita s'inovi con medesimo ordine [...] Item che ogni anno del mese di dicembre in infinito in detto general consiglio si metta apartito fanciulle sedici non minori d'anni nove e non maggiori di quindici, delle quali sei sene habbia a eleggere per il mio universale herede et suoi discendenti et dua detti sei delle più sane vincendo per li duo terzi se son della terra o contado di san gimignano, se son forestiere per li tre quarti s'intendon vinte et l'electione d'altre dieci s'aspetti alli ss. Priori capitani collegi et consiglieri in quel modo et della maestra et abatessa [...] le quali cinque verginelle vinte che saranno habbino la mattina di S. Antonio alli diciassette di gennaio ogni anno in perpetuo a udir messa in san domenico nella cappella della mia sepoltura et detta la messa nelle mani del sacerdote habbio a giurar d'osservar castità fine staranno in detta casa et obbedire et reverire la lor maestra da madre e pregar il nostro Signore Jesuchristo in de lor oratorio che conservi in felicissimo stato il nostro sommo Pontefice et la romana chiesa la cesarea maiesta col suo sacro imperio il nostro Illustrissimo Principe con tutta la sua Illustrissima casa et felicissimo stato tutti li principi Christiani la nostra Comunita patrona defensitrice e protettrice loro et per lanima*

Le séjour durera cinq ans, pendant ce temps les jeunes filles seront nourries et logées mais elles devront obéir et accomplir un certain nombre d'activités[46]. Ensuite, elles pourront se marier et recevront une dot, encore une fois les modalités du versement des 35 florins sont minutieusement détaillées par Antonio, qui prévoit surtout les conséquences qu'implique le décès des femmes ayant reçu leur dot[47]. Le testateur est convaincu du futur prospère de son institution tant qu'il ne prévoit ni la fin ni des problèmes financiers[48].

Ce que reçoit la descendance

Après s'être occupé des pauvres jeunes filles, Antonio continue son testament avec les dispositions concernant ses enfants, il a deux filles, Tita et Ippolita. La première est mariée avec Francesco Brogi, elle recevra 700 florins de dot auxquels le testateur ajoute 400 florins, le choix de l'époux confirme l'ascension sociale de la famille Brogi que nous traiterons dans le prochain chapitre.

---

mia delli miei antecessori et descendenti et cio fatto la maestra dia a tal sacerdote per la cera e elemosina lire dua et detta maestra dipoi con l'amorevole accoglienze et accomodate parole ricevi le dette cinque verginelle [...].

46 Elles seront *[...] calzate e vestite secondo odierna detta maestra vivendo et vestendo a uso di povere persone acciò che men fatica gli parrà stentare con il loro marito, dormendo al dormitorio, mangiando al refectorio e lavorando tutte in una stanza accio che di continuo stiano insieme alle quali la detta maestra insegni et insegnar faccia tutte le virtu et exercitii che si conviene imparare a una povera fanciulla [...].*

47 L'argent sera *donné [...] in una borsa sigillata in la cassa delle borse delli offitii di detta comunità al quali si consegnino per li ss Priori et Capitani alli loro mariti consumato che avranno il matrimonio quale s'intendino et siano le loro doti et morendo senza filgli la metà di tal dote torni a detta casa et morendo in stato vedovile ne fossi a suo beneplacito disporre et morendo in tal stato senza figli ab intestato detta casa succede in detta dote e cosi in infinito si vada seguitando [...]*

48 *Il concorso delle limosine a un opera tanto pia di sorte abundare che detta casa potria ogni anno pigliar maggior numero di vergini che il sopra detto in tal caso lasso tal carico sopra le spalle di detta Comunità et pigliandosi maggior numero si servi lordine sopra dette et pro rata di quel piu alli sopra detti descendenti sapere lelectione.*

Antonio se montre encore plus généreux avec Ippolita, qui est célibataire, puisqu'elle recevra 1500 florins[49]. Toutefois, si ces deux filles ne devaient pas enfanter de garçons, leurs dots, après leur décès, iraient à la fondation paternelle pour jeunes filles. Antonio a également une dot à restituer, celle de son épouse Maddalena fille d'Andrea Medici, nous ne connaissons pas le montant total puisque le testateur se contente de dire que la somme se trouve au *Monte di Firenze* et que lui-même doit rendre 110 florins.

Antonio a vraiment peur de ses enfants, il craint que ceux ci n'essaient de le supprimer s'ils venaient à connaître ses dispositions testamentaires, parce qu'Antonio les déshérite. Sa décision est longuement motivée: Lattanzio a été *ingrato et disubbidiente et per aver volato verso di me le sue mani atroci con havermi dato un pugno in roma per esser stato mediante la sua disubbidientia causa di gravi mia danni.* Mais ce n'est pas tout, Lattanzio a également *scritto a sua madre contro di me lettere iniuriose.* Après cette liste de méfaits, le testateur précise également que son fils l'a dérobé, il a donc menacé de le faire incarcérer et Lattanzio lui a rendu presque la totalité de la somme. Toutefois le testateur a encore des reproches pour son fils, il veut le déshériter

> *per havermi tolti tutti li bestiami de poderi et venduti [...] et per havermi impedito lavendita di beni immobili quali vendevo per maritar Hippolita mia figlia iniseme con Paulo suo fratello con dire alli compratori che non potevo vendere et [...] con minacciarili di far loro ingiuria qual causa reputo maggiore e piu mi affligge che se mi havessero privato della libera faculta del testare perche chi testa dispone di quel non si puo piu servire et io sono stato impedito di non poter del mio valermi in tanta necessita et per far una tant'opera pia.*

Voilà donc ce qui semble avoir définitivement déclenché la colère d'Antonio, le fait de ne pas pouvoir disposer de ses biens alors qu'il était en vie, ce testament devient une vengeance, la possibilité posthume de décider l'attribution de ses biens, puisque de son vivant il en a été empêché.

Son deuxième fils Paolo ne s'est pas mieux comporté, il perd également son héritage parce que il a *scassato il mio magazzino dell'olio* et

49 Les 400 florins pour Tita et les 1500 pour Hippolita doivent provenir des biens du testateur qui pourront être vendus.

bien entendu il a aidé son frère à empêcher la dotation convenable de leur sœur Ippolita. Antonio est vraiment en colère, il ajoute:

> *et iuro ad sancta dei evangelia [...] che tal villania ingiuria mi reputo maggiore che se la libera faculta di testare mi havessero impedito et etiam iuro tutto il narrato esser la pura et mera verita et etiam altre non men presenti cause ci havria potuto inserire se le leggi permettessino che la verita alli padri fusse creduta qual pro non si poter provare tacero, et questo basti ad exempio delli ingrati figli accio che senza travaglio non si gloriino haver con tanta iniquita iniuriato lor padre.*

Antonio connaît les normes et la loi, toutefois il est conscient des difficultés pratiques de l'exécution de ses dernières volontés, ses fils essaieront tout ce qui sera en leur pouvoir pour modifier ces dispositions et annuler ce testament. Dans ce cas il nomme ses fils héritiers pour un tiers des biens qu'il possède à San Gimignano, bien entendu de ce qu'il restera de ces biens, après l'exécution des legs pieux et les donations aux légataires. Antonio désire donc réduire au minimum ses biens à San Gimignano de sorte à pouvoir limiter l'éventuel bénéfice que ses fils pourraient en retirer, à ce propos il a fait rédiger un acte notarié le 16 février 1540 à Rome, où il fait des donations[50]. Cette précaution étant insuffisante, Antonio ajoute que si cet acte devait être considéré nul, il nomme ses fils héritiers pour un centième de son héritage, en vérité il ne veut rien leur laisser et il précise: *maledico tutto quello che loro per qual si voglia capo o ragione ottenessino in futuro delli mia beni et heredita.*

L'héritier universel

Si Antonio a doté ses filles et déshérité ses fils, qui sera alors le bénéficiaire de son héritage? Son oncle Paolo Cortesi, n'était pas le seul à avoir un fils illégitime, en effet le testateur poursuit en révélant qu'il donne un tiers de ses biens situés sur le territoire de San Gimignano à: *Thommaso mio figlio spurio nato di me et di monna Andrea figlia di monna Maddalena de Geri del contado di San Gimignano legittimato sotto di venti di febbraio mille cinquecentoquaranta sei* [...] *in Roma come appare*

50 Le testateur précise que l'acte a été rédigé par le notaire Lodovico Rai, de la Chambre Apostolique et que le document contient le détail des donations qu'Antonio a l'intention de faire, malheureusement le testament ne contient pas une copie de ces dispositions.

instrumento rogato da ser Iacopo Antonio genovese notaio. De plus, si ses deux fils Paolo et Lattanzio ne devaient pas parvenir à récupérer les deux autres tiers de ces biens et donc si Antonio arrive à les déshériter, il nomme Tommaso également héritier des deux autres tiers.

La volonté du testateur est clairement exprimée quand il nomme son héritier universel il dit en effet:

> *In tutti gli altri beni mobili et immobili [...] instituisco Thommaso mio figlio legittimato [...],* il devra transmettre ces biens, *alli suoi figli et discendenti masculi isque in infinitum da farsi tal restitutione subito che nati saranno et quelli che de detto Thommaso et de suoi figli descendenti maschi nasceranno usque in infinitum habbino fra loro succedere per stirpe et non per capita et cosi succede luna stirpe al altra et in pari grado per equal portione salvo sempre fra loro li gradi della proximita dichiarando che tutti li arrogati et aduttati di detto Thommaso suoi figli et discendenti della linea maschulina legittima di detto Lactantio et Paulo et quelli che da detto arrogati et aduttati discenderanno maschi possendo etiam in infinitum gli descendenti di detti arrogati et adoptati adoptare et arrogare di dette linee di detti Lactantio et Paulo et tutti li arrogati adoptati et lor descendenti maschi in infinitum sien veri legittimi et indubitati descendenti di detto Thommaso quanto alla successione della sopra detta heredita et beni in liquale non possi mai succedere alcuni che non fossi delle sopra dette linee et in li sopra detti modi i quali descendenti sopra detti non possino in modo alcuno di detti beni alienare [...] eccetto in darle dote conveniente alle feminie di detta linea et per riscattare et pagar taglie condecenti per quelli che fussin pregioni in mano delli infedeli non havendo altro modo di dar le dette dote e di far dette taglie et tutto quello che contro tal dispositione facessi ipso iure sia tal atto nullo et liberi alienati insieme con tutta la portione del alienante [...]*

Ignorer ces dispositions, ou invalider la nomination de Tommaso impliquerait la donation des biens à la Fabrique de Saint Pierre au Vatican, qui devrait respecter les limitations imposées par le testateur et effectuer les donations requises; dans le cas contraire, Antonio laisse ses biens à la communauté et aux hommes de San Gimignano, toujours aux mêmes conditions.

La culture et les connaissances d'Antonio sont prouvées par les deux dernières dispositions; tout d'abord il déclare: *Item sapendo la qualità quantità et forze delle mie substantie et beni patrimoniali proibisco a tutti li sopra scritti heredi il trar la falcidia delli sopra detti legati et trebellianica.* Ses fils n'auront donc pas la possibilité d'exiger la part minimale d'héritage, ils ont commis des actes graves à l'égard de leur père et celui-ci est en mesure de les déshériter, il en a pleinement conscience et entend profiter de cette situation.

Le comportement de Lattanzio et Paolo, laisse craindre le pire, les machinations qu'ils ont mis en œuvre pour limiter les actions de leur père, soit en écrivant à leur mère soit en menaçant les potentiels acquéreurs d'une partie des biens de Antonio, ont rendu cet homme infiniment prudent. Il ne craint pas seulement une action visée à invalider son testament, mais également que le document soit modifié ou en partie détruit. Il veut donc que:

> *tutte le clausule capitoli conditioni declarationi determinationi et parole che si trovassino nel sopra scritto testamento mediante le quali detto testamento venissi a esser nullo quelle scancellino et s'habbino per non poste come se expressamente apposte non in fussino per che intendo solo haver disposto quel che per le legge mi è concesso et quel che per esse me negato in tutto et per tutto annullo et revoco stante sempre fermo in tutti quei capi che la legge mi concedono quali voglio che per li detti heredi successori legatarii et executori inviolabilmente s'osservi et questo per ogni miglior modo cassando et annullando ogni altro testamento*[51].

L'importance des exécuteurs et des témoins

Dans un contexte si complexe et sinistre, Antonio doit trouver des personnes dignes de confiance pour les nommer tuteurs de son fils mineur, mais également pour leur attribuer la charge d'exécuteurs testamentaires et fidéicommissaires: il choisit Franco Cennani marchand de Lucques et Antonio Fratini marchand florentin. Ces deux personnes auront certainement une lourde tâche à accomplir pour faire respecter les volontés testamentaires d'Antonio Cortesi qui, craignant les représailles de ses enfants, a dans le plus grand secret dicté ses dernières volontés dans le couvent de la Santissima Annunziata de San Gimignano, il dit avoir écrit l'acte de sa main, malheureusement l'original est perdu et nous en avons une des nombreuses copies, qui porte la signature du notaire Michelangelo fils de ser Paolo de ser Pietro Tramontani.

Le document termine avec le nom des témoins; toutefois contrairement aux autres actes du corpus, les témoins ici souscrivent un à un le

51 Pour limiter les risques de falsification, il précise également que son testament est composé de six feuillets.

testament, sur le modèle du premier qui se trouve être le vicaire du couvent des frères prêcheurs:

> *Fra Felice di ser Andrea Minucci di Pratovecchio vicario del convento domenicano testimone sopra detto con li infrascritti testimoni insieme a tutto quello che di sopra si contiene fui presente et da detto messer Antonio Cortesi Testatore fui addomandato intestimone per lo detto Testamento ho di propria mano sottoscritto et del mio sigillo dove è linsegna di spirito santo cioè una colomba volante e sotto apiedi un quore et una palma sigillano questo [...]*

Chaque nom est suivi de l'indication de la date et du lieu et les autres témoins sont frère Simone di Giovanni Stradi di Florence qui utilise le sigle de frère Felice, frère Giovanni di Carlo del Benino de Florence qui a son propre sigle *dove è l'insegna del liocorno*, frère Bartolomeo di Bareco delli Albizzi de Florence qui a son sigle *dove è l'insegna della croce e di sotto due cervi*, frère Bernardo di Giovannibattista Bartoli de Florence qui utilise le sigle de frère Felice, frère Girolamo de Giorgio de Florence qui utilise son sigle avec les initiales du Christ et frère Cipriano de Piero Buonaccorsi [...] *col sigillo del sopraddetto convento nel quale è l'impronta della Annuntiata.*

Une exécution difficile

Nous n'avons pas pu retrouver tous les documents concernant cette exécution, cependant nous savons que le testament a été publié le 17 septembre 1553, contre la volonté des deux fils du testateur et du gendre Bernardino, fils de Giovanni Battista Ridolfi[52]. L'exécution des legs pieux se poursuit lentement, puisque les autorités de San Gimignano écrivent une lettre à Florence au sujet de la *Casa delle Vergini de Cortesi* le 6 avril 1565, la communauté n'a pas encore été crée et il semble bien que sa réalisation n'ait jamais vu le jour. En effet, les fils Paolo et Lattanzio ont demandé l'intervention de l'évêque de Volterra, en leur faveur, mais aucune autorité n'a résolu officiellement le conflit. Nous en voulons pour preuve la demande de renseignements que fait le Cardinal Clemente, préfet de la congrégation de la Fabrique de Saint Pierre, en 1715, à l'évêque Pandolfini de Volterra, au sujet de l'héritage d'Antonio

52 Tous ces renseignements ont été tirés d'une même source qui contient le résumé partiel de toute cette affaire (BSCSG, Ms. A IV 3 à la lettre C).

Cortesi et des éventuelles donations dont la Fabrique aurait dû être bénéficiaire. Après de scrupuleuses recherches voici ce que lui répond l'évêque de Volterra. Tout d'abord, le 27 décembre 1539, Antonio avait fait une donation *inter vivos*, de tous ses biens existants à San Gimignano et à Florence à ses deux fils Paolo et Lattanzio, par le biais d'un acte notarié rédigé par Bernardino Lolli[53]. Ce n'est que le 16 février 1548, suite à une dispute avec ses fils, que dans un deuxième acte rédigé à Rome, Antonio Cortesi annule cette décision; voici donc le contexte dans lequel il a écrit ses dernières volontés une année après. Au moment de l'ouverture de la succession, la Fabrique de Saint Pierre avait intenté une action à l'encontre des deux fils qui étaient entrés en possession de l'héritage, en contrevenant aux dispositions testamentaires paternelles et cette action a été menée par Pietro Orlandini commissaire et agent de la Fabrique, devant le vicaire général de l'archevêque de Florence. Ce dernier, en tant que juge et commissaire apostolique, avait reconnu l'existence de la première donation et il avait donc obligé les deux frères à faire une aumône de 400 florins à la Fabrique, en leur permettant de garder le patrimoine. Toutefois, les autres legs pieux du testament n'ont pas été exécutés et surtout *la casa delle Vergini* n'a jamais été réalisée, d'ailleurs la communauté de San Gimignano, qui avait le devoir de mettre sous sa protection cette pieuse fondation, n'a pas fait instance à l'encontre des deux fils pour faire respecter les legs pieux des volontés testamentaires d'Antonio Cortesi.

Le parcours de cette famille, nous permet de conclure qu'une des carrières les plus enviables à San Gimignano en ce début de XVIe siècle, semble être celle qui permet de recevoir des bénéfices ecclésiastiques. Les familles les plus en vue et les nobles ne recherchent plus seulement le profit dans le commerce, mais également dans cette nouvelle voie, largement exploitée à San Gimignano et qui a porté ses fruits.

53 Ce «détail» nous manquait, cela explique certainement pourquoi les deux fils voulaient limiter les actions de leur père, si ce dernier voulait vendre des biens qu'il leur avait donnés.

Chapitre V

La transmission des biens et des objets

La liste des biens

Les dernières volontés servant à l'attribution des biens d'une personne, les testateurs trouvent parfois utile de détailler ce qu'ils possèdent, non seulement les terrains et les maisons, mais également les meubles, les ustensiles et les objets personnels. Ces détails nous donnent des indications précises sur ce que contenaient les habitations, les objets quotidiens et familiers ainsi que les rares objets précieux. Les données présentes dans ce chapitre ne proviennent pas exclusivement des testaments mais également de la liste des biens que les exécuteurs testamentaires devaient dresser après le décès du testateur.

Les tissus et les vêtements

Le tissage du lin et de la laine était une activité courante, nous ne sommes donc pas surpris de trouver toutes sortes de tissus qui changent de nom d'après les dimensions et la qualité des fibres; les vêtements les plus courants étaient faits avec les *panni monachini* et les *panni romagnuoli*[1]. Ces étoffes avaient également une utilisation précise: nappes, serviettes et draps remplissent les armoires des maisons et nous trouvons parfois des tissus colorés comme dans le testament de Francesco Pagni. Il n'a pas d'enfants et partage ses biens entre sa mère, sa nièce et son oncle: ce dernier est nommé héritier et les deux femmes se partagent les tissus qu'il possède. Francesco laisse à sa mère tous les tissus d'usage

1 Comme le montre, par exemple, le testament dicté en 1496 par Pietro de Geminiano (ASF, NA 20907, f. 191v.-192v.).

courant alors que sa nièce reçoit quatre chemises vertes et sa meilleure couverture[2].

L'état des tissus n'était pas toujours impeccable, mais les testateurs modestes n'hésitaient pas à donner des objets qu'ils disent usés; comme Angela Bargini, originaire de Colle Valdelsa, et veuve d'Antonio Pellegrini[3]. Le 2 avril 1528, cette testatrice laisse à sa fille Ginevra 40 florins de dot et quelques objets qu'elle possède une cape, un lit avec un drap blanc, quatre linges fins cousus ensemble, trois *braccia* de tissus *a tre licci,* trois tabliers déjà usés et un drap qui doit absolument lui être donné. L'insistance de la testatrice sur le fait que ce dernier drap doit aller à sa fille, nous permet de supposer qu'il s'agit d'un tissu en bon état, que Ginevra pourra utiliser toute sa vie. Ces objets semblent être tout ce que possède la testatrice, qui nomme ses frères et sœurs héritiers substitutifs. En dernier lieu, si elle ne devait pas avoir de famille en mesure d'hériter, elle désire laisser ses biens à l'hôpital de Santa Fina, à ser Roberto Cotennacci et à sa famille qui ont pris soin d'elle et l'ont nourrie. Les objets peuvent donc donner une idée de la condition économique des testateurs, Angela veut laisser à sa fille tout ce qu'elle possède, le lit est certainement ce qu'elle a de plus précieux, surtout parce qu'elle précise que des 40 florins que sa fille aura pour dot elle n'en a que 13, les 27 restants sont dans les mains d'un homme de Colle Valdelsa et les fidéicommissaires devront faire le nécessaire pour faire parvenir la somme à Ginevra.

Les vêtements de qualité étaient souvent destinés à l'héritier et donc absents du testament. Giovanni Coveri, en 1528, précise que si son épouse Agnoletta doit recevoir tous ses vêtements de lin et de laine certaines pièces devront être données aux héritiers. Il s'agit d'une cape de *panni monachini* bordée de velours noir, une ceinture de velours noir avec des empiècements en argent et une *gamurra* avec des manches en velours[4]. Le testateur veut transmettre ces objets à sa descendance masculine, ses fils ou alors son frère et ses neveux.

Le désir de continuité familiale peut parfois se mêler aux legs pieux, en 1479 Alessandra Benenati veuve de Pietro Bonaccorsi, en cas de mort de ses héritiers, demande à son frère de dépenser 50 florins pour un *pal-*

2 ASF, Diplomatico 1406 aprile 24, Spedale di San Gimignano.

3 ASF, NA 19860, f. 31r.

4 ASF, NA 11929, f. 148r.

liottum de velours avec les armoiries des familles de son mari et de son père, qui sera utilisé pour l'autel principal de l'église franciscaine[5].

Le mobilier

Normalement, à travers les aumônes et les legs pieux aux hôpitaux les testateurs laissaient leur lit, avec les draps, le matelas, le coussin et les couvertures; en somme, tout le nécessaire pour assister les pauvres et pour le bon fonctionnement de ces institutions. Comme par exemple Ardingla Cattani, qui en pleine épidémie de peste, le 18 juin 1348, distribue tous ses draps, son lit et ses meubles à l'hôpital de Santa Maria della Scala et aux couvents des frères mineurs et des frères prêcheurs[6].

Les documents les plus intéressants sont toutefois ceux qui contiennent une sorte d'inventaire, où le testateur prend soin de préciser ce que recevra l'héritier. Malgré les nombreuses lacunes des documents du début du XIVe siècle, un testament du premier groupe constitue une exception, puisque Vannuccio Gralli en 1313 en dictant ses dernières volontés à ser Ranieri Boninsegna, détaille ce que contient sa maison[7]. Les déclarations pour le cadastre ne contiennent jamais de sommes d'argent ce qui nous empêche de chiffrer les liquidités; dans ce sens les testaments et les documents concernant l'exécution des legs sont plus complets. Vannuccio déclare avoir 17 lires, un lit avec deux coussins qui sont couverts d'une taie blanche, une couverture rouge, des draps, de la paillasse, 18 *braccia* de tissus de lin, trois serviettes, deux barils, deux tonneaux, une *archetta* florentine, deux chemises, quelques animaux, comme un taureau, une brebis et deux animaux à plumes[8]. Il a également quelques vivres, à savoir huit livres d'huile, un setier de fèves et du bois, dont il ne précise pas la quantité, Vannuccio possède des outils pour travailler la

5 Alessandra nomme d'abord héritier son fils Sebastiano, mais si celui-ci devait mourir avant d'avoir 18 ans et être le seul fils de Alessandra, elle nomme son frère héritier de tous ses biens (ASF, NA, 15339 f. 409-410r.).

6 ASS, Comune di San Gimignano, 1348 giugno 18.

7 ASF, NA 17576, f. 14r.

8 Le testateur dit avoir deux *pennuti* sans préciser s'il s'agit de poules ou autres animaux à plumes.

terre, il déclare avoir une pèle en fer, un râteau, une fourche, il labourait ses champs à l'aide d'un araire mais il devait également savoir se défendre puisqu'il ajoute à cet inventaire, un couteau, une épée et un casque. La description minutieuse de ce que contient sa maison, permet de supposer quelques éléments de sa vie, occupée essentiellement par le travail agricole.

Les objets liés à un métier

Les objets liés à l'exercice d'un métier sont intéressants, les banquiers et les usuriers laissaient leurs livres de comptes, les artisans pouvaient donner à leurs enfants les instruments nécessaires à l'exercice d'un métier. C'est sans doute ce qu'aurait aimé faire Francesco fils de Giovanni, forgeron de San Gimignano qui teste le 24 août 1529[9]. Il est sérieusement malade et n'a pas d'enfants, il prend donc soin de l'avenir de son épouse en lui laissant l'usufruit de son patrimoine: Lorenza recevra tous les biens mobiliers et immobiliers, tout ce que contient la maison, mais également tous les instruments du forgeron, qu'elle pourra vendre pour mieux survivre du point de vue économique. La situation financière de ce couple n'est pas brillante; Francesco désire toutefois que son épouse vive décemment et pour cela il est prêt à sacrifier ses objets personnels, en échange, elle devra faire ce que sa conscience lui dictera, pour le bien de l'âme de son défunt mari et bien entendu rester veuve. Le testateur demande que soit fait l'inventaire de ses biens, mais malheureusement il ne prend pas la peine de le faire lui-même. Précaution que prend en 1510 Domenico fils de Pietro Ferini, alors qu'en bonne santé il dicte ses dernières volontés dans la *sala hospitalaria* du couvent augustinien, en confirmant ainsi le rôle d'assistance que l'ordre a exercé à San Gimignano[10]. Après quelques legs pieux il nomme son épouse usufruitière et leur fille héritière; le décès de la fille impliquerait le passage de l'héritage au

9 ASF, NA 16533, int. 2 f. 114r.
10 ASF, NA 14480, f. 8r.-10v.

couvent augustinien[11]. Il rend à son épouse Piera les 25 florins qui composaient sa dot en lui donnant des biens immobiliers à *Campaldi* et dans le quartier de San Matteo. De plus, sa fille devra lui assurer une rente annuelle de 20 setiers de blé en août, trois livres d'huile en février, sept barils de vin en octobre, deux setiers de figues ainsi que des œufs et du bois. Ce qui permet d'avoir une idée de l'alimentation de base et du minimum pour survivre. Domenico lui laisse également ses meubles, tout d'abord une *madia* pour y faire du pain, une table, trois chaises, un banc et deux autres chaises, puis trois récipients pour le vin de grandeurs différentes, un récipient pour l'huile, une poêle usée, mais également une caisse et un coffre, sans préciser s'ils contiennent des objets précieux; il passe ensuite aux meubles de la chambre, c'est-à-dire une armoire et un lit. Outre les meubles, Domenico lui lègue tout ce qui complète le lit, la paillasse, les coussins, les taies et un *scaldalectum*, ainsi que des tissus pour la cuisine, à savoir une nappe et des serviettes. Le testateur fait la liste de ses vêtements: tout d'abord des capes noires de tissus *monachini* et *romagnuoli*, puis des étoffes de laine, de lin et une *gamurrina*[12]. Ces objets iront ensuite à la fille du testateur, qui reçoit le reste des biens, donc probablement les terrains qui produisent l'huile et le vin qui font partie des revenus du testateur. Domenico dicte deux codicilles en 1511 et en 1513, qui ne modifient pas ses dispositions de manière essentielle; il précise toutefois dans chaque document les droits de son épouse[13].

Le prix des objets et des biens

Quand les testateurs possédaient des biens immobiliers, ils prenaient souvent soin de le préciser, sans toutefois donner une idée de leur valeur, mais en 1526, Bernardo fils de Ruffignano Cepparelli opère un choix différent. Il laisse à son fils Mariotto un terrain à *Villa Sovestri*, qu'il

11 Il demande sépulture dans le cimetière du couvent augustinien et de nombreuses messes dans l'église du couvent, pour le bien de son âme.

12 Il s'agit d'un vêtement une sorte de cape.

13 Les deux codicilles se trouvent dans le même registre respectivement aux feuillets 86v-87r et 312.

avait acheté à Bartolomeo Ciampo pour 170 florins ainsi que la moitié de celui qu'il possède avec son frère Lucchesio et se trouvant à *Villa Barbiani*. Mariotto recevra également la moitié des vignes et des terrains que son père partage avec Lucchesio à *Villa Sovestri* au lieu dit *al Campatello*. Toutefois Bernardo dispose d'autres biens immobiliers qu'il laisse à ses neveux puisque il a eu deux autres fils Taviano et Giovanni prématurément décédés. Tout d'abord Bernardino, fils de Taviano recevra un terrain agricole avec des *anguillari*[14] à *Pescille* au lieu dit *al Mulinaccio*, ensuite Ruffignano fils de Giovanni aura une maison avec la cave et le jardin potager à San Gimignano dans la rue *Quercerchi*, que le testateur a acheté au prix de 200 florins[15], plus un terrain à *Villa Racciano* au lieu dit *Colticciuolo*. Cette générosité a un prix, Ruffignano devra rendre la dot à Angela, fille de Francesco Sanna de Poggibonsi, épouse du défunt Giovanni; il reçoit donc l'ordre de son grand-père de rendre la dot à sa mère. Taviano, fils du testateur, est décédé depuis peu, puisque son épouse Caterina est enceinte lors de la dictée du testament de Bernardo. D'ailleurs le testateur précise que les fils de Taviano, seront héritiers d'autres biens[16]. Bernardo leur laisse un terrain agricole avec des oliviers, des *anguillare* et des arbres à *Villa Pescille,* pour une valeur de 80 florins, ainsi qu'un terrain avec des vignes et des arbres à *Villa Sovestri* acheté à Mariotto Vecchi au prix de 110 florins et deux maisons contiguës dans la rue *San Giovanni*. Toutefois, les neveux devront encore payer 25 florins à Mariotto ou à ses héritiers, pour obtenir ce dernier bien immobilier. Le testateur complète ses donations avec un terrain à *Villa Sovestri*, qui engendre l'obligation d'un legs pieux de 8 lires en faveur du couvent franciscain[17]. Bernardo avait de nombreux liens avec le couvent des frères mineurs: en effet, les fils de Taviano devront exiger la restitution d'un terrain qui avait été donné au couvent comme garantie

14 Il s'agit de terrains cultivés sur lesquels ont été plantées des vignes.

15 Bernardo précise qu'il possède les deux tiers de la maison, le tiers restant est de Giovanni fils de Giovanni Bracceri.

16 Taviano et Caterina avaient eu deux fils, Bernardino et Lorenzo, le testateur inclut également le fils qui naîtra dans le partage de son héritage.

17 Bernardo avait d'ailleurs reçu ce terrain du couvent franciscain et cette transaction ne semble pas terminée, puisque le testateur précise que si ses neveux ne pourront pas prendre possession du terrain, ils devront en recevoir un de valeur équivalente.

pour le versement de la dot d'une chapelle que Bernardo a fait construire dans l'église du couvent. Au moment de la dictée du testament, l'affaire n'est pas terminée et Bernardo doit 40 florins au couvent, mais quand le paiement sera terminé, les fils de Taviano pourront exiger le terrain. En échange de tous ces biens, ils devront rendre la dot à leur mère Caterina.

Ces dispositions si précises permettent de constater que le testateur traite exactement de la même manière son fils et ses neveux qu'il nomme héritiers. En effet, le reste de ses biens sera partagé en trois tiers, un pour son fils, le deuxième pour les fils de Taviano et le troisième pour ceux de Giovanni, qui ne pourront pas vendre les biens immobiliers avant d'avoir 25 ans et devront doter leurs sœurs et leurs filles avec au moins 60 florins. Cette dernière remarque surprend un peu; en effet le montant présumé de ces dots est très bas pour une famille qui possède autant de biens et qui semble avoir une situation économique enviable. Les biens décrits ci-dessus sont estimés entre 80 et 170 florins chacun et nous n'avons ni la valeur de tous les immeubles ni le contenu de l'entière masse successorale, puisque le testateur se contente de détailler ce qu'il désire expressément donner à chacun, sans pour autant nous dire ce que toucheront encore les héritiers[18]. Les sœurs et les filles devront donc compter sur la générosité de la génération successive puisque une dot de 60 florins ne permettait certainement pas un bon mariage.

Les objets particuliers

Parfois, ce ne sont ni les biens immobiliers, ni les objets d'utilisation quotidienne qui rendent intéressant un testament. Tommaso fils de Francesco Bonanni[19] teste le 30 novembre 1526, en donnant le détail des

18 Sur la famille Cepparelli, E. Fiumi précise que la richesse de ces hommes a été faite au XVIe et XVIIe siècle. En effet, la fortune de Taviano Cepparelli, en 1475, est estimée à peine 12 setiers de blé; de lui descend Ruffignano, père du testateur, en 1549 la famille sera estimée comme la cinquième richesse de San Gimignano du point de vue des rentes agricoles (*op. cit.*, p. 248).

19 Ou Buonanni. Connue dès la fin du XIIIe siècle cette famille était d'abord propriétaire de biens agricoles, ses membres se sont ensuite installés à l'intérieur des murs de San Gimignano et ils ont choisi le quartier de San Giovanni. Présents dans le

biens qu'il distribue à ses proches[20]. Ses quatre fils Francesco, Nicola, Luca et Antonio seront héritiers avec l'obligation de faire célébrer des messes de saint Grégoire dans les quatre ans qui suivront le décès de leur père; ils devront en outre accueillir leurs deux sœurs en cas de veuvages. Francesco et Antonio seront également bénéficiaires d'une série de biens du testateur qui ne précise pas les raisons de ce traitement de faveur, nous nous contenterons donc d'indiquer la liste contenue dans le testament. Francesco reçoit un lit avec tout le nécessaire pour dormir[21] des vêtements et des tissus noirs et rouges, une ceinture que le testateur dit être appelée *stringichuose*, quatre linges de dimensions différentes ainsi que deux tabliers pour sa femme. Tommaso a également un objet précieux qu'il désire donner à son fils Francesco, une bague avec une pierre rouge d'une valeur d'un florin. Antonio de son côté, reçoit également un lit[22], des tissus de laine et de lin, une nappe, des linges et le droit d'exiger 13 florins du terrain qui a été vendu à Mariotto fils de Iacopo Blasini. Tommaso avait une deuxième bague d'or avec une pierre rouge, qu'il donne à Antonio, cependant elle est d'une valeur inférieure à la première, puisque celle-ci vaut 3 lires.

Le passage de bijoux d'une génération à l'autre est intéressant, tout comme les mentions d'objets personnels, les recherches effectuées ici sont lacunaires, ce n'est que par un dépouillement minutieux des actes concernant les successions que des considérations plus précises pourraient être faites; les recherches devraient bien entendu être étendues aux successions *ab intestato*.

Les exemples choisis, illustrent non seulement le contenu de la masse successorale, mais également les préférences des testateurs, à savoir la transmission de l'héritage aux fils et à leur descendance masculine. Toutefois, nous avons précédemment souligné que les testateurs n'agissaient pas toujours ainsi, les filles, pouvaient concourir au partage de l'héritage, ou être préférées à une institution pieuse en l'absence

Cadastre, (ASF, Catasto 233, f. 498), il s'agit d'une famille qui a connu une nette amélioration de ses conditions économiques. (Pour de plus amples renseignements sur la famille Bonanni consulter E. Fiumi, *op. cit.*, pp. 243-244.)

20 ASF, NA,11929 f. 96r.

21 Le matelas, les coussins une couverture rouge et un couvre-lit usé.

22 Avec deux coussins, des draps gris et noirs et le matelas.

d'héritiers masculins, même si elles avaient déjà reçu leur dot. Afin d'illustrer ce cas de figure nous allons examiner le testament de Iacopo fils de Francesco Ceccarelli[23]. Cet homme teste malade en 1522 dans le couvent augustinien et devant sept frères[24]. Il demande à ses héritiers de donner 40 florins au couvent, en échange de célébrations pendant cinquante ans, le jour de sa mort, pour le bien de son âme et de celle de sa famille; l'inexécution de ce legs impliquerait la perte de l'héritage. Iacopo ne mentionne pas d'épouse, mais nomme héritiers ses futurs enfants, quel que soit leur sexe. Cette disposition n'est pas la seule qui met sur un pied d'égalité les femmes et les hommes; en effet Iacopo nomme sa mère Elena usufruitière de tous ses biens en lui laissant la liberté de prendre certaines décisions. Tout d'abord concernant Margherita, sœur du testateur, qui recevra 150 florins lors de son mariage ou de son entrée au couvent. Toutefois Iacopo précise que si Margherita entre au couvent, Elena pourra décider quand donner la somme: si elle ne donne pas son consentement, les 150 florins seront versés après le décès d'Elena. De plus, son fils lui laisse le droit de conclure une vente en cours avec Giovanni fils de Luca Giovannetti et elle sera bénéficiaire du profit de cette vente. Iacopo n'a pas eu d'enfants et selon ses volontés testamentaires ce sont les parents les plus proches, du côté de son père, qui pourront hériter; en effet, le premier septembre 1524, Geminiano fils de Cristofano Ceccarelli répudie l'héritage de Iacopo en le laissant à Margherita[25]. Cinq jours plus tard, Margherita reçoit également les biens de l'héritage de son père, à savoir une maison dans la rue de l'hôpital de Santa Fina, un terrain d'une rente de sept setiers à *Villa Paterno*, ainsi que le contenu de la maison. Les meubles se résument à des chaises et des bancs, quelques caisses et un lit avec le matelas, Margherita hérite également de plusieurs barriques et d'instruments pour travailler la terre, tels qu'une pèle et une fourche. Toutefois Margherita est encore une jeune fille, nous ne connaissons ni son âge ni sa situation, simplement l'acte précise qu'elle prend possession de ces biens en présence de son tuteur[26].

23 Improbable qu'il s'agisse de la famille Cepparelli, connue à San Gimignano dès la seconde moitié du XVe siècle, dont nous avons parlé précédemment.

24 ASF, NA 11927, f. 167v.-168v.

25 ASF, NA 11927, f. 280r.

26 ASF, NA 11927, f. 282v.-283r.

Le passage de propriété est donc possible en ligne féminine, soit par volonté expresse des testateurs, soit par la renonciation d'un héritier légitime. Le geste de Geminiano est altruiste, il pense au bien-être de Margherita, sa dot était normalement assurée par les dernières volontés de son frère et si en plus elle reçoit l'héritage de son père, elle catalyse le patrimoine de ses plus proches parents.

La famille Brogi ou le passage de biens immobiliers

Les maisons et les terrains font souvent partie de la masse successorale destinée à l'héritier; toutefois de nombreux légataires ainsi que certains bénéficiaires de legs pieux peuvent recevoir des biens immobiliers. Suivre le passage de ces propriétés d'une génération à l'autre, est possible en mettant en parallèle plusieurs testaments de la même famille, comme c'est le cas dans l'exemple suivant. Francesco Brogi, dans son testament de 1424, détaille ce que représente l'héritage qu'il laisse à ses enfants.[27] Son fils Ambrogio recevra un *podere* à *Villa del Castello*, un terrain à *Villa San Lorenzo* et deux terrains travaillés par Polino Bargelli. Le testateur précise que son fils recevra ces propriétés dans l'état actuel, c'est-à-dire, avec les biens et les animaux qui s'y trouvent. En outre, il recevra une vigne à *Villa Paterno* et une maison qu'il devra partager avec son neveu Antonio[28], encore une fois Francesco précise que les draps, l'huile et le blé contenus dans la maison seront également propriété d'Ambrogio et Antonio.

Le testateur a un autre fils, Pagolo, qui pourra recevoir ses autres terrains agricoles ainsi qu'une maison dans le quartier de San Matteo où il pourra habiter avec sa famille. Le dernier fils cité, Placito, recevra tous les autres *poderi*, un jardin potager et une maison dans le quartier de San Matteo, où il pourra vivre avec sa famille, mais il recevra également une

27 Nous avons déjà parlé de Francesco Brogi et de ses choix concernant les legs pieux et la sépulture (ASF, NA 9567, f. 37r.-40v.). Cet homme a également dicté un testament en 1409; si ses choix principaux restent les mêmes, il est cependant moins intéressant, parce qu'il contient peu de détails (ASV, Fondo Toscano, 16414).

28 Antonio est le fils d'Ippolito, fils défunt du testateur.

apoteca où l'on exerce *l'arte aromatica* avec tout ce qu'elle contient[29]. En échange Placito devra s'occuper de tenir les comptes du testateur en suivant les indications déjà présentes dans les livres comptables de son père et faire un legs pieux à la confrérie de la Sainte Croix du couvent augustinien[30].

Les compléments du Cadastre

Ce testament nous permet donc d'avoir une première idée du patrimoine de Francesco et les données peuvent être complétées par les déclarations du Cadastre faites par lui et par ses trois fils, qui détaillent la composition de leurs familles. En 1428 Francesco a 86 ans et il déclare tout d'abord posséder une maison dans le quartier de San Matteo qui est divisée en trois portions, la première lui sert d'habitation, les deux autres tiers sont occupés par son fils Ambrogio et son neveu Antonio avec leurs familles[31]. Dans ce complexe immobilier il y avait également un magasin utilisé par des artisans qui travaillaient laine. Toutefois la fortune de Francesco ne se limite pas à cela; en effet il déclare posséder d'autres biens immobiliers que nous pouvons résumer en une maison, dix terrains agricoles et deux *poderi*, dont un avec un pressoir à huile; ces biens représentent une valeur de 909 florins et 17 sous. Ce vieil homme vit avec son épouse Bartola, elle a 56 ans et le couple se fait assister par une jeune fille[32]. Voyons maintenant quelle est la composition des familles des enfants de Francesco, tout d'abord Ambrogio, il a 56 ans et son épouse Guerina n'en a que 36[33]. Cinq enfants sont nés de cette union, ils sont âgés de 14 ans à quelques mois, nous ignorons si Guerina est la mère de tous ces enfants et si des filles plus âgées étant déjà mariées ne

29 Francesco a également une fille Iacopa, mariée en 1424, elle a déjà reçu sa dot, le testateur précise simplement qu'en cas de veuvage elle aura le droit de revenir habiter avec ses frères et elle recevra un logement et de la nourriture.

30 Francesco désire simplement des messes pour le bien de son âme.

31 ASF, Catasto 266, f. 283v.-286r.

32 Francesco a des charges et des dettes pour une somme totale de 296 florins, ce qui lui permet de déclarer une fortune de 613 florins et 17 sous.

33 ASF, Catasto 266, f. 72.

résultent plus dans cette déclaration[34]. La famille n'a rien à envier à la situation de Francesco, puisque la valeur déclarée de ses biens immobiliers est de 1010 florins et 9 sous, ses dettes étant de 144 florins et 17 sous, il lui reste 867 florins et 12 sous.

Moins chanceux ou moins entreprenant, Pagolo déclare des biens immobiliers pour une valeur totale de 513 florins et 14 sous, ayant des dettes pour une somme totale de 32 florins, il lui reste 499 florins et 14 sous. Sa famille a été décimée, puisque Pagolo a 47 ans et il vit seul avec son fils de 11 ans, il est le seul fils à avoir une telle situation puisque son petit frère Placito qui vit comme les autres dans le quartier de San Matteo, à l'âge de 38 ans a une épouse de dix ans plus jeune et trois enfants en bas âge[35]. Dans son testament, Francesco laissait à son fils Placito une *apoteca* pour y exercer l'*arte aromatica*, toutefois Placito semble avoir déjà commencé son activité vu qu'il déclare être *speziale* et avoir une *bottega* devant sa maison pour exercer son métier, qu'il estime à 50 florins. La fortune de Placito, une fois ses dettes soustraites, se monte à 623 florins et 9 sous, ce qui lui permet de se situer en position intermédiaire dans l'échelle de la richesse familiale.

Francesco avait également eu un fils, Polito, déjà décédé en 1424, et le testateur avait laissé une partie de ses biens à Antonio son neveu. Ce dernier déclare aux officiers du Cadastre qu'il a 27 ans, son épouse Piera est de deux ans sa cadette et ils ont deux enfants Polito et Giuliano respectivement de 3 ans et 8 mois. Il possède des terrains et un *podere* pour 665 florins et 11 sous, il faut cependant ajouter 100 florins pour des tissus colorés, commercialisés par Antonio avec son oncle Pagolo. Ce jeune homme a beaucoup de dettes ce qui réduit considérablement sa fortune, qui se monte à 410 florins et 6 sous.

34 Précisément il s'agit de Benedetto 14 ans, Nicolosa 12, Oddo 8, Piera 6, Zacheria 2 et Spinotto qui vient de naître.

35 ASF, Catasto 266, f. 624-629. Placito a épousé Agata, le couple a eu deux garçons et une fille qui ont de 5 à 3 ans.

La mise en commun des données

La combinaison des testaments et des déclarations effectuées aux officiers du Cadastre, permet de mieux saisir la situation des personnes qui nous intéressent. En effet, si nous examinons le cas de Francesco Brogi, ses dispositions testamentaires sont confirmées par les documents de 1428. Toute sa famille habite dans le quartier de San Matteo, ce qui permet de comprendre sa générosité envers la petite église du quartier[36]. Sa situation économique lui permet la générosité de ses legs pieux et son âge rend nécessaire la dictée d'un testament, même si sa santé est bonne et ne laisse pas supposer le risque d'une mort imminente. Les activités commerciales et la propriété de biens immobiliers sont confirmées par la liste des biens, non seulement les nombreux terrains et *poderi*, mais également le commerce de tissus et *l'arte aromatica.* En outre, les *poderi* produisent du blé, de l'huile, du vin, des fèves et du safran, ce qui représente une entrée supplémentaire pour les héritiers. D'après les actes du corpus testamentaire, nous perdons la trace de la famille Brogi jusqu'en 1462, mais les informations sur la descendance de Francesco Brogi contenues dans le Cadastre, nous permettent de donner un sens à ses dispositions testamentaires, elles sont ainsi replacées dans un contexte familial[37].

36 Francesco demande à ses fidéicommissaires de donner 50 lires à l'église de San Matteo, la somme devra être utilisée pour les parements de l'église; en échange, il veut des messes pour le bien de son âme.

37 Nous nous référons aux testateurs suivants: Francesco fils de Placito en 1462 (ASF, NA 8772, f. 8v.-9r.), Giovanni fils de Angelo en 1503 (ASF, NA 22, f. 71v.-73r.), Matteo fils de Placito en 1517 (ASF, NA 16635, f. 164r.-165r.); Giovanni fils de Ugone en 1521 (ASF, NA 11928, f. 125r.-128v.) et Ugone fils de Tommaso en 1527 (ASF NA, 11929, f. 129r.-130v.).

Son petit-fils porte le même nom, il est né du mariage de Placito et Agata et il teste malade alors qu'il n'a pas encore quarante ans[38]. Son testament concis est heureusement complété par un codicille dicté le 5 août 1462, où il précise les obligations de son frère Matteo, héritier de tous ses biens. Il confirme sa volonté d'être enseveli dans l'église du couvent bénédictin à *Villa Barbiani* et ajoute un legs pieux de 50 florins que Matteo devra donner au couvent dans un délai de huit ans. Après le bien-être de l'âme Francesco s'occupe des dots: il récompense sa servante Francesca avec 25 florins de dot qui faciliteront son mariage et demande à son frère de donner à son épouse Sandra du blé et du vin pendant trois ans; en échange cette dernière devra de prier pour lui[39]. Nous ne connaissons pas la date du décès de Francesco, cependant en 1477 Matteo est officiellement héritier et il doit respecter les volontés testamentaires de son frère, à savoir le legs pieux au couvent de *Villa Barbiani*. Il donnera la somme par tranches jusqu'en décembre 1479 et s'il devait se montrer récalcitrant Giovanni fils d'Agostino Abbracciabeni aurait le pouvoir de l'obliger à s'exécuter[40]. Nous n'avons aucune autre précision concernant le rôle de Giovanni Abbracciabeni, sa mère Elena et son frère Michele étaient liés au couvent bénédictin, malheureusement le testament de Giovanni fait défaut, il aurait pu nous permettre de comprendre ce qui l'unissait au couvent[41].

En 1428 Antonio Brogi *lanaiolo* avait une fortune réduite par les dettes, en 1503 son petit-fils Giovanni teste en nous révélant une famille pour le moins nombreuse et une certaine aisance économique même si ses legs pieux se limitent à une demande de sépulture et 10 sous que se partageront la sacristie de la Collégiale et l'hôpital de Santa Fina. Toutefois, Giovanni a épousé Ladontina originaire de Castelfiorentino, il lui

38 Nous déduisons son âge du fait qu'il n'était pas mentionné dans le Cadastre en 1428.

39 Le codicille suit le testament dans le registre du notaire Michele Gentiluzzi.

40 ASF, Compagnie religiose soppresse da Pietro Leopoldo 3038. Acte daté du 23 mars 1477.

41 D'autres renseignements sur la famille Abbracciabeni sont disponibles dans la cinquième partie.

laisse 25 florins et l'usufruit de ses biens si elle reste veuve, choix classique de ce testateur qui n'implique pas son épouse, ni dans la gestion de ses biens, ni dans l'éducation de sa descendance. Le couple a eu huit enfants, quatre filles et quatre garçons, il respecte encore une fois la norme en donnant une dot à ses filles et en instituant ses fils héritiers[42]. Ce document est moins intéressant puisque la descendance de Polito nous est moins connue que celle de Placito; en effet nous ne pouvons pas compter sur d'autres testaments de cette partie de la famille Brogi.

Après le testament de Francesco, fils de Placito nous avons celui de Matteo nommé héritier par son frère en 1462. Matteo s'était marié avec Lisa fille de Bartolomeo, le testateur demande à leurs enfants de lui verser 20 lires chaque année en janvier si elle ne demande pas sa dot, sinon il lui lègue le *podere* de *Villa San Pietro* qui correspond, selon Matteo, à la valeur reçue pour la dot[43]. De cette union, sont nés au moins deux fils, Placito déjà décédé et Francesco héritier de Matteo, qui devra partager son héritage avec le fils de Placito, Matteo[44]. Toutefois le testateur ne se contente pas de nommer ses héritiers, il détaille les biens que recevront Francesco et Matteo. Ils devront se partager les maisons situées à San Gimignano, les terrains agricoles situés au lieu dit *Piano della fonte*[45], ainsi que les terrains situés à *Villa San Quirico*.

Francesco aura droit à la maison située dans la *via del Ponte*, et plus précisément la partie *che va su colla schala murata*, ainsi que les terrains au lieu dit *Piano degli ulivi* et deux autres terrains agricoles. De son côté Matteo, recevra tous les terrains qui sont travaillés par Nanni ainsi que la moitié des terrains, des amandiers et autres arbres, au lieu dit *Poggio alla torre*, ainsi que les propriétés du testateur devant la cave et le pressoir à huile[46]. Le testateur tient en outre à préciser que tout ce que contient sa maison, les animaux et les autres biens sont à partager équitablement

42 Une de ses filles, Donata est l'épouse de Giovanni Moronti.

43 Malheureusement le document ne mentionne pas de chiffres concernant cette valeur.

44 Encore une fois les homonymies fréquentes posent quelques problèmes de clarté, ici le testateur et son petit-fils portent le même nom et l'un nomme l'autre héritier.

45 Le testateur précise qu'il s'agit de terrains cultivés, de vignes et de terrains avec des arbres fruitiers.

46 Le document ne précise pas où se trouvent le pressoir et la cave.

entre les deux hommes qui n'ont toutefois pas l'autorisation de vendre l'héritage.

Le testament de Giovanni fils de Ugo Brogi

Les deux derniers documents se réfèrent à la même branche de la famille: la descendance de Placito. Giovanni fils de Ugo Brogi était fils de Placito et donc frère de Matteo et Francesco dont nous avons déjà parlé[47]. Giovanni a épousé Susanna, fille de Iacopo mais surtout petite fille de Berto Da Picchena, le testateur lui rend sa dot de 500 florins et lui demande d'administrer ses biens[48]. Cette somme situe Susanna dans la catégorie des femmes les plus richement dotées[49], comme d'ailleurs laisse supposer son nom de famille. Giovanni a pleine confiance en elle, puisqu'elle devra gérer son patrimoine et le faire fructifier, tout en réglant les dettes et les créances de son mari qui précise son autonomie: les héritiers ne pourront en aucun cas ignorer son autorité et lui interdire l'exercice de ses fonctions. Le testateur est peut-être soupçonneux parce que son héritier, Pietro est le fruit de son premier mariage avec Benedetta Burgassi, il peut donc craindre qu'il n'accepte pas l'autorité de sa marâtre. Giovanni a également une fille, Francesca déjà mariée qui recevrait logement et nourriture en cas de veuvage; connaissant les difficultés qu'elle pourrait avoir à récupérer sa dot, Giovanni lui laisse également

47 La situation peut prêter à confusion, nous allons donc rappeler brièvement les liens familiaux. Francesco Brogi a eu quatre fils nous traitons ici la descendance du dernier fils Placito. Il a épousé Agata et selon nos sources il a eu quatre enfants, Pieraccino, Ugo, Francesco et Matteo. Nous avons étudié les testaments de Francesco et Matteo, ce dernier a eu deux fils Placito et Francesco et un neveu Matteo, fils de Placito. De son côté Ugo a eu deux fils Tommaso et Giovanni, nous allons traiter le testament de Giovanni qui a eu deux fils Francesco et Pietro. En dernier lieu nous parlerons des dernières volontés de Ugo, fils de Tommaso.

48 Berto fils de Iacopo Da Picchena avait 27 ans lors en 1428, il déclarait une fortune imposable enviable de 2850 florins et 12 sous. Après le mariage avec un membre de la famille Moronti, cette union confirme les liens qui unissaient les grandes fortunes du bourg.

49 Nous nous référons ici au schéma proposé dans la section consacrée à l'étude des montants destinés aux dots.

un terrain à *Villa Sovestri*; ce bien immobilier sera toutefois récupéré par les héritiers après le décès de Francesca. Il est intéressant de remarquer que ce terrain au lieu dit *Porta alla Fonte* était propriété de Lattanzio Cortesi dont nous avons déjà parlé. Giovanni laisse également 10 florins aux héritiers afin qu'ils achètent à sa fille, un habit en tissus noir, que Francesca portera le jour de l'enterrement de son père.

Giovanni prévoit un héritier substitutif, il s'agit de son neveu Ugone fils de son frère Tommaso, qui de toute manière recevra quatre *poderi* et le quart d'un pressoir à huile que le testateur possède d'une part avec le couvent de Santa Maria Maddalena et d'autre part avec son frère Tom maso[50]. En dernier lieu, le testateur demande à ses héritiers de doter ses futures filles et impose des restrictions quant à la vente des biens immobiliers. Ses filles recevront au moins 500 florins et il réduit la somme à 300 si elles devaient être plus de quatre, puis Giovanni montre son attachement aux biens de la famille. Nous avions découvert en 1424 les habitations de cette famille dans le quartier de San Matteo, en 1521 Giovanni interdit formellement à ses héritiers de vendre les maisons dans ce quartier, désormais appelées *palagio Brogi* mais il protège également les *poderi* à *Collemuccioli* ainsi que sa moitié du *podere* à *Pescille* et le terrain qui appartenait à Lattanzio Cortesi; les autres biens pourront être vendus après le décès de Susanna. Le testateur multiplie les marques de confiance et respect envers son épouse; la restitution de sa dot constitue en effet la seule raison qui autorise les héritiers à vendre ses biens, de plus si son fils Pietro continue à habiter avec Susanna il devra lui payer chaque année quatre florins pour la location de la maison. Le choix du fidéicommissaire et exécuteur testamentaire représente une confirmation supplémentaire de cette attitude, puisqu'il s'agit de Lamberto frère de Susanna.

50 Le testateur précise qu'il s'agit d'un *podere* à *Villa Guinzani* que Ugone pourra recevoir après le décès de Susanna et trois autres à *Campobriano*; toutefois Giovanni précise que ses possessions à *Villa Guinzani* ne pourront être vendues ou louées, seulement des raisons valables permettraient à l'héritier de les louer pendant trois ans. Si Ugone devait contrevenir à ces dispositions, le *podere* et tout ce qu'il contient serait propriété de l'hôpital de Santa Fina ou de celui de Santa Maria Nuova de Florence.

L'héritage d'Ugone, fils de Tommaso Brogi

Nous ignorons si Pietro a succédé à son père, cependant en 1527 c'est Ugone, fils de Tommaso qui teste une première fois en bonne santé dans le couvent augustinien[51], puis à la maison malade trois ans plus tard[52]. Outre les intéressantes dispositions concernant sa sépulture[53], Ugone détaille clairement ce qu'il désire pour son épouse. Le testateur veut rendre à Tita, fille de Taddeo Bracceri, sa dot de 600 florins et lui laisse l'usufruit de tous ses biens, en échange elle devra doter les filles du couple en donnant 500 florins à chacune, afin qu'elles aient le même traitement que Costanza déjà mariée avec Antonio Nerucci; pour ce faire Tita pourra vendre des biens du testateur. Ugone multiplie les protections à l'égard de son épouse en lui laissant l'usufruit du *podere* de *Villa Cusona* et une servante en précisant que ceci ne peut en aucun cas constituer sa dot. Le testateur veut que le *podere* aille à sa descendance: cependant ses fils ne pourront pas le vendre avant d'avoir 25 ans et si ses filles devaient entrer au couvent elles en auraient l'usufruit. Ensuite ce bien serait partagés en trois: un tiers pour Francesca fille de Giovanni Brogi et ses héritiers[54], les deux autres tiers à l'hôpital de Santa Fina et au couvent de Santa Maria Maddalena; dans ce cas Ugone demande une contrepartie perpétuelle. Il désire en effet, que le jour de la festivité de saint François ces institutions fassent une aumône de 24 setiers de blé cuit et un *officium mortuorum* de quinze messes le jour suivant l'Assomption au mois d'août. Trois ans plus tard, Ugone malade modifie quelques aspects de son testament: il augmente les legs pieux[55] et la dot de Tita est réduite à

51 Avant lui, Giovanni et Matteo avaient testé au même endroit.

52 Le codicille daté du 18 septembre 1530 suit le testament dans le registre du notaire Bernardino Lolli.

53 Nous en avons parlé dans la section consacrée au choix de sépulture.

54 Francesca est la cousine de Ugone puisque leurs pères Tommaso et Giovanni étaient frères, si le testateur laisse ses biens à une femme nous pouvons supposer que Pietro, frère de Francesca, cité dans le testament de son père, est déjà mort.

55 Il laisse 25 ducats à la confrérie de la Vierge Marie du couvent dominicain, en demandant aux héritiers de verser la somme en cinq tranches, de plus il laisse sa maison à son cousin, Francesco fils de Placido et à ses héritiers, en leur demandant de faire célébrer pendant cinquante ans un *officium mortuorum* de vingt messes

550 florins, aux quels il ajoute 250 florins provenant de l'héritage de Brigida, mère de Tita. Effectivement Brigida Ciais, florentine, épouse de Taddeo de Michele Bracceri avait testé le 2 août 1528 en laissant son patrimoine à ses deux filles Tita et Francesca en demandant à son gendre Ugone d'exécuter ses dernières volontés[56]. Le passage des dots avait d'ailleurs déjà été souhaité par Taddeo, qui en dictant son testament en 1516, avait rendu la dot à son épouse, en lui demandant de la transmettre aux deux filles[57].

Ugone craint que ses dispositions ne soient pas respectées, en 1527 il nomme Giovanni Gamucci, Pierantonio Nerucci et Michelangelo Caciotti, exécuteurs testamentaires, alors que son épouse, Bernardo Ruffi, le notaire Bernardino Lolli et sa cousine Francesca seront tuteurs des enfants. En 1530 il limite la liberté de ses enfants en les empêchant de tester avant l'âge de 20 ans et en nommant Giovanni Gamucci, Giovanni Bracceri et l'évêque d'Assises leurs tuteurs. Ugone peut donc compter sur l'appui d'importantes familles de tradition notariale et commerciale de San Gimignano comme la famille Bracceri, d'où provient l'épouse du testateur. Les liens avec Florence, grâce à la mère de Tita et la comparaison avec les données des deux familles lors du Cadastre de 1428, confirment l'impression de bien-être matériel. Si la famille Brogi déclare une fortune de 3015 florins et 3 sous, les composants de la famille Bracceri arrivent à 3276 florins et 8 sous[58]. La famille Bracceri occupe ainsi le cinquième rang dans le classement des fortunes de San Gimignano en

---

dans la Collégiale; la célébration devra avoir lieu la semaine du jour du décès du testateur, sinon ils perdraient la maison.

56 Francesca, la sœur de Brigida a également fait un excellent mariage puisqu'elle est l'épouse de Nicola de Iacopo Marsili (ASF, NA 8677, f. 234v.-235v.).

57 Taddeo avait nommé son frère et ses neveux héritiers (ASF, NA 15324, f. 85r.-86v.).

58 La famille compte quatre feux en 1428, si ceux de Francesco de Michele et de Matteo de Michele sont relativement modestes, avec respectivement une fortune de 508 florins et 2 sous et 234 florins et 15 sous, ceux de Giovanni de Bottaccio et Giovanni de Taddeo dépassent les 1000 florins chacun. Vraisemblablement Tita descend de Giovanni de Taddeo qui a eu un fils Michele, père de Taddeo, père de Tita. Ces renseignements ont été déduits de rapprochements entre les testaments à notre disposition et les déclarations aux officiers du Cadastre (ASF, Catasto 266, f. 328-330 et f. 350-353).

1428, alors que la famille Brogi arrive au neuvième. Ce que les testaments permettent parfois de deviner, de soupçonner, d'autres sources peuvent donc le confirmer, en conséquence si notre intérêt ne se limite pas aux biens immobiliers mais nous voulons mieux connaître le quotidien de ces personnes, les données d'une source ne suffisent pas.

Chapitre VI

L'exécution testamentaire

Les considérations que nous pouvons faire sur le contenu des testaments restent toujours, en réalité, tributaires de l'exécution. Parfois, nous avons retrouvé des actes qui concernaient des litiges opposant les ayants droits au patrimoine du défunt, ou alors la liste des biens qui composaient la masse successorale, ou l'exécution des legs pieux. L'intérêt des héritiers est certainement proportionnel au montant de biens, difficile cependant, comme nous l'avons vu, d'estimer d'après le testament, la consistance de la masse successorale.

Bartolomeo Nardi est un cordonnier qui teste en 1479, en nommant son épouse usufruitière de ses biens puis, son frère et ses enfants héritiers[1]. Le seul détail de cet acte concerne la dot de son épouse constituée d'argent mais également de draps, de tissus et des meubles de la chambre. Cependant Bartolomeo dicte un nouveau testament en 1483, où il laisse tous ses biens au couvent des frères prêcheurs, en échange de nombreux gestes pieux, parmi lesquels vingt messes au mois de juillet[2]. S'agissant d'une copie partielle, nous ignorons les autres requêtes et dispositions, mais le parchemin se termine par l'acceptation des dominicains de l'héritage de Bartolomeo. Après inventaire et estimation il reste au couvent 45 écus, 1 lire, 5 sous et 10 deniers, il ne s'agit donc pas d'une excellente opération financière pour le couvent qui hérite une fortune limitée, de plus nous n'avons pas la mention de biens immobiliers, il s'agit donc principalement d'objets d'usage commun du testateur.

Quelques propriétés immobilières et un peu d'argent peuvent cependant être source de problèmes, comme nous le confirme le premier exemple choisi: les étapes pour résoudre les procédures de l'héritage de Broccardo Nucci qui a dicté son testament le 13 juillet 1374[3].

1 ASF, NA 8772, f. 36r.

2 BSCSG, Ms. 82, f. 22v.

3 Nous avons déjà parlé de ce testateur dans la section consacrée aux métiers et aux usuriers (ASF, Diplomatico 1374 luglio 13, Domenicani di San Gimignano).

Broccardo est bonne santé et demande sépulture au couvent augustinien, selon le rituel de la confrérie de la Sainte Croix, en confirmant ainsi le rôle de ces institutions au moment de la sépulture[4]. Cet usurier utilise 100 florins pour le bien de son âme, qu'il distribue aux différentes églises et couvents de San Gimignano[5]. En 1388, son frère Andrea, exprimera la même confiance à la confrérie du couvent augustinien ainsi qu'aux frères eux-mêmes; Andrea et Broccardo avaient d'ailleurs fait construire une chapelle dans l'église du couvent[6]. Revenons cependant au testament de Broccardo et à ses dispositions concernant sa famille: son épouse Francesca pourra récupérer sa dot de 220 lires et aura droit à l'usufruit de la maison du testateur, ses deux autres frères recevront 4 florins et sa nièce Lucia 100 lires.

Broccardo a eu deux fils, Antonio et Vannuccio, qui sont nommés héritiers, le testateur prévoit cependant certaines variations à la composition de sa famille. Tout d'abord les éventuelles futures filles auront droit à 100 florins de dot, puis le décès de ses deux fils impliquerait le passage de l'héritage aux neveux. S'il ne devait pas avoir de neveux, son épouse aurait l'usufruit de tous ses biens, sa maison irait à son frère Andrea et le reste à la confrérie de la Sainte Croix du couvent augustinien en échange d'aumônes et des messes célébrées sur l'autel de la chapelle qu'il a fait construire. En outre, toujours pour le bien de son âme, il double le montant de ses legs pieux, en l'absence d'héritiers. Broccardo envisage que la confrérie ne veuille pas accepter les restrictions imposées, dans ce cas, il nomme la confrérie de la Vierge Marie héritière de tous ses biens, avec les mêmes obligations. Le testateur montre sa pleine confiance en son frère Andrea en le nommant fidéicommissaire. Le 4 août 1385 Broccardo meurt et les problèmes relatifs à ses dispositions testamentaires com-

4 Le testateur est très lié aux confréries puisque, comme nous le verrons, elles pourront hériter la fortune de Broccardo.

5 Généreux envers toutes les institutions pieuses, Broccardo ne laisse rien aux hôpitaux, ses legs pieux sont essentiellement destinés à faire dire des messes pour le bien de son âme.

6 Document du 5 juillet, Andrea nomme Antonio, fils de Broccardo, héritier universel (ASF, NA 13404, f. nn.).

mencent, tout d'abord entre Francesca et son fils Antonio, ce dernier ne voulant pas lui rendre sa dot. Toutefois, il devra céder et Francesca pourra récupérer ses biens et avoir l'usufruit de la maison tant qu'elle restera veuve, comme l'avait décidé Broccardo[7]. Les bénéficiaires des legs pieux désirent également recevoir ce qui leur était destiné, c'est ainsi que la confrérie de la Sainte Croix reçoit un terrain pour le legs d'un florin et 10 lires et une aumône annuelle de blé[8]. Il est intéressant de découvrir une restriction aux aumônes de blé; en effet les héritiers ne sont pas tenus à s'exécuter si une année la récolte devait être détruite par un incendie ou des intempéries, ils pourraient alors donner une quantité inférieure, proportionnelle à la récolte. L'attachement de ces personnes à la confrérie de la Sainte Croix du couvent augustinien, s'explique également par la présence de Urbano frère de Broccardo et Antonio, membre de la confrérie et frère du couvent augustinien. Son avenir économique tient à cœur de Broccardo: si la confrérie devenait héritière, celui-ci pourrait toucher une rente viagère annuelle de 5 florins; Urbano serait alors chargé de faire célébrer un *officium mortuorum* dans la chapelle de la confrérie, le jour de la mort de Broccardo, ainsi que douze messes annuelles[9].

Les frères augustiniens ne pourront pas utiliser les biens reçus en toute liberté: un tiers de la somme devra être utilisée pour doter des pauvres jeunes filles, ensuite ils devront faire célébrer, chaque année, des messes chantées et dépenser 5 lires pour le bien de l'âme des défunts de la famille Nucci. Toutes ces précisions en cas de décès des héritiers n'ont pas été inutiles; en effet, Antonio n'a pas pu profiter longtemps des biens de son père puisqu'il meurt, sans enfants, cinq ans après lui, c'est donc Andrea, frère de Broccardo, qui sera héritier et Francesca gardera l'usufruit des biens.

7 Nous avons des renseignements sur cette divergence entre mère et fils dans deux documents postérieurs, qui sont des copies (BSCSG, Ms. 85, f. 69r. et ASF, Compagnie religiose soppresse da Pietro Leopoldo, 3021 f. 288).

8 Ces renseignements sont tirés d'une copie postérieure (ASF, Compagnie religiose soppresse da Pietro Leopoldo 3021, f. 283v.-285r.).

9 Urbano pourrait également avoir l'usufruit d'un terrain cultivé, pour subvenir à ses besoins.

Les dispositions testamentaires d'Andrea, dictées en 1388, prévoient le passage de son héritage à son neveu ou à la confrérie augustinienne, c'est donc cette dernière qui sera effectivement héritière, puisqu'Antonio décède en 1390. Cependant Andrea avait laissé une partie de ses biens à l'hôpital de Santa Fina, cette institution désire se protéger et dans un acte du 10 septembre 1400, nous trouvons le partage des biens entre l'hôpital et la confrérie[10]. Les deux *poderi* à *Villa Cuciani*, dont Francesca est bénéficiaire de l'usufruit, seront de la confrérie, tout comme le terrain à Cellole, alors que la maison dans le quartier de la Piazza, appelée *Casa di sotto,* doit rester à Francesca; après son décès Andrea pourra en avoir la propriété. Deux autres maisons, d'Andrea, iront à l'hôpital de Santa Fina qui devra rendre la dot à son épouse Caterina. Les draps et le mobilier que Francesca n'utilise pas iront à l'hôpital, alors que la confrérie recevra chaque année, aux calendes du mois d'août, six livres d'huile et deux *moggia* de blé. Ces deux institutions se sont donc déjà partagées un héritage qui pour le moment ne leur appartient pas, la situation se modifie en 1408, puisque le premier novembre Andrea décède, il n'a pas d'enfants et quatre jours plus tard la confrérie avance ses prétentions sur l'héritage[11]. Dans un acté rédigé par Giovanni Gamucci, nous trouvons le rappel des dispositions testamentaires de Broccardo ainsi que les biens déjà inventoriés dans l'acte de 1400, avec les relatifs bénéficiaires. A tout cela s'ajoute le dernier paragraphe: comme Andrea est décédé sans héritiers légitimes, *«dictus legatus seu dispositio dictarum possessionum et bonorum de Ciunciano et aliorum contentorum in dicto testamento ad dictam Societatem spectantium ipsi Societati et Universitati predicte debentur et pertinent».* C'est Antonio fils de Bartolo David en qualité de *sindicus et procurator dicte Societatis et Universitatis* qui prend possession des biens, parce que Francesca renonce à l'usufruit des *poderi,* cependant elle ne dit pas expressément renoncer à l'usufruit de la maison. D'ailleurs il semble bien que ce soit en ce lieu qu'elle dicte son testament, quand elle tombe malade et teste le 27 décembre 1411; elle est toujours veuve et devrait donc être restée dans la maison de Broccardo[12].

10 ASF, Diplomatico, 1400 settembre 10, Spedale di san Gimignano.

11 ASV, Fondo Toscano 16399.

12 Vannuccio était probablement déjà mort en 1388 puisque Andrea ne le cite pas dans son testament.

Seule pendant vingt-sept ans, le souvenir de son époux est lointain, nous le remarquons dès le choix du lieu de sépulture, Francesca préfère la Collégiale où se trouvent ses parents[13]. L'importance de sa famille d'origine est claire lors du choix des héritiers puisque Francesca désigne ses deux frères, qui seront également les fidéicommissaires. Deux jours plus tard elle fait un codicille et laisse un terrain à sa nièce Maddalena, en échange de messes et d'un cierge pour l'église de San Matteo; le terrain, après le décès de Maddalena ira à la Collégiale. La maladie de Francesca était grave puisque le 10 février 1412 nous avons déjà l'exécution d'un legs et les frères de la testatrice prennent possession de l'héritage[14]. C'est alors que la confrérie de la Sainte Croix peut prendre effectivement possession des biens et s'occuper de l'exécution des legs pieux, qui se poursuivra jusqu'en 1489[15].

Les documents postérieurs au testament de Broccardo, permettent de connaître la réelle distribution de son patrimoine, ainsi que la composition de la masse successorale. En effet, le premier document ne mentionnait pas les propriétés immobilières (*poderi,* maisons et terrains agricoles) que les héritiers ont pu se partager. En outre, le décès de ses héritiers potentiels a permis à la confrérie de la Sainte Croix de percevoir un patrimoine intéressant, même si la volonté d'Andrea l'a obligée à le partager avec l'hôpital de Santa Fina.

Cette succession d'actes permet de mesurer l'intérêt de ce type d'analyse qui a un sens, quand nous pouvons compter sur plusieurs documents de la même famille, comme l'illustre, le cas de la famille Dei, où une succession intéressante de testaments et d'exécutions nous permettra de revenir sur le rôle de l'exécution.

13 Elle fait également un legs à la confrérie de la Collégiale et deux aumônes (ASF, NA 5446, f. 3r.-4v.).

14 ASF, NA 5446, f. 9r.

15 Cinq documents nous permettent de suivre l'exécution des legs pieux du testament de Broccardo (ASV, Fondo Toscano, 16415, 16416, 16428 et ASCSG, Santa Fina 13 *pars prima* doc. 57 et *pars secunda* doc. 44).

Cinquième partie

Une étude des familles

Chapitre I

L'intérêt de la démarche

La dernière partie de ce travail se base sur les connaissances acquises dans les pages précédentes et représente l'ébauche d'une recherche qui conduirait à une meilleure compréhension des rapports entre les individus des principales familles de San Gimignano. Les testaments permettent de reconstruire de nombreuses familles, essentiellement dès la deuxième moitié du XVe siècle, puisque pour les décennies précédentes les documents font souvent défaut. Le choix des cas présentés a donc été dicté par la conservation des documents; des familles importantes comme celle des Bardi, par exemple, n'a pas pu être traitée, alors que la famille Dei, relativement insignifiante pour l'histoire de San Gimignano, nous permet de retracer un parcours particulièrement intéressant. Afin de pallier à la carence de documents du XIVe siècle, nous avons intégré quelques renseignements bibliographiques, qui nous permettent de fournir un contexte aux dispositions testamentaires et de comprendre ainsi la situation économique ou même politique des personnes concernées[1].

L'ordre de présentation des familles est alphabétique, le résultat d'une famille à l'autre étant très variable, il était difficile de faire un classement thématique. Nous avons choisi trois familles différentes, non seulement du point de vue social et chronologique, mais également documentaire; les testaments et les autres documents annexes, qui constituent le corpus de chaque famille, ont des caractéristiques propres qui différencient chaque exemple.

Par souci de clarté, nous avons préparé des arbres généalogiques simplifiés; les noms en caractère gras sont ceux des personnes dont nous avons le testament, les croix indiquent le mariage et les flèches les enfants. Quand le lien de parenté n'est pas certain, les traits sont en pointillé: les homonymies et filiations incomplètes sont en effet source d'incertitudes. Nous avons cette situation dans la famille Abbracciabeni, en

1 Ce sont essentiellement les travaux de E. Fiumi cités en bibliographie qui contiennent ces renseignements.

ce qui concerne Bruto Abbracciabeni, dans ce cas les documents sautent plusieurs générations et nous ne pouvons être certains de ses ascendants.

La reconstruction des arbres généalogiques est tributaire des testaments mais également des déclarations faites aux officiers du Cadastre florentin en 1428 et 1429[2]. Si nous pouvons avoir quelques doutes sur le contenu des déclarations et imaginer des omissions volontaires dans le but de réduire l'imposition fiscale, la composition de la famille et l'âge des membres vivants sous le même toit correspond à la réalité. Le testament et la déclaration cadastrale sont dans ce sens opposés, dans le premier document, le protagoniste tend à donner une image positive et certainement ne lésine pas sur les dispositions qui pouvaient faire apparaître sa richesse, dans le deuxième, au contraire, le but est d'apparaître aussi peu fortuné que possible, afin d'échapper à une trop lourde taxation. Il est donc intéressant de reconstruire la situation économique en ayant les deux sources.

Si l'importance du nom de la première famille suffit à justifier son choix, d'autres raisons nous ont poussé à retenir la famille Dei et le dernier exemple, la famille Useppi, cumule les deux raisons citées précédemment.

2 Cette source a d'ailleurs déjà été utilisée dans la quatrième partie de cette étude, les dates des déclarations s'étendent sur les années 1427-1429.

Chapitre II

La famille Abbracciabeni

La famille Abbracciabeni[1] était présente à San Gimignano, dès le XIIIe siècle, comme le prouve une pierre tombale de 1257, qui confirme la profession du chef de lignage: *pizzicagnolo.* Il a eu deux fils, Berto et Tinuccio, le premier est connu au milieu du XIVe siècle en tant que maître dans l'art de sculpter la pierre et de travailler le bois, puis nous avons une autre trace certaine de leur descendance en 1397, quand la fortune de Niccolò est estimée par les autorités communales[2]. Il a deux fils, Agostino et Ippolito, le premier est un marchand et un enseignant, alors que le deuxième est un médecin[3]. Agostino aura une descendance nombreuse puisqu'elle représentera six feux en 1549.

La famille était de tradition guelfe et les Abbracciabeni habitaient dans le quartier de la Piazza, non loin de la Collégiale. Les testaments dont nous disposons sont cependant de la deuxième moitié du XVe siècle et du début du XVIe siècle mais ils confirment la position sociale enviable de cette famille, qui avait fait construire une chapelle dans l'église du couvent des frères prêcheurs et l'avait faite décorer, en 1375, avec une fresque représentant saint Michel et saint Antoine, protecteurs de la famille[4].

Nous disposons d'un corpus de neuf testaments, dictés de 1476 à 1528, par sept personnes, qui nous permettent de reconstruire certains aspects de la vie des composants de cette prestigieuse famille de San Gimignano. Les personnages principaux sont Agostino, sa femme Elena et leur fils Michele, puis la belle-sœur Elena, les neveux Lorenzo et Ia-

1 Citée par E. Fiumi, *op. cit.*, p. 231.

2 Ses terrains ont une rente de *moggia* 29 et *staia* 9 (ASS, Estimo del contado, 192).

3 De plus amples renseignements sur la composition des familles de ces deux hommes se trouvent dans le Cadastre de 1428 (ASF, Catasto, 233 et 234).

4 La chapelle était dédiée à l'archange Michel, comme nous l'apprenons d'un document non daté se trouvant à la Bibliothèque de San Gimignano (BCSG, Ms 82, f. 7v.).

copo, et Caterina Bracceri qui en premières noces avait épousé un membre de la famille Abbracciabeni[5].

La première génération connue à travers les testaments est composée d'Agostino fils de Nicola Abbracciabeni et sa femme Elena, fille de Iacopo Riccialbani de Florence[6]. En 1464 Agostino connaît des problèmes de caractère financier avec son fils Nicola et le 22 novembre Mariotto fils de Agnolo de Bartolomeo Ridolfi est nommé arbitre de la dispute entre père et fils au sujet de la dot de Diamanta, épouse de Nicola. Agostino a en effet encaissé la dot de sa belle-fille et refuse de la donner à son fils; Nicola avait toutefois la raison de son côté et le 29 novembre la sentence lui donne raison et Mariotto oblige Agostino à rendre la somme perçue. La sentence ne devient toutefois pas immédiatement exécutoire comme le prouve une disposition du testament qu'Agostino dicte en 1476: il laisse à son fils Nicola la partie de la dot de Diamanta, qui lui revient de droit, comme il avait été décidé par Mariotto Ridolfi[7].

5 Les documents sont en réalité onze, puisque nous avons tout d'abord une sentence qui concerne le partage de l'héritage de Diamanta épouse d'Agostino et mère de Niccolò (ASF, Diplomatico, 1464 novembre 22, Spedale di San Gimignano); puis dans le même registre les testaments d'Agostino, Michele et Elena (ASF, NA 8772, f. 23v.-26r.; f. 33r.-34r.; f. 34v.-35r.); le testament de Caterina (ASF, NA 8772, f. 35-36r); ceux d'Elena, la belle-sœur (ASF, NA 2397, f. 259-260 et ASF, NA 3852, f. 142v.-145v.); les testaments de Lorenzo (ASF, NA 11928, f. 8r.-9r. et ASF, NA 3855, f. 27r.-28v.) et celui de Iacopo (ASF, NA 11927, f. 277r.). Nous avons également trouvé le testament de Bruto Abbracciabeni, qui est hors des limites chronologiques que nous nous étions fixés, cependant il est particulièrement intéressant parce qu'il est suivi d'une exécution détaillée, qui décrit les dépenses relatives à ses funérailles, ainsi que les ventes nécessaires à la récupération des sommes pour rembourser ses dettes et exécuter ses legs pieux (ASCSG, SF 14, f. nn. et copie partielle dans le registre Santa Fina, 13 *pars secunda*, doc. n. 66).

6 La famille Riccialbani avait depuis le début du XVe siècle des relations privilégiées avec San Gimignano, puisque trois *podestà* étaient membres de cette famille: Francesco de Niccolò en 1403, Giovanni de Niccolò en 1407 et Paolo de Francesco en 1480.

7 Les problèmes ne concernaient donc pas seulement les femmes, la récupération de la dot quand les parents étaient encore en vie, pouvait poser de nombreux problèmes.

Les dispositions pieuses

Le testament d'Agostino, complexe et articulé ressemble aux actes dictés par Michele, Elena et Caterina; l'empreinte du notaire Stefano Gentiluzzi est présente, tout comme une certaine adéquation à la tradition familiale. Le notaire semble d'ailleurs être lié à la famille, non seulement à cause des testaments, mais également parce que c'est lui qui avait rédigé l'acte pour la restitution de la dot de Diamanta à Nicola.

Ces actes regorgent de points communs, ils ont été dictés en trois ans et ils relatent la succession chronologique de l'histoire de la famille. Agostino teste malade le 10 septembre 1476, dans sa longue invocation initiale il tient à recommander son âme à Dieu, à la sainte Vierge, aux Apôtres Pierre et Paul, *al beato Domenico* et à tous les saints du paradis[8]. L'attention portée aux dominicains ne surprend donc pas et c'est dans cette église qu'il souhaite être enseveli. Il désire que ses héritiers s'occupent des dépenses relatives à sa sépulture; il ne veut toutefois pas que soient faites *«res mundanae sed res qui sunt ad laudem dei et pro salutem animae sue»*. Trois ans plus tard, Elena demande d'être ensevelie à ses côtés, ce qui est tout à fait compréhensible, puisqu'elle est florentine et elle n'a donc pas le choix entre sa famille paternelle et celle de son époux[9].

Elena et son fils Michele testent le même jour et les deux actes sont consécutifs dans le registre de Michele Gentiluzzi, toutefois le lieu de sépulture diffère, le *reverendus et magister theologiae* Michele choisit le couvent des frères bénédictins de *Villa Barbiani* et demande le soutien de saint Benoît, pour le bien de son âme; si Michele se sent proche des frères bénédictins, cela ne remet pas en discussion le lien de la famille avec les frères prêcheurs.

Caterina Bracceri, après le décès de Nicola son premier époux, s'est mariée avec Giovanni originaire d'Empoli, déjà décédé en 1479. Elle décide de suivre son deuxième époux et de demande sépulture à ses cô-

8 Agostino meurt le 8 novembre à *l'hora tertia noctis* (ASF NA 8772 f. 26r.).

9 Son testament a été dicté le 12 juin 1479. Le transport du cadavre a Florence poserait trop de problèmes comme nous l'avons déjà souligné dans le chapitre concernant la sépulture et le transport des os.

tés dans l'église du couvent augustinien; la famille de Caterina est traditionnellement proche du couvent augustinien et c'est donc vraisemblablement Giovanni qui avait choisi de se conformer à elle, puisqu'il est originaire d'Empoli[10].

Nous n'avons aucun autre testament des fils du couple, cependant leur belle-fille, Elena Salvucci, veuve de Daniele teste en 1510 et en 1517, dans le premier document elle demande d'être ensevelie dans le sépulcre de la famille Abbracciabeni, sans parler de Daniele, alors que dans le deuxième elle précise que c'est à ses côtés qu'elle veut être. Elena fait partie d'une autre grande famille de San Gimignano, qui avait également de très bons rapports avec le couvent de la Santissima Annunziata; dans son cas, il est donc nécessaire, préciser le lieu de sépulture. Les deux fils du couple, Iacopo et Lorenzo testent quelques années plus tard, le premier en 1524 et le deuxième en 1520 et en 1528. Le choix du lieu de sépulture distingue ces deux actes, qui ont néanmoins un point commun important: une forte laïcisation par rapport aux autres documents de la famille. Iacopo ne fait aucun legs pieux et demande sépulture au couvent dominicain, alors que Lorenzo choisit la Collégiale où il a fait construire un sépulcre, sans toutefois que ce geste implique d'autres marques de piété destinées au bien-être de son âme. Le premier testament de Lorenzo était plus favorable aux institutions pieuses: il laissait 7 lires à la sacristie de la Collégiale et la possibilité de donner ses biens à l'Eglise si les héritiers directs faisaient défaut[11].

La famille Abbracciabeni n'est donc pas seulement proche du couvent dominicain, mais au début du XVIe siècle, elle se lie à nouveau avec la Collégiale, nous pouvons parler d'un revirement partiel, puisque

10 Le premier mari de Caterina, Nicola Abbracciabeni, ne semble pas être le père d'Agostino, il s'agit simplement d'un des nombreux cas d'homonymie.

11 Lorenzo nomme d'abord héritiers ses fils masculins qui naîtront, cependant s'il devait ne pas en avoir, il laisse ses biens au couvent de Santa Maria Maddalena, avec l'obligation de faire célébrer un *officium mortuorum* chaque mois dans l'église collégiale, pendant 10 ans. Après le décès de son épouse, ses vêtements seront donnés au couvent ou alors ils seront vendus et le produit de cette vente sera donné aux pauvres. Le monastère devra également donner 20 florins de dot à un pauvre fille, choisie par l'abbesse, s'ils ne respectent pas ces obligations, le testateur laisse tous ses biens au couvent de Santa Caterina qui aura néanmoins les mêmes obligations.

Agostino, grand-père de Lorenzo avait montré une attention particulière envers la chapelle dédiée à l'Assomption de la Vierge et à saint Antoine de cette église. Par voie testamentaire il précise avoir le *patronatus* de la chapelle et laisse une voix à ses héritiers et l'autre au prêtre qui célèbrera les messes sur l'autel de la chapelle. Un autre témoignage confirme l'importance de ce personnage dans la vie religieuse et sociale du bourg, puisque le 26 mai 1476[12], il a été choisi, tout comme Taddeo Bracceri, Michele de Stefano Gentiluzzi et Ugo Brogi, pour trouver un emplacement correct aux reliques de saint Gimignano[13]. Dans cette liste nous remarquons le nom de Michele fils de Stefano Gentiluzzi notaire de San Gimignano qui a rédigé les premiers testaments de la famille; ce notaire avait une clientèle de premier choix, les familles Useppi, Becci et Benenati par exemples recourraient à ses services. Son fils Michele, notaire à son tour, aura une clientèle semblable.

Déterminer l'influence du notaire est une action ardue, son incidence sur les décisions prises par les testateurs est difficilement mesurable, les quatre premiers documents sont toutefois plus généreux avec les institutions pieuses du bourg et surtout avec le couvent qui accueillera leur cadavre; signe du temps mai aussi peut-être empreinte du notaire.

Les bénéficiaires des legs pieux

Agostino commence par un legs important au couvent dominicain: un terrain de 150 florins que les héritiers devront transmettre au couvent en suivant des modalités précises[14]. Souvent les testateurs interdisaient aux

12 ASCSG, Ms. 106, f. 106r.

13 La troisième chapelle dans l'abside de la nef latérale droite, est aujourd'hui la chapelle consacrée à saint Gimignano, au milieu de l'autel se trouve un tabernacle qui contient le reliquaire avec le doigt du saint.

14 Les héritiers ont cinq ans pour donner le terrain, dans le cas contraire, ils devront donner chaque année 12 setiers de blé et 8 mesures de vin, de plus, ils devront donner 60 œufs, 12 livres de fromage, 10 livres de poisson à la fête Dieu et 40 œufs, 8 livres de fromage et 8 de poisson à l'Assomption. En dernier lieu, chaque année de retard ils devront faire une aumône de 24 setiers de blé en août, 16 mesures de vin en octobre et faire célébrer deux messes sur l'autel de la chapelle du testateur. Une fois le legs exécuté, les dominicains ne pourront pas vendre le terrain.

bénéficiaires des legs pieux, la vente des biens immobiliers reçus, comme si le bénéfice qu'ils espéraient en tirer pouvait prendre fin au moment du passage de propriété. D'un côté les testateurs rassemblaient leurs propriétés dans les mains des héritiers universels, afin d'éviter le morcellement des terres, de l'autre ils interdisaient la vente aux institutions caritatives. La preuve matérielle du geste pieux, semblait donc garantir une meilleure protection pour l'âme[15].

Le legs pieux d'Agostino oscillent entre le couvent dominicain et l'église collégiale, en arrière-plan nous retrouvons donc l'ancienne concurrence entre ces deux institutions, la première, symbole de l'autorité communale, la deuxième protégée et ouvertement liée à Florence. La rivalité est toujours d'actualité, même si les changements politiques et sociaux des siècles XIV et XV ont crée de nouveaux équilibres: la Collégiale a dû renoncer à une partie de son pouvoir et la domination qu'elle exerçait quand les familles nobles luttaient pour obtenir le pouvoir à l'intérieur du bourg n'a plus cours.

Michele, est lié au couvent de bénédictins de *Villa Barbiani*, il leur laisse 25 florins pour le bien de son âme et pour la rémission de ses pêchés, l'argent sera utilisé pour décorer l'église du couvent, où seront célébrées pendant trois ans durant les huit jours consécutifs l'anniversaire de son décès, des *officia defunctorum* d'au moins trente messes. La première célébration devra avoir lieu quinze jours après son décès et un manquement à ces obligations impliquerait la donation du legs pieux à la Collégiale.

Elena est certainement influencée par son fils, puisque leurs legs pieux sont semblables, surtout en ce qui concerne le couvent de *Villa Barbiani*[16]. Michele semble avoir un rôle de confesseur, il dirige la conscience de sa mère et les deux font un legs au couvent de Santa Maria Maddalena.

15 La tentative des dominicains de vendre le terrain impliquerait la perte de ce bien en faveur de la chapelle de l'Assomption qui se trouve dans la Collégiale. Cette disposition souligne encore une fois la dualité des dispositions pieuses d'Agostino, partagé entre le couvent de la Santissima Annunziata et la Collégiale.

16 Elena laisse la même somme avec les mêmes obligations, toutefois elle ne demande pas que les célébrations aient lieu un jour précis.

Le testament de Michele contient une disposition particulièrement intéressante destinée au couvent des frères prêcheurs, il s'agit de livres qu'il désire laisser à la bibliothèque du couvent. Les textes sont la *Summa contra gentiles* de Saint Thomas d'Aquin, quelques commentaires aux *Sentences* de Riccardo de Mediavilla *Super quarta sententiarum,* un autre texte d'Alphonse de Tolède, puis des commentaires de l'archevêque de Florence et le *Quadragesimale* de frère Roberto; ces volumes ne pourront pas sortir du couvent, sous peine d'annulation du legs au bénéfice de la Collégiale. En échange, le testateur désire 30 messes dans les quinze jours qui suivront son décès, les autres legs pieux de Michele sont tout aussi précis, puisque les 10 florins et le bréviaire pour le couvent de Santa Maria Maddalena sont liés à un *officium defunctorum* d'au moins dix messes, à célébrer dans les quinze jours qui suivront son décès[17].

L'existence d'une bibliothèque dans le couvent dominicain est attestée dès la fin du XIVe siècle, en effet Contessa Attavanti veuve de Franceschino Salvucci, avait laissé 100 florins au couvent afin qu'ils fassent une armoire dans une des pièces du couvent pour y tenir des livres[18]. Lors de la suppression du couvent, la bibliothèque du couvent de la Santissima Annunziata a été transportée à l'évêché de Volterra, nous ne pouvons donc pas pour l'instant vérifier la conservation de ces volumes.

Malheureusement, nous n'avons pas retrouvé les testaments des autres frères, cependant des informations sur la famille sont contenues dans les deux actes dictés par Elena Salvucci, veuve de Daniele, décédé après 1476. Ce fils d'Agostino a fait un excellent mariage en épousant la pe-

17 Michele laisse également 10 florins au couvent de Santa Caterina pour la décoration de l'église lors de la fête de saint Bernard; de plus l'année qui suit la mort du testateur les sœurs devront faire célébrer six messes, dont une chantée, pendant huit jours, en mémoire du testateur.

18 Le testament de Contessa révèle d'autres détails du couvent des frères prêcheurs, elle leur laisse 200 florins pour terminer la construction du couvent et elle désire ensuite qu'une partie de ses legs soit utilisée pour faire une pièce dans le couvent où seront soignés les frères malades. Elle désire laisser son empreinte puisque ses armoiries devront être peintes dans la sacristie et une autre fresque représentera saint Dominique et Contessa à genoux devant ses pieds, en dernier lieu, elle demande des messes pour le bien de son âme et celle de son fils (ASF, Diplomatico 1391 agosto 2, Domenicani di San Gimignano).

tite-fille de Nicola de Gualtiero Salvucci, la plus importante fortune de San Gimignano selon le Cadastre de 1428 estimée à 4045 florins et 14 sous[19]. Un tel parti représente certainement une alternative valable à l'union avec une riche florentine, d'après les deux testaments d'Elena nous découvrons qu'elle avait reçu une dot de 500 florins, ce qui lui permet de se situer dans le cercle restreint de femmes qui disposaient d'une dot égale ou supérieure à 500 florins[20]. Les deux testaments diffèrent surtout quant à la précision des dispositions, comme si le premier représentait un essai, un acte résultant du danger encouru lors d'une maladie, alors que le deuxième pourrait être le reflet des désirs de la testatrice. Ses legs pieux se concentrent autour du couvent dominicain, d'ailleurs Elena parle d'un fils, frère du couvent, qui devra s'occuper des aumônes de blé et huile pendant deux ans. En 1517 ce fils n'est plus cité, la testatrice modifie donc ses dispositions et demande douze messes pour les défunts pendant la première année qui suivra son décès, respectivement une par mois. Des legs pieux relativement simples, qui illustrent la pleine confiance d'Elena envers les dominicains et un lent processus de laïcisation de la pratique testamentaire. Comme nous l'avons déjà annoncé, Iacopo et Lorenzo ne dictent aucune disposition pieuse particulière, au-delà de ce qui ne concerne directement les dépenses funéraires; en conclusion, du point de vue religieux, la famille Abbracciabeni montre sa fidélité au couvent de la Santissima Annunziata, sans oublier l'église de la Collégiale. Les convictions politiques, la fidélité au parti guelfe, tout comme les bons rapports avec le couvent des frères prêcheurs au moment de son rapprochement avec celui de San Marco à Florence, montrent clairement le soutien de cette famille à la ville dominante. L'alliance a été en outre scellée par le mariage de Agostino avec Elena Riccialbani, bien entendu originaire de Florence.

La proximité géographique de leur habitation à la Collégiale les lie encore avec cette institution, les testateurs menacent en effet de la rendre bénéficiaire de leurs legs pieux, si le couvent dominicain ne remplit pas

19 ASF, Catasto 285.

20 Comme le montre le tableau de l'évolution chronologique du montant destiné aux dots.

toutes les obligations imposées; la famille agit donc directement sur une situation déjà conflictuelle[21].

Les légataires

L'avantage d'avoir plusieurs testaments de la même famille réside surtout dans les éclaircissements et les confirmations qu'ils peuvent nous apporter dans la partie consacrée aux légataires et aux héritiers. La précision d'Agostino quant aux bénéficiaires de ses legs pieux, se retrouve dans les dispositions concernant la famille. Son épouse aura l'usufruit des meubles et du contenu de leur chambre, toutefois ce sont les fils qui récupèreront tout cela au moment du décès d'Elena. Agostino rend également sa dot à son épouse; toutefois tant qu'elle restera veuve, elle pourra bénéficier de l'ensemble des meubles et des objets de la chambre à coucher du couple. Après son décès, tout cela sera partagé entre les quatre enfants du couple: Giovanni, Michele, Francesco et Alessandro.

Agostino a eu deux épouses, la restitution des dots mérite donc un *item* particulier. En ce qui concerne la dot de sa belle-fille, Diamanta, la situation avait déjà été résolue devant Mariotto Ridolfi, il reste cependant encore la dot de Caterina Capis, première épouse d'Agostino et bien entendu celle d'Elena. Le testateur a également perçu une partie ou la totalité des dots de ses belles-filles il doit donc détailler les modalités des restitutions, la somme totale est de 1250 florins[22]. Agostino laisse sa maison, qui a une valeur de 400 florins, des terrains et un *podere* à *Castellaccia* qui valent 500 florins ainsi que d'autres terrains et des *poderi* au même lieu d'une valeur totale de 350 florins; les bénéficiaires devront trouver un accord pour se partager ces biens.

21 Les rapports entre l'église collégiale et le couvent des frères prêcheurs sont très tendus, pour de plus amples détails consulter l'ouvrage de L. Pecori.

22 Agostino a reçu la dot de Maria Elisabetta fille de Andrea Peruzzi et de Lucrezia fille de ser Lazero de Ranieri Caciotti, respectivement épouses de ses deux fils Giovanni et Francesco.

La descendance d'Agostino

La famille d'Agostino, nombreuse et complexe oblige le testateur à dicter des dispositions précises, tout d'abord il laisse à son fils Alessandro ainsi qu'à ses neveux Bernardo et Benedetto, 100 florins à chacun[23]. La situation est bien plus complexe en ce qui concerne son fils Daniele, frère de Nicola, issus du premier mariage d'Agostino. En effet, le testateur lui laisse une partie de la dot maternelle ainsi que les terrains qu'il a achetés pour lui et pour son autre fils Nicola au lieu dit *all'aquaghiaccia* ainsi que les terrains à *Villa Santa Lucia*. Ces transactions sont attestés par des actes notariés rédigés par Francesco Salvucci ainsi que par leur inscription dans le livre privé du testateur qu'il appelle lui même *liber recordantiarum* aux lettres B et C. Agostino précise que ces dispositions ne pourront être modifiées par les héritiers et que ceux-ci ne peuvent prétendre à une part de ces bien immobiliers.

Comme nous l'avions déjà annoncé, la dot des belles-filles avait été perçue par Agostino qui gérait tout le patrimoine, c'est ainsi que la dot d'Elena Salvucci, épouse de Daniele, avait servi à l'achat d'un terrain au lieu dit *Villa Santa Chiara* et le reste était déjà en possession de Daniele; après le décès du testateur, la totalité de la somme devra donc être rendue à Daniele.

Ce testament est lié à d'autres actes notariés et documents écrits, Agostino a testé à l'âge de 76 ans puisque lors de l'élaboration du Cadastre, en 1429, il déclarait aux officiers florentins être âgé de 29 ans[24]. La situation semble avoir évolué dans le bon sens, puisque la fortune déclarée au début du XVe siècle est inférieure aux biens qu'il possède au moment de tester, ses activités commerciales lui ont permis d'acquérir un solide patrimoine. La gestion des dots et les placements des avoirs ont été réfléchis, les dernières volontés d'Agostino Abbracciabeni sont le

23 Bernardo est le fils de Giovanni et Benedetto celui de Francesco.

24 ASF, Catasto 266, f 37r.-40v. Agostino vit avec sa mère Salomea de 60 ans et sa femme Caterina de 22, ils ont une fille Bartolomea de 8 mois. Son patrimoine est estimé à 448 florins et 10 sous. Aux feuillets 377 et 378 du même registre nous trouvons son frère Ipolito, médecin de 42 ans qui vit avec Antonia son épouse de 40 ans et leur neveux Iacopo de 5 ans, enfant de leur fils défunt qui portait le même nom.

fruit de l'expérience, ses fils ne sont pas traités de la même manière, cependant chaque décision est expliquée et les raisons appuyées par des actes notariés. Les dispositions seront ainsi difficilement attaquables par des descendants peu satisfaits; en effet, au moment de nommer les héritiers universels, Agostino cite les quatre fils issus du dernier mariage, à savoir, Giovanni, Michele, Francesco et Alessandro. En excluant Nicola et Daniele, le testateur pratique une nette distinction entre les fils d'après leur mère, il est possible que ces deux enfants déjà adultes aient bénéficié de l'aide paternelle quelques années auparavant, ils ne reçoivent donc que leur part de la dot maternelle et pour une fois Agostino manque de précision. Nous ne connaissons pas le montant que Nicola et Daniele vont toucher, ni si la dot devait être partagée entre les enfants après le décès d'Agostino, par disposition testamentaire de son épouse.

Heureusement, nous disposons des dernières volontés de Elena Riccialbani et à travers ce testament, dicté trois ans plus tard, nous découvrons l'existence de Fiammetta, fille du couple, mais déjà mariée, elle n'apparaissait donc pas dans le testament d'Agostino parce qu'ayant déjà reçu sa dot, sa part d'héritage lui avait été versée. Cette situation nous permet de formuler encore une fois une remarque générale sur l'utilisation du testament, les renseignements que nous pouvons récupérer de ce type de source peuvent être incomplets. Fiammetta reçoit, 10 florins et une tunique, la même somme qu'Elena avait donné au couvent dominicain. Comme nous l'avions suggéré, la testatrice a une prédilection pour son fils Michele, qui est non seulement son guide spirituel mais également un de ses principaux héritiers; il reçoit en effet la moitié de la dot de la testatrice, qui après son décès ira aux deux autres fils Alessandro et Francesco, déjà bénéficiaires de l'autre moitié. Ni le testament d'Agostino, ni celui de son épouse nous permettent de connaître le montant de la dot que les trois fils se partageront, les autres enfants cités par Agostino, à savoir, Nicola Daniele et Giovanni, devraient être fils de la première épouse, il paraît donc normal qu'ils ne reçoivent rien de leur marâtre.

Michele montre également son attachement à sa mère en la nommant héritière de tous ses biens, toutefois après son décès, les biens seront partagés entre les deux frères de Michele[25]. Toutefois ni Elena ni Michele ne pourront profiter des héritages, en effet Michele décèdera le 9 juillet 1479 et Elena le 20 juillet de la même année.

Ce premier groupe familial est donc partagé en deux clans, la responsabilité de ces différences est certainement imputable au double mariage d'Agostino, ce qui laisse supposer que la nouvelle union a crée une famille indépendante.

Les générations successives

Un bond de trente ans nous permet d'arriver au premier des deux testaments d'Elena Salvucci, épouse de Daniele, qui partage sa dot de 500 florins.

Agostino avait donné des terrains à son fils Daniele, qui devaient servir comme garantie à la dot de son épouse. La testatrice dispose en effet de terrains à *Santa Lucia*, comme Agostino avait décidé dans son testament, il est rassurant de constater que les dispositions ont été respectées et Elena a la pleine possession de sa dot, composée de une maison et des terrains à *Villa Santa Chiara* et *Villa Santa Lucia* qu'elle laisse à ses fils. Cependant Lorenzo et Iacopo ne pourront pas en disposer à leur gré, mais devront les utiliser pour doter leurs filles. Le souci de la dot est donc constant, Elena désire que la sienne se transforme en autres dots, même si elle n'a que des garçons, elle saute une génération et limite la liberté de ses héritiers. Les testaments de ses deux fils nous consentent de vérifier la mise en œuvre de ces dispositions.

Iacopo, concentre ses biens dans les mains de la famille, son frère reçoit un terrain, alors que son épouse peut récupérer sa dot de 400 florins et le testateur en ajoute encore 100 si elle reste veuve, ce qui lui permettrait également de bénéficier de l'usufruit des biens du mari. Antonia Peroni, épouse de Iacopo pourra administrer librement l'héritage qui ira

25 Michele prévoit également le décès subite de ses deux frères et donc le manque d'héritiers, il décide alors de laisser ses biens à la Collégiale, pour la construction d'une chapelle dédiée à saint Bartolo, le prêtre qui célèbrera la messe sur l'autel de la chapelle devra également faire une aumône au prieur du couvent de *Villa Barbiani*.

aux deux filles du couple, Caterina et Francesca, déjà bénéficiaires d'une partie de l'héritage de leur grand-mère[26]. Les deux filles étant mineures, Iacopo demande à son épouse, à son frère et à son beau-père d'être leurs tuteurs. La fortune de la famille Abbracciabeni provient du commerce et essentiellement du prêt, comme en témoigne le testament de Iacopo, les héritiers ne devront en effet pas exiger les sommes écrites dans les livres de comptes de Iacopo et de son père Daniele, exception faite, des créances dont Lorenzo se souvient et se porte garant de l'exactitude.

Le frère de Iacopo, Lorenzo, teste deux fois en bonne santé en 1520 et en 1528, le changement principal entre le premier et le deuxième acte consiste en la naissance des enfants du couple qu'il forme avec Margherita Gamucci. Encore une fois, l'épouse a été choisie parmi les familles les plus riches du bourg, nous connaissons la famille Gamucci grâce aux notaires dont les registres sont conservés encore aujourd'hui. Le rang social et la situation économique de Margherita sont similaires à ceux d'Antonia Peroni, femme de Iacopo, les deux avaient obtenu 400 florins de dot, ce qui les situe nettement au-dessus de la moyenne, Lorenzo ne veut pas pénaliser ses futures filles et prévoit de donner 600 florins pour leur dot. Cette intention louable devra être redimensionnée puisque les filles seront trois, ce sont donc 200 florins que Lorenzo prévoit de leur donner dans le deuxième testament. Nous en déduisons donc, que quand les testateurs mentionnaient une somme pour la dot de leurs filles à naître, il s'agissait généralement de la somme globale, qui pouvait être partagée, s'il y avait plus d'une fille à marier.

Margherita reçoit donc sa dot ainsi que tous ses effets personnels et ses bijoux, le testateur précise qu'il s'agit de bagues, colliers et ceintures; si elle reste veuve elle sera également bénéficiaire de l'usufruit de tous ses biens. En échange, elle devra solder les dettes de son défunt mari sans être importunée par les futurs héritiers, sous peine de faire passer l'héritage à l'hôpital de Santa Fina. Tant qu'elle décide de rester veuve, la position de Margherita est enviable, de plus elle est protégée contre les éventuelles tentatives des héritiers légitimes, qui voudraient prendre possession prématurément des biens de Lorenzo[27]. Dans le deuxième

26 Elena avait laissé une partie de sa dot à Iacopo pour qu'il la transmette à ses filles.

27 Le testateur nomme héritiers ses enfants masculins à naître, s'il devait ne pas en avoir ses biens iraient au couvent de Santa Maria Maddalena qui aurait, en

testament il élimine la possibilité de faire des legs pieux pour le bien de son âme et décide de laisser ses avoirs à sa femme, puis, en cas de remariage, ou au moment de sa mort, ils iraient aux successeurs les plus proches, bien entendu il doit s'agir d'hommes. Le premier testament avait été dicté dans le couvent augustinien et les témoins étaient des frères du couvent, eux-mêmes ne recevaient aucun legs, cependant le document avait une certaine dimension spirituelle, le deuxième acte a été rédigé au domicile du testateur, devant sept témoins, dont six laïques et les legs pieux ont été omis. Le lieu de la dictée et les témoins ne sont pas décisifs, nous pouvons toutefois voir un lien entre l'évolution du contenu des actes et les choix du lieu de la dictée, le testateur était en bonne santé, il avait donc la possibilité de dicter ses dernières volontés où il le préférait.

Dans le premier document nous découvrons également que Lorenzo avait déjà été marié et il est toujours lié à la famille de sa première épouse: il doit encore rendre la dot d'Elisabetta Brogi, fille de Tommaso. Toutefois, la restitution ne pourra pas être faite rapidement et Lorenzo propose de donner la moitié, soit 200 florins au moment de sa mort et le reste lors du décès de sa deuxième épouse. Le testateur, comme pour garantir ses promesses envers les deux femmes qu'il a épousées, nomme exécuteurs de ses dernières volontés Tommaso et Francesco, pères de ses deux épouses. Tout cela semble avoir été réglé en 1528, puisque le deuxième testament ne mentionne plus la restitution de la dot de la première épouse.

Une dernière personne reçoit une partie de la fortune de Lorenzo, la servante de la famille, Checca, qui pourra rester avec les héritiers du testateur et être nourrie et vêtue, ou alors elle pourra partir, et elle aura droit à l'usufruit de nombreux biens du testateur qui seront rendus au moment de sa mort[28]. En 1476, Agostino avait également mentionné sa

---

échange, des obligations de messes et aumônes. En ce qui concerne un éventuel remariage de son épouse, Lorenzo prévoit deux cas de figure si Margherita se marie et des enfants masculins sont en vie elle recevra sa dot ainsi que ses vêtements et ses draps, sinon elle pourra avoir ses bijoux.

28 Si elle ne veut ou ne peut pas rester, elle aura droit chaque année à 20 setiers de blé en août, 6 barils de vin rouge en octobre et un baril d'huile en janvier. Elle aura également droit à des couvertures, un matelas, un coussin des draps des linges pour la cuisine et la maison ainsi que 10 lires par an pour la location d'une maison. Dans

servante Lucia qui ne recevait rien de matériel, cependant après cinq ans de service dans la famille elle aurait pu récupérer sa liberté, c'est par ce geste de piété que se conclut d'ailleurs le testament.

Une conclusion provisoire

Une lecture globale des legs pieux de cette famille permet de confirmer le partage du pouvoir de certaines intuitions à San Gimignano. La Collégiale, après une chute dès la deuxième moitié du XIVe siècle, due à l'apparition et à l'agrandissement des principaux couvents du bourg, constitue à la fin du XVe siècle une importante source de revenus ecclésiastiques, ces privilèges sont d'ailleurs partagés avec certains laïques, comme nous l'avons vu par le *patronatus* des chapelles. Le couvent de la Santissima Annunziata, a pu compter sur le soutien de certaines riches familles et sur l'appui la ville dominante, San Gimignano ressemble de plus en plus à un bastion florentin de campagne, une reproduction en miniature.

La famille Abbracciabeni s'inscrit parfaitement dans ce contexte de riches familles locales qui s'allient à la ville dominante, en consolidant ce rapprochement par un ou plusieurs mariages. Au XIVe siècle, les épouses florentines étaient rares, les riches familles de San Gimignano voulaient former des alliances entre elles, en espérant en retirer des avantages et ainsi augmenter leur pouvoir sur le plan politique local. La situation change rapidement et il faut donc faire preuve d'élasticité et de faculté d'adaptation pour modifier la politique matrimoniale et aller chercher à l'extérieur de nouveaux alliés, capables non seulement de renforcer le pouvoir local par le prestige du nom, mais également les caisses familiales, par l'apport d'une dot intéressante. Nous ne connaissons pas l'origine de Caterina Capis, première épouse d'Agostino Abbracciabeni, cependant nous savons que sa deuxième femme était florentine, ce qui confirme l'idée exprimée précédemment. Le père de

---

le deuxième acte il est moins précis, cependant les biens doivent avoir une valeur de 100 florins.

Elena, Iacopo de Niccolò Riccialbani était présent dans le Cadastre en 1427 et s'il était déjà très âgé, puisqu'il avait 81 ans, sa fille Elena n'avait que 9 ans. Toutefois, même si la famille avait une situation confortable, elle n'était pas très riche puisque le père d'Elena déclarait une fortune imposable de 510 florins[29].

29 ASF, Catasto 73, f. 287r. Ce document a été microfilmé, il est donc possible de le lire en visionnant la bobine n. 73.

Arbre généalogique 1. La famille Abbracciabeni du XIVe au XVIe siècle

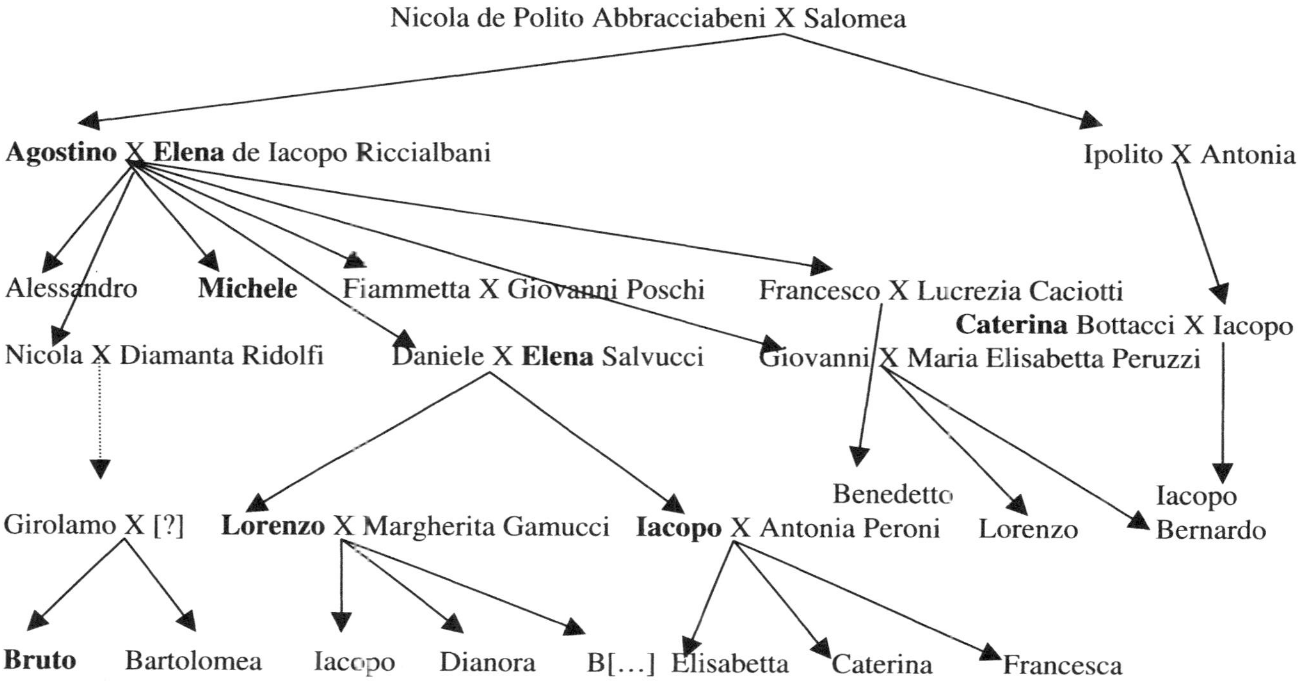

Chapitre III

La famille Dei

Ce deuxième exemple concerne une situation familiale sensiblement différente, ici aucun lien avec la ville dominante et il ne s'agit pas de personnes connues. Le hasard de la conservation archivistique a fait que ces documents ont pu parvenir jusqu'à nous, ce qui nous permet de comprendre certaines facettes de la vie d'une famille d'usuriers.

Un usurier au début de la «dynastie»

La situation diffère également du point de vue chronologique, puisque le premier document a été rédigé en 1309, c'est en effet le 9 mars de cette année là que Tancredi, fils de Guido, usurier de San Gimignano, dicte son testament au notaire Lapo fils de Fazio[1]. Il est malade mais l'avenir de son âme ne semble pas être un de ses soucis prioritaires, il désire simplement que *«in primis quidem pro anime sue remedio dixit et iuxit et voluit quod omnia a se accepta et habita per usurariam pravitatem vel alia illecita exactionem seu detentionem restituantur pro infrascrptos suos fideicommissarios illis personis quibus fieri debent restitutio»*.

Comme nous l'avons déjà constaté, dans la section consacrée à l'étude des professions, les usuriers n'étaient pas rares à San Gimignano, leur piété chrétienne faisait surface au moment de mourir, ce qui ne les empêchait pas de poursuivre leurs activités s'il s'agissait d'une fausse alerte[2]. Les formules utilisées étaient d'ailleurs relativement standardisées, il s'agissait plus d'une formalité à accomplir que d'un réel acte de contrition.

1 ASF, Diplomatico 1308 marzo 9, Spedale di San Gimignano.
2 Nous nous référons par exemple aux testaments dictés à cause d'une maladie ou alors avant de partir en voyage.

Les legs pieux de Tancredi sont relativement conventionnels pour un habitant de San Gimignano du début du XIVe siècle et les sommes laissées restent modestes. Il demande d'être enseveli dans le cimetière de l'église collégiale et laisse le même montant aux principaux couvents masculins du bourg, à savoir les franciscains et les augustiniens. Il fait également un legs au couvent féminin de Santa Chiara ainsi qu'aux hôpitaux du bourg, en précisant que les sommes devront être données aux pauvres. Le testateur insiste d'ailleurs sur l'aide aux démunis, puisqu'il demande à ses fidéicommissaires de faire une aumône supplémentaire pour habiller des personnes dans le besoin.

Les legs les plus importants concernent des églises de campagne, le testateur est lié à celle de San Giusto de *Barbiano*, lieu où surgira le couvent des frères bénédictins, ainsi qu'à l'église de Montaione. Tancredi ne donne pas son origine, il se peut que lors de la dictée de ses dernières volontés il ait voulu se souvenir des lieux qui lui étaient chers, les testateurs avaient tendance à doter des églises de leur lieu d'origine, comme un ultime hommage à leur terre, dans l'espoir d'une plus grande efficacité pour le bien de leur âme. Le legs pour l'église de *Barbiano* est relativement détaillé, le testateur devait donc connaître la situation de cette église, il laisse 100 sous pour des parements et des réparations nécessaires, ainsi que 100 autres sous pour les besoins du prêtre, afin qu'il dise trois messes pour le bien de son âme. Les sommes minimes ne pourront que relativement arranger la situation de cette église qui paraît pour le moins difficile. La générosité de Tancredi ne se mesure pas aux montants destinés à sauver son âme puisque, la somme globale qu'il réserve à cet usage se monte à 450 sous.

La deuxième partie de l'acte dévoile la composition de la famille: une épouse et trois enfants. Sa femme pourra avoir l'usufruit de leur chambre, y compris le mobilier et les draps, ainsi que d'une partie de la maison du testateur, se trouvant dans le quartier de la Piazza. Son mari lui laisse également l'usufruit d'un terrain à *Campaldi*, ces biens et le reste de ses possessions iront ensuite à ses enfants. Le testateur prend donc quelques dispositions pour le bien de son âme, par le biais des legs pieux ainsi qu'en se repentant pour les pêchés commis; de plus il assure le futur économique de sa famille.

Toutefois, une lecture attentive de ce document permet d'en découvrir certaines anomalies. Tancredi a trois enfants, Deo, Ghetto et Maso, qui pourront récupérer les biens dont la mère est usufruitière, toutefois Deo ne fait pas partie des héritiers, en effet le testateur nomme et institue héritiers universels ses fils Ghetto et Maso. Tancredi ne pense pas que Deo lui en tiendra rigueur puisqu'il fait partie des exécuteurs testamentaires avec son frère Ghetto, si effectivement Deo est partiellement déshérité comment son père peut imaginer qu'il respectera fidèlement ses dernières volontés?[3]

Les documents annexes faisant partie de l'exécution sont ici d'une importance capitale, en effet, les choix de Tancredi ne sont pas innocents. Tout d'abord son fils Deo avait été nommé, le 23 mai 1301, recteur de l'église de San Michele de *Villa Guardia*, dans le diocèse de Pise et, en 1315, alors qu'il exécute les dernières volontés de son père, il est recteur de l'église de San Giusto, qui faisait partie des bénéficiaires du testament de Tancredi[4]. Nous ne connaissons pas la date du rapprochement de Deo à San Gimignano, cependant l'attention portée par Tancredi à l'église de San Giusto laisse supposer que son fils s'y trouvait déjà. Deo s'occupe de l'exécution du testament de son père, qui commence le 5 juin 1311 et le 5 mai 1313 il reçoit une première quittance qui atteste la satisfaction des victimes des prêts à usure faits par Tancredi[5]. D'après le testament, Deo ne devait pas être le seul à s'occuper de l'exécution des dernières volontés de son père, mais c'est par la force des choses qu'il a été obligé de le faire, puisque le 12 juillet 1314 le vicaire de l'évêque de Volterra affirme avoir examiné la restitution des usures ayant été faites par Tancredi ainsi que par ses deux fils Maso et Ghetto; les deux frères de Deo étaient donc décédés. Le 18 juillet 1314, le vicaire de l'évêque de Volterra, atteste que l'exécution des legs pieux doit être considérée ter-

3 Nous pourrions aisément imaginer qu'il s'agit d'une omission dans la copie en notre possession, cependant nous n'avons aucune preuve qui soutiendrait cette thèse.

4 ASF, Diplomatico 1301 maggio 23 et 1314 marzo 3, Spedale di San Gimignano.

5 Le 5 juin 1311, le recteur de l'église de San Lorenzo al Ponte de San Gimignano ainsi que le préposé de la Collégiale, doivent s'assurer que les usures faites par le feu Tancredi seront restituées, selon les écritures contenues dans les livres de celuici (ASF, Diplomatico 1313 maggio 5, Spedale di San Gimignano).

minée, tous les bénéficiaires ont reçu les sommes promises et après la publication de l'acte personne n'a avancé de protestations.[6]

Les intrigues de Deo fils de Tancredi

Tancredi est donc mort entre le 10 mars 1309 et le 4 juin 1311, deux de ses fils l'ont suivi de près et Deo, l'unique héritier, est un personnage pour le moins surprenant. Après avoir reçu la nomination à l'église de San Giusto et exécuté les volontés testamentaires paternelles, il ne se distingue pas par ses actions pieuses. En effet, le 14 janvier 1317 il est condamné par Ranuccio, vicaire de l'évêque de Volterra, pour s'être rendu coupable de fornication avec Rosa della Pietra et des filles sont nées de cette union illégitime[7]. La descendance de Deo ne s'arrête pas là, puisque nous avons retrouvé un acte de vente immobilière du 7 avril 1333, passé entre Giovanni fils de ser Deo et Vannuccio de Gualtiero Salvucci. Vannuccio vend à Giovanni un ensemble immobilier composé d'un terrain, une vigne, une maison, une cabane et un four, à *Villa Gambocci* au lieu dit *alla casa delle donne* pour 1000 lires, même si l'ensemble vaut bien plus, aux dires du vendeur[8].

Deo se consacre donc aux affaires, le 3 juillet 1337 il vend une maison, située dans le quartier du Castello[9] pour une somme de 100 florins d'or à Giovanni Neri, ce qui est étrange, c'est la deuxième partie du parchemin; puisque l'acheteur la loue à Giovanni fils de Deo pendant une année, pour une somme de 5 lires. Après cette date, Giovanni Dei[10] devra quitter la maison et la laisser en bon état, sinon il devra payer 50 lires[11]. Les relations commerciales entre ces trois personnages sont loin d'être terminées, en effet trois jours plus tard, le 6 juillet, Giovanni Neri vend à

6 BCSG, Ms. 85, f. 12.

7 ASF, Diplomatico 1316 gennaio 14, Spedale di San Gimignano.

8 ASF, Diplomatico 1333 aprile 7, Spedale di San Gimignano.

9 Ce quartier est celui de la Piazza.

10 Il s'agit bien entendu de Giovanni fils de ser Deo, le prénom du père devient le nom de famille.

11 ASF, Diplomatico 1337 luglio 3, Spedale di San Gimignano.

Giovanni Dei une maison, toujours dans le quartier du Castello, pour une somme de 150 florins d'or[12]. L'intérêt financier de ces transactions culmine dans les dispositions testamentaires dictées par Deo fils de Tancredi le 8 février 1339[13]. Après quelques legs pieux destinés à sauver son âme, il aide à la construction des principaux couvents du bourg, la distribution diffère sensiblement de celle de son père et la somme est légèrement supérieure: Deo laisse 480 sous, mais les bénéficiaires sont tous à San Gimignano. De plus il s'agit principalement d'institutions qui seront les nouvelles puissances du bourg: le couvent de la Santissima Annunziata et l'hôpital de Santa Maria della Scala, il n'en oublie pas pour autant la Collégiale.

La deuxième partie du testament, qui concerne les légataires et les héritiers, contient quelques surprises. En effet, nous ne trouvons aucune trace d'une femme ou d'enfants, ce qui laisserait supposer qu'il s'agit d'une personne seule ou un veuf qui a comme unique parent une nièce, Masa, fille de son frère Maso déjà défunt[14]. Toutefois, elle ne sera pas héritière, puisque Deo nomme Giovanni Neri son unique héritier, qui en cas de décès sera remplacé par Bartala veuve de Luto Parigi Moronti et fille de feu Dino Buonagiunta.

12 ASF, Diplomatico 1337 luglio 6, Spedale di San Gimignano.

13 Voyons d'abord les dispositions pieuses de cet acte: Deo demande sépulture dans le cimetière de l'église collégiale en laissant 20 sous pour la messe d'enterrement. Le lien avec cette église se concrétise également dans un legs à la confrérie de la Sainte Croix liée à la Collégiale qui reçoit 40 sous pour une veillée mortuaire. Cette demande spécifique confirme l'importance des confréries dans l'accompagnement des morts, puisque le testateur demande d'utiliser la somme selon la procédure habituelle de la confrérie. Généralement les personnes proches de la Collégiale, étaient également liées à l'hôpital de Santa Fina, Deo préfère doter l'hôpital de Santa Maria della Scala qui s'occupe de l'enfance abandonnée, son passé turbulent et ses enfants illégitimes peuvent-ils avoir influencé ce choix? (ASF, Diplomatico 1338 febbraio 18, Spedale di San Gimignano).

14 Masa est mariée avec Simone Dinucci.

Ce que peut cacher un testament

La lecture de cet acte, sans l'aide d'autres documents, ne fournit pas une clé de lecture capable de comprendre la réalité dissimulée derrière ce testament. Aucun lien de sang ne semble unir Deo de Tancredi et Giovanni Neri mais de multiples actes attestent leurs relations commerciales; le testateur ne désirait sans doute pas éloigner le patrimoine de sa famille, puisque Bartala est la mère de Margherita, épouse de son fils Giovanni[15].

Ce document pourrait soulever un problème juridique, Deo nomme héritier une personne étrangère à sa famille, sans pour autant manifester expressément le désir de déshériter ses héritiers, condition nécessaire pour que l'héritier légitime ne soit plus *heres suus et necessarius.* L'intention de Deo n'était certainement pas celle de déshériter son fils, bien au contraire, ces *étranges* dispositions devaient permettre la récupération du patrimoine en éliminant quelques problèmes et frais. Probablement Deo craignait la confiscation d'une partie ou de la totalité de son patrimoine, toutefois nous ne pouvons pas être plus précis à ce sujet, puisque nous n'avons pu trouver d'autres sources qui auraient aidé à la compréhension de la situation. Peu de temps après la dictée de son testament Deo meurt et le 15 septembre 1338 Giovanni Neri accepte l'héritage en renonçant aux biens que Giovanni, fils de ser Deo possède déjà en son nom[16]. Il s'agit d'un terrain agricole dans le district de San Gimignano, à *Villa Sovestri* et *Gambocci* au lieu dit *alla casa delle donne* où se trouve une maison, une cabane, des vignes et des arbres fruitiers. Giovanni possède également la maison qu'il a achetée à Giovanni Neri et ce dernier n'a aucun droit sur ces biens, tout comme ses héritiers d'ailleurs. Le parchemin contient un deuxième acte qui porte la même date, son conte-

15 Afin de faciliter la compréhension des liens familiaux nous avons inséré le couple formé de Bartala Buonagiunta et Luto Parigi, ainsi que leurs deux filles Margherita et Drea dans l'arbre généalogique de la famille Dei. Deux documents nous ont permis de reconstruire ce lien familial, une exécution partielle du testament (ASF, Diplomatico, 1341 gennaio 9, Spedale di San Gimignano) ainsi qu'un litige concernant la restitution d'une dot (ASF, Diplomatico, 1392 marzo 16, Spedale di San Gimignano).

16 ASF, Diplomatico 1339 settembre 15, Spedale di San Gimignano.

nu confirme nos soupçons sur le bénéficiaire effectif de l'héritage de ser Deo; en effet, son fils Giovanni verse 200 lires à Giovanni Neri pour obtenir le reste de l'héritage, cette somme était donc la maigre récompense de Giovanni Neri pour s'être prêté à cette transaction.

Les actes concernant l'exécution des dernières volontés de ser Deo montrent comme en réalité son fils Giovanni doit être considéré son héritier; il s'occupera en effet des legs pieux et, le 9 janvier 1342, Michele et Bruto chanoines de la Collégiale et vicaires de l'évêque Ranuccio de Volterra, après avoir soigneusement examiné le testament de ser Deo de Tancredi et son exécution, libèrent Giovanni Dei de la charge exécutoire[17].

La génération successive: Giovanni Dei

Neuf ans après la mort de son père, le 30 juin 1348 Giovanni Dei, dicte ses dernières volontés au notaire Bartolo de Venture, il est en bonne santé mais un testament est une précaution légitime au début de cet été terrible de peste noire[18]. Les personnes proches de cette famille sont toujours les mêmes, l'acte est dicté au domicile de ser Naldo Gucci, notaire qui avait rédigé l'acte de vente du terrain que Giovanni Dei avait acheté à Vannuccio Salvucci; de plus, parmi les témoins nous trouvons Niccolao Parigi, certainement descendant de Luto Parigi, beau-père de Giovanni.

Le testateur se distingue des autres membres de sa famille en demandant sépulture aux frères mineurs et ses legs pieux ressemblent à ceux dictés par son grand-père au début du siècle. Ses désirs restent vagues, comme par exemple un legs de 225 lires pour des messes, pour le bien de son âme où il ne désigne aucun bénéficiaire particulier. Giovanni est lié à

17 Le document précise que Giovanni Dei était personnellement chargé de l'exécution, alors que Deo avait nommé Bindo Baldi, chanoine de la Collégiale (ASF, Diplomatico 1341 gennaio 9, Spedale di San Gimignano).

18 ASF, Diplomatico 1348 giugno 30, Spedale di San Gimignano.

certaines églises, souvent oubliées par les testateurs[19] et ce sens il se rapproche à nouveau de Tancredi. Margherita, épouse du testateur, a un rôle important puisqu'elle doit s'occuper de l'exécution des legs pieux, d'une valeur de 370 lires.

Giovanni ne se soucie pas simplement du bien de son âme mais fait également en sorte que sa famille ne manque de rien: Margherita, tant qu'elle restera veuve, pourra bénéficier de l'usufruit des biens du mari, sinon elle récupèrera sa dot de 150 florins. Le testateur est entouré de femmes, il a quatre filles à qui il laisse 100 florins de dot, mais sa mère est encore en vie et apparemment sans ressources, puisque Giovanni lui laisse de quoi vivre.

Deo n'avait donc pas seulement *oublié* de laisser des biens à son fils mais également à la mère de celui-ci, nous ne parlons pas d'épouse puisque nous n'avons aucune trace de l'union entre Deo de Tancredi et Masa et cette dernière serait complètement seule après le décès de son fils, qui lui laisse l'usufruit de la maison ou alors 20 florins et 6 lires par an, si elle devait vivre ailleurs. Giovanni est conscient des problèmes que peut rencontrer une femme seule, ses filles auront la possibilité de revenir dans la maison paternelle et elles y trouveront toujours un logement et de la nourriture. C'est donc à travers le testament de Giovanni que nous comprenons mieux la situation familiale de Deo, en première lecture son testament reflétait la situation d'un célibataire qui décidait de laisser tous ses biens à une personne qui n'avait aucun lien apparent avec lui.

Le nombre d'héritiers substitutifs choisis par Giovanni laisse présager la peur de la mort, qui devait être très présente durant l'été 1348, il nomme son unique fils Lodovico héritier universel, accompagné bien entendu des éventuels fils masculins qui pourraient naître. Le testateur prévoit la mort de ses héritiers directs, sa cousine Masa, épouse de Simone Dinucci, aurait alors 300 lires, sa maison irait au notaire ser Naldo Gucci et à ses enfants, qui devraient la partager avec Margherita et avec les filles du testateur.

Les autres biens iraient aux filles du testateur, mais en cas de décès de ces dernières le tout irait aux *pauperes Christi*; Giovanni demande alors

19 Giovanni laisse de l'argent à l'église de San Lorenzo al Ponte et à celle de San Michele à *Strada*.

la construction d'une chapelle au lieu choisi par les fidéicommissaires, afin que soient célébrées de messes pour le bien de sa famille. La multiplication des héritiers substitutifs est un indice des mauvaises conditions de vie, Giovanni augmente les précautions et prévoit également plusieurs tuteurs pour ses enfants. Tout d'abord il demande à son épouse et au notaire ser Naldo Gucci d'assurer l'éducation de sa descendance, si ces deux personnes devaient mourir, il confie le rôle à Germana Gucci puis, en dernier recours, il choisit sa belle-mère Bartala. Les tuteurs auront un double rôle puisqu'ils devront également s'occuper de l'exécution des dernières volontés de Giovanni, qui demande à Simone Dinucci, époux de sa nièce, de s'occuper avec eux de l'exécution de son testament. Le décès de toutes ces personnes implique que l'éducation des enfants et l'exécution du testament seraient assurées par le prieur du couvent des frères franciscains de San Gimignano.

Les étapes de l'exécution

Les craintes de Giovanni, concernant sa santé étaient justifiées, puisque le 17 janvier 1349, son épouse Margherita, désormais veuve, est officiellement nommée tutrice de Lodovico, héritier de son père. Elle en profite pour demander la restitution de 90 florins, que Gerino Maso devait à son défunt époux, cette somme provenait de relations commerciales que Gerino avait avec Giovanni. Le 26 janvier Margherita reçoit un *podere* avec une maison et des terrains à *Villa Paterno*, ainsi que deux autres terrains et deux maisons à *Villa Casale* au lieu dit *Castagnuolo* et une maison à San Gimignano dans le quartier de San Giovanni[20].

Il n'y a pas que des créances dans les comptes de Giovanni Dei, le 12 août 1349, les officiers élus par la commune de San Gimignano pour résoudre la question entre Polito Naldino et Giovanni Dei d'un côté et Piero Tieri de l'autre, déclarent que les deux premiers, banquiers de San Gimignano, doivent encore 38 florins d'or et 25 sous à Piero et lui permettent de prendre des biens des deux banquiers jusqu'à concurrence de

20 ASF, Diplomatico 1348 gennaio 17, Spedale di San Gimignano.

la somme[21]. Sans doute, le document le plus intéressant concernant Giovanni Dei est daté du 7 avril 1350, quand sa femme Margherita demande et obtient que Francesco fils de Lapo soit avec elle tuteur de Lodovico et elle dresse ensuite l'inventaire des biens de son défunt époux[22]. Giovanni possédait une maison dans le quartier du Castello, avec un moitié de *loggia,* la moitié d'une autre maison à San Gimignano, un *podere* avec une maison à *Villa Gambocci*, un jardin potager ainsi qu'une maison avec un pressoir a huile au même endroit et un deuxième *podere.* Ces biens immobiliers étaient accompagnés de deux lits un grand et un petit, avec le matelas les couvertures et les coussins, il y avait également un mors pour le cheval ainsi que de la nourriture, deux caisses de paille, des ustensiles de cuivre et des tissus de peu de valeur pour un usage quotidien. Toujours pour la maison, Giovanni avait d'autres objets, six serviettes, huit nappes, huit autres serviettes, des draps de lin et des récipients pour la cuisine. Margherita détaille tout d'abord les nombreuses propriétés de son défunt époux qui, outre avoir hérité une certaine fortune de son père, a réussi à faire fructifier le patrimoine. L'inventaire ne détaille pas tout ce que contiennent les *poderi* ni s'ils sont travaillés par quelqu'un, probablement il y a des animaux, nous savons simplement que Giovanni avait un cheval puisqu'il tenait du fourrage et un mors. Le testament contenait des legs pieux, Margherita s'est occupée de leur exécution, puisque le 12 mai 1351, Bartolomeo d'Arezzo, vicaire de l'évêque de Volterra, après avoir examiné le testament de Giovanni Dei, libère Margherita de la charge exécutoire, vu qu'elle a, entre autres choses, payé les 125 lires pour les tuniques[23].

Giovanni avait également dicté des dispositions précises concernant ses filles, en 1348 il en avait quatre et en 1355 il ne reste plus que Giovanna, qui pouvait au minimum bénéficier d'une dot de 100 florins, puisque Margherita avait la possibilité de l'augmenter. En effet, au moment de son mariage Iacopo et Giovanni fils de Toro, respectivement époux et beau-frère de Giovanna, ont reçu une dot de 182 florins, cette

21 ASF, Diplomatico 1349 agosto 12, Spedale di San Gimignano.

22 ASF, Diplomatico 1350 aprile 7, Spedale di San Gimignano.

23 Giovanni avait voulu que pendant 5 ans ses héritiers dépensent, le jour de sa mort, 25 lires pour des tuniques blanches pour les pauvres (ASF, Diplomatico, 1351 maggio 12, Spedale di San Gimignano).

somme a été décidée par Margherita d'un commun accord avec Naldo Gucci. Le document contient de nombreuses précautions; en effet, Margherita précise que Lodovico est trop jeune pour décider et Giovanni avait laissé une certaine liberté aux héritiers concernant le montant de la dot des filles. Puisque Margherita est tutrice de Lodovico, elle a la possibilité de fixer un montant supérieur. Elle ne prend pas cette décision seule, mais avec l'aide de Naldo Gucci, fidèle ami de la famille, que nous retrouvons régulièrement. Lodovico ne pourra donc pas modifier cette décision et prétendre la récupération des 82 florins accordés en supplément, Margherita insiste sur sa légitimité, en tant que tutrice, à prendre cette décision.

Lodovico n'avait pas la possibilité d'intervenir directement dans les décisions concernant les biens paternels, toutefois en 1362 il exécute un legs pieux du testament de son père, signe de son indépendance mais également de la lenteur avec la quelle ces actions pouvaient être conduites[24]. L'exécution se terminera d'ailleurs le 3 août 1367, quand l'héritier sera définitivement libéré de cette charge parce que le vicaire général de l'évêque de Volterra et chanoine de la Collégiale, Nicola de Uzzano, atteste que l'héritier, également fidéicommissaire, a rempli son rôle.

La famille continue avec Lodovico Dei

Lodovico ne se limite pas à exécuter les dernières volontés de son père, il poursuit également les activités économiques, ainsi que le prêt à usure; ses déplacements ne lui permettent pas de suivre de près ses affaires il demande donc qu'Angelo Neri puisse être son représentant pour toutes ses activités commerciales, ce que lui concède le juge Bartolo Ubaldini de Florence, *podestà* de San Gimignano en 1363[25]. Quand les problèmes font surface, la famille Dei se lie de nouveau à la famille Neri, nous ne connaissons pas le lien de parenté entre Giovanni et Angelo Neri, toute-

24 Lodovico donne au prieur de l'église de San Michele de *Strada* 25 lires, selon le vœu testamentaire de son père (ASF, Diplomatico 1362 ottobre 26, Spedale di San Gimignano).

25 ASF, Diplomatico 1363 dicembre 13, Spedale di San Gimignano.

fois il s'agirait d'une curieuse coïncidence si les deux personnages ne provenaient pas de la même famille. Le 31 décembre nous comprenons en partie les raisons qui ont motivé cette requête; en effet Benivento de Dino de San Gimignano et ses héritiers renoncent à la récupération des sommes qu'ils ont prêtées à Lodovico Dei, sous forme d'usure. De 1363 à 1377 les actes qui témoignent ce type de prêts se succèdent, parfois Lodovico était débiteur, mais il était également le créancier, comme en 1377 quand il prête au syndic de San Gimignano 220 florins qui devront lui être rendus dans le délai d'un mois.[26]

Lodovico voyage entre San Gimignano et Lucques, cependant il renforce ses liens avec son lieu d'origine en épousant Filippa, sœur de Cristofano Gucci de Poggibonsi, qui lui amène une dot de 250 florins d'or[27]. Toutefois, en 1383 il a une maison à Lucques puisqu'il y dicte son testament, il est malade et demande d'être enseveli dans l'église du couvent dominicain de Lucques s'il devait mourir dans cette ville[28]. Ses volontés sont concises mais il laisse peu de place à l'arbitre de ses exécuteurs et fidéicommissaires, il désire des messes de septième de trentième et une messe annuelle pour commémorer le jour de son décès. En suivant la tradition familiale qui privilégiait l'aumône, il laisse 10 lires pour les *pauperes Christi.* Toutefois, une partie de sa famille ne l'a pas suivi à Lucques, Chiara, une de ses filles est sœur au couvent de Santa Chiara de San Gimignano, ayant déjà reçu sa dot lors de son entrée au couvent, elle ne pourra avoir que 5 lires, alors que sa sœur Bartala pourra bénéficier d'une dot de 100 lires pour se marier ou faire le même choix de sa sœur; le couple a trois autres enfants, Giovanni, Iacopo et Gherardo qui seront héritiers universels.

Le testateur n'oublie pas son épouse, Filippa, elle pourra récupérer sa dot de 250 florins ainsi que les 25 lires qu'il lui avait données, tout

26 En 1368 Lodovico récupère 167 florins (ASF, Diplomatico 1368 giugno 29, Spedale di San Gimignano); en 1373 deux membres de la famille Salvucci effacent leurs prétentions envers Lodovico (ASF, Diplomatico 1373 febbraio 20, Spedale di San Gimignano). L'acte de 1377 se trouve également à Florence (ASF, Diplomatico 1377 maggio 5, Comune di San Gimignano).

27 Le contrat de mariage est passé le 29 août 1364, Lodovico donne à son épouse 25 lires (ASF, Diplomatico 1364 agosto 29, Spedale di San Gimignano).

28 ASF, Diplomatico 1383 agosto 7, Spedale di San Gimignano.

comme ses vêtements; à ces biens Lodovico ajoute en outre 40 florins. Contrairement au testament de son père, Lodovico ne multiplie pas les héritiers substitutifs et il précise simplement qu'en cas de décès de ses fils, les filles deviendraient héritières. Le dernier vœu de ce testateur concerne ses finances, il demande à ses héritiers de mettre de l'ordre dans ses comptes, sans préciser si les créances proviennent de prêts à usure.

L'exécution du testament

Cet acte ne pose apparemment aucun problème, encore une fois ce sont les documents postérieurs qui nous font changer d'avis. Le décès de Lodovico est survenu peu de temps après la dictée de son testament, en effet, le 24 octobre 1383 nous avons déjà un document qui atteste l'ouverture de la succession. En ce jour, devant le juge du *podestà* de San Gimignano, Bartolomeo de Lorenzo, le procurateur de Filippa, Bartolomeo de Francesco Ridolfi, demande une action contre les héritiers de Lodovico Dei, pour la restitution de la dot de Filippa. L'acte rédigé par le notaire Filippo Cotennacci doit contenir de nombreuses indications afin de prouver l'exactitude de la requête. Tout d'abord le mariage de Lodovico et Filippa, puis la mort de Lodovico enseveli à Lucques, le notaire précise qu ces choses sont connues à San Gimignano, tout comme le fait que Lodovico avait reçu une dot de 250 florins, versée par Cristofano Gucci, frère de Filippa selon un acte du 29 novembre 1364, rédigé par Michele Bottacci. Puisque le mariage a pris fin avec le décès de Lodovico, le procurateur de Filippa demande la restitution de la dot, le juge écoute des témoins qui sont en mesure de certifier l'exactitude de ces évènements et décide de donner raison à la plaignante. La dot n'est rendue en comptant mais par le biais de biens immobiliers, à savoir, une maison avec un four et une cabane à *Villa Paterno*, le tout entouré de terrains agricoles et vignes pour une valeur totale de 256 florins[29].

29 Le seul problème ici est que un *podere* à *Villa Paterno* faisait partie de l'héritage de Giovanni Dei et était parvenu à Margherita, toutefois cet ensemble avait une valeur de 90 florins en 1349, moins d'un demi-siècle après c'est pour solder une

Toutefois les problèmes de Giovanni Dei, fils de Lodovico ne se terminent pas ici, le 28 juin 1384, alors qu'il habite à Lucques il fait un mandat de procuration à Cristofano Gucci de Poggibonsi mais habitant à Florence, afin que celui-ci agisse en son nom dans toutes les questions et litiges présents et futurs dans le domaine ecclésiastique et criminel que Giovanni pourra avoir à San Gimignano. Les problèmes de restitution de la dot n'ont pas gâché les rapports de Giovanni avec la famille de sa mère, puisque Cristofano est son oncle, le frère de sa mère[30]. D'ailleurs, malgré la décision officielle du 24 octobre 1383, nous devons attendre le 15 juillet 1387 pour avoir un acte officiel qui atteste le passage de la propriété des biens de Giovanni, fils de Lodovico Dei, à sa mère Filippa; l'ironie de la situation veut que ce soit Cristofano Gucci, son frère, qui lui donne les biens, puisqu'il est procurateur de Giovanni. Il s'agit d'un *podere* à *Villa Paterno* dont nous avons déjà parlé, auquel sont ajoutés une maison dans le quartier de la Piazza, ainsi que la moitié d'une maison au même endroit[31]. Filippa prend possession de ces biens sans en être longtemps la propriétaire, puisque le 27 juillet elle décide de les donner à son frère Cristofano.[32] L'acte du passage de propriété est rempli de formules qui attestent la volonté indépendante de Filippa qui n'a absolument pas été forcée à donner ces biens mais l'a fait sans subir aucune pression; à première vue, Filippa, une fois veuve, est revenue dans la maison paternelle, puisque dès son mariage c'est le frère qui a rempli le rôle du *pater familiae* il récupère ici la dot et accueille à nouveau Filippa, en lui donnant un logement et de la nourriture. Nous devons également remarquer que les biens donnés par Giovanni représentent une estimation plus juste de la dot de 250 florins et que le seul *podere*, cité dans le document de 1384, ne pouvait pas à lui seul avoir une valeur correspondante.

---

dette de 256 florins que le *podere* est donné. Des terrains ont certainement été ajoutés, cependant il s'agit d'un doute supplémentaire concernant les divers passages de biens dans l'héritage de la famille Dei (ASF, Diplomatico, 1383 ottobre 24, Spedale di San Gimignano et copie *in* BCSG, Ms. 85, f. 67v.).

30 ASF, Diplomatico, 1384 giugno 28, Spedale di San Gimignano.

31 ASF, Diplomatico, 1387 luglio 15, Spedale di San Gimignano.

32 ASF, Diplomatico, 1387 luglio 27, Spedale di San Gimignano.

Problèmes dans la restitution de la dot

Filippa renonce donc à la propriété de ses biens si difficilement récupérés ainsi qu'à la possibilité d'en disposer par voie testamentaire, mais, en échange, elle a la protection de sa famille. Les problèmes entre les membres de la famille Dei et les femmes ne se terminent pas ici; l'héritage de sa grand-mère cause en effet, également quelques soucis à Giovanni. Nous en avons une première trace dans un document de 1392, quand le juge Antonio Ugolini della Fossa, doit trancher au sujet du litige qui oppose Giovanni fils de Lodovico Dei d'un côté et Drea et Bartolomea de Luto Parigi Moronti de l'autre. Bartolomea était la mère de Margherita épouse de Giovanni Dei, grand-mère de Giovanni de Lodovico de Giovanni Dei, les survivants Drea et Giovanni fils de Lodovico Dei apparaissent devant le juge. En 1305 Bartolomea s'était mariée avec Luto, en amenant une dot de 400 lires, une fois veuve elle avait obtenu l'usufruit des biens de Luto et les héritiers lui avaient rendu sa dot, une partie sous forme de biens immobiliers et meubles et le reste, à savoir 212 lires et 10 sous, en argent comptant. Bartolomea avait donné une dot à sa fille Margherita, qui n'avait pas été rendue lors du décès de son époux Giovanni Dei: c'est pourquoi l'héritier de la famille Dei, Giovanni est accusé, en 1392, d'avoir gardé l'argent et le juge le condamne à rendre la somme[33]. Drea n'était pas rancunière puisque dans un document postérieur nous avons un extrait de son testament, qui nous rappelle l'identité de son héritier: Giovanni fils de Lodovico Dei[34].

33 ASF, Diplomatico 1392 marzo 16, Spedale di San Gimignano.

34 Il s'agit d'un parchemin du XVIIe siècle retrouvé dans le fonds du couvent de San Francesco de San Gimignano, parce qu'il reportait l'obligation de l'héritier de donner un florin au couvent des frères mineurs (ASV, Fondo Toscano 16573).

La dernière génération

L'histoire de cette famille se conclut avec le testament de Giovanni fils de Lodovico de Giovanni Dei, qui est dicté à San Gimignano, dans le couvent dominicain le 29 août 1411[35].

Giovanni est malade et il désire être enseveli dans l'église du couvent des frères prêcheurs, il ne peut pas demander d'être à côté de son père, puisque ce dernier est à Lucques mais il choisit le même ordre. Après quelques legs pieux succincts, il laisse l'usufruit de ses biens à sa sœur Elena, puis il nomme ses fils héritiers universels[36]. Toutefois, Giovanni ne parle ni d'une épouse ni de réels enfants, nous pouvons supposer qu'il aimerait idéalement faire parvenir son patrimoine à ses futurs enfants mais sa situation l'oblige à donner des dispositions précises en cas de décès sans héritiers légitimes: le couvent dominicain recevra une maison dans le quartier de la Piazza, avec l'obligation de faire célébrer un *officium mortuorum* le jour de son décès et tous les frères du couvent devront participer aux célébrations. Le reste de ses biens ira à l'hôpital de Santa Fina, qui aura l'obligation de donner chaque année au couvent dominicain, le jour le l'Annonciation, 3 livres de cire qui seront utilisées pour les célébrations du jour suivant.

Giovanni mourra effectivement sans héritiers et ses biens iront à l'hôpital de Santa Fina, puisqu'en 1445 le vicaire de l'évêque de Volterra certifiera que les legs pieux de son testament ont été exécutés par l'hôpital[37]. C'est ainsi que se termine l'histoire de cette famille, le nombre restreint d'enfants arrivés à l'âge adulte a provoqué la disparition du lignage, la situation économique de Tancredi à Giovanni fils de Lodovico en un peu plus d'un siècle s'est considérablement améliorée. Les activités liées au commerce et au prêt à usure ont augmenté le patrimoine qui est passé d'une génération à l'autre pour finir dans les mains de l'hôpital de Santa Fina. Les documents relatifs aux litiges, les tentatives

35 ASF, Diplomatico 1411 agosto 29, Spedale di San Gimignano et Domenicani di San Gimignano.

36 Giovanni demande à ses fidéicommissaires de dépenser la somme nécessaire à ses funérailles, puis donne à Nicolosa de Poggibonsi, sœur du couvent de Santa Chiara, 4 florins l'an ainsi que ses chèvres et ses brebis.

37 ASF, Diplomatico 1445 febbraio 2, Spedale di San Gimignano.

des femmes pour récupérer leur dot, témoignent des possibilités légales dont disposaient ces personnes, qui pouvaient parfois modifier des injustices passées, comme ce fut le cas du contentieux entre Drea Moronti et Giovanni de Lodovico Dei.

Arbre généalogique 2. La famille Dei de 1309 à 1445

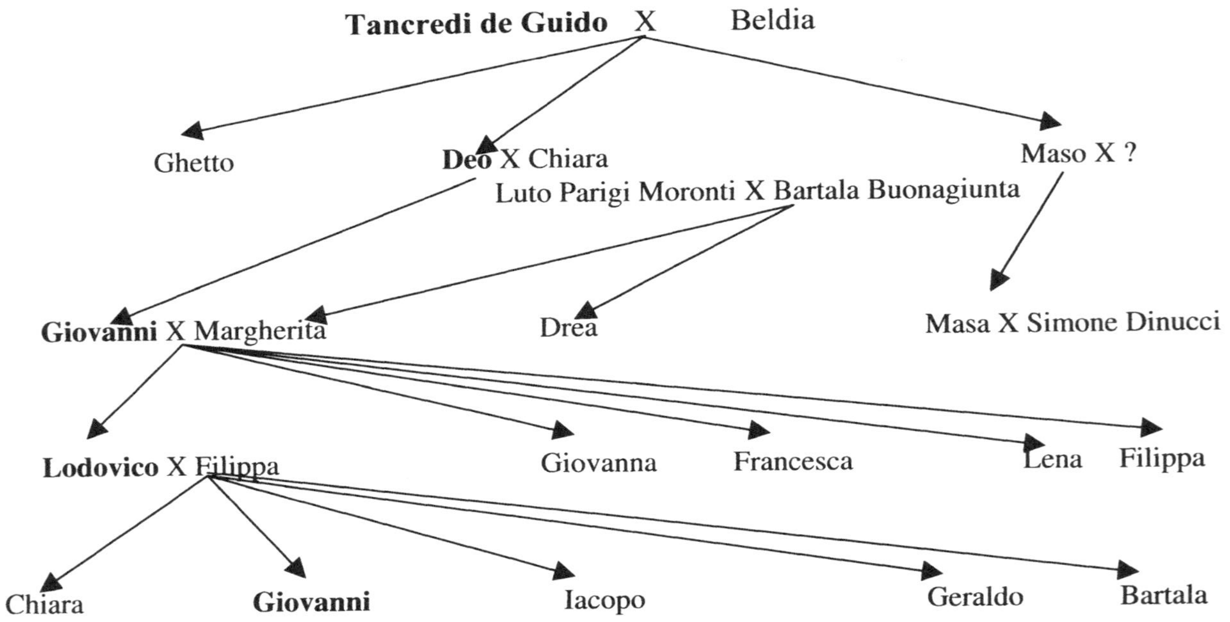

Chapitre IV

La famille Useppi

L'importance de cette noble famille, dont une partie a établi sa demeure à San Gimignano au XIIIe siècle et le nombre élevé de personnes qui la composent donnent un cadre particulier à cette analyse. Quand les familles de San Gimignano luttaient encore entre elles pour obtenir le pouvoir local, la famille Becci était l'ennemie jurée des membres de la famille Useppi, malgré la paix signée en 1248[1]. Comme le montre le schéma généalogique, la famille s'est agrandie grâce à Nuccio et Neroccio Useppi[2]. Cette famille était composée de marchands et de banquiers, d'ailleurs les testaments de Lamberto de Cino, de Michele de Coppo et de ser Forciore de ser Dato sont des testaments d'usuriers[3]. Les membres de la famille Useppi, sont déclarés citoyens florentins et nobles de Volterra, au milieu du XVe siècle et le prestige de cette famille est destiné à s'accroître avec Francesco Useppi, dont nous parlerons plus amplement par la suite, puisque nous avons le testament de son fils Matteo et une série de documents concernant cette partie de la famille.

Les dispositions pieuses

D'après les testaments, leur histoire commence en 1313, quand Nuccio Useppi, sain de corps et d'esprit, dicte ses dernières volontés, au notaire

1 Le document se trouve dans *Collectio chartarum pacis privatae medii aevi ad regionem Tusciae pertinentium*, G. Masi (éd.), Milano, 1943, p. 367.

2 Nous devons préciser que comme pour les autres familles nous avons tiré de nombreux renseignements de l'ouvrage d'E. Fiumi sur l'histoire économique et sociale de San Gimignano, cependant quand il parle de la famille Useppi et des descendants de Nuccio il ne mentionne pas son fils Brogino, que Nuccio cite dans son testament (*op. cit.*, p. 278).

3 Nous n'avons que des copies partielles de ces documents, les originaux se trouvant à l'Archivio Vescovile de Volterra, et donc étant pour le moment inaccessibles.

ser Ranieri de ser Boninsegna, dans le couvent des frères augustiniens[4]. Il dispense près de 200 sous aux institutions pieuses de San Gimignano avec une préférence pour les frères augustiniens et demande à ses héritiers de distribuer huit tuniques aux pauvres. Difficile d'établir précisément si le couvent augustinien était choisi par tous les membres de cette famille, puisque dans un premier temps nous avons les testaments des femmes qui sont devenues Useppi par alliance, leur volonté de choisir la sépulture avec leur famille d'origine réduit fortement notre compréhension[5]. Bellina Masseotti préfère le couvent dominicain, sans préciser les raisons qui ont motivé ce choix et Bartola Bonini opte pour le couvent des frères augustiniens, mais pour être proche de ses parents[6]. Cette dernière désire revêtir l'habit des oblates, elle laisse un *podere* à *Villa San Casciano*, comprenant des terrains, une maison et une paire de bœufs, que le couvent ne pourra pas vendre; en échange, elle désire une messe à la saint Bartolo sur l'autel de saint Nicolas. Cette requête représente l'attachement aux deux saints les plus vénérés de San Gimignano, puisque saint Nicolas, est lié à la construction de la première église qui est devenue ensuite la Collégiale et saint Bartolo était un prêtre local qui bénéficiait d'une dévotion particulière; sa tombe se trouve dans l'église des frères augustiniens[7].

4 ASF, NA 17575, f. 84r.

5 Nous disposons également des copies partielles des testaments de Francesco Useppi et de ser Forciore de ser Dati Useppi dictés en 1348 qui ne contiennent pas la mention du choix du lieu de sépulture (Archivio della Collegiata di San Gimignano, no. 709 Codice Moronti, f. 18r. et no. 708 Codice Mainardi, f. 14r.).

6 ASF, Diplomatico, 1350 novembre 28, Domenicani di San Gimignano et ASV, Fondo Toscano 16383, dicté le 15 février 1367. La volonté expresse de suivre ses parents défunts est également mentionnée dans les testaments d'Angela Beni, veuve d'Antonio Useppi en 1417 et en 1426; elle choisit le couvent des frères dominicains (ASF, NA 8787, f. 10 et f. 26v.-27r.). Dans notre corpus nous avons également le testament de Margherita Pellari, épouse de Geppo, qui teste malade le 6 mai 1378, le couple n'a pas d'enfants et Margherita, choisit le couvent augustinien sans fournir d'autres explications (ASF, NA 7461, f. 24r.).

7 Dans un premier temps la sépulture se trouvait au milieu de l'église du couvent augustinien, puis le nombre de fidèles augmenta ce qui obligea la mise en place d'une barrière tout autour en 1369. La construction de la chapelle a été décidée un siècle plus tard, pour une dépense de 60 florins (L. Pecori,. *op. cit.*, p. 543).

Les décisions prises par Iacoba Useppi, épouse de Nicola Peroni, ont déjà été largement commentées, nous allons donc nous concentrer sur les dernières volontés de Lisa fille de Matteo Useppi, qui teste en 1406[8]. Document essentiellement religieux, ce testament est celui d'une femme seule: elle demande que son corps enveloppé avec l'habit des pénitentes soit enseveli dans le couvent des frères franciscains, près de celui de son mari et de son fils Piero. Lisa nomme toutefois les bénédictins de *Villa Barbiani* héritiers universels, en leur laissant un *podere* à *Pietrafitta*, comprenant plusieurs constructions, des terrains agricoles et des animaux, de plus, les frères recevront ses maisons avec tout le mobilier. Cette générosité a un but, en échange, Lisa demande que huit frères prient pour elle et sa famille; de plus chaque année le jour de la festivité de saint Michel ils devront faire une aumône de blé dans l'église collégiale et célébrer une messe avec douze prêtres. Pendant les célébrations seront brûlées quatre livres de cire sur l'autel de la chapelle fait construire par son mari dans l'église de San Francesco[9]. Toutefois, la dévotion de la famille Useppi ne se limite pas à un couvent, puisque si certains membres choisissent le couvent augustinien, il existait des chapelles dans les autres églises; la chapelle des Mages dans l'église du couvent franciscains, voulue par Lisa Useppi et celle du couvent dominicain, peinte en 1374 et dédiée à saint Jean Evangéliste[10].

Les possibilités étaient donc multiples; toutefois nous avons un dernier testament, contenant la demande de sépulture dans l'église du couvent augustinien, celui de Francesco fils de Matteo du 19 février 1418[11]. Le legs pieux le plus important consiste en une donation de 100 florins à deux religieuses du couvent de Santa Caterina, qui sont ses sœurs. Le reste de la famille demande d'être enterré dans le couvent dominicain, nous assistons donc à une évolution dans le choix du lieu de sépulture;

8 Les dernières volontés de Iacoba et de sa belle-sœur Nera ont été analysées dans le deuxième chapitre de la troisième partie, dans la section *Quelques désirs particuliers.* Le testament de Lisa est malheureusement incomplet puisqu'il s'agit d'une copie partielle (Bibl. Guarnacci Volt., LIII-4-2).

9 Le non-respect des obligations, implique le partage des biens entre la Collégiale et le couvent des frères mineurs.

10 BCSG, Manoscritto 106, f. 162r.

11 ASS, Comune di San Gimignano, mazzo 24, n. 29.

après le déplacement des frères prêcheurs, il aura fallu un peu plus d'un demi-siècle pour fidéliser la famille Useppi, d'après nos documents la tradition s'impose quand, en 1420, Cino, fils de Pietro Useppi fait ce choix[12]. Il sera suivi de Taveno fils de Taddeo en 1429, de son épouse Papera en 1434, de Nicolosa Bracceri, épouse de Cino en 1446, d'Angela Moronti et du mari Matteo Useppi respectivement en 1524 et en 1530[13]. Excepté Taveno, qui limite ses legs pieux à quelques sous et un cierge, les autres testateurs distribuent terrains et florins aux différentes institutions pieuses, avec bien entendu une préférence marquée pour le couvent de la Santissima Annunziata. Contrairement à la tendance de laïcisation, constatée au sein du troisième groupe, le couple formé d'Alessandra Moronti et Matteo Useppi ne lésine pas sur les legs pieux, elle, avec des demandes de messes et de messes de saint Grégoire pendant dix ans, lui, en souhaitant des célébrations pendant cinq ans, auxquelles il ajoute des aumônes.

Les légataires

Après ce rapide aperçu des préférences pieuses de cette famille, passons à la mention des légataires et des héritiers, ce qui permet de mesurer les liens familiaux et les activités exercées par les testateurs.

Tout d'abord, Nuccio laisse l'usufruit de ses biens à son épouse et nomme ses enfants masculins héritiers, cependant il a eu des enfants de deux femmes différentes[14] et chacun reçoit des biens en plus de sa part d'héritage[15]. Nuccio a également des comptes en suspens avec d'autres personnes, puisqu'il a des dettes pour un montant total de 45 florins, 70

12 ASF, NA 9566, f. 57r.-60r.

13 ASF, NA 17879, f. nn.; ASF, NA 20351, f. 79v.-80r.; ASF, Diplomatico 1446 settembre 13, Domenicani di San Gimignano; ASF, NA 20919, f. 282v.-284r. et ASF, NA 14484, f. 105v.-107v.

14 Nuccio avait d'abord épousé Nera, puis il s'était marié avec Gentile.

15 Nous avons donné le détail de ces donations dans la section consacrée aux enfants.

lires et 8 sous[16]. Les conditions économiques des membres de la famille Useppi sont en principe meilleures, les débiteurs étant généralement plus fréquents que les créanciers; en 1340 les syndics de la commune de San Gimignano reçoivent un prêt de 900 florins d'or, qu'ils devront rendre en un mois. La somme provient de Lippo de Ciupo Scolari de Florence et de ser Pietro de Cino Useppi[17]. Voilà les transactions dont était protagoniste la famille Useppi, qui augmente son prestige dans la deuxième moitié du XIVe siècle, grâce à deux personnages: Cino fils de Pietro et Francesco fils de Matteo.

Cino Useppi était, au début du XVe siècle, recteur de l'hôpital de Santa Fina, nous le retrouvons dans de nombreux documents qui relatent les étapes des exécutions testamentaires. Dans ce contexte, nous comprenons aisément l'importance du rôle exercé par Cino, qui s'occupe par exemple du partage de l'héritage de Broccardo Nucci et son fils Antonio[18]. Quand, en 1420 il dicte ses dernières volontés au notaire Giovanni Gamucci, il prend grand soin de détailler ce que recevront les légataires et l'héritier; connaissant les difficultés qui peuvent surgir lors de la mise en pratique des volontés testamentaires, il désire être le plus clair possible. Cino a épousé Niccolosa Bracceri, ce mariage représente donc l'union de deux grandes familles de San Gimignano[19]. Cino laisse à son épouse deux champs, avec deux vignes, une maison et un four à *Villa Sovestri*, ainsi qu'une maison dans le quartier de San Giovanni, avec tout ce qu'elle contient, cependant elle ne devra pas demander sa dot. En outre, elle aura l'usufruit d'un terrain et d'un *podere* à *Villa Sovestri*, ces biens iront ensuite au couvent dominicain, en échange de messes. Le couple n'a pas de descendance directe, Cino laisse donc un terrain avec

16 Exactement il doit 45 florins à Ture Paganelli, 40 lires à Schotto Cetti, 12 lires et 8 sous aux héritiers de Piero Bonaccorsi, 8 lires à la famille Ridolfi et 10 lires à Schotto Cetti.

17 ASF, Diplomatico 1340 ottobre 24, Comune di San Gimignano.

18 ASF, Diplomatico 1409 settembre 10, Spedale di San Gimignano. Le partage des biens de Broccardo Nucci a été commenté dans la dernière section de la quatrième partie.

19 Niccolosa est fille de Cecco de Goruccio, un des trois hommes de la famille qui a survécu à l'épidémie de 1348, avec ser Michele et Taddeo de Bottaccio, dont nous avons une trace dans les estimations des rentes des terrains du XIVe siècle (ASS, Est. Cont. 189).

une maisonnette à *Villa Gambocci*, au notaire ser Tavene de Taddeo Useppi, qui est clairement de sa famille, mais nous n'avons pas réussi à établir le lien exact de parenté qui les unit[20]. Il nomme ensuite son héritier: Francesco fils de Francesco descendant de Lamberto, ainsi que ses fils. Le décès de l'héritier, impliquerait le passage du patrimoine à la confrérie de la Collégiale, avec l'obligation de faire une aumône de pain cuit, le deuxième dimanche de février et de mars[21]. Le testateur a pleine confiance en ces institutions, puisqu'il nomme fidéicommissaires, les prieurs de la confrérie de la Collégiale et de celle du couvent des frères prêcheurs.

Deux ans après, l'héritier prend possession du patrimoine, mais il doit d'abord s'acquitter de tous les frais. Un premier acte, atteste le respect des dispositions testamentaires du défunt[22], tout d'abord avec la donation des sommes destinées aux legs pieux.[23] Les héritiers devront ensuite solder les dettes de Cino qui devait 30 florins à Tavene de Taddeo Useppi, 3 lires à Lodovico Nori, 3 lires et 6 sous à Bartolino de Paolo pour des travaux exécutés au *podere*, 3 lires et 3 sous à Bartolo Cerrolini pour l'achat de tissus et vêtements, 1 florin 2 lires et 4 sous à Meo de Piero pour des travaux effectués à la maison, 3 lires et 10 sous à Pietro Mellone, forgeron, ainsi que 22 sous à Nicola de Gualtiero pour la gabelle de l'huile. Que nous apprennent ces comptes? Tout d'abord que Cino se servait de main d'œuvre que ce soit pour ses terrains agricoles ou pour sa maison, la dette la plus importante résulte être avec un membre de sa famille, peut-être étaient-ils associés en affaires. Cependant, les dernières années de Cino ont dû être difficiles; en effet, l'héritier devra encore verser 30 florins à maître Ugone de Sienne, médecin de Colle Valdelsa, qui a soigné Gino durant sa longue maladie.

20 Comme en témoigne d'ailleurs l'arbre généalogique.

21 Le non-respect de cette obligation, impliquerait que la donation du patrimoine aille à l'hôpital de Santa Maria Nuova de Florence.

22 ASF, NA 17870, f. 814r.

23 Cino avait demandé de donner un florin pour des messes de saint Grégoire, la somme a été versée à Nicola et Tommaso de Angelo, à Simone Onofri, à Giovanni Benarici de Sicile et à Pietro de Rome tous frères prêcheurs, ainsi qu'à Simone d'Antonio de Lucques et à Antonio Buzzichini de San Gimignano.

Après son décès, les dépenses continuent, 2 florins et 40 sous aux deux officiers de la gabelle qui ont estimé les biens, 15 autres florins 7 sous et 8 deniers à la gabelle, ainsi que 2 lires et 15 sous pour enregistrer le testament. Le sépulcre en marbre a coûté 29 lires, alors que les héritiers ont dépensé 43 florins et 30 sous pour les habits du défunt et 27 autres florins ont été donnés à Michele Benenati, toujours pour des vêtements; nous avons également le prix des funérailles, 196 lires et 13 sous. Qui a dû s'occuper de tout cela? Une femme, Lisa la mère de Francesco qui est encore mineur, elle était donc la tutrice de l'héritier. L'acte suivant, établit ce que doit recevoir Lisa des personnes qui travaillent les *poderi*, ainsi que ce que les fidéicommissaires recevront pour les aumônes[24]. Les produits issus de ces exploitations agricoles sont, du vin blanc, du vin rouge, du safran, du blé, de l'huile et de la viande de porc[25].

Sept ans après, en 1429, lors des déclarations aux officiers du Cadastre de Florence, Francesco est sous la tutelle de Iacopo de Stefano Moronti, de Francesco de Biagio, de Francesco de Michele Bracceri et de ser Giovanni Gamucci officiers des pupilles du territoire de San Gimignano. Sa mère Lisa n'est pas décédée, puisqu'elle apparaît dans ce document, avec sa fille Dorotea, toutefois la gestion des possessions de Francesco avait été prise en charge par ces officiers. La composition du patrimoine, qui avec une fortune imposable de 2641 florins et 3 sous, plaçait Francesco parmi les personnes les plus riches de San Gimignano, a sans doute augmenté les précautions prises pour sa tutelle[26]. Usufruitière d'une partie des biens de Cino, son épouse Niccolosa Bracceri fait également sa déclaration aux officiers du Cadastre, elle possède des biens et des terrains et les officiers établissent sa fortune imposable à 606 florins et 17 sous; elle a 74 ans[27].

Francesco représente donc l'héritier, celui qui a survécu et qui permet le passage du patrimoine en ligne masculine d'une génération à l'autre. Quand son père Francesco avait testé, malade, en 1418, il avait rendu la

24 ASF, NA 17870, f. 14r.-16r.

25 Pour de plus amples détails, consulter la source qui fournit les quantités précises qui devront être versées de chaque aliment.

26 ASF, Catasto 233, f. 532r.-536v. et 266, f. 276r.-279v. Malheureusement nous ne disposons ni de l'âge de Francesco ni de celui de sa mère Lisa.

27 ASF, Catasto 266 f. 538r.-539v.

dot à son épouse Lisa, ce qui représentait 300 florins, auxquels il avait ajouté 100 florins, l'usufruit de sa maison et de son contenu, tout au long du veuvage de Lisa et leur fille Dorotea pouvait compter sur une dot de 400 florins au moins[28]. Toutefois, la maison du testateur devait parvenir à ses fils, elle ne pouvait être vendue et s'il ne devait pas avoir d'héritiers, l'hôpital de Santa Maria Nuova pourrait prendre possession de l'héritage. Francesco ne parle pas de son fils, mais laisse entendre l'existence d'héritiers légitimes, en 1429 Francesco est encore sous tutelle, nous ne connaissons pas exactement son âge cependant, lors de la dictée des dernières volontés de son père il pouvait tout à fait être un nourrisson; le testateur ne parle pas d'une grossesse en cours, Francesco était donc probablement déjà né.

Deux dons à des femmes, des épouses de la famille, concluent la partie des légataires, 45 florins pour un tissus noir destiné à Angela, la femme d'Antonio de feu Giovanni de Lamberto Useppi et à Papera femme de ser Tavene de Taddeo Useppi[29]. Il est intéressant de remarquer le nom du notaire qui a rédigé l'acte, ser Tavene de Taddeo Useppi et Francesco s'est rendu à son domicile pour dicter ses dernières volontés. Tout est donc fait en famille, ce testament, au-delà de la possibilité de faire de l'hôpital de Santa Maria Nuova l'héritier du patrimoine, concerne exclusivement les personnes ayant des liens de parenté.

Les apports du Cadastre

D'après les déclarations faites aux officiers du Cadastre, Francesco est de loin le composant le plus riche de la famille Useppi, en ce début de XVe siècle; en effet, outre Niccolosa, nous avons également l'estimation de la fortune d'Antonio fils de Giovanni de Lamberto[30], de celle de Ba-

28 Si Dorotea reste la seule enfant elle peut bénéficier de 200 florins supplémentaires, si elle reste la seule fille la somme est réduite de moitié.

29 Francesco en réalité conclut le testament avec la libération de sa servante Angela, après deux autres années de service auprès de son épouse.

30 ASF, Catasto 266, f. 2r.

rone fils de Matteo et sa femme Chiara[31], et enfin de celle de Tavene de Taddeo[32].

Antonio vit dans sa maison du quartier de la Place, d'une valeur de 200 florins, avec son épouse Angela de 42 ans, alors que lui en a 62. Tous les deux sont malades et Antonio se plaint de payer chaque année à la commune de San Gimignano diverses taxes, ses biens imposables sont estimés à 224 florins et 17 sous. Barone et Chiara vivent dans une situation regrettable, ils ont 70 et 60 ans et c'est surtout Chiara qui est à plaindre puisqu'elle est seule et elle précise que son époux est parti depuis quatre ans, leur fortune se monte néanmoins à 113 florins et 8 sous. Les voyages prolongés semblent caractériser les hommes de la famille, comme nous le prouve la déclaration de Tavene. Il a 69 ans alors que son épouse Papera en a 65, leur fils Benedetto de 44 ans a fui San Gimignano depuis de nombreuses années, son père déclare qu'après un séjour à Gênes, il s'est embarqué pour Rhodes, où il a demeuré pendant plus de sept ans. Tavene le justifie, en disant que son fils s'est comporté *«chomo fanno i giovani che anno voglia di vedere il mondo»*. Benedetto n'a d'ailleurs pas terminé ses pérégrinations puisqu'il s'est ensuite embarqué pour Alexandrie et là son père a perdu sa trace, il ne sait pas s'il est encore en vie mais, Tavene promet aux officiers de leur signaler son éventuel retour; la fortune imposable de ce notaire est de 346 florins et 8 sous.

Dans son testament dicté le 15 septembre 1429, Tavene nomme son fils héritier universel, cependant il décide d'instituer son épouse héritière substitutive, tant qu'elle reste veuve: vu l'âge avancé de sa femme, les chances d'un éventuel mariage sont restreintes. Elle teste d'ailleurs en 1434, laissant ses biens à ses neveux florentins[33]. Papera est restée veuve, cependant elle ne mentionne pas son fils Bartolomeo qui n'est probablement donc jamais rentré de voyage, les fils de son frère Nicola seront donc ses héritiers et les biens sortent de la famille Useppi. Sa maladie ne pardonne pas puisque deux mois après, le 16 décembre les exécuteurs dressent la liste de ses biens[34]. Une autre veuve, Niccolosa Bracceri, teste

31 ASF, Catasto 233, f. 340r.

32 ASF, Catasto 234, f. 675r.-678r.

33 ASF, NA 20351 f. 79v.-80r.

34 Ce document suit le testament dans le registre du notaire Andrea Topi.

en 1446, sans enfants elle destine également son héritage aux neveux de sa famille d'origine[35].

L'apport du livre de famille

Près d'un demi-siècle sépare le testament de Nicolosa des documents suivants concernant la famille Useppi, il s'agit d'un livre de famille, rédigé par Matteo fils de Francesco Useppi où sont notés les faits important concernant son entourage[36]. Le père de Matteo était un personnage important, puisqu'il s'agit de ce Francesco cité par le chanoine Luigi Pecori et par Enrico Fiumi, qui avait entrepris une carrière internationale qui l'avait amené à fréquenter la cour des rois de Hongrie[37]. Selon Luigi Pecori, il a été décoré en 1455, de l'ordre chevaleresque du Dragon, ordre institué par le roi Sigismond en mémoire des succès obtenus aux conciles de Constance et Bâle. La même année, Francesco rentre à San Gimignano, où il continue à remplir des fonctions d'ambassadeur.

Probablement conscient de l'importance de son père, Matteo commence à écrire, le 18 octobre 1497, jour de la mort de Francesco, qui sera enseveli avec tous les honneurs dans l'église du couvent de la Santissima Annunziata de San Gimignano. Le 26 décembre de la même année, Matteo épouse Alessandra fille de Cosimo Moronti, qui apporte une dot de 500 florins. Le nom des deux époux, devrait suffire à cataloguer cette union, comme celle de deux fortunes; en effet, le montant de la dot, qui situe Alessandra dans la tranche la plus élevée des sommes apportées par les épouses, ne fait que confirmer ce que les noms suggèrent. Cependant, la richesse implique souvent des problèmes et des règlements de comptes, comme en témoigne un acte rédigé le 28 décembre 1526, concernant la succession du père d'Alessandra. En effet, Cosimo Moronti avait une dette de 25 florins envers Niccolò fils de Biagio del Grande de *Villa Remignole*, qui résultait de la vente d'un bien immobilier, selon un acte

35 Elle nomme héritier son neveu Michele fils de Matteo Bracceri. Les autres bénéficiaires sont Michele Bracceri et Antonia, sœur de la testatrice.

36 BCSG, Manoscritto 92, f. 2-11.

37 L. Pecori, *op. cit.*, pp. 460 et ss. et E. Fiumi, *op. cit.*, pp. 278 et ss.

notarié, rédigé par Modesto Bernardi. Après le décès de Cosimo, le notaire Matteo Useppi, mari d'Alessandra et exécuteur du testament de son beau-père a payé 5 florins à Niccolò; il n'a donc pas soldé la dette[38]. Niccolò est mort intestat et ses deux héritières, son épouse Antonia et leur fille Diamanta, ont demandé une première fois à Matteo Useppi le paiement des 20 florins restants, par acte notarié rédigé par Angelo Bonaiuti le 4 novembre 1525. Après le paiement de 42 lires, le 8 novembre, Matteo leur a donné 21 lires en octobre 1526; les deux femmes demandent donc le reste, à savoir 19 lires[39]. Cet exemple montre la lenteur avec laquelle sont résolus les problèmes relatifs aux successions et qu'il s'agisse de Cosimo Moronti ou de Matteo Useppi, malgré leurs disponibilités économiques, ils se révèlent être de mauvais payeurs.

Revenons cependant au début du mariage entre Matteo et Alessandra, quand Cosimo était encore en vie. Le 2 novembre 1502 *all'hora di compieta* naît leur première fille, Lucrezia, elle sera suivie de nombreux autres frères et sœurs et le 12 octobre 1503 arrive l'héritier, Francesco. Matteo note fidèlement la naissance de tous ses enfants, en ajoutant l'heure[40], les accouchements se suivent à un rythme serré; en effet ils sont séparés au maximum de deux ans. Matteo ne s'est pas contenté de nous fournir la date de naissance, il a ajouté quelques détails sur la vie de ses enfants; sa fille Elisabeth entre au couvent en 1523, à l'âge de 18 ans et la même année Girolamo décède. Leur sœur Marietta a eu un destin tragique, puisqu'elle a été accidentellement noyée par sa nourrice Caterina le 30 janvier 1512; c'est pourquoi le couple a eu une deuxième fille, née en 1513, prénommée Marietta. Cette dernière ne sera pas plus chanceuse puisqu'elle mourra le 23 septembre 1530, lors de l'épidémie de peste; son frère Silvio ne vivra que quelques jours puisqu'il naît le 26 février et meurt le 4 mars. Les risques pour les nourrissons étaient élevés, la page que Matteo consacre à sa fille Dorotea se termine ainsi *Dio*

38 Alessandra est héritière de son père et le testament a été dicté le 18 mars 1509 (ASF, NA 20914, f. 119v.-122v.).

39 Document daté du 28 décembre 1526 (ASF, NA 5792, f. 2 int. 4).

40 Francesco est né à sept heures du soir, il est suivi d'Elisabeth en mai 1505, de Girolamo en 1507, de Giovanbattista en 1508, de Cosimo en 1510, de Marietta en 1511, de Silvio en 1515, d'Agnesa en 1517, de Dorotea en 1519 et de Lodovico en 1521.

habbia avuta l'anima sua, elle n'a vécu que cinq jours et Lodovico ne vivra qu'un mois et demi.

Alessandra, certainement prouvée par ces nombreux accouchements, teste malade en 1524, en demandant d'être ensevelie dans l'église des frères prêcheurs, dans le sépulcre de la famille Useppi. Elle laisse l'usufruit de ses biens à son mari qui devra les faire fructifier dans l'intérêt des fils qui hériteront. En effet, Alessandra, institue héritiers ses fils encore en vie: Francesco, Giovanbattista et Cosimo. Les filles, Lucrezia, Marietta et Agnesa, auront l'usufruit de ses biens, en cas de mort des héritiers, mais elles ne pourront pas en disposer puisqu'elles devront les transmettre à leurs fils. Si cette succession devait se révéler impossible, son patrimoine, c'est-à-dire une maison dans le quartier du Castello et un *podere*, iraient à l'hôpital de Santa Fina, qui devrait donner 10 florins de dot à une pauvre jeune fille de San Gimignano pour l'aider à se marier. Son époux teste le 7 septembre 1530; toutefois avant cette date, quelques changements sont intervenus dans la famille, à savoir, l'entrée au couvent d'Agnesa en 1528, le décès de Francesco le 13 janvier 1529 et celui de Lucrezia le 29 août 1530, victime de la peste. Probablement Francesco qui teste malade, a peur d'avoir été infecté et dicte ses dernières volontés à Cosimo fils de Damiano Montigiani. Fidèle à la tradition familiale, il demande sépulture dans l'église des frères prêcheurs, qui seront les principaux bénéficiaires de ses legs pieux[41]. Son épouse est encore en vie, puisqu'elle reçoit la moitié d'un champ à *Villa Sovestri*, avec une maison et un four, que le testateur avait acheté à Taddeo Dandi[42], un *podere* à *Villa Cotennanni* et une maison dans le quartier du Castello qui appartenaient à ser Cosimo, père d'Alessandra. Matteo lui laisse également l'usufruit de ses biens, qu'elle devra partager avec les héritiers, les deux fils Giovanbattista et Cosimo.

De plus, Matteo lègue une partie de ses biens à son neveu Giovanni, fils de son frère Cino; il sera usufruitier d'un terrain à *Villa Sovestri*,

41 Matteo laisse 10 sous à la Collégiale et à l'évêque de Volterra, puis demande à ses héritiers de faire célébrer pendant cinq ans, à l'anniversaire de sa mort, un *officium mortuorum*, dans l'église de la Santissima Annunziata, avec une dépense de 3 lires. En outre, le couvent recevra un champ pour d'autres célébrations et les héritiers devront dépenser 50 florins, pour le bien de son âme, dans un délai de six mois.

42 Acte rédigé par Torello Caciotti.

qu'il ne pourra pas vendre. Matteo laisse également de l'argent à sa sœur Piera, tout en avouant avoir envers elle une dette de 300 florins; il demande aux héritiers de les lui rendre, grâce au profit de la seconde moitié du champ à *Villa Sovestri*[43].

Une fois le danger passé, Matteo révoquera ce testament par un acte du 9 février 1539, sans toutefois dicter de nouvelles dispositions[44]. Il précise ne pas vouloir mourir intestat cependant, aucun testament ne suit sa révocation; toutefois notre recherche s'est limitée à ce registre puisque la date dépasse les limites chronologiques de cette étude.

Le livre de famille se conclut avec deux renseignements tout d'abord, en 1532, la naissance d'un neveu, puis la mort de l'auteur. En effet Cosimo, fils de Matteo et Alessandra a épousé Tommasa fille de ser Girolamo Becci et le 4 mars naît leur premier fils prénommé Francesco; la politique matrimoniale de l'union avec les familles les plus importantes continue, elle représente une alternative valable aux unions avec des femmes originaires de Florence[45]. L'avenir économique du couple et de leur descendance semble donc assuré.

Le dernier feuillet est daté du 15 mai 1543 et il a logiquement été écrit par une autre main, non identifiée, qui nous informe du décès de Matteo, ce jour-là à six heures.

43 La première moitié, Matteo l'avait donnée à son épouse.

44 ASF, NA 13095, f. 78r.

45 La famille Becci totalise plus de 3000 florins de biens imposables lors des déclarations faites aux officiers du Cadastre de 1428 (ASF, Catasto 285).

Arbre généalogique 3. La famille Useppi de 1313 à 1543

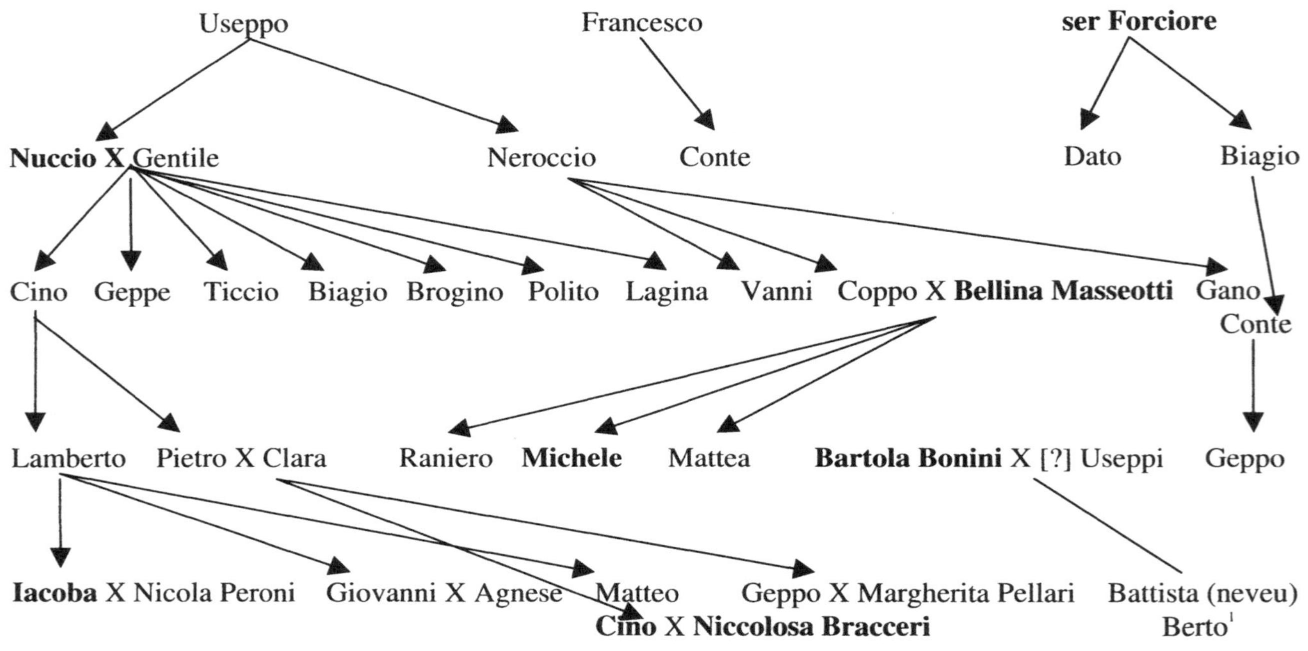

1 Sur la page suivante sont repris uniquement les noms de cette génération qui ont une descendance

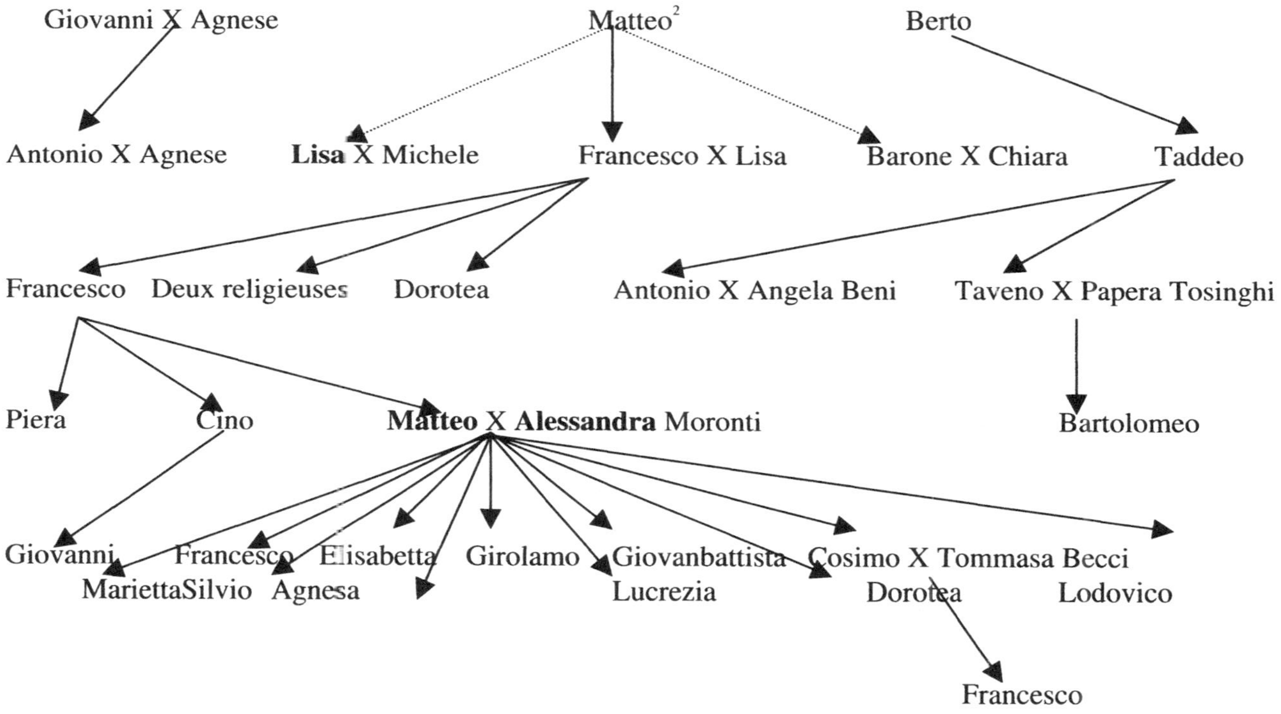

2 Le lien entre Matteo et ses deux fils Lisa et Barone est présumé, les indications ne permettent pas d'exclure l'homonymie.

Conclusion

Les souhaits et la volonté des habitants de San Gimignano concernant leur patrimoine, ainsi que leurs préoccupations relatives à la survie de l'âme et leur compassion envers les plus démunis ont été fixés, écrits dans les testaments. Souvent trop discrets pour laisser parler leurs sentiments, nous devons lire entre les lignes pour cerner les motivations qui ont poussé les testateurs à prendre leurs décisions. Tributaires du formulaire, les testaments peuvent parfois apparaître anonymes et le notaire, responsable de cette uniformisation des actes, aurait peut-être mérité plus de place au sein de ce travail.

En effet, la recherche et l'analyse ont été centrées sur la personne du testateur et son entourage familial, ce qui implique la présence de lacunes dans d'autres aspects concernant la pratique testamentaire. Une étude plus complète aurait pu tout d'abord contenir un approfondissement de l'activité notariale; le rôle du notaire et son influence dans les choix testamentaires étant également le corollaire de sa position sociale, une meilleure identification de ces aspects serait souhaitable, pour définir la marge de manœuvre du testateur. De plus, un examen attentif des registres de quelques notaires particulièrement importants permettrait d'avoir une vue d'ensemble de leur travail et de leur clientèle, ainsi que des renseignements supplémentaires sur leur rôle. L'aspect juridique a été traité de manière secondaire, avec, par exemple, la supposition de l'obligation d'un legs pieux à l'évêque de Volterra, sans pour autant en avoir une preuve écrite, comme c'est le cas pour l'église de Santa Maria del Fiore de Florence après la soumission en 1353, ainsi que pour l'église collégiale de San Gimignano près d'un siècle plus tard; les statuts synodaux de Florence prévoyaient une mesure analogue ce qui a permis de faire le rapprochement. Il s'agit dès lors des lacunes d'une étude centrée sur l'analyse d'une source qui permet de soulever un nombre considérable de questions, sans pour autant pouvoir y apporter une réponse.

En ce qui concerne précisément les testaments, une plus grande attention aurait pu être portée aux témoins, pour mesurer leur influence dans la dictée des dernières volontés et, par le biais de listes nominales, vérifier quel type de personne était choisie. La différenciation entre laïques, prêtres ou frères d'un couvent est un début qui permet de relier ces données avec le lieu de la dictée du testament. Les résultats sont un premier pas et en regardant de plus près ces noms, nous remarquons par exemple que les frères prêcheurs du XVIe siècle étaient souvent originaires de Florence ou du territoire entre San Gimignano et la ville dominante, alors que pour les autres couvents nous comptons beaucoup de Siennois; ce qui ajoute une preuve supplémentaire à la connivence déjà soulignée entre Florence et le couvent de la Santissima Annunziata[1]. En effet, la liste des témoins permet d'identifier des personnes, parfois leur métier ou leur origine; de plus l'écoute de la dictée des dernières volontés d'un proche pouvait préparer à concevoir son propre testament. En ce sens, il serait intéressant de remarquer s'il existait des noms récurrents; ainsi certains hommes pouvaient être reconnus dignes de confiance par la communauté, puisque plusieurs personnes les choisissaient et les appelaient lors de la dictée de leur testament. En imaginant qu'un futur testateur avait la possibilité d'assister plusieurs fois à cet événement, il est plausible de supposer que les clauses de son propre testament pouvaient être réfléchies et complexes, il avait été témoin de situations diverses, certains aspects lui rappelaient sans doute sa propre condition. L'évolution constatée dans le contenu des testaments au cours du XIVe siècle et surtout durant le siècle suivant, avec une plus grande précision dans les dispositions testamentaires, a sans doute été favorisée par cette situation, qui permettait une meilleure connaissance des possibilités offertes par l'acte de tester. Si le témoin devait certifier l'exactitude du contenu du testament, son rôle était secondaire par rapport à celui du fidéicommissaire ou de l'exécuteur testamentaire. Ces personnes avaient en quelque sorte le résultat de la vie du défunt entre leurs mains et surveillés par le vicaire de l'évêque; ils avaient la tâche de réaliser ses vœux testamentaires. Cette étude se concentre sur le testateur en tant qu'individu membre d'une famille, et non sur le testament et les personnes impliquées dans son exécution en privilégiant ainsi l'aspect social à une analyse de type juridique.

1 Ce n'est que pour les derniers actes que cet aspect a été pris en compte, nous pouvons, par exemple, citer le testament de Giovanni Coveri dicté en 1523 dans le couvent de la Santissima Annunziata devant sept témoins de l'ordre parmi lesquels Tiomoteo Riccci de Florence, prieur du couvent (ASF, NA 11927, f. 203).

Dès lors, l'identification des testateurs semblait importante: leur âge, leur profession, leur situation économique, tout comme la compréhension des motivations qui les poussaient à dicter leurs dernières volontés. Bien entendu la maladie et la peur de mourir à cause d'un danger imminent étaient des raisons suffisantes. Toutefois, si les donations *inter vivos* et les successions *ab intestat* sont diminuées, c'était sans doute parce que la double fonction du testament, qui permettait de sauver son âme et de disposer de son patrimoine, correspondait à un besoin, en partie du moins, induit par l'Eglise. Les premiers actes du corpus fournissent un nombre restreint de détails sur la situation des testateurs, comme si le document se composait prioritairement du formulaire ajouté par le notaire, et lire entre les lignes n'aurait pas été suffisant pour découvrir la personnalité des testateurs; alors qu'un siècle plus tard, ce sont les choix personnels qui prennent le dessus. Toutefois, même si le territoire de San Gimignano est réduit et sa population limitée, il n'est pas possible d'identifier tous les testateurs; comme nous l'avons vu, ceux qui précisent leur profession ou leur âge sont rares et pour identifier les autres, une étude spécifique de la population serait sans doute nécessaire. Par l'examen des déclarations fiscales, des actes d'achat et vente des biens immobiliers, il serait possible d'obtenir quelques renseignements supplémentaires sur les personnes dont nous disposons seulement du nom[2]. Une première approche de cette problématique a néanmoins permis la mise en place d'un cadre général. Tout d'abord, une forte proportion des personnes des classes économiques les plus favorisées testait pour d'évidentes raisons de partage du patrimoine; néanmoins le reste de la population se servait également du testament. Par ce biais, elle léguait les quelques objets en sa possession et demandait à la famille de prier pour le bien de son âme. Disposant bien entendu plus facilement de renseignements sur la première catégorie de testateurs, nous avons concentré

2 Outre le Cadastre de 1427 que nous avons partiellement examiné, il serait donc utile d'étendre les recherches aux autres déclarations faites avant la réforme fiscale et donc consulter l'*Estimo* qui se trouve à Sienne. Les actes de vente des terres tout comme ces déclarations contiennent parfois les noms des personnes qui travaillaient les terres des *poderi*, ce qui nous permettrait également une identification des couches de la population avec un pouvoir économique réduit qui ne possédaient pas directement des biens immobiliers.

une grande partie de l'étude sur eux; les autres ont laissé peu de traces, dans ce sens le testament est une source privilégiée qui permet au moins d'attester leur existence.

Le corpus est composé majoritairement d'hommes et, comme le montre le premier tableau, la proportion de personnes en bonne santé augmente au fil du temps. Une majorité de testateurs sains donne une crédibilité nouvelle au testament; le document devient en effet non seulement un ensemble de dispositions dictées rapidement peu avant de mourir pour réparer les erreurs d'une vie, mais également un instrument de juridique. Le testateur peut ainsi disposer de ses biens même après sa mort en les distribuant à son entourage selon sa volonté. Restons toutefois dans un premier temps concentrés sur les legs pieux et les efforts que font les testateurs pour le bien de leur âme.

L'analyse de la section consacrée à la spiritualité a été sélective; en effet, elle se concentre sur le rapport des testateurs avec les églises et les couvents du bourg et sur le choix du lieu de sépulture, alors qu'elle traite marginalement des legs en faveur des hôpitaux et du problème de l'assistance aux pauvres. Si à San Gimignano l'hôpital de Santa Maria della Scala a été étudié par Lucia Sandri et la léproserie de Cellole et l'hôpital de Santa Fina ont suscité un certain intérêt, une meilleure connaissance du fonctionnement des autres structures hospitalières, comme par exemple celles affiliées aux couvents, serait souhaitable. Les aumônes donnent toutefois des indications sur l'existence de ce type de structures vouées au soutien des plus démunis, et sur la nature de leurs activités: lits, couvertures ou vêtements sont les objets plus fréquemment donnés, tout comme les aliments de base, céréales, pain ou huile qui proviennent des terrains légués aux couvents et aux hôpitaux.

La consistance des legs pieux pouvait résulter proportionnelle à la peur de la mort; malheureusement les descriptions de l'au-delà ne font guère partie du contenu des testaments. Ces concepts apparaissent marginalement dans le formulaire standardisé des notaires et si les personnes étaient réservées quant à leur situation familiale ou professionnelle, ainsi qu'en ce qui concerne les motivations à l'origine de leurs choix, nous ne pouvons guère nous attendre à trouver de nombreux détails sur leurs croyances et leurs craintes à l'égard de la mort et l'avenir de l'âme. Le testateur parle peu de lui-même, il n'a pas besoin de se qualifier précisément, les témoins et le notaire sont là pour éviter toute méprise au moment de la succession. Toutefois, nous assistons à une multiplication des précautions, afin d'éviter le non-respect des dispositions: le cas d'Antonio Cortesi, représente une situation extrême où le rôle du fidéicommissaire et de l'exécuteur testamentaire prime sur celui des témoins.

Les nombreuses donations de terres, constatées au sein du premier groupe[3], laissent présager la situation observée par Enrico Fiumi dans les déclarations de l'*Estimo* de la fin du XIVe siècle: la nette augmentation des possessions d'immeubles des institutions pieuses au détriment des laïques, qui lèguent une partie de leur patrimoine pour sauver leur âme et tentent de se faciliter le séjour au Purgatoire. Il serait cependant réducteur de voir le testament comme un acte qui autorise ou légalise ce passage de propriété, puisque cette interprétation ne tiendrait pas compte des autres *items* de l'acte, qui concernent le cadavre et la famille. Le cadavre en tant que corps à ensevelir mérite d'ailleurs des attentions particulières et l'analyse de la distribution des legs pieux et du choix de sépulture permet un double résultat: la mise en exergue des similitudes et des différences de chaque institution caritative, mais également celle des liens qui existaient entre les principaux bénéficiaires des legs pieux et le choix du lieu de sépulture.

Dans l'analyse des legs en faveur d'institutions pieuses, la distinction chronologique des trois groupes est fondamentale, mais afin de rendre plus utiles les résultats, il est préférable de croiser deux proportions: d'une part le nombre de testaments dans lesquels il y a un legs pieux vers une telle église ou un tel couvent, et d'autre part la consistance de ces mêmes legs pieux. En effet, les testateurs pouvaient tous faire un legs à une église mais si celui-ci était de 5 sous l'institution ne récoltait en fait que peu de chose. Dans la première tranche chronologique, les testateurs partagent équitablement leurs legs pieux, puisque chacune des trois principales institutions religieuses du bourg est présente dans un testament sur deux[4]. Aucune suprématie donc, mais un certain équilibre: en moyenne chaque testateur exclut une institution et fait un legs pieux aux

3 Donc de 1299 à 1369.

4 Il s'agit de l'église collégiale, du couvent des frères mineurs et celui des augustiniens, puisque le couvent dominicain ayant vu le jour à San Gimignano durant cette période, donc nous ne pouvons pas le prendre en considération.

deux autres. Dans le deuxième groupe, par contre, les préférences sont biens marquées, puisque sur cent testateurs, seulement vingt-sept incluent la Collégiale dans leur legs pieux et chacun des trois autres couvents est présent en moyenne dans vingt testaments sur cent. Ces données restent valables pour le troisième groupe, exception faite de la Collégiale qui à première vue semble accroître sa popularité de manière spectaculaire, avec un score de 83% de présences. Toutefois, ce chiffre impressionnant permet simplement de constater l'existence d'un legs pieux obligatoire envers le clergé sous forme d'une donation à la sacristie de l'église collégiale, puisque contrairement aux autres couvents, la consistance des legs pieux envers cette institution était limitée. En effet, si dans le troisième groupe nous avons la plus forte proportion de legs pieux supérieurs à 100 florins, c'est également la tranche chronologique où les testateurs se limitaient souvent à laisser la somme nécessaire à couvrir les frais dé sépulture ainsi que 5 à 20 sous pour la Collégiale et l'évêque de Volterra. Par contre, le couvent de la Santissima Annunziata occupe le premier rang, quant aux bénéficiaires des legs pieux les plus importants. Entre ces deux extrêmes, nous avons le couvent des frères mineurs et celui des augustiniens, capables fidéliser d'importantes familles, mais également de recevoir quelques sous des testateurs les plus défavorisés; donc pour comprendre l'évolution des legs pieux cette double lecture est nécessaire.

Il en ressort un profil des couvents et des testateurs qui peut se résumer comme suit. Tout d'abord une volonté toujours plus marquée des testateurs à doter une ou deux institutions pieuses, au lieu de partager la somme destinée aux legs pieux de manière équitable entre les principales églises du bourg. Ces intentions précises ont été le fuit d'une politique menée par les couvents et le clergé de San Gimignano, soucieux de se créer un nombre de fidèles suffisamment fourni et capable de soutenir financièrement leur institution. Dans ce sens, les dominicains ont certainement mieux réussi que les autres, pourtant cette habileté ne doit pas être imputée exclusivement aux frères prêcheurs, mais également à l'aide dont ils ont pu bénéficier; tout d'abord des autorités florentines puis du couvent de San Marco à Florence. L'appui inconditionnel d'importantes familles tant à l'ordre qu'au renouveau exigé par le couvent de Florence ont crée un climat favorable, même si les frères prêcheurs n'étaient pas toujours appréciés par l'ensemble des habitants; la qualité de leurs défenseurs leur a cependant valu des privilèges et même dans les moments difficiles, comme dans la controverse avec la famille Da Picchena, le résultat n'a pas été désastreux.

Un bon moyen pour s'assurer un nombre croissant de fidèles, était également celui de posséder des reliques et de promouvoir la vénération d'un saint; si l'église collégiale pouvait compter sur saint Gimignano, le couvent augustinien a permis le développement de la dévotion locale à saint Bartolo. Nous trouvons d'ailleurs la mention de ce saint dans les testaments puisque les qualités de thaumaturge qui lui étaient attribuées le rendaient précieux. D'ailleurs, un examen attentif des saints mentionnés dans les testaments ainsi que la préférence des respectifs testateurs envers une église ou un ordre permettrait sans doute de mettre en évidence les liens entre les dévotions et les instituions religieuses qui les promouvaient. Utile dans ce sens l'ajout de la *commendatio animae* avec la liste des saints auxquels le testateur demandait protection, qui a favorisé le développement de la vénération. Outre bien entendu la Trinité et la Vierge, nous constatons une forte propension à demander de l'aide aux saints locaux comme sainte Fina et saint Bartolo justement. Certainement la proximité facilitait la dévotion, comme si le fait de côtoyer les lieux où les saints avaient vécu pouvait augmenter l'efficacité de l'intervention, rendre le rapport tangible.

A ces marques de piété évidentes, nous devons néanmoins associer une laïcisation croissante de la pratique testamentaire. Après la diminution des enfants au sein du deuxième groupe, les testateurs semblent vouloir privilégier les rapports familiaux, au détriment des sommes vouées à sauver leur âme.

Nous avons remarqué que le choix de sépulture est la disposition qui se modifie le plus; en effet, si au début du XIVe siècle peu de testateurs se souciaient du jour de leur enterrement et du lieu précis où aurait dû reposer leur corps, les choses ont changé rapidement. Complice sans doute la multiplication des couvents et donc des églises et cimetières qui devenaient tous des lieux de sépulture possibles. Toutefois, une plus grande attention au corps ne rejoignait pas les excès liés au triomphe de la mort et aux danses macabres[5], les testateurs de San Gimignano ont simplement pris conscience qu'outre sauver leur âme par le biais des legs pieux, ils pouvaient également prendre soin de leur corps devenu cadavre. La responsabilité de ce changement ne peut pas être imputée aux testateurs, qui ont sans doute été guidés par les prêtres et les frères des différents couvents; en effet, si l'âme quitte le corps et donc ce dernier perd toute son importance, quel besoin auraient-ils eu de faire des frais pour leur sépulture? Les messes de saint Grégoire et les messes d'anniversaire aident l'âme et facilitent son passage au Purgatoire, mais le corps reste là, quel besoin alors de l'ensevelir près des autres membres de la famille déjà défunts ou de l'orienter vers un autel ou encore de l'ensevelir près d'un crucifix? Après avoir établi le lien entre le choix de sépulture et les bénéficiaires des legs pieux les plus conséquents, nous pouvons mieux comprendre l'intérêt de promouvoir les avantages du regroupement familial ainsi que les autres dispositions particulières, liées au moment de la séparation de l'âme du corps et à son séjour au Purgatoire.

Du reste, nous avons le sentiment qu'une certaine norme s'impose, puisque de nombreux testateurs, surtout au sein du troisième groupe, demandent à leurs héritiers de faire le nécessaire quant à leur sépulture et à leur enterrement. Il ne nous est pas donné de savoir exactement ce que signifiait cette demande; toutefois nous pouvons supposer que cela faisait allusion à un certain nombre de messes et aux frais pour l'enterrement. La famille Bracceri semble d'ailleurs avoir accompli un pas supplémentaire, puisqu'en 1520 Cristofano Bracceri demande d'être enseveli selon les habitudes de sa famille[6]; toutefois l'adéquation à la tradition familiale ou à la norme n'était pas du goût de tous, nous l'avons remarqué dans la section consacrée aux désirs particuliers. Ceux qui voulaient et en avaient les moyens, pouvaient faire des demandes spéciales, multiplier les messes, choisir les modalités de l'aumône ou demander l'intervention d'une confrérie. En effet, les principales églises en avaient une, si nous avons peu de documentation relative à leur création et à leur fonctionnement, nous pouvons néanmoins affirmer que pendant

5 Nous nous référons à la tradition française et aux études de J. Chiffoleau, A. Tenenti ou J. Baschet.

6 ASF, NA 15325, f. 353v.-355v.

l'âge d'or des confréries, au début du XVe siècle, leur rôle était primordial au moment de la sépulture et dans la *cura animarum*. Toutefois, nous n'avons pas d'exemples de requêtes extravagantes ou des désirs particuliers qui auraient exprimé l'aspiration de rester visible à la postérité. Les habitants de San Gimignano étaient donc sobres dans leurs présentations et dans leurs demandes de sépulture, il semble donc bien que ce soit un trait de caractère général, nous sommes face à des personnes discrètes avec des manifestations de piété qui n'impliquaient pas forcément la dépense d'importantes sommes d'argent.

L'analyse du choix du lieu de sépulture a mis en évidence certaines différences entre les deux sexes; au-delà des préférences de chacun, la demande des femmes de retrouver leur époux déjà défunt est croissante. Toutefois, si leur décès précédait de peu la dictée du testament du mari, celui-ci en tenait-il compte, et ses désirs pouvaient-ils être similaires? La moitié des testateurs ne mentionne pas d'épouse, en soustrayant les quelques personnes jeunes qui n'avaient pas encore été mariées et ceux qui ne citent pas leur épouse, parce que les problèmes relatifs à la restitution de la dot avaient été réglés; il nous reste une proportion de veufs qui oscille entre vingt et trente pour cent. Toutefois, seulement deux testateurs, un du deuxième et un troisième groupe, précisent qu'ils désirent être ensevelis auprès de leur épouse. Les autres utilisent des termes génériques et veulent être enterrés près de leurs morts, ce qui englobe un nombre de personnes indéterminées qui pourrait inclure l'épouse, mais cela devait être peu important puisqu'ils ne prennent pas soin de le préciser. Bartolo Nolli, teste malade, en 1436 à son domicile, il veut être enterré dans l'église de Sant'Andrea d'Ulignano avec sa défunte épouse, Lucia. De son côté, Filippo Gamucci, en 1524, demande d'être enseveli dans l'église du couvent augustinien, près de l'autel principal, à côté des morts de sa famille et de son épouse[7]. Insignifiants par rapport à la masse totale des documents, ces deux actes font état d'une situation exceptionnelle.

Néanmoins, les femmes qui mouraient avant leur époux décidaient souvent de rejoindre leurs propres parents, ce qui empêchait par la suite aux époux de les suivre. Nous avons en effet constaté qu'une épouse qui

7 ASF, NA 20351, f. 118v. et NA 11927, f. 258.

décédait avant son conjoint ou longtemps après ce dernier, préférait être enterrée avec sa famille d'origine. En outre, si nous pouvons imaginer qu'une femme se sentait membre de la famille de son époux et donc en prévoyant le lieu de sépulture de son mari demandait avant lui d'être enterrée à cet endroit, le contraire était impossible; un homme était le lien direct de la famille entre les générations précédentes et les futures et il le restait après son décès. La dualité de la situation féminine entre deux groupes familiaux a constitué une base de départ pour l'analyse des rapports personnels à travers le contenu des testaments. Nous insistons sur les liens familiaux puisqu'ils sont le fil conducteur de toute ce travail; en effet, l'intuition de pouvoir comprendre en partie les rapports privés des testateurs, par la mise en perspective des documents, a permis une analyse plus complète des données.

La réinsertion des testateurs dans leur quotidien implique une attention focalisée sur les aspects suivants: les controverses entre le clergé, les couvents et les revendication de l'évêché de Volterra ainsi que les prétentions du son conjoint, des enfants, et la volonté de transmettre son patrimoine à une personne bien précise dans le respect des normes juridiques. Dans un premier temps, nous avons réduit la famille à son expression la plus restreinte, à savoir le couple, en mettant les enfants au second plan, cette première représentation anachronique du cercle familial a simplement servi de base à une meilleure compréhension de la vie matrimoniale des couples de San Gimignano. En effet, si nous avons constaté des différences entre les deux sexes au niveau des demandes de sépulture, les divergences augmentent quant au choix des héritiers et dans les remarques que nous pouvons faire sur l'identité et la provenance du conjoint.

Le rapport entre les époux et le lien affectif est difficilement mesurable, les considérations d'ordre privé et personnel n'ont que peu de place dans les testaments de San Gimignano; toutefois la qualité ou la «valeur» d'une relation peut se transformer en une donation consistante, qui témoigne la volonté de donner un futur économique confortable à la personne chère. Ce discours est valable pour les testaments masculins; en effet les détenteurs du pouvoir économique étaient souvent des hommes et les femmes qui pouvaient disposer de sommes importantes ont eu des maris du même rang, mais quel que soit le sexe, la donation substantielle à un conjoint était une marque des bons rapports entre les deux époux. Les bons sentiments étaient cependant tributaires des intérêts économiques, les femmes recevaient donc l'usufruit des biens de leurs époux et ce n'est que dans de rares exceptions qu'elles devenaient héritières. A ce propos la faible proportion de femmes qui teste, environ le tiers des testateurs, est sans doute le résultat d'une politique masculine de contrôle du système successoral. L'autorisation expresse du mari ou du plus proche parent mâle n'est insérée que dans le 5% des actes; toutefois la minorité écrasante des femmes laisse présager un contrôle masculin sur la capacité des femmes de choisir leurs héritiers. La législation de San Gimignano dès 1314[8] est proche de celle des statuts florentins, ce qui implique une transmission patrilinéaire des biens[9].

Ce que les normes essayaient d'éviter était le transfert des biens d'un lignage paternel à l'autre, les femmes étaient donc les éternelles usufruitière. La raison est évidente, l'usufruit cesse au moment du remariage de la veuve, alors que la propriété impliquerait le transfert des biens dans une autre famille à la fin du veuvage. En outre, par voie testamentaire ou lors d'une succession *ab intestato,* les biens de la veuve, en l'absence de descendance directe, étaient récupérés par les hommes de sa famille d'origine; ce qui aurait donc également impliqué un transfert des biens d'une famille à l'autre. Nous retrouvons ici les considérations faites pour la sépulture: une femme pouvait devenir membre de la famille de son époux et se sentir fortement liée à elle, mais le contraire était impensable.

Ce lien avec la famille acquise lors du mariage, était plus nettement perceptible, quand l'épouse n'était pas originaire de San Gimignano et elle se trouvait donc éloignée du milieu dans lequel elle avait grandi. Les années centrales du XVe siècle ont été le moment le plus favorable à ces mariages pour ainsi dire «mixtes». D'une part la recherche de liens et la création d'alliances avec Florence rentrait dans la norme de la politique menée par une bourgade du district; toutefois nous avons voulu essayer de comprendre si cette stratégie pouvait avoir une double utilité. Par exemple si elle pouvait apporter également un soutien financier non né-

8 Les rubriques 14 à 56 du deuxième livre des Statuts de 1314 traitent de ces aspects.

9 La situation florentine a été analysée par I. Chabot, pour le détail des articles se référer à la bibliographie.

gligeable, qui aurait pu aider des familles de San Gimignano en un moment difficile. Le portrait de ces époux est celui d'hommes de familles importantes de San Gimignano, essentiellement membres de la bourgeoisie, qui ont des noms connus déjà présents dans les documents nécessaires à l'imposition fiscale rédigés en 1277. A cette liste nous pouvons ajouter la noble famille Da Picchena, dont l'importance n'a d'ailleurs pas connu de défaillances après la soumission à Florence, puisque outre le mariage avec Alessandra Rubris, ils ont entretenu un rapport étroit avec le couvent de la Santissima Annunziata et celui de San Marco. Il s'agirait donc plus d'une confirmation de la position sociale, d'une aide au maintien d'un rang élevé, plutôt que le moyen de procéder à une ascension sociale. Le montant de la dot que ces jeunes filles ou ces femmes avaient avoisinait ou dépassait les 500 florins; somme qui était supérieure à la fortune imposable de la moitié des habitants de San Gimignano qui avaient un nom de famille connu en 1428 parmi lesquels se trouvent Agostino Abbracciabeni et ser Tavene de Taddeo Useppi. En excluant donc les familles Benenati et Da Picchena où les époux avaient une fortune imposable qui dépassait largement 1000 florins, l'hypothèse du soutien non seulement politique mais également financier que ces mariages ont pu apporter à la bourgeoisie de San Gimignano trouve une première confirmation. Nous n'avons pas étendu les recherches afin de mieux comprendre les raisons qui ont poussé les Florentins à prendre de telles décisions, elles ne se trouvent cependant pas dans les testaments; c'est toutefois dans ce sens qu'à notre avis des recherches pourraient être menées afin de mieux comprendre la situation. Le cas de Michele Benenati et Bartolomea Casini qui a servi d'exemple, vu la richesse des documents à notre disposition, présenterait toutefois des inconvénients. En effet, si elle possède une dot confortable, lui-même ne semble pas souffrir de problèmes financiers et sa situation s'améliore après son retour définitif à San Gimignano. De plus, les effets bénéfiques de cette union ne peuvent pas se mesurer puisque la descendance fait défaut. Le testament de Bartolomea illustre d'ailleurs le moment tragique de la disparition d'un lignage et la tentative désespérée de pallier cette éventualité par la donation du sépulcre de la famille Benenati à ses propres héritiers. La dot, ainsi que la donation de la mère de Bartolomea ont certainement influencé de manière positive le bilan du couple, toutefois ici le prestige semble avoir primé.

Le bon climat général des rapports personnels entre les habitants de Florence et de San Gimignano reflète le résultat d'une soumission sans heurts, qui au-delà des protestations relatives aux taxes et au soutien en hommes lors des conflits, n'a pas créé l'environnement pour d'âpres luttes ou des révoltes populaires d'envergure; signe que les deux parties y trouvaient leur compte.

En abordant la question des dots, la distinction entre sommes réellement versées et sommes promises a été fondamentale; en effet un père qui promet une dot à ses filles se réfère au montant global qu'il entend réserver aux dots, quel que soit le nombre de filles, ce qui peut fortement réduire la somme effectivement reçue. Les promesses sont en outre liées à la spécificité de la source, qui même pour les discrets habitants de San Gimignano représente un document qui donne une image posthume de soi. La tendance serait donc plutôt à l'exagération et nous pourrions nous fourvoyer dans l'interprétation des données à défaut de les insérer dans un contexte historique et social précis. Afin de confirmer cette impression, il était intéressant de confronter temporairement le contenu de notre corpus avec les déclarations pour l'établissement du Cadastre de 1427. Si Enrico Fiumi l'a étudié pour classifier les fortunes de San Gimignano et mesurer l'évolution de la richesse des familles, ici c'est en tant que miroir du testament qu'il a été utilisé; l'intérêt réside dans la spécificité des deux types de sources qui, comme dans le cas de Michele Benenati, nous révèlent une réalité sensiblement différente et nous permettent de relativiser l'objectivité de l'acte.

La famille ne se limitait certainement pas au couple et nous devons prendre en considération les enfants qui, le plus souvent, héritaient le patrimoine. La dot constituait l'héritage des filles, toutefois, dans cette situation précise, le testament s'est révélé une source historique peu fiable pour comprendre la proportion entre le montant destiné à une fille et la consistance du patrimoine. Les hommes testaient à un âge avancé, quand les filles avaient reçu leur part d'héritage sous forme dot et ne résultaient donc plus dans la famille. Quand la fille apparaît dans le testament, elle reçoit la dot ou un éventuel ajout au montant déjà versé, mais l'acte ne permet pas de connaître la valeur des biens reçus par l'héritier; ce détail étant inscrit dans les documents concernant l'ouverture de la succession. La composition de la famille est un élément essentiel pour le choix de l'héritier et si la descendance directe fait défaut le testateur peut s'orienter vers ses neveux et ses frères ou recourir en dernier lieu à l'Eglise. Une laïcisation des documents est donc perceptible non seulement à travers la diminution des legs pieux mais également dans le choix de l'héritier universel; les donations en faveur des institutions pieuses étant en chute libre dans le troisième groupe. Si les autres considérations sur les legs pieux pouvaient préparer à cette constatation, la faible proportion d'enfants héritiers dans le deuxième groupe pourrait surprendre; la diminution des successions directes va au profit des neveux et des frères des testateurs, mais également, en moindre mesure, de l'Eglise. La diminution démographique est ici directement perceptible tout comme un taux élevé de mortalité infantile; dans ce cas de figure, les testateurs se tournaient vers leurs neveux, dans l'espoir de pouvoir transmettre leur patrimoine à des membres de leur famille. L'inversion de tendance par rapport à l'Eglise est déjà appréciable, puisque si dans le premier groupe l'absence d'enfants ou de fils impliquait dans la majorité des cas la donation de ses biens à une institution religieuse, dans le deuxième groupe, les frères et les neveux obtiennent ce résultat. C'est d'ailleurs entre ces deux bénéficiaires qu'il existait une marge possible de changement, puisqu'en présence d'enfants masculins le doute n'existait pas, ils étaient héritiers.

La situation était sensiblement différente quand les testateurs avouaient une descendance secrète, les enfants illégitimes reconnus ou non représentaient alors un souci supplémentaire et la succession entraînait quelques difficultés. Paolo Cortesi n'a pas réussi à transmettre ses biens à Alexandrino. Peut-être ce fils est-il décédé et n'a ainsi pas été en mesure de recevoir les biens paternels, le doute persiste; toutefois nous savons que c'est le frère de Paolo qui a hérité ses biens. Le problème se pose d'ailleurs pour tous les enfants des servantes employées auprès des hommes d'église: ces derniers n'ont pas toujours été clairs quant à paternité de ces enfants à qui ils laissaient parfois des biens immobiliers. Si les testaments des prêtres et des frères des couvents augmentent nettement dans le deuxième groupe, les legs pieux en leur faveur diminuent; les données sont néanmoins insuffisantes pour conclure à une augmentation de la population cléricale. Sans doute, une meilleure identification des bénéficiaires des privilèges ecclésiastiques et de la population cléricale pourrait étendre les conclusions de cette première approche, pour saisir, si le refus de se montrer généreux envers l'Eglise, pouvait également avoir un lien avec la situation du clergé et des couvents. Un hypothétique contexte économique local favorable à ces catégories de la population, qui donc n'inspiraient plus un idéal de pauvreté, aurait pu agir dans ce sens.

San Gimignano a attiré quelques familles florentines, mais également une partie de la famille Cortesi, le testament d'Antonio est un cas unique, tout d'abord parce qu'il s'agirait d'un acte olographe mais dont l'original a été perdu[10], ensuite parce que le testateur possède une conscience profonde de ses droits. De plus, les précautions qu'il prend pour déshériter ses fils et la tentative de fondation d'une maison pour l'éducation des pauvres jeunes filles témoignent de sa culture. La présence des statuts de la communauté donne également de précieuses indications sur ce que devait savoir une jeune fille avant de se marier et quelle idée se faisait-on du mariage; surtout qu'à cette époque, une institution vouée à l'instruction des jeunes filles n'est pas documentée à San Gimignano. L'analyse de ce testament introduit également l'importance des documents postérieurs; dans une affaire aussi complexe, l'ouverture de la succession et les actes la concernant nous éclairent. En regroupant donc les deux choses, à savoir d'une part le contexte familial et d'autre part les documents relatifs à l'exécution du testament, nous avons pu comprendre les choix des testateurs. Les actions intentées par Paolo et Lattanzio leur ont permis de récupérer l'héritage à cause d'une ancienne donation; il est toutefois regrettable que la fondation pour jeunes filles n'ait jamais vu le jour.

Cette source consent une analyse marginale des biens possédés par les testateurs, malgré cela nous ne recensons pas la présence de nombreux objets de luxe, même les testateurs fortunés ne regorgent pas de bijoux et tissus précieux. La population de San Gimignano ne semble donc pas vivre dans le faste; dans ce sens, une plus grande consultation

10 Le conditionnel est de rigueur puisque aujourd'hui il est possible de consulter uniquement les copies.

des inventaires des biens des défunts pourrait confirmer l'impression donnée par les quelques actes que nous avons parcourus[11]. Une vie difficile donc, mais même ceux qui pouvaient compter sur une fortune confortable semblent miser sur une belle maison, de nombreux biens immobiliers mais peu de luxe. La maison de la famille Cortesi ou le palais de la famille Brogi illustrent cette volonté de constituer des possessions immobilières considérables. L'utilisation de la maison Cortesi pour recevoir des personnages illustres, indique qu'un lieu approprié faisait défaut à San Gimignano et que les autorités communales étaient bien contentes de pouvoir se décharger de cette tâche et des dépenses qui en découlaient. Dans ces familles, la transmission des biens et des possessions d'une génération à l'autre a permis la création d'un patrimoine familial considérable. Pour cette raison nous avons regroupé les actes d'après la famille d'appartenance qu'elle soit de naissance ou acquise par mariage, afin d'évaluer l'évolution de la situation économique des testateurs.

Les trois cas illustrés dans la cinquième partie diffèrent d'après le type de documents et la catégorie sociale à laquelle appartiennent les familles afin de fournir un cadre représentatif de réalités diverses: il en ressort donc trois tableaux différents et le récit de réalités quotidiennes hétérogènes.

La famille Abbracciabeni, importante dès la période précédente notre étude, reflète pleinement la typologie des familles bourgeoises qui ont toujours compté dans la vie politique et sociale de San Gimignano. Leur soutien aux institutions religieuses du bourg, divisé entre la Collégiale et le couvent de la Santissima Annunziata, est souligné par l'adéquation des personnes à la tradition familiale. Un des fils d'Agostino est membre du clergé et sert de confesseur à sa mère; homme de culture il est le seul testateur du corpus à laisser des livres. La politique matrimoniale, visant d'un côté l'alliance avec Florence et de l'autre l'appui d'autres grandes familles du bourg, est dans ce cas certainement finalisée à la conservation d'une influence dans la vie publique à San Gimignano. La transmis-

11 Ceci représente une limite de la source même; en effet sans la liste complète des biens qui composent la masse successorale, les considérations sur les objets, les immeubles et les animaux possédés par les habitants de San Gimignano est fortement lacunaire. Les considérations sur la stratégie patrimoniale sont bien plus pertinentes que celles sur les objets communs présents dans une habitation.

sion des biens paternels se fait par voie masculine et les filles recevaient leur dot; si la famille n'accomplit pas d'ascension sociale, sa position reste néanmoins constante.

Tout à fait autre le parcours de la famille Dei, fait d'usure et de subterfuges afin d'améliorer la condition économique de ses membres. Les personnages au centre de cette histoire sont ser Deo et son fils Giovanni, que nous trouvons impliqués dans de nombreuses transactions immobilières et autres règlements de comptes au XIVe siècle; le premier a d'ailleurs laissé le nom de famille à ses successeurs. L'union avec la famille Moronti a crée de nombreux problèmes quant à la restitution des dots; les hommes de la famille Dei se caractérisent d'ailleurs par une mauvaise volonté dans la restitution des biens des veuves. Dans les actes sont contenues toutes les irrégularités que nous pouvions craindre, ceci confirme les doutes quant à la réelle possibilité des femmes à récupérer leurs avoirs. Dans ce cas, le retour dans la famille paternelle et l'intervention du frère de la veuve, qui récupèrera les biens a été décisive. Bien plus que les testaments, nous avons utilisé les documents relatifs aux exécutions et l'inventaire des biens: vérifier la réelle consistance de la masse successorale s'est alors révélé fondamental. Les activités liées au commerce impliquaient des déplacements, nous n'avons pas ici des professionnels de l'envergure de Michele Benenati; toutefois, les hommes de la famille Dei voyageaient entre San Gimignano et Lucques. Malheureusement, ce lignage s'éteint peu après 1411, avec le décès du dernier membre de cette famille dont la situation s'est considérablement améliorée en un peu plus d'un siècle. Nous en voulons pour preuve le montant des legs pieux ainsi que les bénéficiaires; en effet, nous passons d'une distribution générique aux églises de San Gimignano et du district, à des preuves de fidélité envers les frères prêcheurs, qu'ils soient de San Gimignano ou de Lucques. La nouvelle richesse de cette famille est donc liée à une double source: les bénéfices ecclésiastiques dont semblait jouir la famille au début du XIVe et les activités du commerce et de l'usure.

Le dernier exemple porte à nouveau sur une ancienne famille bourgeoise de San Gimignano, plus que l'originalité des testaments, c'est le livre de famille qui a motivé notre choix. En effet, nous avons souligné la discrétion des habitants de San Gimignano, leurs réticences à signifier leurs émotions; néanmoins, nous découvrons qu'à travers une source différente les sentiments pouvaient être exprimés. Sans doute, dans les testaments, le philtre du notaire intervenait dans ce sens: celui d'uniformiser les actes en réduisant les particularités personnelles, son travail en était ainsi certainement facilité; nous perdons toutefois une partie des émotions des personnes qui dictaient leurs dernières volontés.

Le testament était la photographie d'une situation précise d'une personne, qui décrivait sa condition et parfois son monde avec ses yeux, à défaut de pouvoir toujours le faire avec ses mots. Si le notaire devait traduire en langage juridique les pensées du testateur, nous pouvons pourtant saisir ses préoccupations et ses souhaits, mais également avoir des renseignements précis sur le quotidien du lieu où il vit; nous en voulons pour exemple les phases de construction des structures pieuses qui l'entourent. La donation pour la construction d'une partie d'un couvent, pour restaurer une façade ou pour terminer une œuvre d'art qui décore une église, nous permettent de connaître ce qui entourait les testateurs, quels étaient les soucis de la société à ce moment là.

Un testament est fait de choix, une église plutôt qu'une autre, un lieu de sépulture à coté d'un mari et non d'un père, une injustice réparée un tort effacé, un terrain à un fils et une maison à un autre. La possibilité de choisir, avoir la liberté de disposer de ce qui a été gagné de manière licite ou non, voilà la suprématie de cet acte qui permet d'avoir une incidence sur la vie de ses proches après le décès. C'est justement ce que revendique Antonio Cortesi, la liberté de disposer de ses biens; ce que ses fils l'avaient empêché de faire de son vivant. Voilà ce que devrait donc idéalement représenter le testament, au-delà des limitations juridiques qui garantissent la protection de la descendance directe: un acte de liberté.

Sources

Sources inédites

Città del Vaticano Archivio Segreto (ASV)

Fondo toscano

Indice n. 64-65-66

Firenze: Archivio di Stato (ASF)

Notarile Antecosimiano

Notaire	*Années*	*Côte*
Ranieri di ser Boninsegna	1299-1320	Reg. 17572-17576
Lapo di Fazio	1307-1322	Reg. 11480-14482
Iacopo di Lippo	1321-1340	Reg. 11148-11149
Cristofano di Lapo	1322-1341	Reg. 5851
Mercato di Davino	1328-1328	Reg. 13853
Francesco di Petruccio	1329-1332	Reg. 8060
Giovanni di Lapo	1332-1341	Reg. 9608
Francesco Useppi	1345-1347	Reg. 20738
Piero di Ciuccio Vecchi	1355-1378	Reg. 20927
Piero di Murzio di Buonfigliolo	1356-1357	Reg. 16932
Giovanni Becci	1359-1399	Reg. 2008-2015
Ventura di Bartolo	1360-1375	Reg. 20936
Filippo di Meo Cotennacci	1365-1394	Reg. 7458-7464
Angiolo di Neri	1367-1374	Reg. 673
Filippo di San Gimignano	1370-1373	Reg. 7360-7361
Andrea Topi	1374-1450	Reg. 20349-20357
Guasparri di Piero	1378-1385	Reg. 10563
Ridolfi Bartolommeo	1380-1450	Reg. 17873-17879
Matteo di Giovanni	1385-1389	Reg. 13404
Giovanni di Bartolo	1385-1399	Reg. 9437
Gamuccio Giovanni	1385-1429	Reg. 9563-9567
Iacopo di Giovanni di Loccio	1387-1389	Reg. 11126
Piero di Saracino	1390-1390	Reg. 21352

Bartolommeo d'Ilario	1391-1421	Reg. 1855-1857
Lodovico Caciotti	1395-1426	Reg. 3843-3851
Giovanni Becci	1400-1426	Reg. 2016-2025
Gentiluzzi Stefano	1400-1430	Reg. 8784-8787
Tommaso di Francesco	1401-1430	Reg. 20298-20302
Angiolo Ridolfi	1407-1448	Reg. 17870-17872
Niccolò Gentiluzzi	1408-1467	Reg. 8773-8782
Matteo Ciucchi	1411-1418	Reg. 5446
Vittorio da San Gimignano	1421-1428	Reg. 21149
Luca Montigiani	1422-1467	Reg. 14488
PaoloBenevieni di Lorenzo	1426-1489	Reg. 2335-2345
Iacopo diMichele	1427-1435	Reg. 11174
Gaspero Galli	1428-1430	Reg. 8568
Michele di Buonagiunta	1431-1436	Reg. 13935
Piero Ghesi	1433-1482	Reg. 8947-8953
Domenico Buzzichini	1434-1443	Reg. 3828-3829
Francesco Gamucci	1434-1458	Reg. 8686-8687
Giovanni Ghesi	1436-1441	Reg. 8942
Giovanni Mainardi	1437-1447	Reg. 12588
Giovanni Buoni	1441-1460	Reg. 3777-3778
Francesco di Matteo Buoni	1441-1460	Reg. 8018-8020
Gentiluzzi Michele	1441-1479	Reg. 8768-8772
Andrea Maccalli	1444-1467	Reg. 12421
Girolamo Bbuonaccorsi	1445-1445	Reg. 21348
Matteo Bernardi	1447-1447	Reg. 21348
Muzio di Piero	1449-1475	Reg. 14680
Antonio di Giuliano Ghini	1453-1513	Reg. 9011-9019
Giovanni di Bernardo Gamucci	1454-1457	Reg. 8703
Santino Cotennacci	1454-1495	Reg. 5793
Lazzero di Ranieri Caciotti	1455-1489	Reg. 3842
Niccolò Buonanni	1456-1459	Reg. 3682
Piero Nori	1456-1471	Reg. 15335-15339
Guerra Lolli	1456-1493	Reg. 11939-11946
Bartolommeo Poschi	1456-1502	Reg. 17351-17353
Piero Masseotti	1457-1457	Reg. 21351
Giovanni Abbracciabeni	1457-1504	Reg. 19-22
Damiano di Luca Montigiani	1459-1530	Reg. 14485-14486
Bernardo Lippi	1460-1466	Reg. 11777
Giovanni Battaglino	1462-1482	Reg. 21350
Francesco di Nazzario	1464-1464	Reg. 21350
Giovanni Guarguagli	1467-1474	Reg. 10525
Paolo Galli	1467-1492	Reg. 8584-8587
Angiolo Dinuzzi	1470-1487	Reg. 6173-6176
Roberto Gentiluzzi	1473-1489	Reg. 8783

Carlo di Lazzero Peroni	1473-1515	Reg. 16635-16640
Iacopo di B[...] Nardi	1474-1482	Reg. 14783-14785
Torello di Lazzero Caciotti	1474-1513	Reg. 3856-3858
Lapo Maffei	1474-1530	Reg. 12520-12521
Antonio di Niccolò Casucci	1475-1477	Reg. 4655
Geminiano Gamucci	1477-1477	Reg. 21350
Francesco di Giovanni Buonanni	1478-1492	Reg. 3671-3673
Giovanni Brogi	1478-1529	Reg. 3423-3424
Carlo Fatari	1480-1480	Reg. 21350
Cosimo Moronti	1480-1480	Reg. 21351
Bartolommeo Benvenuti	1480-1504	Reg. 2375-2377
Piero di Pellegrino Marsili	1480-1521	Reg. 13105-13108
Gamucci Filippo	1480-1527	Reg. 8681-8685
Altomanno Armaleoni	1481-1484	Reg. 921
Giovanni di Nello	1483-1483	Reg. 21350
Lazzero di Rolando	1484-1526	Reg. 11564-11571
Francesco Buzzichini	1485-1485	Reg. 213548
Ficarelli Francesco	1486-1486	Reg. 21350
Ficarelli Francesco di Matteo	1486-1486	Reg. 21350
Bernardo Buonanni	1487-1500	Reg. 3670
Lattanzio di Girolamo Casucci	1487-1522	Reg. 4661-4665
Giovanni Casini	1489-1526	Reg. 4608-4614
Bartolommeo Gamucci	1489-1535	Reg. 8669-8677
Giovanni di Cipriano Vecchi	1489-1539	Reg. 20907-20923
Galli Lorenzo	1490-1531	Reg. 8569-8583
Girolamo Abbracciabeni	1492-1492	Reg. 21348
Antonio Salvucci	1492-1524	Reg. 18550-18555
Cosimo di Damiano Montigiani	1493-1532	Reg. 14477-14484
Gamuccio Gamucci	1493-1536	Reg. 8698-8702
Iacopo Benvenuti	1494-1514	Reg. 2395-2398
Girolamo Guraguagli	1494-1518	Reg. 10526-10530
Paolo Mainardi	1494-1525	Reg. 12599-12607
Giovanni Nelli	1494-1530	Reg. 14919
Niccolò Casucci	1495-1522	Reg. 4667-4670
Antonio Cambi	1495-1529	Reg. 4001-4004
Girolamo Becci	1496-1501	Reg. 2026
Michele Antonio Buonanni	1496-1530	Reg. 3674-3680
Giovanni Nori	1496-1534	Reg. 15320-15328
Giovanni Stefani	1496-1551	Reg. 19593
Raffaello Becci	1497-1569	Reg. 2027-2031
Matteo Useppi	1499-1550	Reg. 20743-20747
Alessandro Abbracciabeni	1500-1500	Reg. 21348
Antonio Chiarenti	1500-1500	Reg. 21348
Iacopo Davanzato	1500-1500	Reg. 21350

Matteo di Antonio Pellari	1500-1500	Reg. 21352
Michele Gasdi	1501-1501	Reg. 21350
Giuliano Cetti	1504-1509	Reg. 5104
Pierpaolo Marzi	1504-1520	Reg. 13246-13248
Iacopo Marsili	1505-1529	Reg. 13096-13099
Andrea Marsili	1506-1545	Reg. 13095
Pierantonio Montedolfi	1507-1510	Reg. 14463
Bastiano Lolli	1507-1523	Reg. 11923-11926
Roberto di Santino Cotennacci	1507-1530	Reg. 5792
Girolamo Mainardi	1507-1530	Reg. 12589-12592
Antonio Giovanni di Francesco Spinelli	1508-1532	Reg. 19514-19519
Antonio Peraccini	1509-1539	Reg. 16533
Vncenzo Marzi	1510-1520	Reg. 13250
Lorenzo Benvenuti	1510-1534	Reg. 2399-2402
Modesto Bernardi	1511-1531	Reg. 2452-2456
Cipriano di Piero Vecchi	1512-1529	Reg. 20893-20897
Francesco Tiecioni	1512-1530	Reg. 20196-20201
Andrea Brogi	1513-1516	Reg. 3422
Michelangelo Caciotti	1513-1529	Reg. 3852-3855
Bartolo Guarguagli	1513-1534	Reg. 10521-10523
Bernardino Lolli	1513-1543	Reg. 11927-11938
Francesco d'Antonio Fortucci	1514-1514	Reg. 21350
Niccolò Lupi	1516-1516	Reg. 21351
Mariotto Maffei	1516-1529	Reg. 12522
Ghino Peroni	1516-1552	Reg. 16641-16643
Casucci Girolamo	1517-1523	Reg. 4656-4658
Angiolo di Michele Marzi	1517-1527	Reg. 13240-13245
Lodovico Nori	1517-1528	Reg. 15330-15332
Iacopo Ricciardi	1517-1529	Reg. 17835-17837
Anton Maria Buonanni	1518-1531	Reg. 3665-3666
Francesco Buoni	1518-1536	Reg. 3769
Pierandrea Gamucci	1519-1536	Reg. 8709-8710
Nicasio Lolli	1519-1547	Reg. 11947-11950
Antonio Tamagni	1519-1556	Reg. 19859-19860
Piero di Francesco Buonaccorsi	1520-1521	Reg. 3539
Mariotto Ridolfi	1520-1527	Reg. 17882-17883
Acconcio Buoananni	1520-1530	Reg. 3664
Calcidonio Guarguagli	1521-1525	Reg. 10524
Vincenzo Benvenuti	1521-1544	Reg. 2403-2404
Vincenzo Brandi	1523-1523	Reg. 21348
Niccolò di Francesco Ficarelli	1523-1530	Reg. 7321-7323
Francesco di Nicola Cambi	1524-1555	Reg. 4005-4008
Bernardo Caciotti	1525-1529	Reg. 3836
Antonio Lolli	1525-1530	Reg. 11900-11905

Michelangelo Abbracciabeni	1526-1526	Reg. 21348
Niccolò Buonaccorsi	1526-1536	Reg. 3522
Francesco Maria Gamucci	1527-1533	Reg. 8688
Paolo Ttramontani	1527-1542	Reg. 20447
Michele Mainardi	1528-1530	Reg. 12594
Giovanni Paolo Alamanni	1540-1540	Reg. 21348
Giovanni Ficarelli	1541-1569	Reg. 7308-7320
Lodovico di Giovanni Mostardini	1543-1543	Reg. 21351

Diplomatico

1298 aprile 24 Spedale di San Gimignano
1300 marzo 26, Spedale di San Gimignano
1301 maggio 20, Spedale di San Gimignano
1301 maggio 23, Spedale di San Gimignano
1303 marzo 31, Spedale di San Gimignano
1304 dicembre 24, Spedale di San Gimignano
1308 marzo 9, Spedale di San Gimignano
1311 giugno 5, Spedale di San Gimignano
1313 maggio 5, Spedale di San Gimignano
1313 giugno 15, Spedale di San Gimignano
1313 giugno 17, Spedale di San Gimignano
1314 marzo 3, Spedale di San Gimignano
1314 aprile 15, Spedale di San Gimignano
1314 agosto 24, Spedale di San Gimignano
1316 gennaio 14, Spedale di San Gimignano
1317 dicembre 7, Spedale di San Gimignano
1318 giugno 1, Domenicani di San Gimignano
1319 gennaio 2, Spedale di San Gimignano
1323 marzo 4, Spedale di San Gimignano
1325 settembre 6, Domenicani di San Gimignano
1326 febbraio 2, Santa Chiara di San Gimignano
1330 maggio 10, Santa Maria detto Romite di Santa Caterina
1332 febbraio 26, Domenicani di San Gimignano
1333 gennaio 6, Domenicani di San Gimignano
1333 aprile 7, Spedale di San Gimignano
1333 luglio 2, Domenicani di San Gimignano
1333 luglio 22, Domenicani di San Gimignano
1337 luglio 3, Spedale di San Gimignano
1337 luglio 6, Spedale di San Gimignano
1337 settembre 1, San Girolamo di San Gimignano
1337 novembre 3, San Girolamo di San Gimignano
1337 dicembre 9, Santa Maria Maddalena di San Gimignano

1338 febbraio 18, Spedale di San Gimignano
1338 febbraio 27, San Girolamo di San Gimignano
1339 marzo 8, Spedale di San Gimignano
1339 settembre 15, Spedale di San Gimignano
1340 aprile 7, Spedale di San Gimignano
1340 luglio 18, Santa Chiara di San Gimignano
1340 ottobre 2, Comune di San Gimignano
1340 ottobre 24, Comune di San Gimignano
1341 gennaio 9, Spedale di San Gimignano
1341 aprile 19, Spedale di San Gimignano
1342 maggio 22, Spedale di San Gimignano
1343 ottobre 3, Domenicani di San Gimignano
1344 gennaio 21, Spedale di San Gimignano
1344 luglio 2, Spedale di San Gimignano
1344 agosto 30, Domenicani di San Gimignano
1345 gennaio 15, San Girolamo di San Gimignano
1345 maggio 25, Spedale di San Gimignano
1345 settembre 9, Comune di San Gimignano
1345 ottobre 28, Spedale di San Gimignano
1348 gennaio 17, Spedale di San Gimignano
1348 maggio 26, Domenicani di San Gimignano
1348 giugno 21, Santa Maria Maddalena di San Gimignano
1348 giugno 24, Domenicani di San Gimignano
1348 giugno 26, Spedale di San Gimignano
1348 giugno 30, Domenicani di San Gimignano
1348 giugno 30, Spedale di San Gimignano
1348 luglio 9, Santa Maria detto Romite di Santa Caterina
1348 luglio 15, Santa Maria detto Romite di Santa Caterina
1348 luglio 15, Domenicani di San Gimignano
1349 agosto 12, Spedale di San Gimignano
1349 novembre 20, Comune di San Gimignano
1350 aprile 7, Spedale di San Gimignano
1350 novembre 28, Domenicani di San Gimignano
1351 maggio 12, Spedale di San Gimignano
1351 settembre 11, Spedale di San Gimignano
1353 agosto 11, Domenicani di San Gimignano
1353 novembre 1, Domenicani di San Gimignano
1354 settembre 15, Spedale di San Gimignano
1355 aprile 18, Spedale di San Gimignano
1355 luglio 12, Spedale di San Gimignano
1355 dicembre 8, Spedale di San Gimignano
1357 settembre 7, Spedale di San Gimignano
1357 ottobre 11, Domenicani di San Gimignano
1358 luglio 24, Santa Maria detto Romite di Santa Caterina

1359 settembre 13, Spedale di San Gimignano
1360 novembre 17, Domenicani di San Gimignano
1362 ottobre 26, Spedale di San Gimignano
1363 gennaio 23, Spedale di San Gimignano
1363 luglio 5, Comune di San Gimignano
1363 luglio 6, Domenicani di San Gimignano
1363 luglio 26, Spedale di San Gimignano
1363 dicembre 13, Spedale di San Gimignano
1364 marzo 27, Spedale di San Gimignano
1364 agosto 29, Spedale di San Gimignano
1365 marzo 27, Spedale di San Gimignano
1367 agosto 3, Spedale di San Gimignano
1368 giugno 29, Spedale di San Gimignano
1371 marzo 20, Spedale di San Gimignano
1373 febbraio 20, Spedale di San Gimignano
1374 luglio 13, Santa Maria detto Romite di Santa Caterina
1374 agosto 1, Domenicani di San Gimignano
1376 settembre 23, Spedale di San Gimignano
1377 maggio 5, Comune di San Gimignano
1383 luglio 6, Domenicani di San Gimignano
1383 gennaio 6, Spedale di San Gimignano
1383 agosto 7, Spedale di San Gimignano
1383 settembre 4, Spedale di San Gimignano
1383 ottobre 24, Spedale di San Gimignano
1384 giugno 28, Spedale di San Gimignano
1387 luglio 15, Spedale di San Gimignano
1387 luglio 27, Spedale di San Gimignano
1383 novembre 22, Spedale di San Gimignano
1389 marzo 16, Comune di San Gimignano
1389 agosto 26, Spedale di San Gimignano
1390 giugno 17, Spedale di San Gimignano
1390 ottobre 27, Spedale di San Gimignano
1391 aprile 2, Spedale di San Gimignano
1391 agosto 2, Domenicani di San Gimignano
1392 marzo 16, Spedale di San Gimignano
1397 luglio 29, Santa Maria Maddalena da San Gimignano
1400 settembre 10, Spedale di San Gimignano
1402 novembre 13, Vergine Maria di San Gimignano
1403 novembre 28, Spedale di San Gimignano
1404 novembre 25, Spedale di San Gimignano
1406 aprile 24, Spedale di San Gimignano
1409 settembre 10, Spedale di San Gimignano
1409 settembre 10, Spedale di San Gimignano
1411 agosto 29, Spedale di San Gimignano e Domenicani di San Gimignano

1413 novembre 16, Santa Maria Maddalena di San Gimignano
1414 ottobre 6, Spedale di San Gimignano
1414 febbraio 14, Spedale di San Gimignano
1414 marzo 15, Spedale di San Gimignano
1415 febbraio 10, Spedale di San Gimignano
1415 novembre 22, Spedale di San Gimignano
1416 settembre 16, Spedale di San Gimignano
1424 maggio 8, Santa Maria Maddalena di San Gimignano
1424 maggio 26 Domenicani di San Gimignano
1428 aprile 17, Spedale di San Gimignano
1440 aprile 27, Domenicani di San Gimignano
1440 agosto 8, Santa Maria Maddalena di San Gimignano
1445 febbraio 2, Spedale di San Gimignano
1446 giugno 12, Spedale di San Gimignano
1446 settembre 13, Domenicani di San Gimignano
1450 dicembre 9, Vergine Maria di San Gimignano
1455 novembre 11, Spedale di San Gimignano
1464 novembre 22, Spedale di San Gimignano
1483 dicembre 28, Domenicani di San Gimignano
1486 marzo 8, Spedale di San Gimignano
1489 luglio 22, Domenicani di San Gimignano
1492 marzo 27, Spedale di San Gimignano

Compagnie religiose soppresse da Pietro Leopoldo

Compagnie religiose soppresse da Pietro Leopoldo, 3021
Compagnie religiose soppresse da Pietro Leopoldo, 3038

Archivio dell'Ospedale degli Innocenti (AOIF)

Fondo dell'Ospedale di Santa Maria della Scala di San Gimignano

Libro di diverse materie

San Gimignano: Archivio storico comunale (ASCSG)

Ospedale di Santa Fina

Numero 13 Istrumenti e documenti e obblighi dal 1292 al 1765

Numero 14 Istrumenti e scritture dal 1300 al 1716, filza prima
Numero 15 Scritture rogate da Messer TADDEO (Leo olim Bindi) RUGGEROTTI 1329-1331

Monastero di Santa Chiara

Numero 1 Universale 1

Biblioteca comunale (BCSG)

Manuscrits

Notizie istoriche della terra e Comune di San Gimignano ricavate dal libro delle Provvisioni dal M. R. S. Giuseppe Contri (Ms. A IV 3)
Numero 66 Statuta et ordinamenta Iudicium et Notariorum terrae sancti Geminiani
Numero 80 Compagnia di San Bernardo di San Gimignano, capitoli del 1474
Numero 82 Convento di Santissima Maria Annunziata di San Gimignano, Memorie, Ricordi (1318-1787)
Numero 85 Notizie dello spedale di San Gimignano dal 22 novembre 1212 al 7 settembre 1535
Numero 90 Inventario dell'Opera della Collegiata
Numero 92 Ricordi della famiglia Useppi (1497-1610)
Numero 106 Miscellaneo cartaceo

Siena: Archivio di Stato (ASS)

Diplomatico

1305 gennaio 24, Comune di San Gimignano
1306 maggio 1, Comune di San Gimignano
1347 gennaio 5, Comune di San Gimignano
1348 giugno 18, Comune di San Gimignano
1348 giugno 24, Comune di San Gimignano
1348 luglio 5, Comune di San Gimignano
1348 luglio 6, Comune di San Gimignano
1390 ottobre 25, Comune di San Gimignano
1397 gennaio 22, Comune di San Gimignano
1400 agosto 17, Comune di San Gimignano
1400 agosto 17, Comune di San Gimignano

1406 novembre 10, Comune di San Gimignano
1407 luglio 4, Comune di San Gimignano
1407 luglio 5, Comune di San Gimignano
1412 gennaio 18, Comune di San Gimignano
1416 febbraio 19, Comune di San Gimignano
1418 marzo 18, Comune di San Gimignano
1420 ottobre 1, Comune di San Gimignano
1420 ottobre 1, Comune di San Gimignano
1420 ottobre 19, Comune di San Gimignano
1425 dicembre 4, Comune di San Gimignano
1433 gennaio 15, Comune di San Gimignano
1435 febbraio, Comune di San Gimignano
1460 aprile 8, Comune di San Gimignano
1470 novembre 17, Comune di San Gimignano
1487 dicembre 12, Comune di San Gimignano
1500 aprile 8, Comune di San Gimignano
1510 settembre 14, Comune di San Gimignano
1528 agosto 27, Comune di San Gimignano

Diplomatico dell'Ospedale di Santa Fina di San Gimignano

1402 novembre 13, documento n. 4

Monastero di Santa Chiara di San Gimignano

Universale 1

Estimo

Estimo del Contado (Est. Cont.)

Volterra: Archivio Comunale (ACV)

Manuscrits

Pergamene dell'Archivio vescovile di Volterra trascritte dal Can. Mons. Giuseppe Maiani (scatole III e IV)

Biblioteca Guarnacci (BGV)

Manuscrits

Imberviature di diversi notai: Numero XLIV – 6- 8 Numero XLIV – 5-23 Numero XLIV – 5- 24
Necrologium ecclesiae annintiatae de Sancto Geminiano (1523)
Spoglio delle membrane del Monastero di San Oliveto di San Gimignano

Sources publiées

P. SATURNINUS LOPEZ *Chartularium Conventus Sancti Geminiani ordinis eremitarum Sancti Augustini*, Parva selecta ex «Analecta Augustiniana», Typis Polyglottis Vaticanis, Romae, 1929.

Bibliographie

Actes à cause de mort II Europe médiévale et moderne, Actes du 24e Congrès de la Société Jean Bodin pour l'histoire comparative des institutions, Budapest, mai 1990 (Recueils de la société Jean Bodin pour l'histoire comparative des institutions, 60) De Boeck Université, Bruxelles, 1993.

Albini Giuliana *Guerra, fame, peste, crisi di mortalità e sistema sanitario nella Lombardia tardomedievale*, Bologna, 1982.

Ariès Philippe «Richesse et pauvreté devant la mort», in: *Etudes sur l'histoire de la pauvreté*, sous la direction de Mollat Michel, Paris, 1974, 519-33.

Ascheri Mario *Diritto medievale e moderno: problemi del processo, della cultura e delle fonti giuridiche*, Maggioli, Rimini, 1991.

Azzariti F. S. – Martinez G. – Azzariti G. *Successioni per causa di morte e donazioni*, Edizioni Cedam, Padova, 1979.

Banti Ottavio «Ricerche sul notariato a Pisa tra il secolo XIII e il secolo XIV» in: *Bollettino Storico Pisano XXXIII-XXXV (1964-1966)*, S.E.I.T., Livorno, 1967, 131-86.

Baschet Jérôme *Les justices de l'au-delà. Les représentations de l'enfer en France et en Italie (XIIe-XVe siècle)*, Ecole française de Rome, Rome, 1983.

Bellomo Manlio *La condizione giuridica della donna in Italia: vicende antiche e moderne*, ERI, Torino, 1970.

–, *Problemi di diritto familiare nell'età dei comuni*, Giuffré, Milano, 1968.

–, *Ricerche sui rapporti patrimoniali tra coniugi: contributo alla storia della famiglia medievale*, Giuffré, Milano, 1961.

–, *Società e istituzioni in Italia dal Medioevo agli inizi dell'età moderna*, Giannotta, Catania, 1982.

Bertram Martin «Mittelalterliche Testamente: zur Entdeckung einer Quellengattung in Italien», in: *Quellen und Forschungen aus italienische Archiven und Bibliotheken*, Herausgeben vom deutschen historischen Institut in Rom, Band 68, Max Niemeyer Verlag, Tübingen, 1978.

Besta Enrico *Le successioni nella storia del diritto italiano*, Cedam, Padova, 1935.

Bibliografia di San Gimignano, Isabella Gagliardi-Aldo Galli-Francesco Salvestrini-Nicoletta Titinnanzi (éd.), Quaderni della Biblioteca, Città di San Gimignano, 1995.

Biraben Jean-N. «Les pauvres et la peste», in: *Etudes sur l'histoire de la pauvreté*, sous la direction de Mollat Michel, Paris, 1974, 505-18.

Bonanno Claudio-Bonanno Metello-Pellegrini Luciana «I legati pro anima ed il problema della salvezza nei testamenti fiorentini della seconda metà del Trecento», in: *Ricerche Storiche* 15, 1985, 183-220.

Bosio Laura *Testamenti bergamaschi della prima età veneziana, sec. 15-16*, Università degli studi di Milano, facoltà di giurisprudenza, S.L., A.A. 1997-1998.

Brogi Mario *Gli albori del Comune di San Gimignano e lo statuto del 1314*, Edizioni Cantagalli, Siena, 1995.

Cantòn A. *Corso di diritto canonico*, Editrice Queriniana, Torino, 1977.

Capitani Ovidio *Morire di peste: testimonianze antiche e interpretazioni moderne della peste del 1348*, Edizioni Patron, Bologna, 1995.

Cappelli Adriano *Cronologia e Cronografia e Calendario perpetuo*, quinta edizione aggiornata, Ulrico Hoepli, Milano, 1983.

Caravaglios Raffaele *Aspetti notarili della sostituzione fidecommissaria*, Massimo, Napoli, 1974.

Carpentier Elisabeth *Une ville devant la peste. Orvieto et la peste noire de 1348*, Paris, 1962.

Carreras Joan *La giurisdizione della Chiesa sul matrimonio e sulla famiglia*, Giuffrè, Milano, 1998.

Casali Giovanna *San Gimignano. L'evoluzione della città tra XIV e XVI secolo*, Olschki, Firenze, 1998.

Castellani Arrigo *Testi sangimignanesi del secolo XIII e prima metà del secolo XIV, con introduzione, glossario e indici onomastici*, Sansoni, Firenze, 1956.

Carli Enzo – Vichi Imberciadori Jole *San Gimignano*, Electa, Milano, 1987.

Cecchini Giovanni – Carli Enzo *San Gimignano*, Siena Monte dei Paschi, Electa, Milano, 1962.

Ceccharini Ivo Gimignano *Piazza della Cisterna. Dalle origini alla forma attuale*, riprodotto in proprio a San Gimignano dall'autore Arch. Ivo Ceccharini, 1986.

Chabot Isabelle *La dette des familles. Femmes, lignages et patrimoine à Florence au XIVe et XVe siècles*, thèse de doctorat, Institut Universitaire Européen, Florence, 1995.

–, «La sposa in nero. La ritualizzazione del lutto nelle vedove fiorentine (secoli XIV-XV)», in: *Quaderni Storici*, 86 (1994) 421-62.

–, «Widowhood and Poverty in Late Medieval Florence», in: *Continuity and Change*, 3 (1988) 291-311.

Charrin Louis de *Les testaments dans la région de Montpellier au Moyen Age*, thèse présentée et publiquement soutenue devant la faculté de droit de Montpellier, pour l'obtention du grade de Docteur en Droit, le 8 juillet 1958, Ambilly, 1961.

Chellini M. Leone *San Gimignano e dintorni*, Modena, 1921.

Cherubini Giovanni «Gli archivi per la storia locale dell'età medievale», in *Atti del Convegno di Studio* Castelfiorentino 14 giugno 1988, Parlavecchia Giovanni (éd.), Castelfiorentino, 1988.

–, *Scritti toscani. L'urbanesimo medievale e la mezzadria* (Quaderni di storia rurale e urbana 12) Salimbeni, Firenze, 1991.

Chiappa Mauri Luisa «Testamenti lombardi in tempo di peste, alcune riflessioni», in: *La peste nera: dati di una realtà ed elementi di una interpretazione*, Atti del XXX convegno storico internazionale, Todi 10-13 ottobre 1993, Spoleto, 1994.

Chiffoleau Jacques «Analyse d'un rituel flamboyant Paris, mai-août 1412», in: *Riti e rituali nelle società medievali*, Chiffoleau Jacques – Martines Lauro-Paravicini Bagliani Agostino (éd.), Centro italiano di studi sull'alto medioevo, Spoleto-Todi, 1994, 215-45.

–, *La comptabilité de l'au-delà. Les hommes, la mort et la religion dans la région d'Avignon à la fin du Moyen Age*, Ecole française de Rome, Paris, 1980.

–, «Les morts, la messe et l'au-delà», in: *L'Histoire* 174 (1984) 9-15.
–, «Perché cambia la morte nella regione di Avignone alla fine del medioevo», in: *I vivi e i morti*, Quaderni Storici 50 (1982) 419-65.
Ciacchieri Matteo *Cronichetta di San Gimignano (1355)*, Talei C. (éd.), *Miscellanea storica della Valdelsa*, 33 (1925) 125-46.
Cipolla Carlo *La moneta a Firenze nel Cinquecento*, Il mulino, Bologna, 1987.
Cohn Samuel Kline «Burial in the Early Renaissance: Six Cities in Central Italy», in: *Riti e rituali nelle società medievali*, Chiffoleau Jacques – Martines Lauro-Paravicini Bagliani Agostino (éd.), Centro italiano di studi sull'alto medioevo, Spoleto-Todi, 1994, 39-57.
–, *Death and Property in Siena 1205-1800, Strategies for the Afterlife*, the Johns Hopkins University Press, Baltimore and London, 1988.
Conti Elio *I Catasti agrari della Repubblica fiorentina*, Istituto storico italiano per il Medio Evo, Roma, 1996.
Coppi Giovanni Vincenzo *Annali, memorie ed huomini illustri di San Gimignano, Ove si dimostrano le Leghe e Guerre delle Repubbliche Toscane*, Firenze, Stamperia bindi 1695, et Bologna, Forni, 1976^2.
D'Alatri Mariano «I minori e la *cura animarum* di fraternite e congregazioni», in: *I frati minori e il terzo ordine problemi e discussioni storiografiche*, Accademia Tudertina, Todi, 1985.
Del Panta Lorenzo *Le epidemie nella storia demografica italiana (secoli XIV-XIX)*, Loescher, Torino, 1986.
Digesto delle discipline privatistiche, Sezione Civile, Presidente del comitato scientifico Rodolfo Sacco, UTET, Torino, 1991.
Donvito Luigi «La mentalità collettiva come replica delle ideologie dominanti», in: *Rivista di storia e letteratura religiosa*, 16, 1 (1980) Leo S. Olschki, Firenze, 90-5.
Dubuis Pierre «Repas funéraires, économie familiale et solidarité paroissienne», in: *La parrocchia nel Medioevo. Economia, scambi, solidarietà*, Paravicini Bagliani Agostino – Pasche Véronique (éd.) Herder Editrice e Libreria, Roma, 1995, 279-315.
Enciclopedia del diritto, Mortati C.-Pugliati S. (éd.), Giuffré, Milano, 1966.
Epstein Steven *Wills and Wealth in Medieval Genoa, 1150-1250*, Cambridge, Harvard University Press, 1984.
Falsini Aliberto Benigno «Firenze dopo il 1348. Le conseguenze della peste nera», in: *Archivio Storico Italiano*, 129 (1972) 425-503.
Liborio Ferrucci Mariantonia «Il sentimento della morte nella spiritualità dei secoli XII e XIII», in: *Il dolore e la morte nella spiritualità dei secoli XII e XIII*, Atti del quinto convegno del centro di studi sulla spritualità medievale, Spoleto 7-10 ottobre 1962, Accademia Tiburtina, Todi, 1967, 45-65.
Firenze. La storia, l'architettura, l'arte della città. Itinerari nel patrimonio storico-religioso, Paolucci Antonio-Valentino Baldacci (éd.), I luoghi della Fede, Mondadori, Regione Toscana, 1999.
Fiumi Enrico *Storia economica e sociale di San Gimignano*, Olschki, Firenze, 1961.
–, *Volterra e San Gimignano nel medioevo*, Cooperativa Nuovi Quaderni, Siena, 1983.

Gaffuri Laura «La comunità del Santo e la *cura animarum* nel XIV secolo», in: *Il Santo* 42 (2002), 169-99.
Gli Innocenti e Firenze nei secoli, un ospedale, un archivio, una città, Sandri Lucia (éd.), Studio per Edizioni Scelte, Firenze, 1996.
Grossi Paolo *L'ordine giuridico medievale*, Laterza, Roma, 1995.
Guzzetti Linda *Venezianische Vermächtnisse: die soziale wirtschaftliche Situation von Frauen im Spiegel spätmittelalterliche Testamente* (Ergebnisse und Forschungen 50), J. B. Metzler, Stuttgart, 1998
Herlihy David – Klapisch-Züber Christiane *I Toscani e le loro famiglie. Uno studio del catasto fiorentino del 1427*, Mario Bensi (trad.), il Mulino, Bologna, 1988.
Hubert Etienne «Election de sépulture et fondation de chapelle funéraire à Rome au XIVe siècle: donation et concession de l'espace sacré», in: *La parrocchia nel Medioevo. Economia, scambi, solidarietà*, Paravicini Bagliani Agostino – Pasche Véronique (éd.) Herder Editrice e Libreria, Roma, 1995, 209-27.
P. Ilarino da Milano «L'incentivo escatologico nel riformismo dell'ordine francescano», *in L'attesa dell'età nuova nella spiritualità alla fine del medioevo*, Atti del terzo convegno del centro di studi sulla spiritualità medievale, Spoleto 16-19 ottobre 1960, Accademia Tudertina, Todi, 1962, 283-337.
Inventari dei manoscritti delle biblioteche d'Italia. Volume LXXXVIII, Garosi Gino (éd.), San Gimignano Biblioteca Comunale, Leo S. Olschki Editore, Firenze, 1972.
Klapisch-Züber Christiane *La maison et le nom: stratégies et rituels dans l'Italie de la Renaissance*, Editions de l'Ecole des hautes études en sciences sociales, Paris, 1990.
–, «Fonti e metodi per la storia demografica nel tardo medioevo: nascita e morte nelle famiglie fiorentine», in: *Storia e storie della città*, Daniela Romagnoli (éd.), Pratiche Editrice, Parma, 1988, 147-56.
–, *L'ombre des ancêtres: essai sur l'imaginaire médiéval de la parenté*, Fayard, Paris, 2002.
–, *La famiglia e le donne nel Rinascimento a Firenze*, Laterza, Roma, 2003[2].
L'Archivio Comunale di San Gimignano, G. Carapelli – L. Rossi – L. Sandri (éd.) Volume I, Amministrazione provinciale di Siena, Siena, 1996.
La mort au moyen âge. Colloque de l'Association des historiens médiévistes français réunis à Strasbourg en juin 1975 au Palais universitaire, Librairie Istra Strasbourg, Strasbourg 1977.
La Roncière Charles Marie de *Florence centre économique régional au XIVe siècle*, Aix-en-Provence, 1979.
–, «L'influence des franciscains dans les campagnes de Florence au XIVe siècle», in: *Mélanges de l'Ecole française de Rome, Moyen Age-Temps Modernes* 87 (1975) 48-103.
–, «Les confréries à Florence et dans son contado aux XIVe-XVe siècles», in: *Le mouvement confraternel au Moyen-Age, France, Italie, Suisse*, Actes de la table ronde organisée par l'Université de Lausanne avec le concours de l'Ecole française de Rome et de l'Université associée 1011 du CNRS «L'institution ecclésiale à la fin du Moyen Age», Lausanne 9-11 mai 1985, Ecole française de Rome, Palais Farnèse, 1987, 297-342.

–, «Pauvres et pauvreté à Florence au XIVe siècle», in: *Etudes sur l'histoire de la pauvreté*, sous la direction de Mollat Michel, Paris, 1974, 661-745.

Lambertini Renzo *I caratteri della Novella 118 di Giustiniano*, Giuffré, Milano, 1977.

Lavarda Sergio *L'anima a Dio e il corpo alla terra: scelte testamentarie nella terraferma veneta, 1575-1631*, Istituto veneto di scienze lettere e arti, Venezia, 1998.

Le Blévec Daniel *La part du pauvre. L'assistance dans les Pays du Bas-Rhône du XIIe siècle au milieu du XVe siècle,* Collection de l'Ecole française de Rome n. 265, Ecole française de Rome, Rome, 2000.

Le Goff Jacques *Civilisation de l'Occident médiéval*, Arthaud, Paris, 1964.

–, *La naissance du Purgatoire*, Folio Histoire, Gallimard, Paris, 1981.

–, «Lezione introduttiva», in *Storia e storie della città*, Daniela Romagnoli (ed.), Pratiche Editrice, Parma, 1988, 17-34.

Lemaître Nicole et Jean-Loup «Un test des solidarités paroissiales: la prière pour les morts dans les obituaires», in: *La parrocchia nel Medioevo. Economia, scambi, solidarietà*, Paravicini Bagliani Agostino – Pasche Véronique (éd.) Herder Editrice e Libreria, Roma, 1995, 255-77.

Les actes notariés source d'histoire sociale XVIe-XIXe siècles, Actes du Colloque de Strasbourg réunis par Bernard Vogler, Librairie Istra, Strasbourg, 1979

Liotta Filippo *Studi di storia di diritto medievale*, Monduzzi, Bologna, 1999.

Lorcin Marie-Thérèse «Pariages et testaments en Forez au XVe siècle» in *Campagnes médiévales: l'homme et son espace.* Etudes offertes à Robert Fossier, travaux réunis par Elisabeth Mornet, Publ. de la Sorbonne, Paris, 1995, 355-62.

–, «Un temps pour tester, un temps pour mourir: du testament oral au testament public dans les campagnes foréziennes de la fin du Moyen Age», in: *Revue historique* 299 (1998) 489-514.

Lumia-Ostinelli Gianna *«Ut cippus domus magis conservetur»*. La successione a Siena tra statuti e testamenti (secoli XII-XVII), in *Archivio storico italiano*, 161 (2003) 3-52.

Marantonio Sguezzo Elsa *Evoluzione storico giuridica dell'istituto della sepoltura ecclesiastica*, Giuffré, Milano, 1976.

Martini Angelo *Manuale di metrologia: ossia Misure, pesi e monete in uso attualmente e anticamente presso tutti i popoli*, E. Loescher, Torino, 1883.

Martini Silvia *Lo spazio sacro nella Firenze medicea*, Loggia dei Lanzi, Firenze 1995.

Mazzi Maria Serena «La peste a Firenze nel Quattrocento», in: *Strutture familiari, epidemie, migrazioni nell'Italia medievale*, Comba Rinaldo-Piccinni Gabriella-Pinto Giuliano (éd.), Edizioni scientifiche italiane, Napoli, 1984, 91-115.

Mazzi Maria Serena-Sergio Raveggi *Gli uomini e le cose nelle campagne fiorentine del Quattrocento*, Olschki, Firenze, 1983.

Meersseman Gilles Gerard *Ordo fraternitatis, confraternite e pietà dei laici nel medioevo*, Herber Editrice e Libreria, Roma, 1977.

Niccolai Franco *La formazione del diritto successorio negli statuti comunali del territorio lombardo-tosco*, Giuffré, Milano, 1940.

Nolens intestatus decedere, il testamento come fonte della storia religiosa e sociale, Atti dell'incontro di studio (Perugia 3 maggio 1983), Regione dell'Umbria, Editrice umbra cooperativa, Peugia, 1985.

Nuovo digesto italiano, D'Amelio Marianno (éd.), Unione tipografico-editrice torinese, Torino, 1940.

Paravicini Bagliani Agostino *I testamenti dei cardinali del duecento*, Miscellanea della società romana di storia patria XXV, Roma, 1980.

Pasche Véronique «Pour le salut de mon âme. Les Lausannois face à la mort (XIVe siècle)», in: *Cahiers lausannois d'histoire médiévale* 2, édités par A. Paravicini Bagliani, Lausanne, 1989.

Pastore Alessandro «Peste e società», in: *Studi storici* registro no. 4, 20 (1979) 857-73.

–, «Testamento in tempo di peste: la pratica notarile a Bologna nel 1630», in: *Società e Storia*, registro no. 16, 5, (1982) 263-92.

Pecori Luigi *Storia della terra di San Gimignano*, Multigrafica, Roma, 1975[2].

Petralia Giuseppe «Per la storia dell'emigrazione quattrocentesca da Pisa e della migrazione Toscana-Sicilia nel Basso Medioevo», in: *Strutture familiari, epidemie, migrazioni nell'Italia medievale*, Comba Rinaldo – Piccinni Gabriella – Pinto Giuliano (éd.), Edizioni scientifiche italiane, Napoli 1984, 373-88.

Picone Giuseppe «Quanto offre per la ricerca storica l'archivio e la biblioteca del comune di San Gimignano», in: *Atti del Convegno di Studio*, Castelfiorentino 14 giugno 1984, Parlavecchia Giovanni (éd.), Castelfiorentino, 1988.

Pinto Giuliano «La politica demografica della città», in: *Strutture familiari, epidemie, migrazioni nell'Italia medievale*, Comba Rinaldo – Piccinni Gabriella-Pinto Giuliano (éd.), Edizioni scientifiche italiane, Napoli, 1984, 18-43.

Poisson Jean-Paul «Histoire des actes notariés. Problématique et méthodologie», in: *Les actes notariés source d'histoire sociale XVIe-XIXe siècles*, Actes du Colloque de Strasbourg réunis par Bernard Vogler, Librairie Istra, Strasbourg, 1979, 17-30

Prosperi Adriano «Premessa», in: *I vivi e i morti, Quaderni Storici* 50 (1982) 391-414.

Redon Odile «Autour de l'hôpital Santa Maria della Scala à Sienne au XIIIe siècle», in: *Ricerche Storiche*, 15 (1975), 17-34.

–, «Le notaire au village. Enquête en pays siennois dans la deuxième moitié du XIIIe siècle et du début du XIVe siècle», in: *Campagnes médiévales: l'homme et son espace*. Etudes offertes à Robert Fossier, travaux réunis par Elisabeth Mornet, Publ. de la Sorbonne, Paris, 1995.

Repetti Emanuele *Dizionario geografico fisico storico della Toscana*, Firenze, 1833-1846 vol. 6

Ricci Simona *De hac vita transire, La pratica testamentaria nel Valdarno superiore all'indomani della Peste Nera*, Opus libri, Firenze 1998.

Rigon Antonio «Congregazioni del clero cittadino e storia della parrocchia nell'Italia settentrionale: il problema delle fonti», in: *La parrocchia nel Medioevo. Economia, scambi, solidarietà*, Paravicini Bagliani Agostino – Pasche Véronique (éd.) Herder Editrice e Libreria, Roma, 1995 3-25.

–, «I testamenti come atti di religiosità pauperistica», in *La conversione alla povertà nell'Italia dei secoli XII-XIV*, Atti del XXVII Convegno storico internazionale, Todi

14-17 ottobre 1990, Centro italiano di studi sull'alto medioevo, Spoleto 1991, 449-465.

Rocchetta Maria Rita «Castell'Arquato 1348 dai testamenti del notaio Oberto del Borgo», in: *Bollettino Storico Piacentino*, 88 (1993) 25-53.

Samaritani Antonio «Mentalità religiosa nell'ora del testamento in una città italiana: Ferrara, durante la temperie degli ordini mendicanti (sec. XIII-XIV)», in: *Analecta Pomposiana*, Studi Francescani, 7 (1982) 59-105.

Sandri Lucia *L'Ospedale di Santa Maria della Scala di San Gimignano nel Quattrocento. Contributo alla storia dell'infanzia abbandonata*, Società storica della Valdelsa, Firenze, 1982.

Storia del matrimonio, De Giorgio Michela – Klapisch-Züber Christiane (éd.), Laterza, Roma, 1996.

Talei Franzesi Carlo «Cenni su l'ordine Gerosolimitano in San Gimignano», in: *Miscellanea Storica della Valdelsa,* (1943) 37-48.

Tenenti Alberto *Il senso della morte e l'amore della vita nel Rinascimento*, Einaudi, Torino, 1989.

Toubert Pierre *Les structures du Latium médiéval et la Sabine du IXe siècle à la fin du XIIe siècle*, Ecole française de Rome, Rome, 1973.

Trexler Richard *Public life in Renaissance Florence*, Academic Press, New York, 1980.

–, «Lorenzo de Medici and Savonarola, martyrs for Florence», in: *Renaissance Quarterly*, 31, (1978) 70-93.

Una farmacia preindustriale in Valdelsa, Città di San Gimignano, 1981.

Vernant Jean-Pierre «Introduction», in: *La mort, les morts dans les sociétés anciennes*, sous la direction de Jean-Pierre Vernant et Gherardo Gnoli, Cambridge University Press, & Editions de la Maison des Sciences de l'Homme, Paris, 1962, 5-15.

Vichi Imberciadori Iole *Fina di Ciardi. Un simbolo nella realtà storica e sociale di San Gimignano*, San Gimignano, 1979.

Voci Pasquale *Diritto ereditario romano*, Giuffré, Milano, 1963.

Vovelle Michel *Immagini e immaginario nella storia*, Editori riuniti, Biblioteca di storia, Roma, 1987.

–, *La morte e l'occidente*, BUL 391, Roma, 1933.

–, *Piété baroque et déchristianisation en Provence au XVIIe siècle*, Plon, Paris, 1973.

–, «Un préalable à toute histoire sérielle: la représentativité sociale du testament (XIVe-XIXe siècles)», in: *Les actes notariés source d'histoire sociale XVIe-XIXe siècles*, Actes du Colloque de Strasbourg réunis par Bernard Vogler, Librairie Istra, Strasbourg, 1979, 257-77.

Zdekauer Lodovico *Lo studio di Siena nel Rinascimento, con due tavole in fototipia ed un'appendice di documenti*, Hoepli, Milano, 1894.

–, «Sugli Statuti dell'Arte dei Giudici e Notai di San Gimignano (1347-1525)», *Miscellanea Storica della Valdelsa*, 4 (1896), fasc. 1, 28-35.

Index

A

Abbracciabeni, famille; 66; 93; 178; 202; 230; 245; 247-263; 310; 314
al Campatello, lieu-dit, San Gimignano; 222
Alamanni, famille; 127; 128
Alberti, famille; 65; 122; 188
Alessandra Rubris; 175-176; 310
Alexandrie, Egypte; 291
Alla Ripa, lieu-dit, San Gimignano; 131
Alphonse de Tolède; 253
Altopascio, Lucques; 170
Altoviti, famille; 65
Angela Bargini; 218
Angelo Vannocchi; 140
Antonia Corbizi; 198
Antonio Ghini; 155
Antonio Maffeini; 64
Antonio Peraccini; 57
Ariès, Philippe; 2
Attavanti, famille; 203; 253
Avignon, France; 2; 54; 89

B

Bâle, concile de; 292
Balestracci, Duccio; 5; 35
Barberino Valdelsa, Florence; 12
Barbiano, lieu-dit, San Gimignano; 202; 266
Bardi famille; 65; 245
Bartala Bonini; 284; 296
Bartolo de Venture; 28; 271
Bartolomea Casini; 165; 167; 171; 174; 310
Baschet Jérôme; 2; 306
Becci, famille; 75; 93; 153; 178; 208; 251; 283; 295; 297
Benenati, famille; 59; 112; 165-175; 218; 251; 289; 310; 311; 315
Beni, famille; 84; 284; 297
Benozzo Gozzoli; 56; 100
Benvenuti, famille; 28; 140; 186
Benzi, famille; 103; 124
Besta, Enrico; 17
Bilia Bindocci; 135
Biliotta Gherardini; 178
Biliotti, famille; 120; 122
Bologne; 80
Bonaccorsi, famille; 94; 184; 196; 218; 287
Bonagiunta, famille; 61; 167
Bonanno, Claudio; 2
Bonfigliolo ou Buonfigliolo, famille; 27
Boniface VIII; 19; 128
Boninsegna, famille; 27-28; 30; 73; 116-117; 183; 185; 196; 219; 284
Bottacci, famille; 28; 160; 263; 277
Bracceri, famille; 61; 178; 199-202; 222; 234-235; 248-249; 251; 286-287; 289; 292; 296; 306
Brogi, famille; 117; 125; 136; 145; 200; 210; 226-236; 251; 260; 314
Buonaccorsi, famille; 66; 142; 215
Buoni, famille; 84; 123; 146; 162-165

C

Caciotti, famille; 153; 235; 255; 263; 294
Campaldi, lieu-dit, San Gimignano; 156; 221; 266
Campobriano, lieu-dit, San Gimignano; 153; 233
Capis, famille; 59; 255; 261
Carducci, famille; 65

Casali, Giovanna; 35
Castelfiorentino, Florence; 12; 48; 67
Castelvecchio, Sienne; 63
Casucci, famille; 66; 157-158
Cattani, famille; 127; 219
Ceccarelli, famille; 189; 225
Cellole, lieu-dit, San Gimignano; 131; 240; 302
Cepparelli, famille; 221; 223; 225
Cetti, famille; 114-115; 130; 133; 287
Chabot, Isabelle; 309
Charrin, Louis de; 3; 15; 36; 39-40; 49
Chellini, Leone; 127
Chiarenti, famille; 93; 124; 178
Chiassodoro, lieu-dit, San Gimignano; 203
Chiffoleau, Jacques; 2; 4; 15-16; 20; 42; 54; 89; 126; 139; 149; 306
Cipriani, famille; 78; 80; 145; 178
Cohn, Samuel Kline; 2
Colle Valdelsa, Sienne; 60; 67; 69; 122; 174; 288
Collemuccioli, lieu-dit, San Gimignano; 233
Constance, concile de; 292
Conti, Elio; 1; 96
Cortesi, famille; 18; 40; 67; 127; 175; 178; 202-216; 233; 303; 312-316
Cosme Ier; 11; 13
Cotennacci, famille; 122; 218; 277

D

Da Picchena, famille; 60; 175-178; 232; 305; 310
Dei, famille; 46; 70; 73; 112; 241; 245; 246; 265-282; 315
del Bene, famille; 64; 65; 188
Donne Nobili, hôpital de San Gimignano; 12-13

E

Elisabetta Lamberti; 178
Eugène III; 11

F

Falsini, Aliberto Benigno; 2; 21
Ferri, famille; 155; 202
Ficarelli, famille; 122; 162; 202
Fina Ceccholini; 105; 112
Fiumi, Enrico; 32; 35; 72; 169; 176; 292; 303; 311
Florence; 1-3; 9; 12-13; 17; 20; 23; 32; 34-35; 43; 56-57; 64-65; 78; 86; 95; 110; 116; 128; 133; 136; 164-168; 171; 173; 175-180; 188; 195-197; 206; 215; 235; 248-249; 252-254; 275; 278; 289; 295; 299-300; 304; 309; 311; 314
Folco Portinari; 57
France; 2; 9; 18; 42
Francesco Bonanni; 223
Francesco del Mangia; 157
Francesco Lari; 160
Francesco Tucci; 115
Franzesi, Antonio; 14

G

Gagliardi, Isabella; 15; 177
Galli, Antonio; 15
Gamucci, famille; 25-26; 30; 64; 77; 83; 117; 124; 129-130; 141-144; 177; 179; 181; 195; 235; 240; 259; 263; 287; 289; 307
Garin, Eugenio; 204
Gentiluzzi, famille; 30; 62; 66; 97; 146; 162-163; 169; 230; 249; 251
Ghesi, famille; 59; 157; 169
Giovanni Boccaccio; 56
Giovanni Coveri; 218; 300

Giovanni Neri; 268; 269; 270
Gralli, famille; 142; 219
Gucci, famille; 271-278
Guidi, famille; 55; 136
Guinzano, lieu-dit, San Gimignano; 203

H

Huber, Etienne; 41

I

Iacopo Coppi; 12
Ippolita Seracini; 207
Ippolito Niccolini Tori; 112

J

Jean XXII; 43
Jules II; 205

K

Klapisch-Züber, Christiane; 3; 36

L

La Roncière, Charles-Marie de; 13; 34; 43
Lazzaro Ricci; 153
Le Blévec, Daniel; 92; 149
Le Goff, Jacques; 42
Liborio Ferrucci, Mariantonia; 2
Lolli, famille; 57; 78; 216; 234-235
Luca Botticini; 67

M

Maddalena Fabbri; 157
Maiani, Guanico Giuseppe; 32
Mainardi, famille; 80; 85; 103; 105; 143; 178; 284
Malevolti, famille; 65-66; 181
Margherita Baroffi; 152
Marsili, famille; 77; 127; 145; 178
Martino Lotteri; 92
Masa Nerocci; 55
Mascio Arnolfini; 141
Masseotti, famille; 182; 194; 284; 296
Matteo Dinucci Albiani; 33
Matteo Villani; 56
Mendiants, ordres; 17; 20; 43
Michelangelo Ciamberla; 201
Moncini, famille; 73; 85; 145
Montauto, lieu-dit, San Gimignano; 180
Montestaffoli, lieu-dit, San Gimignano; 12; 95
Montigiani, famille; 26; 294
Moronti, famille; 33; 66; 79; 130; 162; 166-169; 178; 231-232; 269; 279; 281-286; 289; 292; 297; 315

N

Nardi, famille; 195; 204; 237
Nerucci, famille; 56; 178; 187; 193; 234; 235
Niccolai, Franco; 3; 44
Nori, famille; 69; 77; 78; 94; 103; 122; 145; 288
Nucci, famille; 73; 84; 103; 120; 140; 237-242; 287

P

Pagni, famille; 126; 217
Palmerini, famille; 83; 141
Pannocchini, famille; 179; 181
Paravicini Bagliani, Agostino; 2; 5; 39; 142

Pasche, Véronique; 2; 15
Pecori, Luigi; 35; 292
Pellari, famille; 120; 284; 296
Pellegrini, famille; 2; 84; 218
Peroni, famille; 99; 117; 125; 151; 258-259; 263; 285; 296
Peruzzi, famille; 255; 263
Pescille, lieu-dit, San Gimignano; 222; 233
Pfaff, Carl; 5
Piano degli ulivi, lieu-dit, San Gimignano; 231
Piano della fonte, lieu-dit, San Gimignano; 231; 233
Piero Ceccardini; 55; 80
Pietro Ferini; 220
Pietrafitta, lieu-dit, San Gimignano; 97; 285
Pintor, Francesco; 204
Pise; 67
Pistoia; 67
Poggibonsi, Sienne; 30; 67
Poggio alla torre, lieu-dit, San Gimignano; 231
Prato; 67

R

Racciano, lieu-dit, San Gimignano; 13; 203
Redon, Odile; 24
Remignole, lieu-dit, San Gimignano; 121; 122; 292
Rhodes, Grèce; 291
Riccardini, famille; 112; 134; 141
Ricci, Simona; 2
Riccialbani, famille; 178; 248; 254; 257; 262-263
Ricciardi, famille; 78; 99
Richard de Mediavilla; 253
Ridolfi, famille; 96; 102; 142; 162; 165; 178; 198-199; 202; 204-205; 215; 248; 255; 263; 277; 287
Rigon, Antonio; 2; 24
Rolandino Passeggeri; 24
Rome; 96; 141; 203

S

saint Grégoire, messes de; 42; 68; 103-104; 111; 127; 157; 173; 224; 286; 288; 306
Salvestrini, Francesco; 15
Salvi, famille; 55; 101; 141-142; 196
Salvucci, famille; 58; 158; 194; 250; 253; 256; 258; 263; 268; 271; 276
Samaritani, Antonio; 2
San Bartolo, église de San Gimignano; 11; 77
San Francesco, couvent de San Gimignano; 11; 13; 31; 34; 60; 68; 77-78; 84; 93; 100-102; 115; 119; 122-123; 127; 130; 133-136; 165-168; 172; 178; 193; 200-201; 204; 219; 222; 266; 271; 273; 279; 285; 303-304
San Frediano, église de Castelvecchio; 199
San Giovanni, église de San Gimignano; 11
San Girolamo, couvent de San Gimignano; 166-167; 169-170; 172; 198; 207
San Iacopo, église de San Gimignano; 11
San Marco, couvent de Florence; 304; 310
San Michele,église de *Casale*, lieu-dit, San Gimignano; 128
San Miniato, Pise; 67
San Pietro, couvent de San Gimignano; 128
San Pietro, église de *Libbiano*, lieu-dit, San Gimignano; 129
San Vittore, couvent de San Gimignano; 158

Sandri, Lucia; 302
Sant'Agostino, couvent de San Gimignano; 12-13; 31; 48; 60; 65; 68; 78; 92; 98-99; 101; 104-106; 112; 115-124; 129-131; 135-136; 142-143; 145; 155-157; 161; 166; 169; 186-187; 189; 192; 220-221; 225; 227; 234; 238-239; 250; 260; 266; 284-285; 304-305; 307
Santa Caterina, couvent de San Gimignano; 101; 151; 166; 170; 172; 195; 250; 253; 285
Santa Chiara, couvent de San Gimignano; 122; 172; 198; 204; 266; 276
Santa Fina, hôpital de San Gimignano; 11-12; 31-34; 84-85; 94; 104; 126; 131; 133; 135; 141; 153; 156; 167; 172-173; 187; 192; 193; 201; 218; 225; 230; 234; 240; 241; 259; 280; 287; 294; 302
Santa Maria Assunta, église collégiale de San Gimignano; 11-14; 48; 56; 67; 73; 85; 89; 95; 97; 100; 103; 109; 110-136; 140; 153; 158; 161; 169; 170; 172; 186-187; 199; 201; 204; 207; 230; 235; 241; 247; 250; 252-254; 258; 261; 267; 269; 271; 275; 284-285; 288; 294; 304; 314
Santa Maria del Fiore, dôme de Florence; 64; 110; 299
Santa Maria della Scala, hôpital de San Gimignano; 11-12; 55; 66; 84-85; 106; 131; 134-135; 192; 219; 269; 302
Santa Maria Maddalena, couvent de San Gimignano; 141-142; 170; 179-181; 233-234; 250; 252; 259
Santa Maria Nuova, hôpital de Florence; 56-57; 136; 144; 166; 168; 180-181; 195; 206; 233; 288; 290
Santi Apostoli, église de Florence; 64
Santissima Annunziata, couvent de San Gimignano; 12; 48; 55; 59; 64; 66; 69; 84- 85; 95; 100; 115; 134-135; 137; 153; 157; 160; 172; 175-180; 188; 193-195; 203; 206-207; 214; 234; 237; 247; 249-255; 257; 261; 269; 276; 280; 284-287; 292; 300; 303-304; 310; 314
Santo Stefano in Canova, église de San Gimignano; 12; 95
Scolari, famille; 86; 158; 287
Sienne; 12; 44; 65; 80
Sixte IV; 11; 203
Stefano Capi; 85
Stefano Muzodolfi; 48

T

Tamagni, famille; 161; 207
Tenenti, Alberto; 2; 35; 55; 306
Thomas d'Aquin; 253
Ticcioni, famille; 77; 85-86
Tita Aldobrandini; 204
Tita Comaldi de Castelfiorentino; 48
Titinnanzi, Nicoletta; 15
Tolomei, famille; 79; 86
Tommaso Bellavanti; 59
Tommaso Panizzi; 65
Tommaso Verottis; 69
Topi, famille; 30; 291
Tornabuoni, famille; 65; 188
Tornaquinci, famille; 179
Toscane; 23
Toubert, Pierre; 25
Tramontani, famille; 77; 214
Trexler, Richard; 110; 116

U

Ubertin de Casale; 12
Uberto Visdomini; 56

Ugolini, famille; 95; 126; 159; 192; 279
Ulignano, Sienne; 307
Urbain V; 101
Useppi, famille; 28; 86; 99; 125; 141; 151; 166; 169; 176; 183; 194; 246; 251; 283-297; 310

V

Valdelsa; 12-13; 35
Vecchi, famille; 57; 62; 122-123; 163; 178; 222
Veronese, Alessandra Maria; 86
Via Francigena; 9; 34; 198
Vichi Imberciadori, Jole; 33
Villa Barbiani, lieu-dit, San Gimignano; 69; 100; 101; 136; 193; 195; 222; 230; 249; 252; 258; 285
Villa Casale, lieu-dit, San Gimignano; 121; 203; 273
Villa Cotennanni, lieu-dit, San Gimignano; 294
Villa Cusona, lieu-dit, San Gimignano; 234
Villa del Castello, lieu-dit, San Gimignano; 156; 226
Villa Gambocci, lieu-dit, San Gimignano; 100; 160; 167; 268; 274; 288
Villa Monte Gompoli, lieu-dit, San Gimignano; 143
Villa Paterno, lieu-dit, San Gimignano; 101; 105; 114; 179; 203; 225-226; 273; 277-278
Villa Racciano, lieu-dit, San Gimignano; 222
Villa San Casciano, lieu-dit, San Gimignano; 284
Villa San Pietro, lieu-dit, San Gimignano; 145; 231
Villa San Quirico, lieu-dit, San Gimignano; 142; 167; 170; 172; 184; 231
Villa Sant'Andrea, lieu-dit, San Gimignano; 64
Villa Santa Chiara, lieu-dit, San Gimignano; 258
Villa Santa Lucia, lieu-dit, San Gimignano; 256; 258
Villa Signani, lieu-dit, San Gimignano; 156
Villa Sovestri, lieu-dit, San Gimignano; 66; 221; 233; 270; 287; 294
Volterra, Pise; 9; 67; 283
Volterra, Pise, évêché de; 32; 64; 67; 72; 89; 110; 116; 129; 152; 171; 186; 199; 205; 215; 253; 267-268; 274-275; 280; 294; 299; 304; 308
Vovelle, Michel; 35

Z

Zdekauer, Lodovico; 29